教育部高等学校轻工类专业教学指导委员会"十四五"规划教材

# 制浆造纸工程设计

(第二版)

Engineering Design of Pulp and Paper Mill
(Second Edition)

陈务平 罗 清 主编
陈务平 罗 清 童国林 池东明 黄六莲 编

中国轻工业出版社

图书在版编目（CIP）数据

制浆造纸工程设计＝ENGINEERING DESIGN OF PULP AND PAPER MILL/陈务平，罗清主编；陈务平等编．—2版．—北京：中国轻工业出版社，2022.7

教育部高等学校轻工类专业教学指导委员会"十四五"规划教材
ISBN 978-7-5184-3946-1

Ⅰ.①制… Ⅱ.①陈…②罗… Ⅲ.①制浆造纸工业—工程设计—高等学校—教材 Ⅳ.①TS7

中国版本图书馆CIP数据核字（2022）第055913号

责任编辑：林　媛
策划编辑：林　媛　　责任终审：滕炎福　　封面设计：锋尚设计
版式设计：霸　州　　责任校对：吴大朋　　责任监印：张　可

出版发行：中国轻工业出版社（北京东长安街6号，邮编：100740）
印　　刷：三河市万龙印装有限公司
经　　销：各地新华书店
版　　次：2022年7月第2版第1次印刷
开　　本：787×1092　1/16　印张：19.75
字　　数：627千字　插页：6
书　　号：ISBN 978-7-5184-3946-1　定价：80.00元
邮购电话：010-65241695
发行电话：010-85119835　传真：85113293
网　　址：http://www.chlip.com.cn
Email：club@chlip.com.cn
如发现图书残缺请与我社邮购联系调换
211491J1X201ZBW

# 前　言

《制浆造纸工程设计》是轻化工程（制浆造纸方向）的专业核心课和必修课程之一，通过本课程的学习，培养学生熟悉制浆造纸行业相关的国家法律、法规、产业政策和标准规范；知晓制浆造纸工程项目的决策程序与方法；学会制浆造纸工艺设计与平衡计算；了解土建、给排水、热能动力、电气、采暖通风、自控仪表和技术经济等公用工程专业设计内容、规范与要求；掌握制浆造纸专业理论知识、工程设计理论及其在制浆造纸工程设计中的应用。使学生在掌握了一定的专业基础理论的前提下，具备工程思维能力，将所学的专业理论知识应用于制浆造纸工程领域的实践应用中，从理论和实践两个方面对制浆造纸工厂的生产实践过程有更加全面系统的理解，培养学生分析和解决复杂工程问题的能力。

本教材是根据教育部高等学校轻工类专业教学指导委员会审定的编写大纲，结合各兄弟院校教学实践与经验，并与制浆造纸领域的国内知名工程设计公司共同探讨、深入交流，由南京林业大学、陕西科技大学和福建农林大学共同编写而成。

本教材主要分为两大部分。第一部分包括绪论、第一章、第二章，重点介绍造纸工业特点、产业政策与标准规范和工程项目决策与评价的主要内容；第二部分包括第三章、第四章、第五章、第六章和第七章，主要介绍厂址选择与总平面设计、制浆造纸工艺设计及配套各专业设计的主要内容，是本教材的重点内容。并以实际的制浆造纸工程项目设计为案例，重点介绍总平面设计、工艺流程设计、工艺平衡计算、工艺设备选型和工艺设备布置设计等内容。此外，还列举了大量的工程实践案例，便于读者更好地学习这部分内容；第八章重点介绍工程设计图纸绘制的基本要求及方法、图纸规格及图纸的命名等，为本科生进行毕业设计提供帮助；同时，也可为制浆造纸工程设计人员提供参考。

本教材编写过程中参考了大量国内外最新的制浆造纸行业政策、标准、规范、设计案例和论文等，教材后面的参考文献未能一一列举。

本教材由南京林业大学陈务平副教授和陕西科技大学罗清副教授主编，南京林业大学童国林教授、陕西科技大学池东明副教授和福建农林大学黄六莲教授参编。绪论、第一章（第一节）、第二章、第四章（第一节、第二节、第六节）、第八章由陈务平编写；第六章由童国林编写；第一章（第二节）、第五章、第七章由罗清编写；第三章由黄六莲编写；第四章（第三节、第四节、第五节）由池东明编写。全书由南京林业大学景宜教授和陕西科技大学徐永建教授共同主审。

本教材供高等院校轻化工程专业《制浆造纸工程设计》课程教学之用，也可供制浆造纸工程技术人员、有关科研人员、工程咨询公司及设计院人员参考。

本教材编写过程中，得到南京林业大学轻工与食品学院金永灿教授、曹云峰教授和吴淑芳教授，陕西科技大学徐永建教授的悉心指导，中国海诚股份有限公司宁飞教授级高工、中国轻工业长沙工程有限公司易志红教授级高工、中国轻工业成都设计工程有限公司罗健雄教授级高工、徐州市工程咨询中心胡永辉教授级高工的热情帮助,在此表示衷心的感谢!

由于编者学识水平有限,错误和不当之处在所难免,恳请读者批评指正。

编者

2021 年 12 月

# 目 录

绪论 ········································································································ 1
    一、现代造纸工业的特点 ········································································ 1
    二、现代造纸工业发展趋势 ····································································· 2
    三、我国造纸工业现状 ··········································································· 5
    四、我国制浆造纸行业面临的问题 ····························································· 7
    五、我国造纸工业发展要求 ····································································· 7
    六、工程设计基本概念 ··········································································· 7
    七、设计工作的基本原则 ········································································ 7
    八、工程设计阶段的特点 ········································································ 8
    九、设计人员的素质要求 ········································································ 8
    十、本章课程重点思政内容 ····································································· 8

## 第一章 造纸产业政策及标准规范 ······································································ 9
### 第一节 造纸相关产业政策 ············································································· 9
    一、造纸产业发展政策 ··········································································· 9
    二、造纸工业"十三五"发展的意见 ························································· 11
    三、制浆造纸行业清洁生产评价指标体系（试行）········································· 13
### 第二节 制浆造纸行业标准与规范 ·································································· 14
    一、制浆造纸厂设计规范（GB 51092—2015）············································ 14
    二、取水定额 第 5 部分：造纸产品（GB/T 18916.5—2012）······················· 16
    三、节水型企业 造纸行业（GB/T 26927—2011）····································· 16
    四、制浆造纸单位产品能源消耗限额（GB 31825—2015）···························· 17
    五、制浆造纸工业污染防治可行技术指南（HJ 2302—2018）························ 18
    六、制浆造纸废水治理工程技术规范（HJ 2011—2012）······························ 20
    七、制浆造纸工业水污染物排放标准（GB 3544—2008）····························· 22
### 第三节 本章课程重点思政内容 ····································································· 24

## 第二章 制浆造纸工程项目决策与评价 ······························································· 25
### 第一节 工程项目建设程序 ············································································ 25
    一、工程项目建设程序概念 ··································································· 25
    二、工程项目建设程序阶段 ··································································· 25
    三、工程项目建设程序各阶段内容 ··························································· 26
### 第二节 工程项目决策管理 ············································································ 28
    一、投资机会研究 ··············································································· 28
    二、项目建议书 ·················································································· 30
    三、项目可行性研究报告 ······································································ 31
    四、项目申请报告 ··············································································· 32
    五、环境影响评价报告 ········································································· 35

            六、社会稳定风险评估报告 ………………………………………………… 37
            七、节能评估报告 …………………………………………………………… 38
            八、安全评价报告 …………………………………………………………… 40
        第三节　工程项目经济分析 …………………………………………………… 42
            一、投资估算及融资方案 …………………………………………………… 42
            二、财务评价 ………………………………………………………………… 46
        第四节　本章课程重点思政内容 ……………………………………………… 63

第三章　厂址选择与厂区总平面布置设计 ……………………………………… 64
    第一节　厂址选择 ……………………………………………………………… 64
        一、厂址选择的重要性 ……………………………………………………… 64
        二、厂址选择的基本原则 …………………………………………………… 64
        三、厂址选择的程序及内容 ………………………………………………… 66
        四、厂址方案选择 …………………………………………………………… 67
    第二节　厂区总平面布置设计 ………………………………………………… 68
        一、厂区总平面布置原则 …………………………………………………… 69
        二、厂区总平面布置要求 …………………………………………………… 69
        三、风向玫瑰图 ……………………………………………………………… 71
        四、总平面设计技术经济指标 ……………………………………………… 71
        五、总平面布置图 …………………………………………………………… 72
    第三节　工厂运输和绿化 ……………………………………………………… 73
        一、工厂运输 ………………………………………………………………… 73
        二、工厂绿化 ………………………………………………………………… 74
    第四节　本章课程重点思政内容 ……………………………………………… 78

第四章　制浆造纸工艺设计 ……………………………………………………… 79
    第一节　概述 …………………………………………………………………… 79
        一、工艺设计依据 …………………………………………………………… 79
        二、工艺设计基本原则 ……………………………………………………… 79
        三、工艺设计阶段及内容 …………………………………………………… 80
        四、工艺设计深度要求 ……………………………………………………… 82
    第二节　工艺流程设计 ………………………………………………………… 82
        一、制浆工艺流程设计 ……………………………………………………… 83
        二、碱回收工艺流程设计 …………………………………………………… 92
        三、造纸工艺流程设计 ……………………………………………………… 95
    第三节　工艺平衡计算 ………………………………………………………… 108
        一、技术经济指标和工艺参数 ……………………………………………… 108
        二、物料（或浆水）平衡计算 ……………………………………………… 114
        三、热力平衡计算 …………………………………………………………… 187
        四、设备平衡计算 …………………………………………………………… 200
    第四节　工艺设备选型 ………………………………………………………… 203
        一、专业设备选型 …………………………………………………………… 203
        二、通用设备选型 …………………………………………………………… 207

三、非标准设备选型 ……………………………………………………………… 207
　第五节　工艺设备布置设计 ……………………………………………………………… 208
　　　一、工艺设备布置原则 …………………………………………………………… 208
　　　二、工艺设备布置依据 …………………………………………………………… 208
　　　三、工艺设备布置要求 …………………………………………………………… 209
　　　四、工艺设备布置图的绘制方法 ………………………………………………… 212
　第六节　工艺管道布置设计 ……………………………………………………………… 212
　　　一、工艺管道设计基本原则 ……………………………………………………… 212
　　　二、工艺管道设计基本要求 ……………………………………………………… 213
　　　三、工艺管道设计步骤 …………………………………………………………… 213
　　　四、工艺管道及管件种类、材质和规格确定 …………………………………… 214
　　　五、工艺管道布置与安装注意事项 ……………………………………………… 217
　　　六、工艺管道布置图绘制 ………………………………………………………… 219
　第七节　本章课程重点思政内容 ………………………………………………………… 219

# 第五章　公用工程设计 ……………………………………………………………………… 220
　第一节　建筑设计 ………………………………………………………………………… 220
　　　一、建筑设计概述 ………………………………………………………………… 220
　　　二、制浆造纸工厂厂房特点及建筑设计要求 …………………………………… 222
　　　三、建筑防火 ……………………………………………………………………… 224
　　　四、建筑安全 ……………………………………………………………………… 226
　　　五、生产辅助用房 ………………………………………………………………… 226
　第二节　结构设计 ………………………………………………………………………… 227
　　　一、结构设计概述 ………………………………………………………………… 227
　　　二、制浆造纸工厂的结构设计 …………………………………………………… 230
　第三节　热能动力设计 …………………………………………………………………… 232
　　　一、热能动力设计概述 …………………………………………………………… 232
　　　二、热负荷 ………………………………………………………………………… 233
　　　三、燃料供应 ……………………………………………………………………… 233
　　　四、主要设备选型与设计 ………………………………………………………… 233
　　　五、化学水处理 …………………………………………………………………… 235
　　　六、烟气净化处理 ………………………………………………………………… 236
　　　七、其他配套系统 ………………………………………………………………… 236
　　　八、热电站布置 …………………………………………………………………… 237
　第四节　电气系统设计 …………………………………………………………………… 237
　　　一、电气设计概述 ………………………………………………………………… 237
　　　二、供电 …………………………………………………………………………… 238
　　　三、车间配电设计 ………………………………………………………………… 239
　　　四、电气照明 ……………………………………………………………………… 240
　　　五、防雷及接地 …………………………………………………………………… 241
　第五节　自控和仪表 ……………………………………………………………………… 241
　　　一、自控和仪表设计概述 ………………………………………………………… 241
　　　二、自控和仪表设计范围和内容 ………………………………………………… 242

## 第六节 给水和排水专业 ... 245
一、给水和排水设计概述 ... 245
二、给水和排水设计要求 ... 246
三、给水工程设计 ... 246
四、排水工程设计 ... 250
五、废水处理工程设计 ... 250

## 第七节 采暖通风与空气调节 ... 250
一、采暖通风与空气调节设计概述 ... 250
二、室内外设计参数 ... 251
三、生产车间采暖通风设计 ... 252
四、空气调节与制冷站 ... 253

## 第八节 辅助工程设计 ... 254
一、化验室 ... 254
二、空压站 ... 254
三、维修间 ... 255
四、仓库和堆场 ... 255

## 第九节 本章课程重点思政内容 ... 257

# 第六章 环保及节能工程设计 ... 258
## 第一节 概述 ... 258
## 第二节 制浆造纸废水处理工程设计 ... 259
一、制浆造纸工业水污染物排放标准（GB 3544—2008） ... 259
二、制浆造纸废水处理方法 ... 260

## 第三节 制浆造纸废气、粉尘、噪声治理工程 ... 269
一、废气污染治理技术 ... 269
二、粉尘污染治理技术 ... 271
三、噪声污染治理技术 ... 273

## 第四节 固体废弃物综合利用 ... 274

## 第五节 制浆造纸节能技术 ... 275
一、工艺节能技术 ... 275
二、其他节能技术 ... 276
三、节能技术措施 ... 276
四、节能管理措施 ... 279

## 第六节 本章课程重点思政内容 ... 280

# 第七章 职业安全与卫生 ... 282
## 第一节 制浆造纸职业安全与卫生的特点与预防 ... 282
一、制浆造纸生产的主要安全隐患 ... 282
二、国家对造纸企业安全生产的相关要求 ... 283
三、制浆造纸企业安全生产的基本原则 ... 284

## 第二节 制浆造纸的职业安全与卫生设计 ... 285
一、职业安全卫生设计规范与内容 ... 285
二、职业安全卫生的主要防护措施 ... 285

第三节　本章课程重点思政内容 ································· 289
**第八章　制浆造纸工程设计图纸绘制** ································· 290
　第一节　图纸一般要求 ································· 290
　　一、图幅大小要求 ································· 290
　　二、图纸字体规定 ································· 291
　　三、代号和符号 ································· 291
　第二节　图纸统一规定 ································· 295
　　一、设计各阶段代号 ································· 295
　　二、设计图纸代号 ································· 295
　第三节　制浆造纸工程设计图纸绘制 ································· 296
　　一、物料（或浆水）平衡图绘制 ································· 296
　　二、生产工艺流程图绘制 ································· 298
　　三、生产设备布置图绘制 ································· 300
　　四、生产设备及管道布置图绘制 ································· 301
　第四节　本章课程重点思政内容 ································· 302
**参考文献** ································· 303

　　附录1　漂白竹浆制浆车间工艺平衡计算图
　　附录2　精制文化用纸造纸车间生产工艺平衡计算图
　　附录3　年产30万 t 牛皮箱纸板废纸制浆系统生产线浆水平衡计算图
　　附录4　年产30万 t 牛皮箱纸板造纸系统生产线浆水平衡计算图
　　附录5　××××生产线备料工段生产工艺流程图
　　附录6　××××生产线蒸煮工段生产工艺流程图
　　附录7　××××生产线洗筛工段生产工艺流程图
　　附录8　××××生产线漂白工段生产工艺流程图
　　附录9　CTMP 化机浆生产线生产工艺流程图
　　附录10　废纸脱墨生产线生产工艺流程图
　　附录11　废纸制浆生产线 OCC 生产工艺流程图
　　附录12　文化用纸生产线流送系统生产工艺流程图
　　附录13　造纸生产线白水回收系统生产工艺流程图
　　附录14　造纸生产线真空系统生产工艺流程图
　　附录15　造纸生产线损纸系统生产工艺流程图
　　附录16　办公废纸脱墨车间设备布置图（底层平面）
　　附录17　办公废纸脱墨车间设备布置图（二、三层平面）
　　附录18　文化纸纸机车间设备布置图（底层平面）
　　附录19　文化纸纸机车间设备布置图（二层平面）
　　附录20　文化纸纸机车间设备及管道布置图（二层平面）

# 绪 论

## 一、现代造纸工业的特点

造纸工业作为传统的产业之一，是重要的基础原材料产业，在国民经济各领域发挥着重要的作用。现代造纸工业是技术密集型和资金密集型产业，上下游产业链较长，资源实现充分循环利用，绿色循环发展潜力巨大。

### (一) 现代造纸工业在国民经济中的地位

**1. 现代造纸工业是与国民经济和社会发展关系密切的基础原材料产业**

现代造纸工业在国民经济中占据重要地位。造纸业关系到国家的经济、文化、生产、国防等多个领域，纸张的生产和消费水平代表了一个国家的科技与经济发展水平。从世界各国造纸工业发展规律来看，造纸工业产品纸张的增长率与国民经济增长率基本同步发展，纸品的生产量和消费量的增长速度与国民生产总值增长速度基本同步。目前国际上的发达国家或工业强国都建设有强大的造纸工业，是其经济体系中的支柱产业之一。

**2. 现代造纸工业具有典型的循环经济属性**

现代造纸工业已发展成一完整的资源可循环、低能耗、低排放、可实现自然界碳循环的循环经济体系。造纸所用的原料均是可再生资源，约20%的能源来源于固体废弃物，约77%~99%的制浆化学品来源于造纸过程产生的固体废物。现代造纸工业的清洁生产技术、资源综合利用技术、污染物处理技术等都已非常成熟，在制浆造纸过程中，对水资源、化工、原料和能源等方面实现了最大程度的循环回收利用。目前中国运行的先进新闻纸机和文化纸机新鲜水取水量已不到$10m^3/t$，瓦楞原纸生产线的新鲜水取水量降至$5m^3/t$，指标明显优于欧盟标准，处于国际领先水平。

**3. 现代造纸工业是具有较大发展空间的产业**

纸张是传播文化的重要载体，商品流通的重要包装和宣传材料，其消费量随着社会文化与经济的发展同步增长。我国纸张生产的增长仍一直落后于消费需求，人民日益增长的美好生活需要和发展不平衡不充分之间的矛盾日益凸显，这使我国造纸业成为仅次于石化和钢铁产业的第三大消耗外汇的产业，尤其造纸用浆对外依存度大。给造纸行业可持续发展指明了方向，提供了可持续发展的广阔空间。

### (二) 现代造纸工业的特点

现代造纸工业具有以下特点：

① 技术密集型。造纸工业投资60%以上是设备投资，自动化程度高于一般制造业。

② 资金密集型。造纸工业每百美元产值占用资产154美元，同冶金、石油、化工相近。

③ 规模效益型。造纸工业设备投入大，固定成本高，扩大规模是降低成本、增强竞争能力最有效的手段。

④ 资源约束型。造纸工业属于基础原材料工业，对纤维资源的依赖性极高，世界上

主要的制浆造纸国家原料资源都比较丰富，如美国、加拿大、芬兰等国90%以上采用木浆造纸，其森林覆盖率都位居世界前列。

⑤ 与国民经济同步增长。纸品的生产量和消费量的增长速度与国民生产总值增长速度基本同步，在工业化高速发展的时期，则高于GDP的增长。

## 二、现代造纸工业发展趋势

### （一）我国造纸工业的迅速发展和企业规模的日益大型化

我国造纸工业近几年来发展迅速，生产量和消费量均位居世界第一，行业集中度也明显提高。据统计，截至2020年，全国年生产能力100万t以上的大型制浆造纸企业已达24家；50万~100万t的制浆造纸企业有6家。表0-1为2020年重点造纸企业产量前30名企业。

表0-1　　　　　　2020年重点造纸企业产量前30名企业

| 序号 | 单位名称 | 产量/万t | | 同比增幅/% |
|---|---|---|---|---|
| | | 2019年 | 2020年 | |
| 1 | 玖龙纸业（控股）有限公司 | 1502.00 | 1615.00 | 7.52 |
| 2 | 理文造纸有限公司 | 593.10 | 630.21 | 6.26 |
| 3 | 山东晨鸣纸业集团股份有限公司 | 501.00 | 577.00 | 15.17 |
| 4 | 山东太阳控股集团有限公司 | 499.40 | 547.77 | 9.69 |
| 5 | 山鹰国际控股股份公司 | 473.59 | 493.23 | 4.15 |
| 6 | 华泰集团有限公司 | 307.70 | 314.10 | 2.08 |
| 7 | 山东博汇集团有限公司 | 235.26 | 306.91 | 30.46 |
| 8 | 中国纸业投资有限公司 | 256.00 | 270.00 | 5.47 |
| 9 | 宁波中华纸业有限公司（含宁波亚洲浆纸业有限公司） | 261.86 | 262.60 | 0.28 |
| 10 | 江苏荣成环保科技股份有限公司 | 253.00 | 233.00 | -7.91 |
| 11 | 福建联盛纸业有限公司 | 203.00 | 230.00 | 13.30 |
| 12 | 金东纸业（江苏）股份有限公司 | 199.07 | 190.00 | -4.56 |
| 13 | 金红叶纸业集团有限公司 | 192.00 | 177.00 | -7.81 |
| 14 | 亚太森博中国控股有限公司 | 156.40 | 163.40 | 4.48 |
| 15 | 海南金海浆纸有限公司 | 151.39 | 148.48 | -1.92 |
| 16 | 东莞建晖纸业有限公司 | 147.22 | 148.00 | 0.53 |
| 17 | 山东世纪阳光纸业集团有限公司 | 125.95 | 146.13 | 16.02 |
| 18 | 浙江景兴纸业股份有限公司 | 143.71 | 134.86 | -6.16 |
| 19 | 广西金桂浆纸股份有限公司 | 135.00 | 134.03 | -0.72 |
| 20 | 武汉金凤凰纸业有限公司 | 136.39 | 132.45 | -2.89 |
| 21 | 维达国际控股有限公司 | 125.00 | 125.00 | 0.00 |
| 22 | 恒安国际集团有限公司 | 121.00 | 109.40 | -9.59 |
| 23 | 东莞金州纸业有限公司 | 154.09 | 107.35 | -30.33 |
| 24 | 新乡新亚纸业集团股份有限公司 | 82.86 | 101.25 | 22.19 |
| 25 | 东莞金田纸业有限公司 | 61.67 | 95.41 | 54.71 |
| 26 | 芬欧汇川（中国）有限公司 | 89.50 | 92.00 | 2.79 |
| 27 | 河南省龙源纸业股份有限公司 | 78.97 | 82.98 | 5.08 |
| 28 | 永丰余造纸（扬州）有限公司 | 77.80 | 79.00 | 1.54 |
| 29 | 东莞顺裕纸业有限公司 | 55.95 | 68.60 | 22.61 |
| 30 | 大河纸业有限公司 | 63.01 | 62.73 | -0.44 |

**(二) 我国造纸工业的原料发展趋势**

造纸工业原料成本约占其总成本的50%，因此，原料价格的高低直接决定企业的经济效益，两者有极其密切的关系。

造纸原料主要有木材纤维和非木材纤维两大类。针叶木由于其生长周期长，在制造书写印刷纸和白纸板所需的漂白纸浆领域，已逐渐为生长迅速、价格较低的阔叶木所取代。而由于南方木材的生长速度远高于北方，我国造纸工业重心南移的趋势已成定局。

据了解，东北地区历来以针叶木（主要为鱼鳞松和沙松等）为原料，南方地区的马尾松等松木也属针叶木范畴，但生长速度远比东北松为快（一般15年左右即可成材，东北松则需50~100年），是一种很好的造纸原料。目前由于纸厂对桉木原料的需求日益增加，马尾松林地已逐渐让位于桉木，但从生态平衡观点出发，马尾松等针叶木仍有一定的发展空间。南方地区的化学木浆和化学机械木浆将逐渐以桉木（如巨桉、巨尾桉）为主要原料。北方地区则将以速生杨木（如三倍体毛白杨）为主要原料；杨木在生产化学机械浆上具有优势。

非木材纤维原料方面，北方（如河南、山东）地区历来以麦草为主，但目前麦草资源日益枯竭，价格上涨，纷纷改以进口或本地的废纸为原料。同时大量种植杨木以逐渐取代麦草。南方地区的非木材纤维原料以竹子和蔗渣为主，目前仍有发展空间。四川、贵州和云南等省由于地处大江大河的上游，国家对林业砍伐政策控制十分严格。因此，目前全力发展竹子原料，是这些省制定原料政策的首选。广西是全国第一大产糖区，目前年糖产量已达532万t，发展蔗渣造纸，具有得天独厚的优势。当前新建或扩建蔗渣制浆造纸项目（特别是制浆）的势头很猛，但预计待全区蔗渣利用率达80%左右时，发展竹子造纸将是进一步发展造纸工业的重要选择。

**(三) 造纸工业新技术的发展趋势**

近年来，我国新建的大型制浆造纸工厂，工艺及装备大多引进国外先进成套技术。这些工厂的相继投产，不仅大大增强我国造纸工业的生产能力，而且也将给制浆造纸企业带来国外先进的技术、先进的管理经验和树立无污染（或极低污染）、低能耗造纸企业的典范。下面简要介绍近几年来制浆造纸行业发展行之有效的成熟的先进技术。

1. 蒸煮技术

(1) 立式连续蒸煮技术

立式连续蒸煮技术包括低固形物塔式连续蒸煮技术和紧凑蒸煮技术等，技术主要适用于化学木（竹）浆生产企业。低固形物塔式连续蒸煮技术是将木（竹）片浸渍液及大量脱木素阶段和最终脱木素阶段的蒸煮液抽出，大幅降低蒸煮液中固形物浓度的蒸煮技术，该技术可最大限度地降低大量脱木素阶段蒸煮液中的有机物。紧凑蒸煮技术是在大量脱木素阶段，通过增加氢氧根离子和硫氢根离子浓度，提高硫酸盐蒸煮的选择性，并提高该阶段的木素脱除率，从而减少慢速反应阶段的残余木素量。主要设备为立式连续蒸煮器（蒸煮塔），与传统立式连续蒸煮相比，该技术具有蒸煮温度低、电耗低、纸浆得率高、卡伯值低及可漂性好等特点。该技术与后续氧脱木素技术结合，可使送漂白工段的针叶木浆卡伯值降低10~14，阔叶木浆或竹浆卡伯值降低6~10。

(2) 改良型间歇蒸煮技术

通过置换和黑液再循环的方式深度脱木素，主要设备为立式蒸煮锅及不同温度的白液槽和黑液槽。该技术可降低纸浆卡伯值而不影响纸浆性能，与传统间歇蒸煮相比，该技术可有效降低蒸煮能耗，降低蒸汽消耗峰值。

(3) 横管式连续蒸煮技术

主要设备为横管式连续蒸煮器，采用该技术较传统的间歇蒸煮粗浆得率提4%左右，还具有工艺稳定、自动化程度高及运行费用低等优点。该技术主要适用于化学非木（竹）浆生产企业。

2. 洗浆和筛选技术

(1) 纸浆高效洗涤技术

采用置换-挤压洗涤的提取技术，可以获得洁净度高的纸浆，同时浆料洗涤耗水量最低。

通过挤压、扩散及置换等作用，以最少量的水最大限度地去除粗浆中溶解性有机物和可溶性无机物。传统真空洗浆机洗涤损失约 $5\sim10kg\ COD_{Cr}/t$ 风干浆，出浆浓度为 $10\%\sim15\%$，吨浆带走的液体量为 $5.7\sim9.0m^3$，而由压榨洗浆机组成的洗浆系统，洗涤损失约为 $5kgCOD_{Cr}/t$ 风干浆，出浆浓度 $25\%\sim35\%$，吨浆带走的液体量为 $1.9\sim3.0m^3$。在相同的稀释因子条件下，采用压榨洗浆机较采用真空洗浆机耗水量可减少 $3\sim5m^3/t$ 风干浆。另外也可通过在传统的真空洗浆机等洗浆设备前增加挤浆工序，通过机械挤压的作用，以很小的稀释因子，实现废液中固形物和纤维的分离。

(2) 封闭筛选技术

用水完全封闭的粗浆筛选系统，主要设备为压力筛。通常是组合在粗浆洗涤系统中，使用洗浆机滤液作为系统稀释用水，多级多段对纸浆进行筛选，筛选后的滤液最终进入碱回收系统。筛选系统一般采用两级多段模式，通常一级除节采用孔筛，二级筛选采用缝筛。筛选长纤维时通常采用 $0.25\sim0.3mm$ 缝筛，短纤维时通常采用 $0.15\sim0.25mm$ 缝筛。封闭筛选可以实现洗涤水完全封闭，筛选系统无清水加入，除浆渣等带走水分外，无废水排放。

3. 氧脱木素技术

在蒸煮后，为保持纸浆强度而选择性脱除木素的一种工艺。该技术通常采用一段或两段氧脱木素，在氧脱木素过程中，氧气、烧碱（或氧化白液）和硫酸镁与纸浆在反应器中混合。一般采用中浓氧脱木素，残余木素脱除率可达 $40\%\sim60\%$。氧脱木素产生的废液可逆流到粗浆洗涤段，然后进入碱回收工段。该过程可减少漂白工段化学品用量，漂白工段COD产生负荷可减少约50%。

4. 无元素氯（ECF）清洁漂白技术

以二氧化氯（$ClO_2$）替代元素氯（氯气和次氯酸盐）作为漂白剂的清洁漂白技术。采用该技术，可有效降低漂白工段废水中二噁英及可吸附有机卤素（AOX）的产生。

漂白对环境的影响最大，漂白段废水排放量大，废水中又含有二噁英等有机氯化物的致癌因素，因此，目前漂白技术是制浆系统中研究最多、发展最为迅速的一门技术。新的漂白系统大体可分为无元素氯漂白（简称ECF）和全无氯漂白（简称TCF）两大类，它们都可以大幅度降低废水中的有机氯化物含量。目前国外采用ECF漂白流程的厂家占漂白浆厂家的比例，北美约为80%，北欧约为75%。TCF漂白流程的废水中有机氯化物含量比ECF流程更低，但由于投资和运行费用过高，采用的厂家较少。

5. 黑液碱回收技术

制浆洗涤工段送来的黑液经多效蒸发浓缩后送碱回收炉燃烧，回收热能，而后进行苛化分离，最终回收碱送蒸煮工段循环使用的技术。化学法木（竹）制浆黑液固形物初始浓度通常为14%～18%，多效蒸发后黑液固形物浓度可达50%～65%。通过安装超级浓缩器或结晶蒸发器，黑液固形物浓度可达65%～80%，蒸汽产量增加7%～9%，碱回收炉烟气中硫排放可降至0.1～0.3kg/t风干浆。对于化学法非木（竹）制浆黑液固形物，初始浓度通常为9%～11%，多效蒸发后可达42%～45%，采用圆盘蒸发器蒸发后可达48%～50%。

6. 化学机械制浆技术

继CMP（化学机械浆）法、CTMP（化学热磨机械浆）法、BCTMP（漂白化学热磨机械浆）法、APMP（碱性过氧化氢机械浆）法后，20世纪90年代又开发出了PRC-APMP（即经化学预处理的碱性过氧化氢机械浆）法。PRC-APMP法的特点是在两段盘磨磨浆前，先经过两段预浸（第一段主要加入$MgSO_4$和螯合剂，第二段才加入过氧化氢等所需化学品）；且在一段磨浆后在漂白塔中加漂白化学品进行漂白，然后进入二段磨浆机，这样可提高漂白效率和降低磨浆电耗。我国近期引进的化学机械浆设备有不少为PRC-APMP法。

PRC-APMP法与BCTMP、APMP法一样，适用于制得各种针叶木和阔叶木化学机械浆。由桉木与杨木原料制成的漂白化学机械浆，是生产低定量涂布纸、轻量纸和涂布白纸板的主要配料。杨木PRC-APMP浆的主要质量指标为：游离度80～120mLCSF，抗张指数30～40N·m/g，撕裂指数4～415mN/($m^2$·g)，白度75%～80% ISO，光散射系数大于55$m^2$/kg，松厚度大于212$cm^3$/g。但BCTMP的优点是磨浆压力高于PRC-APMP，可回收磨浆产生的废汽。即将废汽经再沸器（一种特殊结构的热交换器），利用冷凝所得热量生成新鲜蒸汽，再通过增压泵，生产出1.5MPa的蒸汽；蒸汽产生量根据高浓磨的配套电机功率计算，每兆瓦（MW）可产生0.18t蒸汽。PRC-APMP和BCTMP各有优缺点，一般大型化学机械浆项目以采用BCTMP为宜。

7. 造纸技术

为提高劳动生产率，纸机继续向大幅宽与高车速发展，新闻纸机的幅宽与车速已分别达到11.25m和1100～2000m/min，纸页从成形到干燥全封闭运行。生产每吨新闻纸的汽耗已降到1.11～1.12t，水耗降到10$m^3$以下。纸机上的新技术有：紧凑型浆料流送系统；带稀释水的流浆箱横幅定量控制；立式夹网成形器（主要脱水元件有真空成形辊、配套脱水板靴的加压脱水板和高真空吸水箱）；靴式压榨（单靴压与双靴压组成的直通式双压区压榨，没有开放引纸，使车速有可能突破1800m/min）；单排烘缸布置，大大提高了干燥效率和运行效率。

## 三、我国造纸工业现状

1. 纸及纸板生产量和消费量

据中国造纸协会调查资料，2020年全国纸及纸板生产企业约2500家，全国纸及纸板生产量11260万t，较上年增长4.60%；消费量11827万t，较上年增长10.49%，人均年消费量为84kg（14.00亿人）。2011～2020年，纸及纸板生产量年均增长率1.41%，消费量年均增长率 2.17%。

2. 纸浆生产和消耗情况

2019 年全国纸浆生产总量 7378 万 t，较上年增长 2.37%。其中：木浆 1490 万 t，较上年增长 17.51%；废纸浆 5363 万 t，较上年增长 0.22%；非木浆 525 万 t，较上年增长 -10.71%。2020 年全国纸浆消耗总量 10200 万 t，较上年增长 5.27%。木浆 4046 万 t，占纸浆消耗总量 40%，其中进口木浆占 25%、国产木浆占 15%；废纸浆 5632 万 t，占纸浆消耗总量 55%，其中进口废纸制浆占 2%、用进口废纸制浆占 6%、用国内废纸制浆占 47%；非木浆 522 万 t，占纸浆消耗总量 5%。

2020 年全国废纸回收总量 5493 万 t，较上年增长 4.75%，废纸回收率 46.5%，废纸利用率 54.9%，2011—2020 年废纸回收总量年均增长率 2.63%。

3. 纸制品生产和消费情况

根据国家统计局数据，2020 年全国规模以上纸制品生产企业 4184 家，生产量 6860 万 t，较上年增长 -4.97%；消费量 6552 万 t，较上年增长 -4.85%；进口量 16 万 t，出口量 324 万 t。2011—2020 年，纸制品生产量年均增长率 4.76%，消费量年均增长率 4.82%。

4. 纸及纸板、纸浆、废纸及纸制品进出口情况

（1）纸及纸板、纸浆、废纸及纸制品进口情况

2020 年纸及纸板进口 1154 万 t，较上年增长 84.64%；纸浆进口 3135 万 t，较上年增长 15.26%；废纸进口 689 万 t，较上年增长 -33.49%；纸制品进口 16 万 t，较上年增长 33.33%。

2019 年进口纸及纸板、纸浆、废纸、纸制品合计 4994 万 t，较上年增长 13.68%，用汇 241.95 亿美元，较上年增长 -0.55%。进口纸及纸板平均价格为 547.93 美元/t，较上年平均价格增长 -26.99%；进口纸浆平均价格为 512.58 美元/t，较上年平均价格增长 -18.57%；进口废纸平均价格为 175.26 美元/t，较上年平均价格增长 -6.53%。

（2）纸及纸板、纸浆、废纸及纸制品出口情况

2020 年纸及纸板出口 587 万 t，较上年增长 -14.43%；纸浆出口 10.55 万 t，较上年增长 -9.05%；废纸出口 0.12 万 t，较上年增长 50.00%；纸制品出口 324 万 t，较上年增长 -6.09%。

2020 年出口纸及纸板、纸浆、废纸、纸制品合计 921.67 万 t，较上年增长 -11.61%，创汇 211.88 亿美元，较上年增长 -3.70%。出口纸及纸板平均价格为 1584.78 美元/t，较上年平均价格增长 5.86%；出口纸浆平均价格为 1085.38 美元/t，较上年平均价格增长 -5.72%。

5. 纸及纸板生产布局与集中度

根据中国造纸协会调查资料，2020 年我国东部地区 11 个省（区、市），纸及纸板产量占全国纸及纸板产量比例为 73.2%；中部地区 8 个省（区）比例占 16.8%；西部地区 12 个省（区、市）比例占 10.0%。

2020 年广东、山东、浙江、江苏、福建、河南、湖北、安徽、重庆、四川、广西、河北、江西、湖南、天津、海南和辽宁 17 个省（区、市）纸及纸板产量超过 100 万 t，产量合计 10859 万 t，占全国纸及纸板总产量的 96.44%。

## 四、我国制浆造纸行业面临的问题

1. 纤维资源短缺

我国严重依赖国外纤维，包括废纸纤维原料和木浆，随着国家环保政策的要求，废纸纤维进口量逐年减少，木浆纤维进口量逐年递增，企业生产成本增加，即使搞林纸一体化，增加 1000 万 t 纸浆，也只相当于每年我国进口商品浆的数量。

2. 淡水资源十分匮乏

造纸工业需要耗水，目前国外最发达的国家也不可能不排水，当然这个量很低，可以进行自我净化，降到最低点，对环境不会有负面影响。但是没有水是不可能的，我国水资源没有优势。

3. 人均能源占有非常低

过去我国唯一的优势就是人力资源，这个优势在小厂是明显的，但对大型的、现代化的造纸企业，劳动力的用量是非常少的，这个资源优势体现的不是很明显。

## 五、我国造纸工业发展要求

造纸工业作为重要基础原材料产业之一，具有可持续发展的特点，但受宏观经济政策和外围环境的影响，制浆造纸行业发展面临诸如原料资源供应紧缺，水、电、汽等一次和二次能源短缺的影响，为了行业更好地发展，必须重视以下几点：

① 大力发展林纸一体化，发展木浆造纸，科学使用非木纤维原料浆，提高废纸回收率；

② 重视新工艺及新设备的应用，以节约能源消耗，达到节能减排的目的；

③ 严格执行制浆造纸取水定额、水污染物排放标准，实施清洁生产，是制浆造纸企业的工作重点。

## 六、工程设计基本概念

工程设计是指运用先进的生产工艺技术，通过工艺主导专业与工程地质勘探、工程测量、土建、供电、给排水、供热、采暖通风、自控仪表、环境保护、技术经济和概预算等公用工程专业的协作配合，用图纸并辅以文字说明设计出一个完整的工厂建设蓝图。

## 七、设计工作的基本原则

设计工作是一项非常缜密而又严肃的工作，设计人员不仅要熟悉国家相关的产业政策、法律法规，而且要对专业理论知识有足够的了解，并熟知相关专业的规范和要求，必须遵循以下原则：

① 认真贯彻执行国家的方针政策、法律法规和行业标准规范；

② 遵循技术先进与经济合理相结合的原则；

③ 充分利用当地资源和已有工业基地的潜力；

④ 注重长远发展、留有余地的原则；

⑤ 总体设计要体现安全、健康的原则；

⑥ 坚持保护环境、美化环境的原则；

⑦ 重视建厂的经济效益，节省投资，缩短工程投资的回收期。

## 八、工程设计阶段的特点

工程设计是工程项目决策完成后、实施前开展的一项活动，是由具有相应工程设计资质的单位来完成的。工程设计质量直接影响项目的经济效益和投资效果，因此，工程设计阶段具有重要的意义。

① 工程设计是确定"工程价值"的主要阶段；
② 工程设计是影响投资的关键阶段；
③ 工程设计质量对项目总体质量具有决定性影响。

## 九、设计人员的素质要求

作为工程设计人员，不仅要掌握本专业的理论知识和设计规范，还应了解相关专业基本知识和设计要求、了解工程项目建设基本程序和决策内容，并熟练掌握和运用相关的专业绘图软件进行设计图纸的绘制。

① 熟悉有关国家标准、行业标准及设计规范；
② 掌握制浆造纸专业及相关专业理论知识和技术；
③ 熟悉工程项目基本建设程序；
④ 熟悉掌握计算机及相关绘图软件在工程设计中的应用。

## 十、本章课程重点思政内容

本章课程重点介绍了我国造纸行业的发展历史、现状、特点和工程设计的基本原则等。课程内容涉及相关的思政元素包括爱国情怀、法律意识和社会责任感等。

**（一）爱国情怀**

造纸术是我国古代四大发明之一，是我国古代劳动人民的智慧表现，也是我国古代劳动人民对人类社会作出的巨大贡献，目前，我国造纸工业发展迅速，生产量和消费量均居世界第一，但我国造纸工业也面临一些巨大压力，如资源短缺、装备落后、能源消耗较高、污染较严重。相对发达国家而言，技术仍有一定的提升空间。通过这些课程内容的介绍，激发同学们的民族自豪感和爱国情怀，树立爱岗敬业的职业精神。

**（二）法制意识**

工程设计必须遵守国家的法律、法规，国家标准（或行业标准）及设计规范等，作为当代大学生，通过该课程内容学习，不仅掌握专业设计理论知识，而且要树立法制意识，要以法律、法规和标准、规范来约束自己的行为，不断提升专业理论知识水平和法律意识。

**（三）社会责任感**

工程设计是一项严谨而又严肃的工作，应遵守相关设计规范要求，设计时应充分考虑安全和保护资源环境等因素，要体现技术先进和经济合理相结合的原则，要从企业实际情况出发，设计出符合企业要求的生产线，为企业和社会创造更大地价值，培养学生的社会责任感。

# 第一章 造纸产业政策及标准规范

造纸工业是与国民经济和社会事业发展关系密切的重要基础原材料产业，在国民经济和社会发展中发挥了重要作用。造纸产业具有资金和技术密集、规模经济效益显著的特点，其产业关联度强，市场容量大，是拉动林业、农业、印刷、包装、机械制造等产业发展的重要力量。

随着造纸产业的发展，带来的环境污染问题，资源与能源消耗问题等也日益严重，中国在联合国大会上向全世界宣布了2030年前实现碳达峰、2060年前实现碳中和的目标。"资源、结构和环保"已经成为制约造纸行业持续健康发展的战略瓶颈，必须制定相应的产业政策，来积极引导行业可持续发展健康发展，制定相关行业标准及规范来约束企业的不规范发展行为，加快产业结构调整，实现造纸业向低碳、循环、绿色方向发展。

## 第一节 造纸相关产业政策

### 一、造纸产业发展政策

为完善造纸产业发展环境，公平市场秩序，推动造纸产业落实科学发展观，建设资源节约型、环境友好型社会，促进可持续发展，加快造纸大国向造纸强国转变，根据经济体制改革的要求，国家发展和改革委员会于2007年11月制定了《造纸产业发展政策》，这是第一部全面规范和指导我国造纸产业发展的规范性文件，共十二章，六十五条。

《造纸产业发展政策》主要从以下主要方面对造纸产业今后的发展提出要求。

**（一）产业布局**

造纸产业发展总体布局应"由北向南"调整，长江以南是造纸产业发展的重点地区，要以林纸一体化工程建设为主；东南沿海地区是我国林纸一体化工程建设的重点地区；长江中下游地区要加快培育或引进大型林纸一体化项目的建设主体，逐步发展成为我国林纸一体化工程建设的重点地区；西南地区要合理利用木、竹资源，坚持木浆、竹浆并举；长江三角洲和珠江三角洲地区，特别要重视利用国内外木浆和废纸等原料来造纸，原则上不再布局利用本地木材的木浆项目；长江以北是造纸产业优化调整地区，重点调整原料结构、减少企业数量、提高生产集中度。黄淮海地区要淘汰落后草浆产能，增加商品木浆和废纸的利用，适度发展林纸一体化，控制大量耗水的纸浆项目，加快区域产业升级，确保在发展造纸产业的同时不增加或减少水资源消耗和污染物排放；东北地区加快造纸林基地建设，加大现有企业改造力度，提高其竞争力，原则上不再布局新的制浆造纸企业；西北地区要通过龙头企业的兼并与重组，加快造纸产业的整合，严格控制扩大产能；重点环境保护地区、严重缺水地区、大城市市区，不再布局制浆造纸项目，禁止严重缺水地区建设灌溉型造纸林基地。

### (二) 纤维原料

充分利用国内外资源，提高木浆比重、扩大废纸回收利用、合理利用非木浆，逐步形成以木纤维、废纸为主，非木纤维为辅的造纸原料结构；鼓励利用木材采伐剩余物、木材加工剩余物、进口木材和木片等生产木浆，合理进口国外木浆；支持国内有条件的企业到国外建设造纸林基地和制浆造纸项目；加大国内废纸回收，提高国内废纸回收率和废纸利用率，合理利用进口废纸；坚持因地制宜，合理利用非木纤维资源。充分利用竹类、甘蔗渣和芦苇等资源制浆造纸，严格控制禾草浆生产总量，加快对现有禾草浆生产企业的整合，原则上不再新建禾草化学浆生产项目。

### (三) 技术与装备

坚持引进技术和自主研发相结合的原则；制浆造纸装备研发的重点为：年产30万t及以上的纸板机成套技术和设备；幅宽6m左右、车速1200m/min、年产10万t及以上文化纸机；幅宽2.5m、车速600m/min以上的卫生纸机成套技术和设备；年产10万t高得率、低能耗的化学机械木浆成套技术及设备；年产10万t及以上废纸浆成套技术和设备；非木材原料制浆造纸新工艺、新技术和新设备的开发与研究，特别是草浆碱回收技术和设备的开发；以及节水、节能技术和设备。要在现有基础上，加大自主创新力度，尽快形成自主知识产权，实现成套装备国产化。

### (四) 产品结构

研究开发低定量、功能化纸及纸板新产品，重点开发低定量纸及纸板、含机械浆的印刷书写纸、液体包装纸板、食品包装专用纸、低定量高强度的瓦楞原纸及纸板等产品，积极研发信息用纸、国防及通讯特种用纸、农业及医疗特种用纸等，增加造纸品种。

### (五) 组织结构

建立现代企业制度，完善产业组织形式，改变制浆造纸企业数量多、规模小、布局分散的局面，形成大型企业突出、中小企业比例合理的产业组织结构。支持国内企业通过兼并、联合、重组和扩建等形式，发展10家左右100万t至300万t具有先进水平的制浆造纸企业，发展若干家年产300万t以上跨地区、跨部门、跨所有制的、具有国际竞争力的大型制浆造纸企业集团。

### (六) 资源节约

贯彻执行国务院《关于加快发展循环经济的若干意见》，按照减量化、再利用、资源化的原则，提高水资源、能源、土地和木材等使用效率，转变增长方式，建设资源节约型造纸产业。

增强全行业节水意识，大力开发和推广应用节水新技术、新工艺、新设备，提高水的重复利用率。

鼓励企业采用先进节能技术，改造、淘汰能耗高的技术与装备，充分发挥制浆造纸适宜热电联产的有利条件，提高能源综合利用效率。

执行最严格的土地管理制度，节约集约使用土地。严格执行《水土保持法》有关规定，防止水土流失。

### (七) 环境保护

严格执行《环境保护法》《水污染防治法》《环境影响评价法》《清洁生产促进法》等法律法规，坚持预防为主、综合治理的方针。

大力推进清洁生产工艺技术，实行清洁生产审核制度。要以水污染治理为重点，采用封闭循环用水、白水回用，中段废水处理及回收、废气焚烧回收热能、废渣燃料化处理等"厂内"环境保护技术与手段，加大废水、废气和废渣的综合治理力度。要采用先进成熟废水多级生化处理技术、烟气多电场静电除尘技术、废渣资源化处理技术，减少"三废"的排放。

**（八）行业准入**

造纸产业发展要实现规模经济，突出起始规模。新建、扩建制浆项目单条生产线起始规模要求达到：化学木浆年产 30 万 t、化学机械木浆年产 10 万 t、化学竹浆年产 10 万 t、非木浆年产 5 万 t；新建、扩建造纸项目单条生产线起始规模要求达到：新闻纸年产 30 万 t、文化用纸年产 10 万 t、箱纸板和白纸板年产 30 万 t、其他纸板项目年产 10 万 t。薄页纸、特种纸及纸板项目以及现有生产线的改造不受规模准入条件限制。

新建项目吨产品在 COD 排放量、取水量和综合能耗（标煤）等方面要达到先进水平。其中，漂白化学木浆为 10kg、45$m^3$ 和 500kg；漂白化学竹浆为 15kg、60$m^3$ 和 600kg；化学机械木浆为 9kg、30$m^3$ 和 1100kg；新闻纸为 4kg、20$m^3$ 和 630kg；印刷书写纸为 4kg、30$m^3$ 和 680kg。

**（九）投资融资**

严格执行项目法人制度、资本金制度和招投标制度。支持具备条件的制浆造纸企业通过公开发行股票和发行企业债券等方式筹集资金。国内金融机构特别是政策性银行应优先给予国内大型骨干制浆造纸企业建设项目融资支持。对违规项目，金融机构不得提供贷款。

## 二、造纸工业"十三五"发展的意见

2017 年 6 月，中国造纸协会编制了关于《造纸工业"十三五"发展的意见》，该意见总结了我国造纸工业的现状和问题，以及面临的新形势，提出造纸产业要深入贯彻"创新、协调、绿色、开放、共享"的发展理念，坚持以市场为导向，以结构调整为主线，以科技创新为动力，以建设资源节约型和环境友好型现代造纸工业为目标，提高供给质量，补足短板，加快产业结构调整，科学统筹，有序发展，满足我国社会经济发展对纸张和纸制品的需求，推进我国造纸工业由大国向强国转变。

同时该意见还明确指出造纸工业"十三五"发展重点任务：

**（一）调整产业区域结构，推进产业协调发展**

长江中下游地区：该区域内局部地区企业过于密集、规模差距大，环境容量不足，要控制开发强度，加强产能置换，加强调整和整合，提升产品质量档次，促进产业优化升级。

黄淮海地区：要加大区域内产业结构调整力度，控制总量、优化存量，加强节能节水，严格控制造纸工业的用水总量和主要污染物排放总量。

华南沿海地区：要实施调整与治污并重。采取推进造纸原料林基地建设和利用境外木片等措施，发展"林纸一体化"项目。

东北地区：要根据当地情况，在自然条件和水资源条件较好的区域适当发展制浆造纸。

西南地区：要以木竹资源开发为重点，加大林区道路等基础设施建设，合理规划布局。

西北地区：该区域地处江河源头，大部分地区生态环境脆弱，区内纤维、水资源短缺，不宜大力发展造纸工业。

**（二）优化企业规模结构，推进企业兼并重组**

整合浆纸企业资源。按照优势互补、自愿结合的原则，引导大型制浆造纸企业通过兼并重组与合资合作等形式发展，形成具有国际竞争力的综合性制浆造纸企业集团。

提高产业集中度。调整企业规模结构，改变企业数量多、规模小、布局分散的局面，大宗品种以规模化先进产能替代落后产能。除薄页纸（定量$\leqslant 40 g/m^2$）、特种纸及纸板等特殊品种外，对新建和技术改造项目要突出起始规模。

**（三）改善纤维原料结构，增加国内有效供给**

提高木纤维比重。木材原料供应要充分利用国内外资源，支持企业提升原料自给能力。

加大废纸利用。废纸回收和利用体现了造纸行业循环经济和低碳的特点，充分利用废纸资源是调整造纸原料结构的重要措施。

科学合理利用非木纤维。充分利用竹子、芦苇、蔗渣、秸秆等非木资源，力争使非木浆得到稳定合理发展。鼓励以农业废弃秸秆为原料，采用清洁生产工艺技术生产非木纸浆，推动秸秆资源化综合利用。

**（四）加大清洁生产力度，推动循环经济发展**

充分发挥纸业的绿色属性优势。转变发展方式，按照减量化、再利用、资源化的原则，提高水资源、能源、土地及植物原料等使用效率，通过节约资源、减少能源消耗和污染物排放，建设资源节约型、环境友好型造纸产业。

提高资源综合利用水平。充分利用好黑液、废渣、污泥、生物质气体等典型生物质能源，提高热电联产水平，对生产环节产生的余压、余热等能源，以及废气、废液及其他废弃物进行回收利用，最大限度实现资源化。充分利用林业速生材，扩大利用间伐材、小径材、加工剩余物等生产纸浆，提高木材综合利用率，节约木材资源。提升非木材制浆清洁生产工艺技术、高值化利用技术及废液综合利用技术。

**（五）提高环境管理水平，降低污染排放水平**

造纸企业应依法依规申请排污许可证，持证排污。落实造纸企业治污主体责任，按照相关标准规范开展自行监测、台账记录；按时提交执行报告并及时公开信息；加强对废气排放和废水排放治理及控制，确保污染防治设施稳定运行，污染物达标排放。强化固体废物的处置，加强无组织逸散污染物的收集和处理。

**（六）实施"三品"战略，调整改善产品结构**

优化品种结构。重点提升和优化纸及纸板、特种纸及纸板、纸制品的品种结构，以适应多元化消费市场需求。

提升产品品质。提高纸产品的设计水平和品质，持续推进行业产品质量提升，满足人民日益提高的质量需求。

加强品牌培育。加大品牌建设力度，重点培育纸包装、本册、生活用纸、复印纸等直接面对消费者的产品品牌，宣传品牌的质量和绿色理念，拉近与国际品牌的差距。

**（七）推进技术装备发展，增强核心竞争能力**

加强造纸装备制造自主创新能力建设，鼓励改革创新我国装备制造业技术研发体制。着力开发具有自主知识产权的技术和产品，提升设计集成能力和工艺技术装备总体水平。加大新一代制浆技术装备的开发力度，推广应用先进、成熟、适用的制浆造纸和环保新技术、新设备。

**（八）推动产业两化融合，提升智能制造水平**

推动造纸工业企业以两化融合管理体系贯标为牵引，实现管理模式创新和管理现代化水平提升，培育和提升精益管理、大规模个性化定制、供应链协同、市场快速响应、精准营销等核心竞争能力。加快装备自动化、数控化、智能化进程，推动专用机器人等智能制造装备和智能化生产线的设计、制造和应用。提高智能装备及产品在行业发展中的作用，尤其是在现有 DCS、QCS、ERP、OA 等应用系统基础上整合，推进 MES 生产过程控制应用，不断缩小与世界先进水平的差距，争取在智能控制技术等方面有新的突破。

**（九）拓展企业发展空间，降低企业经营风险**

面对企业全要素成本的增加，特别是能源、环保、人力资本的大幅上升，造纸行业要进一步提高产品附加值，引导造纸企业向上下游产品领域拓展，提升产业链价值，增强盈利水平。

**（十）加强废纸回收利用，宣传绿色低碳消费**

积极宣传造纸产业的绿色属性，宣传纸产品的低碳循环利用，提高全社会节约用纸意识，引导理性、绿色低碳消费。引导企业扩大废纸利用，使用废纸脱墨浆生产书写印刷用纸和厕用卫生纸，提高卫生纸、擦手纸、书写印刷用纸的废纸原料比例。

**（十一）倡导企业社会责任，提升企业公众形象**

"十三五"是造纸行业践行绿色发展的关键时期，造纸企业在发展的同时更应注重社会责任和公众形象，增强环保意识和社会责任感，注重社会责任和公众形象，积极参加社会公益活动，充分利用各种传播媒体，宣传企业生态保护、节能减排、社会公益、职工福利和绿色发展等成就，提升企业公众形象，为行业发展打下更好的基础。

## 三、制浆造纸行业清洁生产评价指标体系（试行）

2013 年 1 月中国环境科学研究院、中国轻工业清洁生产中心共同编制，国家发展改革委员会发布《制浆造纸行业清洁生产评价指标体系（试行）》。本指标体系规定了造纸工业企业清洁生产的一般要求。该指标体系将清洁生产指标分为 6 类，即生产工艺及设备要求、资源和能源消耗指标、资源综合利用指标、污染物产生指标、产品特征指标和清洁生产管理指标。

该评价体系从定量和定性两个方面来评价制浆造纸企业是否符合清洁生产的标准。

在定量评价指标中，各指标的评价基准值是衡量该项指标是否符合清洁生产基本要求的评价基准。因此，该定量评价指标体系的评价基准值代表了行业清洁生产的平均先进水平。

在定性评价指标体系中，衡量该项指标是否贯彻执行国家有关政策、法规的情况，按"是"或"否"两种选择来评定。

清洁生产评价指标的权重值反映了该指标在整个清洁生产评价指标体系中所占的比

重。它原则上是根据该项指标对制浆造纸企业清洁生产实际效益和水平的影响程度大小及其实施的难易程度来确定的。

## 第二节　制浆造纸行业标准与规范

标准（standard）是指通过标准化活动，按照规定的程序经协商一致制定，为各种活动或其结果提供规则、指南或特性，供共同使用和重复使用的文件。《中华人民共和国标准化法》将标准分为国家标准、行业标准、地方标准、团体标准和企业标准。

规范（specification）是规定产品、过程或服务应满足的技术要求的文件，可以是标准、标准的一部分或标准以外的其他标准化文件。

### 一、制浆造纸厂设计规范（GB 51092—2015）

《GB 51092—2015 制浆造纸厂设计规范》由中国海诚工程科技股份有限公司主编，住房和城乡建设部发布，全文包括14章和6个附录，自2015年11月1日起实施。主要技术内容包括：总则、术语、工艺、厂址与总体规划、热能动力、总平面与运输、电气系统、自控仪表、建筑、结构、给水排水、采暖通风与空气调节、清洁生产、节能减排和环境保护以及职业安全卫生等，其中第3.1.12、3.1.13、7.2.8和13.1.4条为强制性条文，必须严格执行。

**（一）强制性条文及说明**

1. 强制性条文一（第3.1.12条）

以各类植物纤维为原料生产硫酸盐化学浆和碱法制浆的制浆造纸厂必须设置碱回收车间或木素综合利用。

化学制浆黑液中含有大量的有机物和无机物，如果直接排放至水体，将对环境造成严重的污染，因此，必须加以回收利用。绝干黑液固型物的燃烧值约为标准煤的40%~45%，通过在碱回收炉中的燃烧，可有效利用其热能，燃烧产生的$CO_2$与黑液中的$Na^+$反应生成$Na_2CO_3$，可用$Ca(OH)_2$与其反应生成$NaOH$，而其中的$S^{2-}$与$Na^+$反应生成$Na_2S$，这两种均是化学制浆所用的化学品。通过碱回收的蒸发、燃烧、苛化及石灰回收工序，制浆化学品可循环利用，产生的热能也可以满足化学制浆所需的蒸汽和电力的需求。因此，碱回收可达到循环利用、清洁生产，降低排放负荷等多重目的。当生产工艺成熟、市场销量稳定时，也可采用木素综合利用等方法。总之，化学制浆必须采取有效的废液回收利用措施，否则将会对环境造成极大的危害。

2. 强制性条文二（第3.1.13条）

严禁采用元素氯漂白生产工艺。

采用元素氯漂白是指用氯气和次氯酸盐作为漂白化学品的漂白工艺，采用此工艺漂白产生大量AOX（可吸附的有机卤化物 Adsorbable Organic Halogen），在水中的卤化物具有致癌和致突变性，因此必须在设计中禁止采用元素氯漂白工艺。取代的生产工艺根据原料情况，可选择无元素氯漂白（ECF）和全无氯漂白（TCF）。

3. 强制性条文三（第7.2.8条）

严禁架空线路穿越原料场。沿原料厂道路敷设的架空线路，应布置在远离原料厂一侧,与堆垛的水平距离不得小于杆塔高度的1.5倍。

原料堆场与电力架空线的水平距离不小于杆塔高度的1.5倍,主要是考虑架空电力线在倒杆断线时的危害范围。对于采用塔架方式架设电线时,杆高可按高度最高一路调设线路的吊杆距地高度计算。

4. 强制性条文四(第13.1.4条)

新建、扩建或技术改造项目,化学制浆项目必须有碱回收和废水处理工序,所产生的废水必须经处理达到现行国家或当地排放标准后有组织排放。

化学制浆中的漂白废水和黑液蒸发浓缩产生的污冷凝水、以商品浆和废纸为原料的造纸生产废水,均达不到《GB 3544—2008 制浆造纸工业水污染排放标准》的排放要求。因此,必须处理达标,并符合环境评估报告的要求后有组织的排放。常用的处理方法是采用生化与物化处理结合的方式。不含制浆的造纸厂,如果当地规定需送集中废水处理厂处理,应按其接纳标准经处理后排送至集中废水处理厂,处理后再排放。

### (二) 生产线规模划分

《GB 51092—2015 制浆造纸厂设计规范》对制浆造纸生产线规模以制浆能力、碱回收黑液固形物的处理量和造纸能力进行划分,见表1-1至表1-3。

表1-1　　　　　　　　　　生产线规模以制浆能力划分表

| 规模 | 单线年制浆能力 $G_{m,浆} \times 10000/(t/a)$ | | | |
|---|---|---|---|---|
| | 化学浆 | | | 化学机械浆 |
| | 木浆 | 竹浆 | 其他非木浆 | |
| 特大型 | $G_{m,浆} \geq 60$ | $G_{m,浆} \geq 20$ | $G_{m,浆} \geq 20$ | $G_{m,浆} \geq 30$ |
| 大型 | $30 \leq G_{m,浆} < 60$ | $15 \leq G_{m,浆} < 20$ | $10 \leq G_{m,浆} < 20$ | $15 \leq G_{m,浆} < 30$ |
| 中型 | $15 \leq G_{m,浆} < 30$ | $10 \leq G_{m,浆} < 15$ | $5 \leq G_{m,浆} < 10$ | $5 \leq G_{m,浆} < 15$ |
| 小型 | $G_{m,浆} < 15$ | $G_{m,浆} < 10$ | $G_{m,浆} < 5$ | $G_{m,浆} < 5$ |

表1-2　　　　　　　　　生产线规模以碱回收黑液固形物的处理量划分表

| 规模 | 单线碱炉日处理黑液固形物量 $G_{m,DS}/(t/d)$ | | |
|---|---|---|---|
| | 化学浆 | | 其他非木浆 |
| | 木浆 | 竹浆 | |
| 特大型 | $G_{m,DS} \geq 3000$ | $G_{m,DS} \geq 1000$ | $G_{m,DS} \geq 800$ |
| 大型 | $1500 \leq G_{m,DS} < 3000$ | $750 \leq G_{m,DS} < 1000$ | $400 \leq G_{m,DS} < 800$ |
| 中型 | $750 \leq G_{m,DS} < 1500$ | $500 \leq G_{m,DS} < 750$ | $200 \leq G_{m,DS} < 400$ |
| 小型 | $G_{m,DS} < 750$ | $G_{m,DS} < 500$ | $G_{m,DS} < 200$ |

注:DS—溶解固形物。

表1-3　　　　　　　　　　生产线规模以造纸能力划分表

| 规模 | 单线年造纸能力 $G_{m,纸} \times 10000(t/a)$ | | |
|---|---|---|---|
| | 纸板和包装纸 | 印刷书写纸 | 生活用纸及薄页纸 |
| 特大型 | $G_{m,纸} \geq 60$ | $G_{m,纸} \geq 40$ | $G_{m,纸} \geq 6$ |
| 大型 | $30 \leq G_{m,纸} < 60$ | $20 \leq G_{m,纸} < 40$ | $3 \leq G_{m,纸} < 6$ |
| 中型 | $15 \leq G_{m,纸} < 30$ | $10 \leq G_{m,纸} < 20$ | $1.5 \leq G_{m,纸} < 3$ |
| 小型 | $G_{m,纸} < 15$ | $G_{m,纸} < 10$ | $G_{m,纸} < 1.5$ |

## 二、取水定额 第5部分：造纸产品（GB/T 18916.5—2012）

《GB/T 18916.5—2012 取水定额 第5部分：造纸产品》的本部分规定了造纸产品取水定额的术语和定义、计算方法及取水量定额等，适用于现有和新建造纸企业取水量的管理。取水量范围是指企业从各种常规水资源提取的水量，包括地表水、地下水、城镇供水，以及企业从市场购得的其他水或水的产品（如蒸汽、热水、地热水等）的水量。

以木材、竹子、非木类（麦草、芦苇、蔗渣）等为原料生产本色、漂白化学浆，以木材为原料生产化学机械木浆，以废纸为原料生产脱墨浆或未脱墨废纸浆，其生产取水量是指从原料准备至成品浆的生产全过程所取用的水量。化学浆生产过程取水量还包括碱回收、制浆化学品药液制备、黑（红）液副产品生产在内的取水量。以自制浆或商品浆为原料生产纸及纸板，其生产取水量是指从浆料预处理、打浆、抄纸、完成以及涂料、辅料制备等生产全过程的取水量。取水量的计量以企业的一级计量表为准，取水定额指标为最高允许值，在实际运用中取水量应不大于定额指标值。现有和新建造纸企业单位产品取水量如表1-4所示。

表1-4 造纸企业单位产品取水量定额指标

| | 产品名称 | 现有企业单位造纸产品取水量 /（m³/t） | 新建企业单位造纸产品取水量 /（m³/t） |
|---|---|---|---|
| 纸浆 | 漂白化学木(竹)浆 | 90 | 70 |
| | 本色化学木(竹)浆 | 60 | 50 |
| | 漂白化学非木(麦草、芦苇、蔗渣)浆 | 130 | 100 |
| | 脱墨废纸浆 | 30 | 25 |
| | 未脱墨废纸浆 | 20 | 20 |
| | 化学机械木浆 | 35 | 30 |
| 纸 | 新闻纸 | 20 | 16 |
| | 印刷书写纸 | 35 | 30 |
| | 生活用纸 | 30 | 30 |
| | 包装用纸 | 25 | 20 |
| 纸板 | 白纸板 | 30 | 30 |
| | 箱纸板 | 25 | 22 |
| | 瓦楞原纸 | 25 | 20 |

注：1. 高得率半化学本色木浆及半化学草浆按本色化学木浆执行；机械木浆按化学机械木浆执行。
2. 经抄纸机生产浆板时，允许在本定额的基础上增加10m³/t。
3. 生产漂白脱墨废纸浆时，允许在本定额的基础上增加10m³/t。
4. 生产涂布类纸及纸板时，生允许在本定额的基础上增加10m³/t。
5. 纸浆的计量单位为吨风干浆（含水10%）。
6. 纸浆、纸、纸板的取水量定额指标分别计。
7. 本部分不包括特殊浆种、薄页纸及特种纸的水量。

## 三、节水型企业 造纸行业（GB/T 26927—2011）

《GB/T 26927—2011 节水型企业 造纸行业》标准规定了造纸行业节水型企业评价

的相关术语和定义、评价指标体系和考核要求,适用于木浆、非木浆、废纸浆等制浆企业,新闻纸、印刷书写纸、生活用纸、包装纸及纸板等造纸企业以及浆纸联合生产企业的节水型企业评价工作。节水型企业评价指标体系的技术考核指标见表1-5。

表1-5　　　　　节水型企业技术考核指标及要求

| 指标 | | 单位 | 考核值 |
|---|---|---|---|
| 单位产品取水量 | 漂白化学木(竹)浆 | m³/t | 70 |
| | 本色化学木(竹)浆 | | 50 |
| | 化学机械木浆 | | 30 |
| | 漂白化学非木(麦草、芦苇、蔗渣)浆 | | 100 |
| | 脱墨废纸浆 | | 24 |
| | 未脱墨废纸浆 | | 16 |
| | 新闻纸 | | 16 |
| | 印刷书写纸 | | 30 |
| | 生活用纸 | | 30 |
| | 包装用纸 | | 20 |
| | 白纸板 | | 30 |
| | 箱纸板 | | 22 |
| | 瓦楞原纸 | | 20 |
| 重复利用率 | 纸浆 | % | 70 |
| | 纸及纸板 | | 85 |

注:1. 经抄纸机生产浆板时,允许在本定额的基础上增加 10m³/t。
2. 生产漂白脱墨废纸浆时,允许在本定额的基础上增加 10m³/t。
3. 生产涂布类纸及纸板时,允许在本定额的基础上增加 10m³/t。
4. 纸浆的计量单位为吨风干浆(含水10%)。
5. 纸浆、纸、纸板的取水量定额指标分别计。
6. 高得率半化学本色木浆及半化学草浆按本色化学木浆执行;机械木浆按化学机械木浆执行。
7. 本部分不包括特殊浆种、薄页纸及特种纸的水量。

## 四、制浆造纸单位产品能源消耗限额(GB 31825—2015)

《GB 31825—2015 制浆造纸单位产品能源消耗限额》标准规定了主要的纸浆、机制纸和纸板主要生产系统单位产品能源消耗限额的技术要求、统计范围、计算方法和节能管理与措施。

本标准适用于以植物纤维为主要原料的纸浆、机制纸和纸板主要生产系统单位产品能源消耗的计算、考核,以及对新建及改扩建企业(装置)的能耗控制。制浆造纸主要生产系统单位产品能耗按照纸浆能耗、机制纸和纸板能耗分别进行统计和计算。统计周期内生产系统应处于正常运行状态,生产试运行、系统维护及维修等非正常运行下的能耗不在统计范围。能耗统计范围应包括主要生产系统消耗的一次能源(原煤、原油、天然气等)、二次能源(电力、热力、石油制品等)和生产使用的耗能工质(水、压缩空气等)所消耗的能源,不包括辅助生产系统和附属生产系统消耗的能源。辅助生产系统和附属生产系统能源消耗量以及能源损失量,不计入主要生产系统单位产品能耗。主要生产系统投入的各种能源及耗能工质消耗量应折算为标准煤计算。主要生产系统能源消耗的技术要求见表 1-6。

表 1-6　　制浆造纸主要生产系统单位产品能耗技术要求

| 产品分类 | | | 现有主要生产系统单位产品能耗限定值 | 新建及改扩建主要生产系统单位产品能耗准入值 | 主要生产系统单位产品能耗先进值 |
|---|---|---|---|---|---|
| 纸浆 | 漂白化学木浆[a] | 自用浆 | ≤280kgce/tad[b] | ≤240kgce/tad | ≤200kgce/tad |
| | | 商品浆 | ≤400kgce/tad | ≤360kgce/tad | ≤320kgce/tad |
| | 未漂化学浆[a] | 自用浆 | ≤220kgce/tad | ≤180kgce/tad | ≤150kgce/tad |
| | | 商品浆 | ≤340kgce/tad | ≤300kgce/tad | ≤270kgce/tad |
| | 漂白化学非木浆（自用浆）[a] | | ≤400kgce/tad | ≤310kgce/tad | ≤280kgce/tad |
| | 化学机械浆及机械浆（自用浆） | | ≤350kgce/tad | ≤290kgce/tad | ≤235kgce/tad |
| | 脱墨废纸浆（自用浆） | | ≤210kgce/tad | ≤175kgce/tad | ≤140kgce/tad |
| | 非脱墨废纸浆（自用浆） | | ≤90kgce/tad | ≤75kgce/tad | ≤60kgce/tad |
| 机制纸和纸板 | 新闻纸 | | ≤320kgce/t | ≤260kgce/t | ≤210kgce/t |
| | 非涂布印刷书写纸 | | ≤450kgce/t | ≤375kgce/t | ≤300kgce/t |
| | 涂布印刷纸 | | ≤450kgce/t | ≤375kgce/t | ≤300kgce/t |
| | 生活用纸 | 木浆 | ≤560kgce/t | ≤490kgce/t | ≤420kgce/t |
| | | 非木浆 | ≤600kgce/t | ≤550kgce/t | ≤460kgce/t |
| | 包装用纸 | | ≤460kgce/t | ≤400kgce/t | ≤320kgce/t |
| | 白纸板 | | ≤330kgce/t | ≤275kgce/t | ≤220kgce/t |
| | 箱纸板 | | ≤330kgce/t | ≤275kgce/t | ≤220kgce/t |
| | 瓦楞原纸 | | ≤315kgce/t | ≤260kgce/t | ≤210kgce/t |
| | 涂布纸版 | | ≤345kgce/t | ≤290kgce/t | ≤230kgce/t |

注：[a] 包括碱回收系统；
　　[b] tad 指吨风干浆；
　　ce 指标准煤。

## 五、制浆造纸工业污染防治可行技术指南（HJ 2302—2018）

《HJ 2302—2018　制浆造纸工业污染防治可行技术指南》标准适用于制浆造纸工业污染物排放许可管理，可作为建设项目环境影响评价、国家污染物排放标准的制定与实施、制浆造纸工业企业污染防治技术选择的依据，不适用于制浆造纸工业企业的自备热电站和工业锅炉。本标准由环境保护部科技标准司组织制定，环境保护部 2018 年 1 月 4 日批准，自 2018 年 3 月 1 日起实施。

**（一）本标准推荐的污染预防技术**

本标准推荐的化学法制浆污染预防技术包括干法剥皮技术、干湿法备料技术、新型立式连续蒸煮技术、改良型间歇蒸煮技术、横管式连续蒸煮技术、纸浆高效洗涤技术、封闭筛选技术、氧脱木素技术、无元素氯（ECF）漂白技术、黑液碱回收技术和废液综合利用技术。

本标准推荐的化学机械法制浆污染预防技术包括两段磨浆技术、高效洗涤与流程控制技术和化学机械法制浆废液蒸发碱回收技术。

化学法制浆和化学机械法制浆污染预防技术参数可参考表1-7和表1-8。

表1-7　　　　　　　　　　　化学法制浆污染预防技术参数

| 序号 | 工序 | 技术名称 | 技术参数 |
| --- | --- | --- | --- |
| 1 | 备料 | 干法剥皮 | 剥皮度:95%~98%;损失率:<5% |
| 2 | 备料 | 干湿法备料 | 除杂率:15%左右 |
| 3 | 蒸煮 | 新型立式连续蒸煮 | 蒸煮温度:140~160℃;蒸汽消耗:0.5~1.0t/t风干浆;粗浆得率:50%~54%;卡伯值:针叶木20~28,阔叶木14~18 |
| 4 | 蒸煮 | 改良型间接蒸煮 | 蒸煮温度:150~170℃;蒸汽消耗:0.5~0.8t/t风干浆;粗浆得率:50%~54%;卡伯值:针叶木20~25,阔叶木14~16 |
| 5 | 蒸煮 | 横管式连续蒸煮 | 蒸煮温度:165~175℃;蒸汽消耗:2.0~2.5t/t风干浆;粗浆得率:45%~52% |
| 6 | 洗涤 | 纸浆高效洗涤 | 进浆浓度:低浓3%~5%;中浓6%~10%;出浆浓度:25%~35%;洗涤效率:木浆95%~98%、竹浆89%~92%、非木(竹)浆83%~88% |
| 7 | 筛选 | 全封闭压力筛选 | 压力差:50 kPa;进浆浓度:木浆3.5%左右、竹浆2.5%左右、非木(竹)浆0.6%~2% |
| 8 | 氧脱木素 | 氧脱木素 | 浆浓:10%~15%;用碱量:18~28kg/t风干浆;用氧量:14~28kg/t风干浆;残余木素脱除率:40%~60% |
| 9 | 漂白 | ECF漂白 | 二氧化氯消耗量:15~30kg/t风干浆;厂内配套二氧化氯制备车间 |
| 10 | 碱回收 | 黑液碱回收 | 碱回收工段需配套蒸发、燃烧、苛化工序 |
| 11 | 碱回收 | 高浓黑液蒸发及燃烧 | 蒸发后黑液固形物浓度:50%~65%;超浓缩器或结晶蒸发器后黑液固形物浓度:65%~80% |
| 12 | 废液处置 | 废液综合利用 | 厂内配套热风炉,用于喷浆造粒制造复合肥 |

表1-8　　　　　　　　　　化学机械法制浆污染预防技术参数

| 序号 | 工序 | 技术名称 | 技术参数 |
| --- | --- | --- | --- |
| 1 | 磨浆 | 两段磨浆 | 一段磨浆浓度:30%~40%;二段磨浆浓度:3%~4.5%;磨浆电耗:800~1200 kWh/t风干浆 |
| 2 | 洗涤 | 螺旋压榨机组成的洗涤系统 | 进浆浓度:3%~5%;出浆浓度:20%~25% |
| 3 | 碱回收 | 废液碱回收 | 废液初始浓度:1.5%~2.0%;预蒸发后浓度:15%;多效蒸发后浓度:65% |

**(二) 本标准推荐的废水污染防治可行技术**

本标准根据不同原料及生产工艺推荐相应的废水污染防治可行技术。

1. 化学木(竹)浆生产企业废水污染防治可行技术

化学木(竹)浆生产企业废水一级处理一般采用混凝沉淀,二级处理采用活性污泥法,可选择完全混合活性污泥法、氧化沟或厌氧/好氧(A/O)处理工艺,三级处理采用Fenton氧化、混凝沉淀或气浮。

2. 化学蔗渣浆生产企业废水污染防治可行技术

化学蔗渣浆生产企业备料废水经过预处理后进入厌氧处理单元;制浆废水经一级混凝沉淀处理后,与处理后的备料工段废水混合进入二级活性污泥法处理单元,通常可选择氧化沟处理工艺，三级处理一般采用Fenton氧化。

3. 化学麦草、芦苇浆生产企业废水污染防治可行技术

化学麦草、芦苇浆生产企业废水一级处理可采用混凝沉淀，二级处理经厌氧处理后，进入活性污泥法处理单元，对铵盐及亚硫酸盐法制浆而言，宜选择A/O处理工艺，对于碱法制浆而言，通常可选择完全混合活性污泥法或氧化沟处理工艺，三级处理一般采用混凝沉淀或Fenton氧化。

4. 化学机械法制浆生产企业废水污染防治可行技术

化学机械法制浆生产企业废水一级处理一般采用混凝沉淀，制浆废液采用碱回收处置的企业，废水二级处理可采用单独的好氧处理单元；制浆废液进入污水处理系统处理，二级处理采用厌氧与好氧处理相结合的方式，好氧处理单元通常可选择完全混合活性污泥法、氧化沟或SBR处理工艺，三级处理采用Fenton氧化、混凝沉淀或气浮。

5. 废纸制浆生产企业废水污染防治可行技术

废纸制浆生产企业废水回收纤维后，一级处理一般采用混凝沉淀或气浮，二级处理采用厌氧与好氧处理相结合的方式，后仰处理单元通常可选择完全混合活性污泥法或A/O处理工艺，三级处理采用Fenton氧化、混凝沉淀或气浮。

6. 机制纸及纸板生产企业废水污染防治可行技术

机制纸及纸板生产废水回收纤维后，一级处理一般采用混凝沉淀或气浮，二级处理采用单独的活性污泥法好氧处理单元，通常可选择完全混合活性污泥法或A/O处理工艺，企业根据需要选择三级处理工序，一般采用混凝沉淀或气浮。

## 六、制浆造纸废水治理工程技术规范（HJ 2011—2012）

《HJ 2011—2012 制浆造纸废水治理工程技术规范》标准由环境保护部科技标准司组织制订，自2012年6月1日起实施。本标准规定了制浆造纸工业废水治理工程设计、施工、验收、运行与维护的技术要求，适用于采用化学制浆、化学机械制浆、机械制浆及废纸制浆工艺的制浆和造纸企业的废水治理工程，可作为环境影响评价、可行性研究、设计、施工、安装、调试、验收、运行与监督管理的技术依据。

### （一）制浆造纸废水的水质和污染物产生量

制浆造纸废水指以植物或废纸等为原料生产纸浆及以纸浆为原料生产纸张、纸板等产品过程中产生的各种废水的统称。其中以植物或废纸等为原料生产纸浆过程中产生的废水称为制浆废水，以纸浆为原料生产纸张、纸板等产品过程中产生的废水称为造纸废水。典型制浆造纸废水的水质和污染物产生量可参照表1-9和表1-10。

表1-9　　典型制浆造纸废水水质范围

| 废水种类 | 水质指标 | | | | | | | |
|---|---|---|---|---|---|---|---|---|
| | pH | SS[⑥] mg/L | $COD_{Cr}$ mg/L | $BOD_5$ mg/L | AOX[⑦] mg/L | 总氮 mg/L | 氨氮 mg/L | 总磷 mg/L |
| 化学浆[①③④] | 5~10 | 250~2500 | 1200~2500 | 350~800 | 2~26 | 4~20 | 2~5 | 0.5~2 |
| 化学机械浆[①⑤] | 6~9 | 1800~3800 | 6000~16000 | 1800~4000 | 0~3 | 5~10 | 3~5 | 1~3 |

续表

| 废水种类 | 水质指标 | | | | | | | |
|---|---|---|---|---|---|---|---|---|
| | pH | SS[6] | $COD_{Cr}$ | $BOD_5$ | AOX[7] | 总氮 | 氨氮 | 总磷 |
| | | mg/L | mg/L | mg/L | mg/L | mg/L | mg/L | mg/L |
| 机械浆[1] | 6~9 | 850~2000 | 3200~8000 | 1200~2800 | 0~1 | 4~8 | 2~5 | 0.5~1.5 |
| 废纸浆[2] | 6~9 | 800~1800 | 1500~5000 | 550~1500 | 0~1 | 5~20 | 4~15 | 0.5~1 |
| 脱墨废纸浆[2] | 6~9 | 450~3000 | 1200~6500 | 350~2000 | 0~1 | 3~10 | 2~6 | 0.5~1.5 |
| 造纸废水[2] | 6~9 | 250~1300 | 500~18100 | 180~800 | 0~1 | 2~4 | 1~3 | 0.5~1 |

说明：① 除 pH，木浆取中低值，非木浆取高值；
② 除 pH，国产小型纸机取中低值，进口纸机取高值；
③ 氨法化学浆废水氨氮和总氮指标分别为 55~150mg/L 和 60~160mg/L；
④ 化学浆水质指标为制浆废液经化学品或资源回收后的指标；
⑤ 化学机械浆水质指标为高浓制浆废水未进行蒸发燃烧处理的指标；
⑥ SS 为悬浮在水中的固体物质；
⑦ AOX 为可吸收有机卤化物，不包括氟化物，只指氯化物、溴化物和碘化物。

**表 1-10　　　　　　典型制浆造纸废水单位产品污染物产生量[1]　　　　单位：kg/t 产品**

| 制浆造纸方法类别 | | 污染物产生量 | | | |
|---|---|---|---|---|---|
| | | $COD_{Cr}$ | $BOD_5$ | SS | AOX |
| 化学浆[2] | | 45~210 | 15~75 | 9~120 | 0.3~7.5 |
| 化学机械浆[3] | | 65~160 | 15~35 | 30~50 | 0~0.2 |
| 机械浆 | | 20~100 | 12~35 | 15~40 | — |
| 其他 | 非脱墨废纸浆 | 15~30 | 5~12 | 8~15 | — |
| | 脱墨废纸浆 | 25~65 | 8~20 | 10~25 | 0~0.2 |
| 未涂布印刷/书写纸 | | 7~15 | 4~8 | 12~25 | 0~0.1 |
| 涂布印刷/书写纸 | | 12~30 | 5~9 | 15~30 | 0~0.1 |
| 纸板 | | 5~15 | 3~7 | 2~8 | 0~0.1 |
| 新闻纸 | | 8~20 | 5~10 | 10~25 | 0~0.1 |

说明：① 污染物产生量指标木浆取中低值，非木浆取高值；
② 化学浆指标为经化学品或资源回收后的污染物产生量指标；
③ 化学机械浆指标为高浓度制浆废水未进行蒸发燃烧处理的污染物产生量指标。

### （二）制浆造纸废水处理工艺

制浆造纸综合废水处理采用三级处理工艺。一级处理主要包括格栅渠、提升泵房、纤维回收间、初沉池（混凝沉淀池或气浮池）和调节池等。二级处理为生化处理系统，当一级处理后废水 $COD_{Cr}$ 浓度大于 2000mg/L 时，宜采用厌氧+好氧处理工艺；当一级处理后废水 $COD_{Cr}$ 浓度小于 1200mg/L 时，宜采用好氧处理工艺。三级处理宜采用混凝沉淀（气浮）处理技术，当 SS 指标要求较严时，混凝沉淀或气浮后的废水宜进行过滤处理，混凝沉淀或气浮处理出水达不到水质目标时，可采用高级氧化处理，经试验验证和技术经济分析，也可采用其他三级处理单元技术中的一种或几种组合，其他单元技术有活性炭吸附、臭氧—活性炭生物滤池、离子交换、超滤、纳滤、反渗透等。废水治理工艺单元处理效率和单位产品造纸生产废水污染物产生量可参考表 1-11。

表 1-11　　典型废水治理工艺单元处理效率　　　　　　单位：%

| 处理级别 | 处理工艺 | 主要工艺 | 处理效率 COD$_{Cr}$ | BOD$_5$ | SS | AOX |
|---|---|---|---|---|---|---|
| 一级 | 沉淀 | 格栅、筛滤、初沉池 | 15~50 | 5~30 | 40~75 | 0~5 |
| | 混凝沉淀(气浮) | 格栅、筛滤、混凝沉淀(气浮) | 50~75 | 25~40 | 80~90 | 25~70 |
| 二级① | 好氧生化 | 好氧生物反应池、二沉池 | 60~80 | 80~95 | 70~90 | 35~60 |
| | 厌氧-好氧生化 | 厌氧池、(中沉池)、好氧生物池、二沉池 | 65~85 | 85~95 | 75~90 | 40~60 |
| 三级 | 混凝沉淀(气浮)②③ | 混凝沉淀(气浮)、(过滤) | 50~80 | 40~55 | 70~90 | 20~50 |
| | Fenton 氧化 | 高级氧化、混凝沉淀 | 80~90 | 80~90 | 70~90 | 80~90 |

注：① 制浆废水二级处理效率取中低值，造纸废水二级处理效率取高值；
② 一级处理采用混凝工艺时，三级处理混凝处理效率取低值，一级处理采用沉淀工艺时，三级处理混凝处理效率取中高值；
③ 采用常规混凝沉淀时混凝处理效率取中低值，采用强化混凝沉淀时，混凝处理效率取高值。

## 七、制浆造纸工业水污染物排放标准（GB 3544—2008）

《GB 3544—2008　制浆造纸工业水污染物排放标准》标准规定了制浆造纸工业企业水污染物排放限值、监测和监控要求，适用于现有制浆造纸企业或生产设施的水污染物排放管理，以及对制浆造纸工业建设项目的环境影响评价、环境保护设施设计、竣工环境保护验收及其投产后的水污染物排放管理。企业向设置污水处理厂的城镇排水系统排放废水时，有毒污染物可吸附有机卤素（AOX）、二噁英在本标准规定的监控位置执行相应的排放限值；其他污染物的排放控制要求由企业与城镇污水处理厂根据其污水处理能力商定或执行相关标准。

制浆企业指单纯进行制浆生产的企业，以及纸浆产量大于纸张产量，且销售纸浆量占总制浆量 80% 及以上的制浆造纸企业。造纸企业指单纯进行造纸生产的企业，以及自产纸浆量占纸浆总用量 20% 及以下的制浆造纸企业。制浆和造纸联合生产企业指除制浆企业和造纸企业以外、同时进行制浆和造纸生产的制浆造纸企业。废纸制浆和造纸企业指自产废纸浆量占纸浆总用量 80% 及以上的制浆造纸企业。

排水量指生产设施或企业向企业法定边界以外排放的废水的量，包括与生产有直接或间接关系的各种外排废水（如厂区生活污水、冷却废水、厂区锅炉和电站排水等）。单位产品基准排水量指用于核定水污染物排放浓度而规定的生产单位纸浆、纸张（板）产品的废水排放量上限值。

本标准对现有或新建企业制浆造纸企业污染物排放控制的要求见表 1-12 和表 1-13。自 2011 年 7 月 1 日起，现有制浆造纸企业执行表 1-12 规定的水污染物排放限值。自 2008 年 8 月 1 日起，新建制浆造纸企业执行表 1-12 规定的水污染物排放限值。根据环境保护工作的要求，在国土开发密度较高、环境承载能力开始减弱，或水环境容量较小、生态环境脆弱，容易发生严重水环境污染问题而需要采取特别保护措施的地区，企业执行表 1-13 规定的水污染物特别排放限值。

表 1-12　　　　　　　　　　　　制浆造纸企业污水排放限值

| | | 企业生产类型 | 制浆企业 | 制浆和造纸联合生产企业 | 造纸企业 | 污染物排放监控位置 |
|---|---|---|---|---|---|---|
| 排放限值 | 1 | pH | 6~9 | 6~9 | 6~9 | 企业废水总排放口 |
| | 2 | 色度(稀释倍数) | 50 | 50 | 50 | 企业废水总排放口 |
| | 3 | 悬浮物含量/(mg/L) | 50 | 30 | 30 | 企业废水总排放口 |
| | 4 | 5d 生化需氧量($BOD_5$)/(mg/L) | 20 | 20 | 20 | 企业废水总排放口 |
| | 5 | 化学需氧量($COD_{Cr}$)/(mg/L) | 100 | 90 | 80 | 企业废水总排放口 |
| | 6 | 氨氮含量/(mg/L) | 12 | 8 | 8 | 企业废水总排放口 |
| | 7 | 总氮含量/(mg/L) | 15 | 12 | 12 | 企业废水总排放口 |
| | 8 | 总磷含量/(mg/L) | 0.8 | 0.8 | 0.8 | 企业废水总排放口 |
| | 9 | 可吸附有机卤素(AOX)含量/(mg/L) | 12 | 12 | 12 | 车间或生产设施废水排放口 |
| | 10 | 二噁英含量/(pgTEQ/L) | 30 | 30 | 30 | 车间或生产设施废水排放口 |
| 单位产品基准排水量/(t/t 浆) | | | 50 | 40 | 20 | 排水量计量位置与污染物排放监控位置一致 |

注：1. 可吸附有机卤素（AOX）指标适用于采用含氯漂白工艺的情况。
2. 纸浆量以绝干浆计。
3. 核定制浆和造纸联合生产企业单位产品实际排水量，以企业纸浆产量与外购商品浆数量的总和为依据。
4. 企业自产废纸浆占企业纸浆总用量的比重大于80%的，单位产品基准排水量为20t/t 浆。
5. 企业漂白非木浆产量占企业纸浆总用量的比重大于60%的，单位产品基准排水量为60t/t 浆。

表 1-13　　　　　　　　　　　　制浆造纸企业水污染物特别排放限值

| | | 企业生产类型 | 制浆企业 | 制浆和造纸联合生产企业 | 造纸企业 | 污染物排放监控位置 |
|---|---|---|---|---|---|---|
| 排放限值 | 1 | pH | 6~9 | 6~9 | 6~9 | 企业废水总排放口 |
| | 2 | 色度(稀释倍数) | 50 | 50 | 50 | 企业废水总排放口 |
| | 3 | 悬浮物含量/(mg/L) | 20 | 10 | 10 | 企业废水总排放口 |
| | 4 | 5d 生化需氧量($BOD_5$)/(mg/L) | 10 | 10 | 10 | 企业废水总排放口 |
| | 5 | 化学需氧量($COD_{Cr}$)/(mg/L) | 80 | 60 | 50 | 企业废水总排放口 |
| | 6 | 氨氮含量/(mg/L) | 5 | 5 | 5 | 企业废水总排放口 |
| | 7 | 总氮含量/(mg/L) | 10 | 10 | 10 | 企业废水总排放口 |
| | 8 | 总磷含量/(mg/L) | 0.5 | 0.5 | 0.5 | 企业废水总排放口 |
| | 9 | 可吸附有机卤素(AOX)含量/(mg/L) | 8 | 8 | 8 | 车间或生产设施废水排放口 |
| | 10 | 二噁英含量/(pgTEQ/L) | 30 | 30 | 30 | 车间或生产设施废水排放口 |
| 单位产品基准排水量/(t/t 浆) | | | 30 | 25 | 10 | 排水量计量位置与污染物排放监控位置一致 |

注：1. 可吸附有机卤素（AOX）指标适用于采用含氯漂白工艺的情况。
2. 纸浆量以绝干浆计。
3. 核定制浆和造纸联合生产企业单位产品实际排水量，以企业纸浆产量与外购商品浆数量的总和为依据。
4. 企业自产废纸浆占企业纸浆总用量的比重大于80%的，单位产品基准排水量为15t/t 浆。

## 第三节　本章课程重点思政内容

本章课程重点介绍了造纸工业相关产业政策及标准规范内容，造纸产业政策中重点介绍了《造纸产业发展政策》《造纸工业"十三五"发展的意见》和《制浆造纸行业清洁生产评价指标体系（试行）》等；制浆造纸行业标准规范中重点介绍了《GB 51092—2015 制浆造纸厂设计规范》《GB/T 18916.5—2012 取水定额　第5部分：造纸产品》《GB/T 26927—2011 节水型企业　造纸行业》《GB 31825—2015 制浆造纸单位产品能源消耗限额》《HJ 2302—2018 制浆造纸工业污染防治可行技术指南》《HJ 2011—2012 制浆造纸废水治理工程技术规范》《GB 3544—2008 制浆造纸工业水污染物排放标准》等内容。课程中涉及到相关的思政元素包括法律意识和团队意识与协调沟通等内容。

（一）法制意识

制浆造纸工程项目建设必须符合国家相关的法律、法规和产业政策要求，必须依法开展项目建设工作，必须严格遵循国家标准或行业标准和设计规范要求。通过本章课程内容的学习，必须树立法制观念，增加法制意识，时刻把法律牢记心间。

（二）职业素养

项目投资人必须具备良好的职业素养，良好的职业道德、正面积极的职业心态和正确的职业价值观意识，爱岗、敬业、乐于奉献的精神；同时应具备良好地职业技能，有一定的专业理论知识和能力，必须熟悉和掌握制浆造纸行业的各类标准和规范，并自觉应用于工程项目投资建设中。

# 第二章 制浆造纸工程项目决策与评价

工程项目决策是指最终作出是否投资建设某个项目的决定，决策过程包括信息收集、方案设计、方案评价、方案抉择四个相互联系的阶段。工程项目决策者或管理者一定要充分了解产品市场需求、技术要求以及投资风险因素等。

对于制浆造纸工程项目来说，决策尤为重要。造纸工业单位产品利润率低，产品附加值不高，而生产过程中水、电、汽等能源消耗高，市场准入门槛较低，对原材料的依赖性高，行业受市场的影响波动较大，竞争非常激烈。

## 第一节 工程项目建设程序

### 一、工程项目建设程序概念

工程项目建设程序是指国家有关行政部门或主管单位按照投资建设客观规律、项目周期各阶段的内在联系和特点，对工程项目投资建设的步骤、时序和工作深度等提出的管理要求。按照建设程序办事，目的在于确保工程建设循序渐进、有条不紊地进行，收到预期效果。

工程项目投资建设程序，由客观规律性程序和主观调控程序构成。客观规律性程序是指由工程项目投资建设内在联系所决定的先后顺序。如先勘察后设计，先设计后施工，先竣工验收后投产运营等。对于某些先后程序衔接较好的工程项目，可视具体情况允许上下道程序合理交叉，以节省建设时间。主观调控程序是指有关行政管理部门按其调控意愿和职能分工制定的管理程序。例如，政府投资项目先评估后决策，先审批后建设等。这些程序具有行政强制约束作用，项目建设单位不得绕过或逃避管理程序，违规建设。

### 二、工程项目建设程序阶段

工程项目建设程序阶段是根据工程项目周期来划分的。工程项目周期是指工程项目从提出设想开始，经过前期论证、投资决策、建设准备、建设实施、竣工验收直至投产运营所经历的全过程。工程项目周期一般分为四个主要阶段：前期阶段、准备阶段、实施阶段和运营阶段，工程项目管理随项目周期的全过程梯次展开。项目周期的不同阶段，工作内容和要求不同，工作的重点也不同。工程项目前期阶段，工作重点是对项目投资建设的必要性和可行性进行分析论证，并作出决策；工程项目准备阶段，工作重点是准备和安排项目所需建设条件，为开工建设打基础；工程项目实施阶段，工作重点是将建设投入要素进行组合，形成工程实物形态；工程项目投产运营阶段，工作重点是对项目投资建设过程进行总结性评价。

## 三、工程项目建设程序各阶段内容

### （一）前期阶段

前期阶段是指企业投资项目从项目策划起，到项目申请报告核准为止。

工程项目前期策划是项目管理的重要组成部分，是成功实施各项管理活动的基础和前提。工程项目前期策划的任务是在投资建设的前期阶段，在充分占有资料信息的基础上，研究拟建项目方案，并从宏观、微观层次，从技术、经济、环境和社会等方面，进行分析论证和比选优化。

工程项目前期策划一般包括：进行投资机会研究，编制初步可行性研究报告（或项目建议书）、可行性研究报告、项目申请报告、环境影响评价报告、节能评估报告、安全预评价报告及社会稳定风险评估报告等。不同类型项目前期策划的工作内容和深度要求不尽相同。

### （二）准备阶段

准备阶段主要工作包括工程项目设计、筹资融资、对外谈判、招标投标、签订合同、征地拆迁和移民安置、施工准备（场地平整、通路、通水、通电等）。

工程项目设计的功能是依据各种前期批复文件，研究编制工程设计文件，描绘工程建设实体、结构、样式蓝图，确定技术标准，计算工程造价，以此作为施工的依据。根据我国现行投资建设管理规定，制浆造纸工程项目设计，一般分为初步设计和施工图设计两个阶段。初步设计任务，是具有相应资质的设计单位，接受项目单位的委托，根据项目可行性研究报告及批复的各种前期报告或文件，确定建设项目的设计原则、设计标准和设计方案，并编制初步设计文件和工程概算。初步设计文件包括初步设计说明书、设计图纸和初步设计概算书等，其深度应能满足编制施工图设计的要求。施工图设计任务，是具有相应资质的设计单位，接受项目单位的委托，根据批复的初步设计文件及主要设备选型进行施工图设计，绘制施工图纸并编制有关施工说明。施工图设计文件，应满足设备材料采购、非标准设备的制造、编制施工图预算、设计分包和指导施工的需要。

### （三）实施阶段

实施阶段是从投资项目的主体工程破土动工起，到工程竣工交付使用止。这阶段的主要工作包括建筑工程施工、设备采购安装、工程监理、合同管理、生产准备、试生产考核和竣工验收等。

### （四）运营阶段

运营阶段是从项目竣工验收交付使用起，到运营一定时期（非经营性项目）或回收全部投资（经营性项目）止。运营阶段跨度较长，其主要工作包括正常生产运营、项目后评价（运营3~5年之后）、偿还贷款和更新改造等。

目前，工程项目建设程序见图2-1。

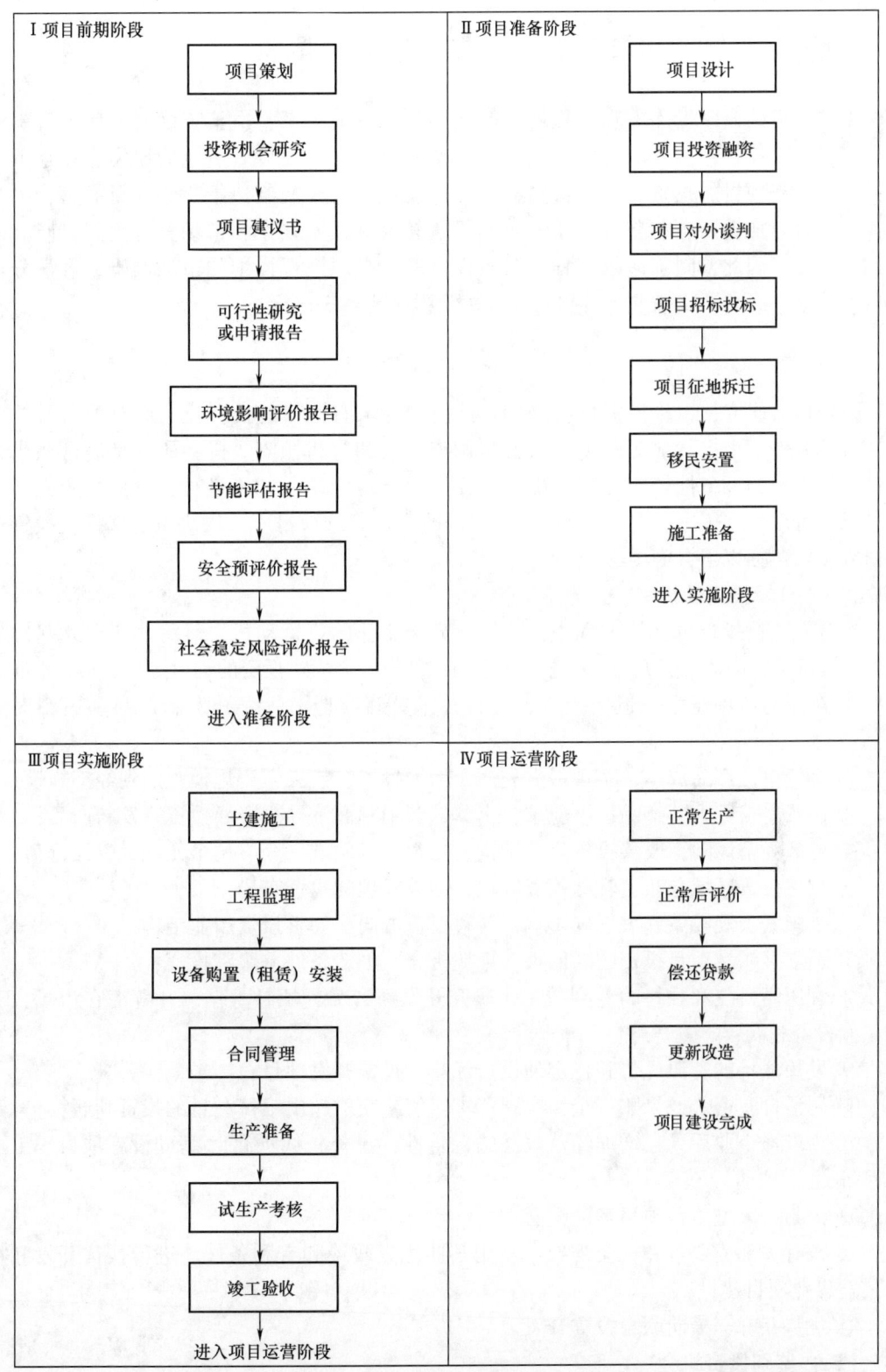

图 2-1 工程项目建设程序

# 第二节　工程项目决策管理

工程项目建设质量优劣和工程项目前期决策有很大关系，决策正确的工程项目不仅质量好，而且投资省，经济效益明显，而决策失误的工程项目所造成的损失往往是不可挽回的，工程项目的投资活动一般具有不可逆转性。对于制浆造纸工程项目而言，决策往往又显得更加重要，制浆造纸工程项目投资较大，技术复杂，市场竞争激烈，产品的附加值不高，因此，制浆造纸工程项目建设之前，必须进行详细的市场调研，科学分析与技术论证，必须严格按照工程项目建设决策程序要求来进行。

## 一、投资机会研究

投资机会研究，也称投资机会鉴别，是指为寻求有价值的投资机会而对项目有关背景、资源条件、市场状况等所进行的初步调查研究和分析预测。机会研究是进行初步可行性研究之前的准备性调查研究。机会研究一般与规划研究同步进行，以机会研究结果为基础，可以设立国家、部门（行业）、地区的投资备选项目库，供决策者选择。投资机会研究主要包括以下方面内容。

（一）分析投资动机

在分析项目投资机会的过程中，首先应分析企业的投资动机，然后才能在此基础上甄别投资机会，论证投资方向。一般而言，可以从这些方面对投资的动机进行识别和论证。

① 激烈的市场竞争，迫使投资者进行技术更新改造，研究开发新产品和适销对路产品；

② 降低单位产品成本，实现最大利润，增加投资，扩大生产规模，达到经济规模；

③ 市场需求巨大，产品供不应求，丰厚的营销利润诱导投资商投资开发新产品；

④ 分散经营风险，改善投资经营结构，拓宽投资领域，全方位多元化投资经营；

⑤ 改善投资区域分布，转移投资区域，形成合理的投资布局；

⑥ 受国家宏观政策和大气候影响，转移投资方向，调整投资产业结构；

⑦ 追求某领域项目投资的高回报，把握机会，创造条件，跟踪投资；

⑧ 利用高科技和独特的专利技术，研究开发新产品，填补空白，开辟潜在市场，获取超额投资利润；

⑨ 发挥独特的资源优势和特定的投资优势，投资开发项目；

⑩ 用活自有资金或呆账资金，实现资本增值，获取超出银行利息的投资利润；

⑪ 为增强企业后劲，增加经营效益的稳定性，投资长线项目（基础设施项目、工业项目等）；

⑫ 为某一大型工程项目辅助配套；

⑬ 按有关部门要求和社会需要，利用某些优惠政策和有利条件，进行扶贫开发和社会公益事业项目建设；

⑭ 优势互补，横向联合投资开发。

（二）鉴别投资机会

在进行投资机会咨询论证时，应根据投资者的投资动机，对各种投资机会进行鉴别和初选，论证投资机会酝酿的依据是否合理。一般应通过多方面来分析各种项目投资机会设想，一旦证明可行，就需要对其进行详尽研究。鉴别投资机会研究主要包括以下方面内容。

① 资金来源及其性质。任何资金来源渠道，均有特定的限制使用条件。
② 身优势项目。选择投资项目必须考虑自身优势情况。
③ 资源优势项目。利用资源优势，选择投资方向，是投资者首先需要考虑的因素。
④ 新技术优势项目。以新技术作为自己选择投资项目的方向，往往是获得巨额利润的重要途径。
⑤ 地理位置优势项目。在投资区位选择上，运用地理位置的优势往往非常重要。
⑥ 市场超前项目。寻找投资机遇，关键要有超前意识，潜在市场的挖掘和开辟，往往能获得超额利润。
⑦ 现有企业的前后工序配套项目。多种经营项目，具有生产要素的成本及市场等综合优势的项目。
⑧ 具有时代特点而构思的投资项目。
⑨ 未来热点项目。不要追风赶热，相反，应该是冷进热退，设计未来热点市场竞争项目。
⑩ 生产创新产品项目。某些由于人口或购买力增长而具有增长潜力的新研制产品。
⑪ 其他国家中在经济方面具有同样水平时获得成功的同类行业项目。

### (三) 论证投资方向

咨询人员在初步筛选投资机会后，就要对自然资源条件、市场需求预测、项目开发模式选择、项目实施的环境等进行初步分析，并结合其他类似经济背景的国家或地区的经验教训、相关投资政策法规、技术设备的可能来源、生产前后延伸的可能、合理的经济规模、产业政策、各生产要素来源及成本等，初步评价投资机会的财务、经济及社会影响，论证投资方向是否可行。

投资方向的论证应结合我国现阶段市场经济特征和基本建设规律以及国家的产业政策等，应结合不同行业的特点，进行科学策划、评估和慎重决策。论证投资方向包括以下方面内容。

① 资源利用开发型项目；
② 填补市场空白型项目；
③ 科技领先型项目；
④ 配套加工服务型项目；
⑤ 可收费的基础工程项目；
⑥ 政策鼓励的企业改造和支柱产业项目。

### (四) 具体项目机会论证

在投资方向最初鉴别确定之后，就应该进行具体项目的投资机会研究，并应向潜在的投资者散发投资机会初步建议。具体项目机会研究比一般机会研究更普遍，它将项目设想转变为概略的投资建议，其目的是要促使投资者作出反应，因此必须包括针对该项目的一些基本资料，而不是简单地列举一些可能具有一定潜力的产品名录。

## 二、项目建议书

项目建议书是建设单位（业主）对拟建工程项目的轮廓性设想，是工程项目的建议性文件。工程项目的建设与否，虽然不完全取决于项目建议书，但工程项目的实践证明，项目建议书阶段是非常必要的，特别对于制浆造纸工程项目来说，建设周期长，投资多，利润率低，投资回收期长，稍有不慎，就会造成投资亏损。

项目建议书主要作用是建设单位（业主）为了推荐建设项目，以便在一个确定的地区或部门内，以自然资源和市场预测为基础，选择建设项目。但项目建议书不是项目的最终决策文件。

项目建议书编制包括以下方面内容。
① 建设项目提出的必要性和依据；
② 拟建项目建设规模和建设方案；
③ 拟建项目的主要内容；
④ 建设地点的初步设想、资源状况、建设条件、协作关系等初步分析；
⑤ 拟建设项目投资估算和资金筹措及还贷方案；
⑥ 拟建项目进度安排；
⑦ 项目经济效益和社会效益估计；
⑧ 环境影响的初步评价。

对于制浆造纸项目建议书重点要从以下几方面进行研究。

### （一）产品市场状况预测

中国经济由20世纪70年代以前的计划经济过渡到80年代后期直至今天的市场经济，经过短短的三十多年的改革开放，各行各业都迎来了快速发展的时期；造纸工业也是这样，尤其经过近十多年的快速发展，我国纸及纸板生产量2020年已经达到11260万t，消费量11827万t，纸及纸板生产量和消费量均位居世界第一，但造纸产品发展不均衡，市场的无序竞争导致部分产品出现产能过剩，如新闻纸等，随着文化电子信息产业的发展，近几年一直处于下降的走势，导致国内部分新闻纸生产企业严重亏损，当然和企业前期缺乏市场调研，盲目扩张有很大关系；还有最近几年生活用纸市场也出现了产能过剩，也与企业的盲目扩张有很大关系。因此，项目决策前市场调研和预测是非常重要的。

### （二）技术可行性分析

在项目上马之前，技术论证是必要的，尤其对于一些高新技术新产品，前期研发资金的投入，产品的小试、中试环节是必不可少的，只有技术成熟可靠，才能确保项目上马后顺利的生产出合格产品，保证资金投资的可靠性。对于制浆造纸工程项目来说，一般产品技术都比较成熟，生产工艺流程大同小异，但一些特种纸产品，由于产品功能的独特性，加上市场的有限性，很多企业都比较保密，企业自行研发，但很多企业资金实力也有限，往往很难投入巨资去研发就急于产业化，导致项目上马后由于技术缺陷而不能正常投入产出，造成了不可挽回的损失，这些惨痛的教训应该吸取。

### （三）经济效益可行性分析

对于企业来说，工程项目的建设不仅是企业扩大生产规模，增加产量，更重要的是要有较好的经济效益，维持企业正常的运行。所以，企业新建或扩建工程项目一定要做好经济效益的预测与评估，尤其是制浆造纸项目，产品利润率较低，必须严格按照财务要求做好投资和经济效益的预测，否则，项目一旦实施就给企业造成很大的包袱。

三、项目可行性研究报告

项目建议书经过有关部门批准或董事会讨论通过后，企业可以自主或委托有相应资质的设计院或工程咨询机构开展项目的可行性研究工作，对拟建工程项目进一步进行技术和经济的可行性分析、论证和多方案比较，提出科学客观的评价意见。

**（一）可行性研究报告主要作用**

可行性研究报告主要作用有以下几点：

① 建设项目投资决策的依据；
② 编制初步设计的依据；
③ 筹集资金向银行申请贷款的依据；
④ 建设项目与各协作单位签订合同和有关协议依据；
⑤ 拟采用新技术、新设备、地质勘测等依据；
⑥ 编制环境影响评价报告、节能评估报告、安全预评价报告及社会稳定风险评估报告等的依据；
⑦ 项目总结和后评价的依据；
⑧ 企业组织管理、机构设置、劳动定员培训等依据；
⑨ 企业生产经营组织依据。

**（二）可行性研究报告主要内容**

可行性研究报告包括以下方面内容。

① 总论：a. 报告编制依据（项目建议书及其批复文件、国民经济和社会发展规划、行业发展规划、国家有关法律、法规、政策等）；b. 项目提出的背景和依据（项目名称、承办法人单位及法人、项目提出的理由与过程等）；c. 项目概况（拟建地点、建设规划与目标、主要条件、项目估算投资、主要技术经济指标）；d. 问题与建议。

② 建设规模和建设方案：a. 建设规模；b. 建设内容；c. 建设方案；d. 建设规划与建设方案的比选。

③ 市场预测和确定的依据。

④ 建设标准、设备方案和工程技术方案：a. 建设标准的选择；b. 主要设备方案选择；c. 工程技术方案选择。

⑤ 原材料、燃料供应、动力、运输和供水等协作配合条件。

⑥ 建设地点、占地面积和布置方案：a. 总图布置方案；b. 场外运输方案；c. 公用工程与辅助工程方案。

⑦ 项目设计方案。

⑧ 节能、节水等措施。

⑨ 环境影响评价：a. 环境条件调查；b. 影响环境因素；c. 环境保护措施。

⑩ 劳动安全、卫生与消防：a. 危险因素和危害程度分析；b. 安全防范措施；c. 卫生措施；d. 消防措施。

⑪ 组织机构与人力资源配置。

⑫ 项目实施进度：a. 建设工期；b. 实施进度安排。

⑬ 投资估算：投资估算是指在整个投资决策过程中，依据现有的资料和一定的方法，对建设项目的投资额（包括工程造价和流动资金）进行的估计。投资估算总额是指从筹建、施工直至建成投产的全部建设费用，其包括的内容应视项目的性质和范围而定。根据有关要求，可行性研究报告是项目决策的依据，应按规定的深度做到一定的准确性，投资估算和初步设计概算的出入一般不大于10%，否则视超出情况再议。建设项目的投资估算是可行性研究报告的重要组成部分，也是项目决策的基本依据之一。为此，可行性研究报告的编制单位要对技术方案和投资估算全面负责，将以此考核编制单位的技术资质级别和经济责任。由几个单位共同编制可行性研究报告时，主管部门应指定主体编制单位负责统一制定估算编制原则，并汇编总估算，其他单位负责编制各自所承担部分的工程估算。投资估算包括：a. 建设投资估算；b. 流动资金估算；c. 投资估算构成及相关表格。

⑭ 融资方案：a. 融资组织形式；b. 资本金筹措；c. 债务资金筹措；d. 融资方案分析。

⑮ 财务评价：a. 财务评价基础数据与参数选取；b. 收入与成本费用估算；c. 财务评价报表；d. 盈利能力分析；e. 偿债能力分析；f. 不确定性分析；g. 财务评价结论。

⑯ 风险分析：a. 项目主要风险识别；b. 风险程度分析；c. 防范风险对策。

⑰ 招标投标内容和核准招标投标事项。应载明建设项目的勘察、设计、建筑工程、安装工程、监理以及主要设备、重要材料等六项招标内容的具体招标范围（全部或者部分招标、可实行总承包招标或分项和合并招标）；拟采用的招标组织形式（委托招标或者自行招标）；拟采用的招标方式（公开招标或者邀请招标）；国家、省重点项目拟采用邀请招标的，应说明其理由。

⑱ 研究结论与建议：a. 推荐方案总体描述；b. 推荐方案优缺点描述；c. 主要对比方案；d. 结论与建议。

⑲ 附图、附表和附件等。

## 四、项目申请报告

《国务院关于投资体制改革的决定》规定：对于企业不使用政府投资建设的项目，一律不再实行审批制，区别不同情况实行核准制和备案制。其中，政府仅对重大项目和限制类项目（《政府核准的投资项目目录》）从维护社会公共利益角度进行核准，其他项目无论规模大小，均改为备案制。备案制的具体实施办法由省级人民政府自行制定。

项目申请报告是企业投资建设应报政府核准的项目时，为获得项目核准机关对拟建项目的行政许可，按核准要求报送的项目论证报告。项目申请报告应重点阐述项目的外部性、公共性等事项，其作用是保护生态环境、优化重大布局、保障公众利益，防止出现垄断。

对拟建项目从规划布局、资源利用、征地移民、生态环境、经济和社会影响等方面进行综合论证，为有关部门对企业投资项目进行核准提供依据。

按照企业性质的不同，项目申请报告可分为企业投资项目申请报告、外商投资项目申请报告、境外投资项目申请报告等，以下着重介绍企业投资项目申请报告的编制内容及要求。

为进一步完善、规范企业投资项目核准，帮助和指导企业编制项目申请报告，根据《企业投资项目核准暂行办法》，对需要报送、核准的企业投资项目申请报告，国家发展改革委公告了《项目申请报告通用文本》及其说明，供编写时借鉴和参考。项目申请报告的编写，一般应包括以下9个方面的内容。

**（一）申报单位及项目概况**

申报单位及项目概况包括两个方面：一是项目申报单位的主营业务、经营年限、注册资本、股权构成，现有生产能力、主要投资项目以及经营收入、利润和资产负债等内容，为项目核准机关分析判断项目申请单位是否具备承担拟建项目的资格、是否符合有关市场准入条件等提供依据；二是拟建项目的建设背景、建设地点、主要建设内容和规模、产品和工程技术方案、主要设备选型和配套工程、投资规模和资金筹措等内容，为项目核准提供项目背景。

**（二）发展规划、产业政策及行业准入分析**

发展规划、产业政策及行业准入分析包括4个方面：

① 发展规划分析。拟建项目是否符合有关国民经济和社会发展总体规划、专项规划和区域规划等要求，项目目标与规划内容是否衔接和协调。

② 产业政策分析。拟建项目是否符合有关产业结构调整、产业空间布局、产业发展方向和产业创新等政策的要求。

③ 行业准入分析。项目建设单位和拟建项目是否符合相关行业准入标准的规定。

④ 自主创新和采用先进技术分析。对于采用先进技术和科技创新的企业投资项目，分析拟建项目产品技术方案的技术创新水平、先进技术的采用情况、技术路线的先进性、技术装备国产化和本土化程度，是否符合国家科技发展规划要求等。

同时，从发展规划、产业政策及行业准入角度，论证项目建设的功能定位，对项目建设的必要性进行分析论述。

**（三）资源开发及综合利用分析**

资源开发及综合利用分析包括3个方面：

① 资源开发方案。资源开发类项目，包括对金属矿、煤矿、石油天然气矿；建材矿以及水（力）、森林等资源的开发，应分析拟开发资源的可开发量、自然品质、赋存条件、开发价值等，评价是否符合保护资源环境政策和资源综合利用的要求。

② 资源利用方案。包括项目需要占用的重要资源品种、数量及来源情况。通过对单位生产能力主要资源消耗量指标的对比分析，评价资源利用效率的先进程度。分析评价项目建设是否会对地表（下）水等其他资源造成不利影响。

③ 资源节约措施。阐述项目方案中各种原材料及水资源节约的主要措施方案。对拟建项目的资源消耗指标进行分析，阐述在提高资源利用效率、降低资源消耗等方面的主要措施，论证是否符合资源节约和有效利用的相关要求。

**（四）节能方案分析**

节能方案分析包括3个方面：

① 用能标准和节能规范。阐述拟建项目所遵循的国家和地方的合理用能标准及节能设计规范。

② 能耗状况和能耗指标分析。阐述项目所在地的能源供应状况，分析拟建项目的能源消耗种类和数量。根据项目特点选择计算各类能耗指标，与国际国内先进水平进行对比分析，阐述是否符合能耗准入标准的要求。

③ 节能措施和节能效果分析。阐述拟建项目为了优化用能结构、满足相关技术政策和设计标准而采用的主要节能降耗措施，对节能效果进行分析论证。

### （五）建设用地、征地拆迁及移民安置分析

建设用地、征地拆迁及移民安置分析包括3个方面：

① 项目选址及用地方案。包括项目建设地点、场址土地权属、类别及占地面积、土地利用状况、占用耕地情况等内容，分析项目选址是否会造成相关不利影响，如是否压覆矿床和文物，是否有利于防洪和排涝，是否影响通航及军事设施等。

② 土地利用合理性分析。分析拟建项目是否符合土地利用规划要求，占地规模是否合理，是否符合集约和有效使用土地的要求，耕地占用补充方案是否可行等。

③ 征地拆迁和移民安置规划方案。对拟建项目的征地拆迁影响进行调查分析，依法提出拆迁补偿的原则、范围和方式，制定移民安置规划方案，并对是否符合保障移民合法权益、满足移民生存及发展需要等要求进行分析论证。

### （六）环境和生态影响分析

环境和生态影响分析包括5个方面。

① 环境和生态现状。包括项目厂址的自然环境条件、现有污染物情况、生态环境条件和环境容量状况等。

② 生态环境影响分析。包括排放污染物类型、排放量情况分析，水土流失预测，对生态环境的影响因素和影响程度，对流域和区域环境及生态系统的综合影响。

③ 生态环境保护措施。按照有关环境保护、水土保持的政策、法规要求，对可能造成的生态环境损害提出治理措施，对治理方案的可行性、治理效果进行分析论证。

④ 地质灾害影响分析。在地质灾害易发区建设的项目和易诱发地质灾害的项目，要阐述项目建设所在地的地质灾害情况，分析拟建项目诱发地质灾害的风险，提出防御的对策和措施。

⑤ 特殊环境影响。分析拟建项目对历史文化遗产、自然遗产、风景名胜、自然景观和重要水源保护地等可能造成的不利影响，并提出保护措施。

### （七）经济影响分析

经济影响分析包括4个方面。

① 经济费用效益或费用效果分析。从社会资源优化配置的角度，通过经济费用效益或费用效果分析，评价拟建项目的经济合理性。

② 行业影响分析。阐述行业现状的基本情况以及企业在行业中所处的地位，分析拟建项目对所在行业及关联产业的发展，并对是否可能导致垄断等进行论证。

③ 区域经济影响分析。对于区域经济可能产生重大影响的项目，应从区域经济发展、产业空间布局、当地财政收支、社会收入分配和市场竞争结构等角度进行分析论证。

④ 宏观经济影响分析。投资规模巨大，对国民经济有重大影响的项目，应进行宏观经济影响分析。涉及国家经济安全的项目，应分析拟建项目对经济安全的影响，提出维护经济安全的措施。

**（八）社会影响分析**

社会影响分析包括3个方面：

① 社会影响效果分析。阐述拟建项目的建设及运营活动对项目所在地可能产生的社会影响和社会效益。

② 社会适应性分析。分析拟建项目能否为当地的社会环境、人文条件所接纳，评价该项目与当地社会环境的相互适应性。

③ 社会风险及对策分析。针对项目建设所涉及的各种社会因素进行社会风险分析，提出协调项目与当地社会关系、规避社会风险、促进项目顺利实施的措施方案。

**（九）结论与建议**

报送企业投资项目申请报告应附送以下文件：a. 城市规划行政主管部门出具的城市规划意见；b. 国土资源行政主管部门出具的项目用地预审意见；c. 环境保护、水行政主管部门出具的环境影响、水土保持评价文件的审批意见；d. 根据有关法律、法规应提交的项目节能、矿产压覆、地震安全等其他审批文件。

## 五、环境影响评价报告

环境影响评价报告，是新建、扩建及改建项目对环境造成影响的预见性评定。根据对项目所在地的地下水、土壤和大气的监测，对项目所用原材料及生产工艺过程可能产生的废弃物、项目环保设施设计的评价等，从而评估项目建成后对项目所在地周边环境的影响。

建设项目对环境的影响千差万别，不仅不同的行业、不同的产品、不同的规模、不同的工艺及不同的原材料等产生的污染物种类和数量不同，对环境的影响也不同，而且即使是相同的企业处于不同的地点、不同的区域，对环境的影响也不一样。《中华人民共和国环境影响评价法》第十六条中具体规定了国家根据建设项目对环境的影响程度，对建设项目的环境影响评价实行分类管理：a. 可能造成重大环境影响的项目，应当编制环境影响报告书，对产生的环境影响进行全面评价；b. 可能造成轻度环境影响的项目，应当编制环境影响报告表，对产生的环境影响进行分析或者专项评价；c. 对环境影响很小、不需要进行环境影响评价的项目，应当填报环境影响登记表。建设项目的环境影响评价分类管理名录，由国务院环境保护行政主管部门制定并公布。

环境影响评价报告是政府要求强制性的报告，所有工程项目建设之前都需要完成环评报告并上报至环保局。通过环保局审核后会公示在网站上（但是，国家规定需要保密的情形除外），对环境影响报告书而言，环保局还要组织专家评审，获得环境影响评价批复后项目才能开始建设。

环境影响评价报告对企业很重要，环评通过环保局评审、批复后，后续日常生产、环保管理中还要用到。没有环评也没法进行环保竣工验收。

环境影响评价报告是针对该项目生产过程中污染发生情况、治理措施是否可行，生产过程和产品是否符合清洁生产要求，以及最终排放的污染物对周围环境的影响进行的评价。

**（一）环境影响报告书**

根据《环评法》第17条和《建设项目环保管理条例》第8条规定以及现行总纲要

求，环境影响报告书应根据环境和工程的特点及评价工作等级，选择下列全部或部分内容进行编制。

环境影响报告书的编制主要由以下内容组成。

① 总则。综合评价项目的特点，阐述编制环境影响报告书的目的、编制依据，明确评价采用标准、控制污染与环境保护的目标。

② 建设项目概况。建设项目概况包括建设项目名称、地点及建设性质，建设规模、占地面积及厂区平面布置，土地利用情况和发展规划，产品方案和主要工艺方法，职工人数和生活区布局等。

③ 工程分析。工程分析包括主要原料、燃料来源和储运、物料平衡、水的用量与平衡、水的回用情况和生产工艺过程，废水、废渣、放射性废物种类、排放量和排放方式等，以及其中所含污染物种类、性质、排放浓度，产生的噪声、振动的特性及数值等，废弃物的回收利用、综合利用和处理、处置方案，交通运输情况及场地的开发利用等。

④ 建设项目周围地区环境现状。建设项目周围地区环境现状包括地理位置、地质、地形、地貌和土壤情况，河流、湖泊（水库）和海湾水文情况，气候与气象情况，大气、地面水、地下水和土壤的环境质量状况，矿藏、森林、草原、水产和野生动物、原野植物、农作物等情况，自然保护区、风景游览区、名胜古迹、温泉、疗养区以及重要的政治文化设施情况，社会经济情况，包括现有工矿企业和生活居民区的分布情况，人口密度、农业概况、土地利用情况、交通运输情况及其他社会经济活动情况，人群健康状况和地方病情况，其他环境污染、环境破坏的现状资料等。

⑤ 环境影响预测。环境影响预测包括预测环境影响时段、预测范围、预测内容及预测方法、预测结果及其分析和说明。

⑥ 评价建设项目的环境影响。建设项目的环境影响评价包括建设项目环境影响的特征，建设项目环境影响的范围、程度和性质，如要进行多个厂址的优选时，应综合评价多个厂址的环境影响并进行比较和分析。

⑦ 环境保护措施评述及技术经济论证。

⑧ 环境影响经济损益分析。

⑨ 环境检测制度、环境管理及环境规划的建议。

⑩ 环境影响评价结论。

(二) 环境影响报告表

环境影响报告表主要包括以下内容。

① 建设项目基本情况；

② 建设项目所在地自然环境和社会环境简况；

③ 建设项目环境质量状况；

④ 建设项目评价适用标准；

⑤ 建设项目工程分析；

⑥ 项目主要污染物产生及预计排放情况；

⑦ 建设项目环境影响分析；

⑧ 建设项目拟采取的防治措施及预期治理效果；

⑨ 结论与建议。

## 六、社会稳定风险评估报告

根据国家发改委发改投资（2012）2492号文件的相关规定，凡是国务院有关部门、省级发展改革部门、中央管理企业在向国家发展改革委报送项目可行性研究报告、项目申请报告的申报文件中，应当包含对该项目社会稳定风险评估报告的意见，并附社会稳定风险评估报告。

另外，各地区也相应地做出了一些地方性规定，即对由地方审批核准的项目，也需要进行社会稳定风险评估。

### （一）社会稳定风险评估定义

社会稳定风险评估，是指与人民群众利益密切相关的重大决策、重要政策、重大改革措施、重大工程建设项目、与社会公共秩序相关的重大活动等重大事项在制定出台、组织实施或审批审核前，对可能影响社会稳定的因素开展系统的调查，科学的预测、分析和评估，制定风险应对策略和预案。为有效规避、预防和控制重大事项实施过程中可能产生的社会稳定风险，为更好地确保重大事项顺利实施。

### （二）社会稳定风险评估报告主要内容

依据国家发展和改革委员会发布的《重大固定资产投资项目社会稳定风险分析篇章编制大纲及其说明（试行）》，重大固定资产投资项目社会稳定风险评估报告主要包括以下内容。

1. 编制依据

社会稳定风险评估报告编制依据主要包括以下内容。

① 相关法律、法规、规章、规范性文件以及其他政策性文件；
② 相关单位的委托合同；
③ 项目单位提供的拟建项目基本情况和风险分析所需的必要资料；
④ 国家出台的区域经济社会发展规划、国务院及有关部门批准的相关规划；
⑤ 其他依据。

2. 风险调查

社会稳定风险调查重点围绕拟建项目建设实施的合法性、合理性、可行性和可控性等方面开展。调查范围应覆盖所涉及地区的利益相关者，充分听取、全面收集群众和各利益相关者的意见，包括合理和不合理、现实和潜在的诉求等。

结合拟建项目特点，重点阐述如下方面内容。

① 项目概况；
② 调查的内容和范围、方式和方法；
③ 拟建项目的合法性；
④ 拟建项目自然和社会环境状况；
⑤ 利益相关者的意见和诉求、公众参与情况；
⑥ 基层组织态度、媒体舆论导向，以及公开报道过的同类项目风险情况。

3. 风险识别

风险识别是在风险调查的基础上，针对利益相关者不理解、不认同、不满意、不支持的方面，或在日后可能引发不稳定事件的情形，全面、全程查找并分析可能引发社会稳定风险的各种风险因素。

风险识别主要在政策规划和审批程序、土地房屋征收方案、技术和经济方案、生态环境影响、项目建设管理、当地经济社会影响、质量安全和社会治安、媒体舆论导向等方面重点分析查找各种风险因素。

4. 风险估计

风险评估是根据各项风险因素的成因、影响表现、风险分析、风险分布、影响程度、发生的可能性，找出主要风险因素。采用定性和定量相结合的风险分析方法，估计主要风险因素的风险程度；分析主要因素之间是否相互影响。

风险评估主要按照风险可能发生的项目阶段（决策、准备、实施、运行），结合当地经济社会与拟建项目的相互适应性，从初步识别的各类风险因素中筛选、归纳出主要风险因素。对每一个主要风险因素进行分析、估计，两个或多个风险因素相互作用的影响，包括可能引发风险事件的原因、时间和形式，风险事件的发生概率、影响程度和风险程度。

5. 风险防范和化解措施

风险防范和化解措施应根据风险识别和风险估计的结果研究提出。

风险防范和化解重点针对主要风险因素研究提出各项综合和专项的风险防范、化解措施，提出落实各项措施的责任主体和协助单位、防范责任、具体工作内容、风险控制节点、实施时间和要求的建议。

6. 风险等级

分析各项风险防范、化解措施落实的可行性和有效性，预测落实措施后每一个主要风险因素可能引发风险的变化趋势，包括发生概率、影响程度和风险程度等，综合判断拟建项目落实风险防范和化解措施后风险等级。

风险等级重点是预测各主要风险因素变化趋势及结果，综合判断落实措施后的风险等级。

7. 风险分析结论

社会稳定风险分析评估报告的主要结论应包括以下4点内容。

① 拟建项目主要的风险因素；

② 拟建项目主要的风险防范和化解措施；

③ 拟建项目风险等级；

④ 落实风险防范和化解措施的有关建议。

# 七、节能评估报告

节能评估报告是在项目节能评估的基础上，由具有资质的单位出具的节能评估报告书和节能评估报告表，是根据国家相关节能法规、标准，对投资项目的能源利用是否科学合理进行分析评估。

## （一）节能评估的目的

开展节能评估工作的目的是贯彻科学发展观，落实节约资源的基本国策，加快建设节约型社会，避免盲目建设导致的能源浪费和用能不合理现象，以能源的高效利用促进经济社会的可持续发展。

① 评估分析项目是否符合国家和地方的法律、法规、规划、产业政策、行业准入条件以及相关标准、规范等要求；

② 对项目工艺工序以及工艺设备在能源消耗方面是否先进可行进行评估；

③ 阐述建设项目设计用能的情况，以科学、严谨的评估方法，客观、全面地分析项目合理用能的先进点和薄弱环节，判定项目合理用能的政策符合性、科学性、可行性，提出合理用能的建议措施；

④ 根据节能评估的结论和建议，为实现国家、地方有关节能减排的宏观政策目标，加强项目合理用能管理，从源头严把节能关。

### （二）节能评估报告编制的主要内容

节能评估报告编制主要包括以下方面内容。

1. 评估依据

节能评估是依据相关法律、法规、规划、行业准入条件、产业政策，相关标准及规范，节能技术、产品推荐目录，国家明令淘汰的用能产品、设备、生产工艺等目录，以及相关工程资料和技术合同等。

2. 项目概况

① 建设单位基本情况。包括建设单位名称、性质、地址、邮编、法人代表、项目联系人及联系方式，企业运营总体情况等。

② 项目基本情况。包括项目名称、建设地点、项目性质、建设规模及内容、项目工艺方案、总平面布置、主要技术经济指标、项目进度计划等（改、扩建项目需对项目原基本情况进行说明）。

③ 项目用能概况。包括主要供能、用能系统与设备的初步选择，能源消耗种类、数量及能源使用分布情况（改、扩建项目需对项目原用能情况及存在的问题进行说明）。

3. 能源供应情况分析评估

① 项目所在地能源供应条件及消费情况；

② 项目能源消费对当地能源消费的影响。

4. 项目建设方案节能评估

① 项目选址、总平面布置对能源消费的影响；

② 项目工艺流程、技术方案对能源消费的影响；

③ 主要用能工艺和工序及其能耗指标和能效水平；

④ 主要耗能设备及其能耗指标和能效水平；

⑤ 辅助生产和附属生产设施及其能耗指标和能效水平。

5. 项目能源消耗及能效水平评估

① 项目能源消费种类、来源及消费量分析评估；

② 能源加工、转换、利用情况（可采用能量平衡表）分析评估；

③ 能效水平分析评估 包括单位产品（产值）综合能耗、可比能耗，主要工序（艺）单耗，单位建筑面积分品种实物能耗和综合能耗，单位投资能耗等。

6. 节能措施评估

（1）节能措施

节能措施包括节能技术措施和节能管理措施两个方面。

① 节能技术措施 生产工艺、动力、建筑、给排水、暖通与空调、照明、控制、电气等方面的节能技术措施，包括节能新技术、新工艺、新设备应用，余热、余压、可燃气体回收利用，建筑围护结构及保温隔热措施，资源综合利用，新能源和可再生能源利用等；

② 节能管理措施 节能管理制度和措施，能源管理机构及人员配备，能源统计、监测及计量仪器仪表配置等。

（2）单项节能工程

未纳入建设项目主导工艺流程和拟分期建设的单项节能工程，应详细论述工艺流程、设备选型、单项工程节能量计算、单位节能量投资、投资估算及投资回收期等。

（3）节能措施效果评估

节能措施效果评估应包括节能量测算，单位产品（建筑面积）能耗、主要工序（艺）能耗、单位投资能耗等国际和国内指标对比，分析并确认设计指标是否达到同行业国内先进水平或国际先进水平。

（4）节能措施经济性评估

节能措施经济性评估是指节能技术和管理措施的成本及经济效益的测算和评估。

7. 存在问题及建议

节能措施中还存在不足的地方进行分析和研究，并进一步提出合理的节能措施的建议。

8. 结论

节能评估报告结论主要从以下几点加以描述。

① 项目是否符合国家产业政策和地方有关规定；

② 项目是否符合国家节能技术政策大纲和行业节能设计规范；

③ 项目用能总量和用能种类是否合理；

④ 项目设计是否采用先进工艺和技术，是否达到国内或国际先进水平；

⑤ 主要能耗指标是否达到国家或地方规定的标准；

⑥ 单项节能项目（热电联产、集中供热等）能耗指标是否符合国家或地方有关标准。

9 附图、附表

附图主要包括厂（场）区总平面图、车间工艺平面布置图；附表主要包括主要耗能设备一览表、主要能源和耗能工质品种及年需求量表、能量平衡表等。

## 八、安全评价报告

安全评价报告是按照《安全预评价导则》《安全验收评价导则》《安全现状评价导则》的要求来编制的。

安全评价按照实施阶段的不同分为安全预评价、安全验收评价、安全现状评价三类。安全验收评价、安全现状评价均是项目完成后做出的，因此，在项目前期决策阶段就不作介绍，本节简单介绍一下安全预评价报告的基本要求、内容及格式。

（一）安全预评价报告要求

安全预评价报告要求其内容应能反映安全预评价的任务，即建设项目的主要危险、有害因素评价；建设项目应重点防范的重大危险、有害因素；应重视的重要安全对策措施；建设项目从安全生产角度是否符合国家有关法律、法规和技术标准。

**(二) 安全预评价报告内容**

安全预评价报告应当包括如下重点内容。

1. 安全预评价报告概述

① 安全预评价依据。安全预评价依据有关安全预评价的法律、法规及技术标准；建设项目可行性研究报告等建设项目相关文件；安全预评价参考的其他资料。

② 建设单位简介。

③ 建设项目概况。建设项目概况包括建设项目选址、总图及平面布置、生产规模、工艺流程、主要设备、主要原材料、中间体、产品、技术经济指标、公用工程及辅助设施等。

2. 危险、有害因素识别与分析

在分析建设项目资料和对同类生产厂家初步调研的基础上，对建设项目建成投产后生产过程中所用原、辅材料，中间产品的数量、危险性、有害性及其储运，以及生产工艺、设备、公用工程，辅助工程，地理环境条件等方面危险、有害因素进行分析，确定主要危险、有害因素的种类、产生原因、存在部位及其可能产生的后果，以便确定评价对象和选用评价方法。

3. 安全预评价方法和评价单元

根据建设项目主要危险、有害因素的种类和特征，选用评价方法。不同的危险、有害因素，选用不同的方法；对重要的危险、有害因素，必要时可选用两种或多种评价方法进行评价，相互补充、验证，以提高评价结果的可靠性。

4. 定性、定量安全评价

定性、定量安全评价是预评价报告书的核心章节，应分别运用所选取的评价方法，对相应的危险、有害因素进行定性、定量的评价计算和论述。根据建设项目的具体情况，对主要危险、有害因素应分别采用相应评价方法进行评价，对危险性大且容易造成群死群伤事故的危险因素，也可选用两种或多种评价方法进行评价，以相互验证和补充。

5. 安全对策措施及建议

安全方面的对策措施对建设项目的设计、施工和今后的安全生产及管理具有指导作用，备受建设、设计单位的重视，这也是预评价报告书中的一个重要章节。因此，提出的安全对策措施针对性要强，要具体、合理并且可行，一般情况下按下列方面分别列出可行性研究报告中已提出的和建议补充的安全对策措施。

① 总图布置和建筑方面的安全措施；

② 工艺和设备、装置方面的安全措施；

③ 安全工程设计方面的对策措施；

④ 安全管理方面的对策措施；

⑤ 应采取的其他综合措施；

⑥ 安全预评价结论。安全预评价结论包括主要危险、有害因素分析评价结果和各单元评价结果等。

# 第三节　工程项目经济分析

工程项目经济分析是对工程项目的经济合理性进行计算、分析、论证，并提出结论性意见的全过程。是工程项目可行性研究工作的一项重要内容，也是最终可行性研究报告的一个重要组成部分。其目的是根据国民经济长远规划和地区、部门（或行业）规划的要求，结合产品需求预测和工程技术研究，通过计算、分析、论证和多方案比较，提出全面的评价报告，为方案决策和编制设计任务书提供可靠的依据。

工程项目经济分析包括项目投资估算和财务评价两个主要方面。

## 一、投资估算及融资方案

**（一）投资估算**

投资估算是在项目建设规模、产品方案、技术方案、设备方案、厂址方案和工程建设方案及项目进度计划等进行研究并基本确定的基础上，对项目总投资额及分年资金需要量进行估算。投资估算是投资决策过程中确定融资方案、筹措资金的重要依据，也是进行财务分析和经济分析的基础。

1. 投资费用基本概念

（1）投资的含义

投资是指为满足人们日益增长的物质、文化生活和社会发展需要而进行固定资产扩大再生产的经济活动。投资项目的建设是利用货币的组织功能和货币的投放组织设计，建设购置机器设备、运输设备，建造建筑物、构筑物等形成新的生产要素的活动。

项目投资费用估算就是为建设一个投资项目，对所需要的全部建设资金和经营该项目所需要的资金的估算。

投资估算是可行性研究的重要内容之一，是项目经济评价的基础和项目立项的重要依据，是影响可行性研究质量和经济评价结论的首要问题。

（2）投资估算要求

在项目不同的研究阶段，对投资估算的准确程度要求不同，在项目的初始研究阶段，投资估算的误差可以允许大些，但到项目后期的关键决策阶段，投资估算的误差要小，否则，项目一旦决策后进入实施阶段，项目的资金来源就无法保证，对项目的顺利实施就会有一定的影响，增加了项目投资的风险。

① 项目机会研究要求误差±30%以内；

② 初步可行性研究（或项目建议书）误差控制在±20%以内；

③ 可行性研究误差控制在±10%以内。

（3）项目总投资内容

建设项目总投资包括建设投资、建设期银行贷款利息和生产经营期的流动资金三个部分费用。

（4）注册资本

注册资本是投资的组成部分。建设项目投资要求业主有一定比例的自有资金投入，并在办理项目建设手续时在工商局登记的资本金总额，故称注册资金。注册资本的大小可以衡量业主是否具有承担项目的建设能力。

注册资本是对所有建设项目的基本要求，注册资本所占比例，除特殊规定者外（如老少边穷地区，有的规定允许按15%考虑），一般不低于30%。

2. 项目建设投资估算步骤

① 分别估算各单项工程所需的建筑工程费、设备及工器具购置费和安装工程费等；

② 在汇总各单项工程费用基础上，估算工程建设其他费用和基本预备费，得出项目的静态投资部分；

③ 估算涨价预备费和建设期利息，得出项目的动态投资部分。

3. 项目建设投资估算构成

(1) 建筑工程费估算

建筑工程费是指为建造永久性和大型临时性建筑物和构筑物所需要的费用，如场地平整、厂房、仓库、电站、设备基础、桥梁、码头、铁路、公路、管线敷设等各项工程的费用。具体估算方法见有关部门颁布的估算、概算编制办法。

(2) 设备及工器具购置费估算

设备购置费估算应根据项目主要设备表及价格、费用资料进行。工器具购置费一般按占设备费的比例计取。

设备及工器具购置费，包括设备购置费、工器具购置费、现场自制非标准设备费、生产用家具购置费和相应运杂费。对于价值高的设备应按单台（套）估算购置费；价值较小的设备可按分类估算。

(3) 安装工程费估算

安装工程费包括需要安装的各种机电设备的装配、安装工程；与设备相连的工作台、梯子及其装设工程；附属于被安装设备的管线及其敷设工程；被安装设备的绝缘、保温、防腐工程费等费用以及单体试运转和联动无负荷试运转的费用。安装工程费通常按行业有关安装工程定额、取费标准和指标估算。

(4) 工程建设其他费用估算

工程建设其他费用按各项费用的费率或取费标准估算。工程建设其他费用包括：土地使用费、建设单位管理费、勘察设计费、研究试验费、建设单位临时设施费、工程建设监理费、工程保险费、施工机构迁移费、引进技术和进口设备其他费用、联合试运转费、生产职工培训费、办公及生活家具购置费。

工程建设其他费用具体科目及取费标准应根据项目具体特点、国家投资、建设管理体制改革等方面的变动及各级政府物价部门有关规定而进行相应的调整。

(5) 基本预备费估算

基本预备费是指在可行性研究阶段难以预料的费用，又称工程建设不可预见费。主要指设计变更及施工过程中可能增加工程量的费用。基本预备费以建筑工程费、设备及工器具购置费、安装工程费及工程建设其他费用之和为基数，按合理的基本预备费率计算。

(6) 涨价预备费估算

涨价预备费是对建设工期较长的项目，在建设期内价格上涨可能引起投资增加而预留的费用，又称为价格变动不可预见费。

(7) 建设期利息估算

建设期利息是债务资金在建设期内发生并应计入固定资产原值的利息,包括借款(或债券)利息及手续费、承诺费、发行费、管理费等融资费用。

有多种借款资金来源,每笔借款的年利率各不相同的项目,既可分别计算每笔借款的利息,也可先计算出各笔借款加权平均的年利率,并以此年利率计算全部借款的利息。

4. 流动资金估算

流动资金是企业以货币购买原材料和支付工资等时所垫支的资金,是企业进行生产和经营活动的必要条件。它用于购买原材料、燃料、备品备件、低值易耗品、包装品、半成品、产成品、外购商品和一定数量的资金,形成生产储备,然后投入生产,经过加工制成产品,通过销售收回货币。流动资金就是这样由生产领域进入流通领域,又从流通流域回到生产领域,反复循环,不断周转,一次通过产、供、销各环节周而复始地进行周转使用的资金占用。

流动资金估算主要有以下有两种方法体系。

(1) 分项详细估算法

分项详细估算法是对流动资金构成的各项流动资产和流动负债分别进行估算。在可行性研究中,为简化计算,仅对存货、现金、应收账款和应付账款四项内容进行估算,其计算公式为:

$$流动资金 = 流动资产 - 流动负债 \tag{2-1}$$

$$流动资产 = 应收账款 + 存货 + 现金 \tag{2-2}$$

$$流动负债 = 应付账款 \tag{2-3}$$

$$流动资金本年增加额 = 本年流动资金 - 上年流动资金 \tag{2-4}$$

根据流动资金各项估算的结果,编制流动资金估算表,见表2-1。

表2-1 流动资金估算表 单位:万元

| 序号 | 项目 | 最低周转天数 | 周转次数 | 投产期 | | 达产期 | | | |
|---|---|---|---|---|---|---|---|---|---|
| | | | | 3 | 4 | 5 | 6 | … | n |
| 1 | 流动资产 | | | | | | | | |
| 1.1 | 应收账款 | | | | | | | | |
| 1.2 | 存货 | | | | | | | | |
| 1.2.1 | 原材料 | | | | | | | | |
| 1.2.2 | 燃料 | | | | | | | | |
| 1.2.3 | 在产品 | | | | | | | | |
| 1.2.4 | 产成品 | | | | | | | | |
| 1.3 | 现金 | | | | | | | | |
| 2 | 流动负债 | | | | | | | | |
| 2.1 | 应付账款 | | | | | | | | |
| 3 | 流动资金(1-2) | | | | | | | | |
| 4 | 流动资金本年增加额 | | | | | | | | |

(2) 扩大指标估算法

扩大指标估算法是一种简化的流动资金估算方法，一般可参照同类企业流动资金占销售收入或经营成本的比例，或者单位产量占用流动资金的数额估算。

5. 项目投入总资金及分年资金投入计划

(1) 项目投入总资金

按投资估算内容和估算方法估算各项投资并进行汇总，分别编制项目投入总资金估算汇总表，见表2-2；主要单项工程投资估算表，见表2-3。对项目投入总资金构成和各单项工程投资比例的合理性、单位生产能力（使用效益）投资指标的先进性进行分析。

表2-2　　　　　　　　　　项目投入总资金估算汇总表　　　　　　　　　单位：万元

| 序号 | 费用名称 | 投资额 合计 | 投资额 其中:外汇 | 占项目投入总资金的比例/% | 估算说明 |
|---|---|---|---|---|---|
| 1 | 建设投资 | | | | |
| 1.1 | 建设投资静态部分 | | | | |
| 1.1.1 | 建筑工程费 | | | | |
| 1.1.2 | 设备及工器具购置费 | | | | |
| 1.1.3 | 安装工程费 | | | | |
| 1.1.4 | 工程建设其他费用 | | | | |
| 1.1.5 | 基本预备费 | | | | |
| 1.2 | 建设投资动态部分 | | | | |
| 1.2.1 | 涨价预备费 | | | | |
| 1.2.2 | 建设期利息 | | | | |
| 2 | 流动资金 | | | | |
| 3 | 项目投入总资金 | | | | |

表2-3　　　　　　　　　　主要单项工程投资估算表　　　　　　　　　单位：万元

| 序号 | 工程名称 | 建筑工程费 | 设备及工器具购置费 | 安装工程费 | 工程建设其他费用 | 合计 |
|---|---|---|---|---|---|---|
| 1 | | | | | | |
| 2 | | | | | | |
| ... | | | | | | |
| | 合计 | | | | | |

(2) 分年资金投入计划

根据投资估算内容和估算方法估算出项目投入总资金后，应根据项目实施进度的安排，编制项目分年资金投入计划表，见表2-4。

**（二）融资方案**

1. 融资组织形式选择

研究融资方案，首先应明确融资主体，由融资主体进行融资活动，并承担融资责任和风险。项目融资主体的组织形式主要有既有项目法人融资和新设项目法人融资两种形式。

表 2-4　　　　　　　　　　　　　项目分年资金投入计划表　　　　　　　　　　单位：万元

| 序号 | 名称 | 人民币 | | | 外汇 | | |
|---|---|---|---|---|---|---|---|
| | | 第1年 | 第2年 | … | 第1年 | 第2年 | … |
| | 分年计划/% | | | | | | |
| 1 | 建设投资(不含建设期利息) | | | | | | |
| 2 | 建设期利息 | | | | | | |
| 3 | 流动资金 | | | | | | |
| 4 | 项目投入总资金(1+2+3) | | | | | | |

(1) 既有项目法人融资形式

既有项目法人融资形式是指依托现有法人进行的融资活动，其特点：一是拟建项目不组建新的项目法人，由既有法人统一组织融资活动并承担融资责任和风险；二是拟建项目一般是在既有法人资产和信用的基础上进行的，并形成增量资产；三是从既有法人的财务整体状况考察融资后的偿债能力。

(2) 新设项目法人融资形式

新设项目法人融资形式是指新组建项目法人进行的融资活动，其特点：一是项目投资由新设项目法人筹集的资本金和债务资金构成；二是由新设项目法人承担融资责任和风险；三是从项目投产后的经济效益情况考察偿债能力。

2. 资金来源选择

在估算出项目所需要的资金量后，应根据资金的可得性、供应的充足性、融资成本的高低等，选择资金渠道。资金来源一般分为直接融资和间接融资两种方式。直接融资方式是指投资者对拟建项目的直接投资，以及项目法人通过发行（或增发）股票、债券等直接筹集的资金。间接融资是指从银行及非银行金融机构借入的资金。

3. 资本金筹措

资本金是指项目投资中由投资者提供的资金，对项目来说是非债务资金，也是获得债务资金的基础。国家对经营性项目试行资本金制度，规定了经营性项目的建设都要有一定数额的资本金，并提出了各行业项目资本金的最低比例要求（对制浆造纸项目而言，其最低资本金要求为20%）。在可行性研究阶段，应根据新设项目法人融资或是既有项目法人融资组织形式的特点，研究资本金筹措方案。

4. 债务资金筹措

债务资金是项目投资中除资本金外，需要从金融市场借入的资金。债务资金来源主要有：信贷融资、债券融资和融资租赁等。

## 二、财务评价

财务评价是在国家现行会计制度、税收制度和市场价格体系下，预测估计项目的财务现金流量，进行财务盈利能力分析和债务清偿能力分析，编制财务报表，计算评价指标，考察拟建项目的财务盈利能力、偿债能力等财务状况，以此来判别项目的财务可行性。财务评价是投资项目决策分析与评价的重要内容。

**（一）资金的时间价值**

在商品货币经济中，资金是劳动资料、劳动对象和劳动报酬的货币表现。资金运动反映物化劳动和活劳动的运动过程。在这个运动过程中,劳动者新创造的价值形成资金增值。这个资金增值采取了随时间推移而增值的外在形式,故称之为资金的时间价值。资金时间价值在商品货币经济中有两种表现形式,即利润和利息。

由于资金存在时间价值,不同时间发生的现金流量不能直接进行比较,资金必须与时间结合,才能表示出其真正的价值。因此,对项目进行经济评价时,首先应对其收益与费用进行时间价值的等值变换,即将不同时间点上的资金价值转换为相同时间点(一个或多个)上的价值,使之具有时间可比性,这就是所谓的资金时间价值等值变换原理。

**(二)财务评价**

财务评价是在现行会计规定、税收法规和价格体系下,通过财务效益和费用(收益和支出)的预测,编制财务报表,计算评价指标,考察和分析项目的财务盈利能力、偿债能力和财务生存能力,以此来判断项目的财务可行性,明确项目对财务主体及投资者的价值贡献。

1. 财务评价内容和步骤

财务评价是在确定的建设方案、投资估算和融资方案的基础上进行财务可行性研究。财务评价的主要内容和步骤如下列所示。

① 选取财务评价基础数据与参数,包括主要投入品和产出品财务价格、税率、利率、汇率、计算期、固定资产折旧率、无形资产和递延资产摊销年限、生产负荷及基准收益率等基础数据和参数;

② 计算销售(营业)收入,估算成本费用;

③ 编制财务评价报表,主要报表包括财务现金流量表、损益和利润分配表、资金来源与运用表和借款偿还计划表等;

④ 计算财务评价指标,进行盈利能力分析和偿债能力分析;

⑤ 进行不确定性分析,包括敏感性分析和盈亏平衡分析;

⑥ 编写财务评价报告。

2. 财务评价基础数据与参数选取

财务评价的基础数据与参数选取是否合理,直接影响财务评价的结论,在进行财务分析计算之前,应做好这项基础工作。财务评价的基础数据与参数选取主要包括下列内容。

(1) 财务价格

财务评价是对拟建项目未来的效益与费用进行分析,应采用预测价格。在投资估算中已经预留了建设期涨价预备费,因此,建筑材料和设备等投入品,可采用一个固定的价格计算投资费用,其价格不必年年变动。生产运营期的投入品和产出品,应根据具体情况选用固定价格或者变动价格进行财务评价。

在财务评价中,计算销售(营业)收入及生产成本所采用的价格,可以是含增值税的价格,也可以是不含增值税的价格,应在评价时说明采用何种计价方法。

(2) 税费

财务评价中合理计算各种税费,是正确计算项目效益与费用的重要基础。财务评价涉及的税费主要有增值税、营业税、资源税、消费税、所得税、城市维护建设税和教育费附加等。进行评价时应说明税种、税基、税率和计税额等。如有减免税费优惠,应说明政策依据以及减免方式和减免金额。

(3) 利率

借款利率是项目财务评价的重要基础数据，用以计算借款利息。

(4) 汇率

财务评价汇率的取值，一般采用国家外汇管理部门公布的当期外汇牌价的卖出、买入的中间价。

(5) 项目计算期选取

财务评价计算期包括建设期和生产运营期。生产运营期，应根据产品寿命期、主要设施和设备的使用寿命期、主要技术的寿命期等因素确定。财务评价的计算期一般不超过 20 年。

(6) 生产负荷

生产负荷是指项目生产运营期内生产能力发挥程度，也称生产能力利用率，以百分比表示。

(7) 财务基准收益率（$i_c$）设定

财务基准收益率是项目财务内部收益率指标的基准和判别依据，也是项目在财务上是否可行的最低要求，也用作计算财务净现值的折现率。

资本金收益率，可采用投资者的最低期望收益率作为判别依据。

(三) 收入和成本费用估算

1. 营业收入估算与分析

营业收入是指销售产品及提供劳务或服务取得的收入，是项目现金流入的主要内容。

收入预测重点是要预测各年项目可能提供的销售量或服务量。投资项目财务评价的销售（营业）收入估算，关键应是尽可能准确地测算未来各年的市场销售情况，制订项目寿命期各年的营销计划，因此，应尽可能地采用营销计划法确定生产运营负荷及产品价格。

2. 成本费用估算

总成本费用是指在一定时期（如一年）为生产和销售产品而发生的全部费用，一般采用生产要素估算法进行估算。经营成本是指总成本费用扣除折旧、摊销和财务费用后的成本费用。经营成本是项目评价所特有的概念，是项目财务评价进行现金流量分析的基础。在分项估算各种成本费用后，应编制相应的成本费用估算表，包括总成本费用估算表和各分项成本估算表。

(1) 总成本费用估算

总成本费用是指在一定时期（项目评价中一般指一年）为生产和销售产品或提供服务而发生的全部费用。财务评价中总成本费用的构成和计算通常按下列两种公式进行：生产（服务）成本加期间费用法、生产要素估算法两种公式进行。

(2) 总成本费用各构成要素估算方法

投资项目财务评价的总成本费用估算，一般应按生产要素估算方法进行。总成本费用的各构成要素包括外购原材料和燃料动力费、人员工资及福利费、固定资产折旧费、修理费、无形资产、其他资产摊销费、其他费用和财务费用等。

(3) 其他类别成本估算

① 经营成本估算方法。经营成本是指总成本费用扣除固定资产折旧费、无形资产及

其他资产（原称递延资产）摊销费和财务费用后的成本费用。

② 固定成本与可变成本。根据成本费用与产量的关系可以将其分解为可变成本、固定成本和半可变（或半固定）成本。进行财务评价盈亏平衡分析时，需要将总成本费用分解为固定成本和可变成本。

③ 单位成本。单位成本是生产单位产品所耗费的成本，它可以用来考察技术的先进程度，便于进行技术比较和竞争力分析。

④ 各种税费估算。各种税费估算，应注意各种税费的取值。对于财务评价中涉及的增值税、营业税、资源税、消费税、所得税、城市维护建设税和教育费附加应说明税种、计税依据、税率和计税额等，如有减免税优惠，应说明依据及减免方式、减免金额。各种税费的具体估算方法，参照税法的有关规定执行。

3. 成本与费用估算有关表格

在分项估算上述各成本费用科目的同时，应编制相应的成本费用估算表，包括总成本费用估算表和各分项成本费用估算表。这些报表都属于财务分析的辅助报表。按生产要素估算法的项目总成本费用估算表参考格式见表2-5；为了编制项目总成本费用估算表，还需配套编制下列表格：项目外购原材料、燃料和动力费用估算表见表2-6；固定资产折旧费用估算表见表2-7；无形资产和递延资产摊销费用估算表见表2-8；固定资产投资借款还本付息表见表2-9。以上这些表格的编制应符合有关规定，并体现行业特点。

表 2-5　　　　　　　　　　项目总成本费用估算表　　　　　　　单位：万元

| 序号 | 项目 | 合计 | 第1年 | 第2年 | 第3年 | … | 第n年 |
|---|---|---|---|---|---|---|---|
| 1 | 外购原辅材料 | | | | | | |
| 1.1 | 外购原材料 | | | | | | |
| 1.2 | 外购辅助材料 | | | | | | |
| 2 | 外购燃料及动力 | | | | | | |
| 3 | 工资及养老失业保险费 | | | | | | |
| 4 | 大修理费 | | | | | | |
| 5 | 折旧费 | | | | | | |
| 6 | 摊销费 | | | | | | |
| 7 | 利息支出 | | | | | | |
| 7.1 | 长期借款利息 | | | | | | |
| 7.2 | 流动资金借款利息 | | | | | | |
| 7.3 | 其他短期借款利息 | | | | | | |
| 8 | 其他费用 | | | | | | |
| 8.1 | 其他制造费用 | | | | | | |
| 8.2 | 其他管理费用 | | | | | | |
| 8.3 | 其他销售费用 | | | | | | |
| 8.4 | 出口不予退税部分 | | | | | | |

续表

| 序号 | 项目 | 合 计 | 第1年 | 第2年 | 第3年 | … | 第n年 |
|---|---|---|---|---|---|---|---|
| * | 总成本费用 | | | | | | |
| | 其中:固定成本 | | | | | | |
| | 可变成本 | | | | | | |
| ** | 经营成本 | | | | | | |
| 盈亏平衡点(生产能力利用率)/% | | | | | | | |

表 2-6　　　　　　　　　　　项目外购原材料费用估算表

| 序号 | 项目 | 单位 | 单价 | 各类产品年产量 | | | |
|---|---|---|---|---|---|---|---|
| | | | 元/单位 | 单耗定额 | 金额/元 | 对应的进项税 | 年金额/万元 |
| 1 | 原辅材料 | | | | | | |
| 1.1 | 原料 A | | | | | | |
| 1.2 | 原料 B | | | | | | |
| 1.3 | 原料 C | | | | | | |
| 1.4 | … | | | | | | |
| 1.5 | | | | | | | |
| 2 | 燃料和动力 | | | | | | |
| 2.1 | 燃料 A | | | | | | |
| 2.2 | 燃料 B | | | | | | |
| 2.3 | 动力 | | | | | | |
| 3 | 产品正常年产量 | | | | | | |
| | 进项税额 | | | | | | |

表 2-7　　　　　　　　　固定资产折旧费用估算表　　　　　　　　　单位:万元

| 序号 | 项目 | 折旧年限 | 残值率 | 原值 | 第1年 | 第2年 | 第…年 | 第n年 |
|---|---|---|---|---|---|---|---|---|
| 1 | 房屋及建筑物 | | | | | | | |
| | 折旧费 | | | | | | | |
| | 净值 | | | | | | | |
| 2 | 机器设备 | | | | | | | |
| | 折旧费 | | | | | | | |
| | 净值 | | | | | | | |
| 3 | 原有固定资产 | | | | | | | |
| | 折旧费 | | | | | | | |
| | 净值 | | | | | | | |
| 3.1 | 原有建筑物 | | | | | | | |
| | 折旧费 | | | | | | | |
| | 净值 | | | | | | | |
| 3.2 | 原有设备 | | | | | | | |

续表

| 序号 | 项目 | 折旧年限 | 残值率 | 原值 | 第1年 | 第2年 | 第…年 | 第n年 |
|---|---|---|---|---|---|---|---|---|
| | 折旧费 | | | | | | | |
| | 净值 | | | | | | | |
| * | 固定资产合计 | | | | | | | |
| | 折旧费 | | | | | | | |
| | 净值 | | | | | | | |

表2-8　　　　　　　　　　　无形资产和递延资产摊销费用估算表　　　　　　　　　单位：万元

| 序号 | 项目 | 摊销年限 | 原值 | 第1年 | 第2年 | 第…年 | 第n年 |
|---|---|---|---|---|---|---|---|
| 1 | 无形资产小计 | | | | | | |
| | 摊销费 | | | | | | |
| | 净值 | | | | | | |
| 1.1 | 土地使用权 | | | | | | |
| | 摊销费 | | | | | | |
| | 净值 | | | | | | |
| 1.2 | 专有技术和专利权 | | | | | | |
| 1.3 | 其他无形资产 | | | | | | |
| | 摊销费 | | | | | | |
| | 净值 | | | | | | |
| 2 | 递延资产(开办费) | | | | | | |
| | 摊销费 | | | | | | |
| | 净值 | | | | | | |
| 3 | 无形及递延资产合计 | | | | | | |
| | 摊销费 | | | | | | |
| | 净值 | | | | | | |

表2-9　　　　　　　　　　　固定资产投资借款还本付息表　　　　　　　　　　单位：万元

| 序号 | 项目 | 第1年 | 第2年 | 第…年 | 第n年 |
|---|---|---|---|---|---|
| 1 | 借款及还本付息 | | | | |
| 1.1 | 年初借款本息累计 | | | | |
| 1.1.1 | 本金 | | | | |
| 1.1.2 | 建设期利息 | | | | |
| 1.2 | 本年借款 | | | | |
| 1.3 | 本年应计利息 | | | | |
| 1.3.1 | 计入建设期利息 | | | | |
| 1.3.2 | 计入生产期利息 | | | | |
| 1.4 | 本年还本付息 | | | | |
| 1.4.1 | 还本 | | | | |

续表

| 序号 | 项目 | 第1年 | 第2年 | 第…年 | 第n年 |
|---|---|---|---|---|---|
| 1.4.2 | 付息 | | | | |
| 2 | 偿还借款本金的资金来源 | | | | |
| 2.1 | 上年余额 | | | | |
| 2.2 | 未分配利润 | | | | |
| 2.3 | 固定资产折旧 | | | | |
| 2.4 | 无形及递延资产摊销 | | | | |
| 2.5 | 短期借款 | | | | |

### (四) 财务盈利能力分析

财务盈利能力分析是项目财务分析的重要组成部分，包括动态分析（现金流量分析）和静态分析。

从是否在融资方案的基础上进行分析的角度区分，财务能力分析又可分为融资前分析和融资后分析。

**1. 现金流量分析**

现金流量分析是考虑资金时间价值，在项目计算期内，用财务效益和费用数据为现金流量，编制现金流量表，计算相关指标，考察项目盈利能力。

现金流量分析分为三个层次。第一层次是项目投资现金流量分析，第二层次是项目资本金现金流量分析，第三层次是投资各方现金流量分析；各层次分析都应编制相应的现金流量表，并计算相应的指标。

(1) 项目投资现金流量分析

1) 项目投资现金流量分析的含义

项目投资现金流量分析是针对项目基本方案进行的现金流量分析，原称为"全部投资现金流量分析"。它是在不考虑债务融资条件下进行的融资前分析，是从项目投资总获利能力的角度，考察项目方案设计的合理性。融资前分析计算的相关指标，可作为初步投资决策的依据和融资方案研究的基础。

2) 项目投资现金流量识别与报表编制

进行现金流量分析，首先要正确识别和选用现金流量，包括现金流入和现金流出。是否能作为融资前项目投资现金流量分析的现金流量，要看其是否与融资方案无关。从该角度识别的现金流量也被称为自由现金流量。按照上述原则，项目投资现金流量分析的现金流入主要包括营业收入（必要时还可包括补贴收入），在计算期的最后一年，还包括回收固定资产余值和回收流动资金。回收固定资产余值应不受利息因素的影响，它区别于项目资本金现金流量表中的回收固定资产余值；现金流出主要包括建设投资、流动资金、经营成本、营业税金及附加。如果运营期内需要投入维持运营投资，也应将其作为现金流出。所得税后分析还要将所得税作为现金流出。

净现金流量（现金流入与现金流出之差）是计算评价指标的基础。

根据上述现金流量编制的现金流量表称为项目投资现金流量表，其格式见表2-10。

表 2-10　　　　　　　　　　　　项目投资现金流量表　　　　　　　　　　单位：万元

| 序号 | 项目 | 合计 | 第1年 | 第2年 | 第…年 | 第n年 |
|---|---|---|---|---|---|---|
| 1 | 现金流入 | | | | | |
| 1.1 | 产品销售收入 | | | | | |
| 1.2 | 回收固定资产余值 | | | | | |
| 1.3 | 回收流动资金 | | | | | |
| 2 | 现金流出 | | | | | |
| 2.1 | 固定资产投资 | | | | | |
| 2.2 | 流动资金 | | | | | |
| 2.3 | 经营成本 | | | | | |
| 2.4 | 销售税金及附加 | | | | | |
| 2.5 | 调整所得税 | | | | | |
| 3 | 净现金流量 | | | | | |
| 4 | 累计净现金流量 | | | | | |
| 5 | 所得税前净现金流量 | | | | | |
| 6 | 所得税前累计净现金流量 | | | | | |
| | | | 所得税前 | 所得税后 | | |
| 计算 | 财务内部收益率/% | | | | | |
| | 财务净现值/万元 | | | | | |
| 指标 | 投资回收期/年 | | | | | |

3）项目投资现金流量分析指标

依据项目投资现金流量表可以计算项目投资财务内部收益率（FIRR）、项目投资财务净现值（FNPV），这两项指标通常被认为是主要指标。

另外，还可借助该表计算项目投资回收期，可以分别计算静态或动态的投资回收期，我国的评价方法只规定计算静态投资回收期。

指标的含义、计算和判断简述如下：

项目投资财务净现值。项目投资财务净现值是指按设定的折现率 $i$，计算的项目计算期内各年净现金流量的现值之和。其计算公式为：

$$FNPV = \sum_{t=1}^{n}(CI-CO)_t(1+i_c)^{-t} \tag{2-5}$$

式中　$FNPV$——项目投资财务净现值

　　　$CI$——现金流入

　　　$CO$——现金流出

　　　$(CI-CO)_t$——第 $t$ 年的净现金流量

　　　$n$——计算期年数

　　　$i_c$——标准折现率

项目投资财务净现值是考察项目盈利能力的绝对量指标，它反映项目在满足按标准折现率要求的盈利之外所能获得的超额盈利的现值。项目投资财务净现值等于或大于零，表明项目的盈利能力达到或超过了设定折现率所要求的盈利水平,该项目财务效益可以被接受。

项目投资财务内部收益率。项目投资财务内部收益率是指能使项目在整个计算期内各年净现金流量现值累计等于零时的折现率,它是考察项目盈利能力的相对量指标。其计算公式为:

$$\sum_{t=1}^{n}(CI-CO)_t(1+FIRR)^{-t}=0 \qquad (2-6)$$

式中　FIRR——欲求取的项目投资财务内部收益率

　　　CI——现金流入

　　　CO——现金流出

　　$(CI-CO)_t$——第 $t$ 年的净现金流量

　　　$n$——计算期年数

项目投资财务内部收益率一般通过计算机软件中配置的财务函数计算,若需要手算时,可根据现金流量表中的净现金流量采用人工试算法计算。将求得的项目投资财务内部收益率与标准折现率($i_c$)进行比较,当 $FIRR>i_c$ 时,即认为项目的盈利性能够满足要求,该项目财务效益可以被接受。

(2) 项目资本金现金流量分析

1) 项目资本金现金流量分析的含义和作用

项目资本金现金流量分析是融资后分析。项目资本金现金流量分析指标应能反映从项目权益投资者整体角度考察盈利能力的要求。项目资本金现金流量分析指标是比较和取舍融资方案的重要依据。

2) 项目资本金现金流量识别和报表编制

项目资本金现金流量分析需要编制项目资本金现金流量表,该表的现金流入包括营业收入,在计算期的最后一年,还包括回收固定资产余值及回收流动资金;现金流出主要包括建设投资和流动资金中的项目资本金(权益资金)、经营成本、营业税金及附加、还本付息和所得税。项目资本金现金流量表的格式详见表 2-11。

表 2-11　　　　　　　　　　项目投资现金流量表　　　　　　　　　　单位:万元

| 序号 | 项目 | 合计 | 第 1 年 | 第 2 年 | 第…年 | 第 $n$ 年 |
|---|---|---|---|---|---|---|
| 1 | 现金流入 | | | | | |
| 1.1 | 销售收入 | | | | | |
| 1.2 | 回收固定资产余值 | | | | | |
| 1.3 | 回收流动资金 | | | | | |
| 2 | 现金流出 | | | | | |
| 2.1 | 自有资金 | | | | | |
| 2.2 | 流动资金借款偿还 | | | | | |
| 2.3 | 长期借款本金偿还 | | | | | |
| 2.4 | 借款利息支付 | | | | | |
| 2.5 | 经营成本 | | | | | |

续表

| 序号 | 项目 | 合计 | 第1年 | 第2年 | 第…年 | 第$n$年 |
|---|---|---|---|---|---|---|
| 2.6 | 销售税金及附加 | | | | | |
| 2.7 | 所得税 | | | | | |
| 3 | 净现金流量 | | | | | |
| 4 | 累计净现金流量 | | | | | |
| 计算 | 财务内部收益率/% | | | | | |
| | 财务净现值/万元 | | | | | |
| 指标 | 投资回收期/年 | | | | | |

3）项目资本金现金流量分析指标

按照我国财务分析方法的要求，一般可以只计算项目资本金财务内部收益率一个指标，其表达式和计算方法同项目投资财务内部收益率，只是所依据的表格和净现金流量的内涵不同，判断的基准参数也不同。

项目资本金财务内部收益率的基准参数应体现项目发起人（代表项目所有权益投资者）对投资获利的最低期望值（最低可接受收益率）。当项目资本金财务内部收益率大于或等于该最低可接受收益率时，说明在该融资方案下，项目资本金获利水平超过或达到了要求，该融资方案是可以接受的。

（3）投资各方现金流量分析

对于某些项目，为了考察投资各方的具体收益，还需要编制从投资各方角度出发的现金流量表，计算相应的财务内部收益率指标。

投资各方现金流量表中的现金流入和现金流出科目需根据项目具体情况和投资各方因项目发生的收入和支出情况选择填列。依据该表计算的投资各方财务内部收益率指标，其表达式和计算方法与项目投资财务内部收益率相同，只是所依据的表格和净现金流量内涵不同，判断的基准参数也不同。

（4）现金流量分析基准参数

现金流量分析指标的判别基准称为基准参数，最重要的基准参数是财务基准收益率或最低可接受收益率，它用于判别财务内部收益率是否满足要求，同时它也是计算财务净现值的折现率。

采用财务基准收益率或最低可接受收益率作为折现率，用于计算财务净现值，可使财务净现值大于或等于零与财务内部收益率大于或等于财务基准收益率或最低可接受收益率，两者对项目财务可行性的判断结果一致。

2. 静态分析

除了进行现金流量分析以外，在盈利能力分析中，还可以根据具体情况进行静态分析，选择计算一些静态指标。

（1）静态分析指标

1）项目投资回收期（$P_t$）

项目投资回收期是指以项目的净收益回收项目投资所需要的时间，一般以年为单位，并从项目建设开始时算起，若从项目投产开始时算起的，应予以特别注明。其表达式为：

$$\sum_{t=1}^{P_t}(CI-CO)_t = 0 \tag{2-7}$$

式中　$P_t$——项目投资回收期

　　　$CI$——现金流入

　　　$CO$——现金流出

$(CI-CO)_t$——第 $t$ 年的净现金流量

投资回收期短，表明投资回收快，抗风险能力强。对于某些风险较大的项目，特别需要计算投资回收期指标。

当投资回收期小于或等于设定的基准投资回收期时，表明投资回收速度符合要求。基准投资回收期的取值可根据行业水平或投资者的要求确定。

2) 总投资收益率

总投资收益率表示总投资的盈利水平，是指项目达到设计能力后正常年份的年息税前利润（EBIT）或运营期内年平均息税前利润与项目总投资的比率。其计算式为：

$$总投资收益率 = \frac{年息税前利润}{项目总投资} \times 100\% \tag{2-8}$$

其中：息税前利润=利润总额+支付的全部利息

或息税前利润=营业收入-营业税金及附加-经营成本-折旧与摊销

总投资收益率高于同行业的收益率参考值，表明用总投资收益率表示的盈利能力满足要求。

3) 项目资本金净收益率

项目资本金净收益率表示项目资本金的盈利水平，是指项目达到设计能力后正常年份的年净利润或运营期内年平均净利润与项目资本金的比率。其计算式为：

$$项目资本金净利润率 = \frac{年净利润}{项目资本金} \times 100\% \tag{2-9}$$

项目资本金净利润率高于同行业的净利润率参考值，表明用项目资本金净利润率表示的盈利能力满足要求。

(2) 静态分析依据报表

除投资回收期外，静态分析指标计算所依据的报表主要是"项目总投资使用计划与资金筹措表"和"利润表"，分别见表 2-12 和表 2-13。

表 2-12　　　　　　　　　　项目总投资使用计划与资金筹措表　　　　　　　　单位：万元

| 序号 | 项目 | 合计 | 第 1 年 | 第 2 年 | 第…年 | 第 $n$ 年 |
|---|---|---|---|---|---|---|
| 1 | 新增项目总资金 | | | | | |
| 1.1 | 新增固定资产投资 | | | | | |
| 1.2 | 固定资产投资方向调节税 | | | | | |
| 1.3 | 建设期利息 | | | | | |
| | 人民币 | | | | | |
| | 外币 | | | | | |
| 1.4 | 流动资金 | | | | | |
| 2 | 资金筹措 | | | | | |

续表

| 序号 | 项目 | 合计 | 第1年 | 第2年 | 第…年 | 第n年 |
|---|---|---|---|---|---|---|
|  | 人民币 |  |  |  |  |  |
|  | 外币 |  |  |  |  |  |
| 2.1 | 自有资金 |  |  |  |  |  |
|  | 人民币 |  |  |  |  |  |
|  | 外币 |  |  |  |  |  |
| 2.1.1 | 用于固定资产投资 |  |  |  |  |  |
|  | 人民币 |  |  |  |  |  |
|  | 外币 |  |  |  |  |  |
| 2.1.2 | 用于流动资金 |  |  |  |  |  |
|  | 人民币 |  |  |  |  |  |
|  | 外币 |  |  |  |  |  |
| 2.1.3 | 用于建设期利息 |  |  |  |  |  |
|  | 人民币 |  |  |  |  |  |
|  | 外币 |  |  |  |  |  |
| 2.1.4 | 用于固定资产投资方向调节税 |  |  |  |  |  |
| 2.2 | 借款 |  |  |  |  |  |
|  | 人民币 |  |  |  |  |  |
|  | 外币 |  |  |  |  |  |
| 2.2.1 | 长期借款 |  |  |  |  |  |
|  | 人民币 |  |  |  |  |  |
|  | 外币 |  |  |  |  |  |
| 2.2.2 | 流动资金借款 |  |  |  |  |  |
|  | 人民币 |  |  |  |  |  |
|  | 外币 |  |  |  |  |  |
| 2.2.3 | 其他短期借款 |  |  |  |  |  |

表 2-13　　　　　　　　　　　　　　利润表　　　　　　　　　　　　　　单位：万元

| 序号 | 项目 | 合计 | 第1年 | 第2年 | 第…年 | 第n年 |
|---|---|---|---|---|---|---|
| 1 | 生产负荷 |  |  |  |  |  |
| 2 | 销售收入 |  |  |  |  |  |
| 3 | 销售税金及附加 |  |  |  |  |  |
| 4 | 总成本费用 |  |  |  |  |  |
| 5 | 利润总额 |  |  |  |  |  |
| 5.1 | 弥补前年度亏损 |  |  |  |  |  |
| 5.2 | 应纳税所得额 |  |  |  |  |  |
| 6 | 年息税前利润 |  |  |  |  |  |
| 7 | 所得税 |  |  |  |  |  |

续表

| 序号 | 项目 | 合计 | 第1年 | 第2年 | 第…年 | 第$n$年 |
|---|---|---|---|---|---|---|
| 8 | 税后利润 | | | | | |
| 9 | 盈余公积金(10%) | | | | | |
| 10 | 盈余公益金(5%) | | | | | |
| 11 | 可供分配利润 | | | | | |
| 12 | 应付利润 | | | | | |
| 12.1 | 本年利润分配 | | | | | |
| 12.2 | 未分配利润转分配 | | | | | |
| 13 | 未分配利润 | | | | | |
| * | 累计未分配利润 | | | | | |

### (五) 偿债能力分析

偿债能力分析主要是通过编制借款偿还计划表，计算相关指标，考察项目借款的偿还能力，并通过编制资金来源与运用表、损益表和资产负债表考察项目（或企业）的财务状况。

1. 项目和/或企业偿债能力分析

(1) 借款偿还计划表的编制和指标计算

根据借款偿还计划表的数据和损益表与总成本费用表的有关数据，可以计算利息备付率、偿债备付率和借款偿还期指标，也可以根据具体情况选择计算备付率指标或借款偿还期指标。

债务清偿能力分析，重点是分析银行贷款的偿还能力。对于企业融资项目，应以项目所依托的整个企业作为债务清偿能力的分析主体。为了考察企业的整体经济实力，分析融资主体的清偿能力，需要评价整个企业的财务状况和各种借款的综合偿债能力。为了满足债权人的要求，需要编制企业在拟建项目建设期和投产后若干年的财务计划现金流量表、资产负债表、企业借款偿还计划表等报表，分析企业偿债能力。一般通过计算利息备付率、偿债备付率等指标，评价借款偿债能力。

(2) 借款偿还期

借款偿还期是指在有关财税规定及项目（企业）具体财务条件下，项目投产后以可用作还款的利润、折旧、摊销及其他收益偿还建设投资借款本金（含未付建设期利息）所需要的时间，一般以年为单位表示。该指标可由借款偿还计划表推算，不足整年的部分可用线性插值法计算，指标值应能满足贷款机构的期限要求。

借款偿还期指标适用于那些不预先给定借款偿还期限，而是按项目的最大偿还能力和尽快还款原则的项目。

借款偿还期计算公式见式 (2-10)：

借款偿还期=(借款偿还后开始出现盈利的年份数−1)+当年应还借款额/当年可用于还款的收益额

(2-10)

2. 资金来源与运用表编制与分析

资金来源与运用表是国际上通用的财务报表，用于反映计算期内各年的投资活动、融资活动和生产运营活动所产生的资金流入和资金流出情况,考察资金平衡和余缺情况,是表示财务状况的重要财务报表。资金来源与运用表见表2-14。

表2-14　　　　　　　　　　　　资金来源与运用表　　　　　　　　　　单位:万元

| 序号 | 项目 | 合计 | 第1年 | 第2年 | 第3年 | 第…年 | 第n年 |
|---|---|---|---|---|---|---|---|
| 1 | 资金来源 | | | | | | |
| 1.1 | 利润总额 | | | | | | |
| 1.2 | 折旧费 | | | | | | |
| 1.3 | 摊销费 | | | | | | |
| 1.4 | 长期借款 | | | | | | |
| 1.5 | 流动资金借款 | | | | | | |
| 1.6 | 自有资金 | | | | | | |
| 1.6.1 | 用于固定资产投资 | | | | | | |
| 1.6.2 | 用于投资方向调节税 | | | | | | |
| 1.6.3 | 用于建设期利息 | | | | | | |
| 1.6.4 | 用于流动资金 | | | | | | |
| 1.6.5 | 利用原有固定资产 | | | | | | |
| 2 | 资金运用 | | | | | | |
| 2.1 | 固定资产投资 | | | | | | |
| 2.2 | 建设期利息 | | | | | | |
| 2.3 | 流动资金 | | | | | | |
| 2.4 | 所得税 | | | | | | |
| 2.5 | 应付利润 | | | | | | |
| 2.6 | 长期借款本金偿还 | | | | | | |
| 2.7 | 流动资金借款本金偿还 | | | | | | |
| 2.8 | 其他短期借款本金偿还 | | | | | | |
| 2.9 | 盈余资金 | | | | | | |
| 3 | 累计盈余资金 | | | | | | |

3. 企业资产负债表的编制、指标计算与分析

企业资产负债表是国际上通用的财务报表,它反映企业某一特定日期的财务状况。

财务计划资产负债的分析和评价一般通过编制资产负债表来进行。该表是分析企业未来实际可能发展的财务状况质量的重要报表。资产负债表见表2-15。

表2-15　　　　　　　　　　　　　资产负债表　　　　　　　　　　　　单位:万元

| 序号 | 项目 | 第1年 | 第2年 | 第…年 | 第n年 |
|---|---|---|---|---|---|
| 1 | 资产 | | | | |
| 1.1 | 流动资产总额 | | | | |
| 1.1.1 | 应收账款 | | | | |
| 1.1.2 | 存货 | | | | |

续表

| 序号 | 项目 | 第1年 | 第2年 | 第…年 | 第n年 |
|---|---|---|---|---|---|
| 1.1.3 | 现金 | | | | |
| 1.1.4 | 累计盈余资金 | | | | |
| 1.2 | 在建工程 | | | | |
| 1.3 | 固定资产净值 | | | | |
| 1.4 | 无形递延资产净值 | | | | |
| 2 | 负债及所有者权益 | | | | |
| 2.1 | 流动负债总额 | | | | |
| 2.1.1 | 应付账款 | | | | |
| 2.1.2 | 流动资金借款 | | | | |
| 2.1.3 | 其他短期借款 | | | | |
| 2.2 | 长期借款 | | | | |
| | 负债小计 | | | | |
| 2.3 | 所有者权益 | | | | |
| 2.3.1 | 资本金 | | | | |
| 2.3.2 | 资本公积金 | | | | |
| 2.3.3 | 累计盈余公积金 | | | | |
| 2.3.4 | 累计盈余公益金 | | | | |
| 2.3.5 | 累计未分配利润 | | | | |
| 清偿 | 资产负债率/% | | | | |
| 能力 | 流动比率 | | | | |
| 分析 | 速动比率 | | | | |

根据企业资产负债表的数据可以计算资产负债率、流动比率、速动比率等比率指标。

（六）财务生存能力分析

财务生存能力分析，也称资金平衡分析，是根据财务计划现金流量表，综合考察项目计算期内的投资、融资及经营活动所产生的各项现金流入和流出，计算净现金流量和累计盈余资金，分析项目是否有足够的净现金流量维持正常运营，以评价财务可持续性。

财务生存能力分析应结合偿债能力分析进行，如果拟定安排的还款期过短，致使还本付息负担过重，导致为维持资金平衡必须筹措的短期借款过多，可以调整还款期，减轻各年还款负担。企业投资项目前期还本付息负担较重，应特别注意运营前期的财务生存能力分析，防止资金链断裂。

财务可持续性应首先体现在有足够大的经营活动净现金流量，其次各年累计盈余资金不应出现负值。若有负值，应进行短期贷款，应判断项目的财务生存能力。短期借款应体现在财务计划现金流量表中，其利息应计入财务费用。为维持项目正常运营，还应分析短期借款的可靠性。

（七）财务不确定分析

项目评价所采用的数据大部分来自估算和预测，有一定程度的不确定性。为了分析不确定因素对经济评价指标的影响，需要进行不确定性分析，估计项目可能存在的风险，考察项目的财务可靠性。根据拟建项目的具体情况，有选择地进行敏感性分析、盈亏平衡分析。

1. 敏感性分析

通过分析、预测项目主要不确定因素的变化对项目评价指标的影响，找出敏感因素，分析评价指标对该因素的敏感程度，并分析该因素达到临界值时项目的承受能力。

一般将产品价格、产品产量（生产负荷）、主要原材料价格、建设投资、汇率等作为考察的不确定因素。

敏感性分析有单因素和多因素敏感性分析两种。单因素敏感性分析是对单一不确定因素变化的影响进行分析；多因素敏感性分析是对两个或两个以上互相独立的不确定因素同时变化的影响进行分析。通常只要求进行单因素敏感性分析。敏感性分析结果用敏感性分析表和敏感性分析图表示。

（1）敏感性分析表和绘制敏感性分析图

敏感性分析图如图 2-2 所示。图中每一条斜线的斜率反映内部收益率对该不确定因素的敏感程度，斜率越大敏感度越高。一张图可以同时反映多个因素的敏感性分析结果。每条斜线与基准收益率线的相交点所对应的是不确定因素变化率，图 2-2 中 $C_1$、$C_2$、$C_3$、$C_4$ 等即为该因素的临界点。

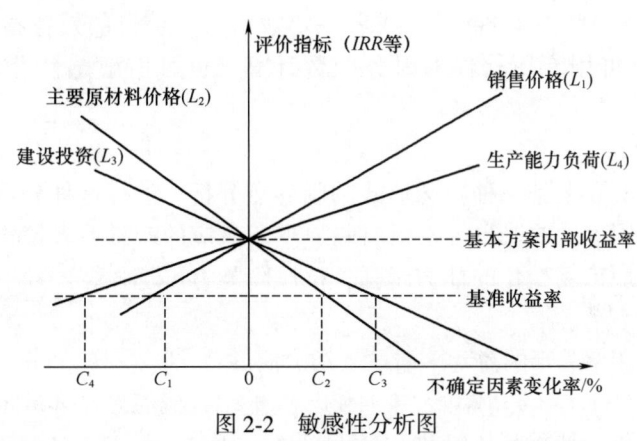

图 2-2　敏感性分析图

敏感性分析表如表 2-16 所示。表中所列的不确定因素是可能对评价指标产生影响的

表 2-16　　　　　　　　　　敏感性分析表

| 序号 | 不确定因素 | 变化率/% | 内部收益率 | 敏感系数 | 临界点/% | 临界值 |
|---|---|---|---|---|---|---|
| 1 | 产品产量 | | | | | |
| 2 | 产品价格 | | | | | |
| 3 | 主要原材料价格 | | | | | |
| 4 | 建设投资 | | | | | |
| 5 | 汇率 | | | | | |

因素，分析时可选用一个或多个因素。不确定因素的变化范围可自行设定。可根据需要选定项目评价指标，其中最主要的评价指标是财务内部收益率。

(2) 计算敏感度系数和临界点

1) 敏感度系数

敏感度系数是项目效益指标变化的百分率与不确定因素变化的百分率之比。敏感度系数高，表示项目效益对该不确定因素敏感程度高，提示应重视该不确定因素对项目效益的影响。计算公式为：

$$E=(\Delta A/A)/(\Delta F/F) \tag{2-11}$$

式中　$\Delta F/F$——不确定因素 $F$ 的变化率，%

　　　$\Delta A/A$——不确定因素 $F$ 发生 $\Delta F/F$ 变化时，评价指标 $A$ 的相应变化率，%

　　　$E$——评价指标 $A$ 对于不确定因素 $F$ 的敏感度系数

2) 临界点

临界点是指项目允许不确定因素向不利方向变化的极限值。超过极限，项目的效益指标将不可行。例如当产品价格下降到某值时，财务内部收益率将刚好等于基准收益率，此点称为产品价格下降的临界点。临界点可用临界点百分比或者临界值分别表示某一变量的变化达到一定的百分比或者一定数值时，项目的效益指标将从可行转变为不可行。临界点可用专用软件的财务函数计算，也可由敏感性分析图直接求得近似值。

2. 盈亏平衡分析

盈亏平衡分析实际上是一种特殊形式的临界点分析。进行这种分析时，将产量或者销售量作为不确定因素，求取盈亏平衡时临界点所对应的产量或者销售量。盈亏平衡点越低，表示项目适应市场变化的能力越强，抗风险能力也越强。盈亏平衡点常用生产能力利用率或者产量表示。

用生产能力利用率表示的盈亏平衡点（$BEP$）（%）为：

$$BEP=[年固定总成本/(年销售收入-年可变成本-年销售税金及附加-年增值税)]\times100\% \tag{2-12}$$

用产量表示的盈亏平衡点（$BEP$）（产量）为：

$$BEP=年固定总成本/(单位产品销售价格-单位产品可变成本-单位产品销售税金及附加-单位产品增值税) \tag{2-13}$$

盈亏平衡点应按项目投产后的正常年份计算，而不能按计算期内的平均值计算。项目评价中常使用盈亏平衡分析图表示分析结果，如图 2-3 所示。

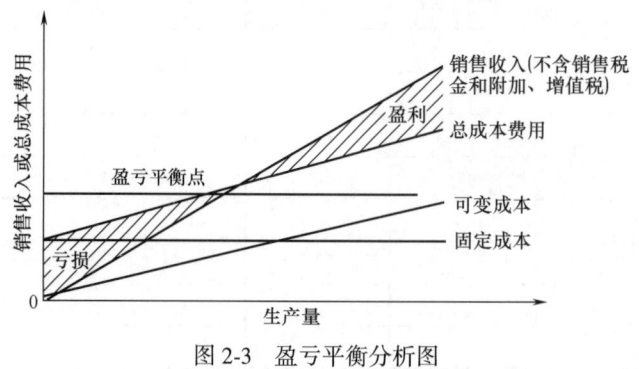

图 2-3　盈亏平衡分析图

## 第四节  本章课程重点思政内容

本章课程重点介绍了工程项目前期决策相关内容，包括项目可行性研究报告、项目环境影响评价报告、节能评估报告、安全影响评价报告等项目前期重要决策文件，以及项目实施过程中所涉及的设计、施工和安装等。同时介绍了项目投资及经济效益评价等内容。课程内容涉及相关的思政元素包括法律意识和团队意识与协调沟通等。

（一）法制意识

作为项目投资人必须具有法制观念，增强法律意识，时刻把法律牢记心间。工程项目决策必须遵守国家相关的法律、法规等，必须符合国家环保政策、能源政策以及安全生产要求等，依法开展项目前期工作，必须履行项目的各项报批和审批手续，杜绝先建后报现象。

（二）团队意识与协调沟通

工程项目投资具有不可逆性，一旦决策不合理或错误，会导致工程项目投资失败，造成不可挽回的重大经济损失，尤其是制浆造纸项目，投资巨大，效益较低，风险相对较大，项目实施前决策一定要慎重，项目决策前需要完成众多重要的决策报告和文件，需要听取专家意见，要有团队成员之间的相互协调与沟通，发挥团队的力量和智慧，绝不能盲目决策。

# 第三章 厂址选择与厂区总平面布置设计

## 第一节 厂址选择

### 一、厂址选择的重要性

厂址选择是贯彻国家经济建设方针，落实长远规划，实现生产力合理布局的一个关键性的环节，是一项包括政策、经济和技术的综合性工作。必须认真贯彻执行国家的方针政策，进行多方案比较论证，选出投资省、技术可靠、运营费低，具有最佳经济效益、环境效益和社会效益的厂址。

厂址选择得好，不但便于建设和生产，还会促进当地经济发展和城镇面貌的改善。厂址选择不好会影响到社会各种资源的合理分配，进而影响国民经济协调和稳定发展，且不容易改变。

厂址选择和确定之后，才能比较准确的估算出工厂的建设投资和生产成本，进而对项目的投资效益进行分析和计算，得出是否可行的结论。

厂址选择是否合理对项目的经济效益会产生重要的影响，如果选择不当，可能造成基建投资加大，影响建设进度，并且给工厂生产和运行留下后患，影响投资的经济效果，甚至造成严重损失，还可能给当地造成严重的环境污染，破坏地区生态平衡。

厂址选择不仅从宏观上对国家经济建设和发展有着重要的影响，也从微观上对拟建项目的建设进度和投资效果有着决定性的影响，因此，厂址的选择一定要慎重。

总之，厂址选择应根据国家（地方、区域）的经济发展规划和拟建工程项目的特点和要求，经过考察和比选，最终确定工程项目的具体建设地点。

### 二、厂址选择的基本原则

**（一）厂址选择应符合国家长远规划和城市规划布局**

我国地域辽阔，各地区之间的发展是不平衡的，布局也不尽合理，改变这种状况需要通过国家的长远发展规划来逐步实现。因此制浆造纸工程项目建设地区的选择，应该在国家和地区的长远发展规划和城市布局的要求指导下进行。厂址选择应符合国家生产和建设方针、政策，服从行业发展规划和所在城市的总体发展规划的要求，并安排好与城镇配套的公用设施和生活设施，做到既有利于生产，又有利于生活。

**（二）选择厂址必须要考虑到拟建项目的指向性特点**

1. 原材料指向原则

原材料指向原则是指投资项目的性质是以原材料为基础的，建厂地点应靠近原料产地。以木材纤维和非木材纤维为原料的大型制浆造纸企业属于这一类。这些企业的产品生产过程中，从原料到成品的失重程度较大，化学浆单位产品原料消耗量是成品数量的

2~2.5倍，而且原料在运输和贮藏过程中体积大、费用高、损失大，靠近原料产地建厂，把成品运往消费区，比在消费区建厂而大量运输原料更为经济划算。

2. 市场指向原则

有一些建设项目是以市场为基础的，比如生产各种生活用纸和纸制品以满足城市消费需求的建设项目。厂址选择在产品的市场地区，可以及时搜集市场对产品质量和性能的反馈信息，这对于产品的更新换代是很重要的。因此，这类建设项目应按市场指向性原则选择城市和靠近城市的消费地建厂。

3. 技术指向原则

技术指向原则是指对于那些技术密集型或知识密集型项目，在选择建厂地址时，要考虑技术协作条件和技术水平的要求，比如生产加工纸、特种纸、功能纸的建设项目。这类项目具有技术含量较高、质量检测复杂、生产批量小、需要特殊的原材料等特点，同时产品的研究和开发需要多学科、多行业的技术协作和技术支持。因此，应选在相关科学技术比较发达的大中城市，以获得良好的技术协作条件和原材料的供应，此外还可以较方便地获得研究单位和大专院校的技术支持。

4. 能源指向原则

能源指向原则是指对于那些消耗能源的大户，为了减少运输费用和损耗，应靠近能源产地建厂。同样对于用水量较大或对水质有特殊要求的投资项目，可按水源指向原则选择丰富或优质水源的地方。制浆造纸工业具有能耗高和耗水量大的特点，因此在选择厂址时一方面应考虑当地的能源供应，另一方面应考虑是否有充足的水源和良好的水质。

5. 劳动力指向原则

劳动力指向原则是指投资项目建厂地点应靠近劳动力充裕的地区。制浆造纸工业既属于技术密集型产业，又属于劳动力较密集型产业。因此选择厂址既要考虑充足的劳动力资源，又要考虑到劳动力的素质和水平。

在选择厂址的实际工作中，情况往往比较复杂，需要满足厂址多方面的要求，因此，在具体的厂址选择上，要综合考虑不同的指向原则。

(三) 选择厂址应有利于厂区合理布置和安全运行

厂址选择应满足生产工艺的要求，做到厂区布置合理，有利于生产运行。其次厂址的位置与生活区的位置尽可能的靠近，在条件允许的情况下，厂址和生活区都应靠近城镇，以便于职工的生活和居住。

在选择厂址时，安全和"人防"也是不可忽视的要求之一。对于生产制造和使用高能燃料、油料等易燃、易爆产品的建设项目，应远离城镇和居民密集的地区；企业之间也要符合国家有关部门规定的安全和"人防"距离要求。总之，在评估厂址条件时，应综合而全面地考虑生产、生活和施工的方便，正确处理三者之间的关系。

(四) 厂址选择应有利于保护自然环境和生态平衡

在选择厂址时，要考虑环境要求，其含义有两种：一是建设项目对环境条件的要求，二是环境对建设项目的要求。前者就是各类的建设项目都要求具有与它们的性质相适应的环境条件，如果所选厂址的环境达不到建设项目的要求，即使项目建成了，也不能正常工作，或者不能发挥其应有的作用。后者则要求建设项目对所在地区不要造成新的污染，对建设项目产生的"三废"（即废气、废液、废渣）及噪声要进行配套的处理措施，使其排放指标必须低于国家或地方标准。

**（五）厂址选择应考虑建厂地区工业基础及社会协作条件**

工业基础好的地区，一般拥有良好的生产协作网。生产协作网是指与本项目的建设和生产具有紧密联系、相互制约的协作厂或机构，如为本项目提供零部件、半成品或包装品的企业，或者是使用本项目的产品进行后加工销往市场的单位。新建项目依托工业基础强的地区可以少建或不建一些辅助设施，这样就容易实现专业化生产和分工协作，因而大大节约用地和建设投资。工业基础好的地区，同时也拥有良好的基础设施，如交通运输条件，水、电供应和通信系统等。更重要的是工业基础好的地区容易获得技术熟练的工人和工程技术人员。这些都有利于拟建项目的正常运营和获得较好的经济效益。

## 三、厂址选择的程序及内容

厂址选择程序一般包括准备、现场调查和编制厂址选择报告三个阶段。

**（一）准备阶段**

1. 组织准备

按照项目隶属关系，由主管部门组织城市建设、环境保护、交通运输、水文地质勘察等单位的人员，共同组成选址工作组。选址工作组成员的专业配备应视工程项目的性质和内容不同而有所侧重。

2. 技术准备

选址工作人员应根据项目设计任务书，以及审批机关对拟建项目选址的指标和要求，制订选址工作计划，编制厂址选择指标和收集资料提纲。

厂址选择指标包括总投资、占地面积、建筑面积、职工总数、原材料及能源消耗、协作关系、环保设施和施工条件等。

收集资料提纲包括地形、地势、地质、水文、气象、地震、资源、动力、交通运输、给排水、公用设施和施工条件等。

分析研究确定项目组成，估算厂区外形和占地面积，绘制厂区总平面布置示意图，并在图中列出各单位（或车间）的特点和要求，作为选择厂址的初步指标。

**（二）现场调查阶段**

现场调查是厂址选择的关键环节，其目的是按照厂址选择的指标要求，深入现场调查研究，收集相关资料，确定若干个具备建厂条件的厂址方案，以供比较。

现场调查前，选址工作组应首选向当地有关部门说明厂址选择工作计划，汇报拟建厂的性质、规模和厂址选择指标，并根据地方有关部门的推荐，初步选择出若干个需要进行现场调查的可能的厂址。

现场调查的重点是按照准备阶段编制的收集资料提纲收集相关资料，并按照厂址的选择指标分析建厂的可行性和现实性。

现场收集的资料包括厂址的地形、地势、地址、水文、气象、面积等自然条件，以及厂址周围的环境状况、动力资源、交通运输、给排水、公用设施等技术经济指标。

**（三）编制厂址选择报告阶段**

编制厂址选择报告是厂址选择的最后阶段。

通过分析、整理已采集的各种资料，对可选的几个厂址方案进行综合分析和比较，权衡利弊，提出选址工作组对厂址的推荐方案，编制完成厂址选择报告，报上级批准机关审批。

厂址选择报告的编制内容可按《QBJS 20—1988 轻工业建设项目厂（场）址选择报告编制内容深度规定》执行。

厂址选择报告编制内容主要包括：

① 厂址选择依据及概述。厂址选择依据为项目前期的有关决策文件，如项目建议书或项目申请报告等；建厂条件；选址原则；选址范围，选址经过等。

② 拟建厂基本情况（主要技术经济指标）。拟建厂基本情况包括生产工艺流程概述；对厂址的要求；三废治理及污染物处理后达标及排放情况。拟建厂址基本条件见表3-1。

表 3-1　　　　　　　　　　　拟建厂址基本条件表

| 序号 | 基本条件 | | | |
|---|---|---|---|---|
| 1 | 生产规模 | | | |
| 2 | 主要产品 | | | |
| 3 | 投资/万元 | 总投资 | 其中:固定资产 | 设备及安装占总投资/% |
| | | | | 建筑工程占总投资/% |
| 4 | 职工人数/人 | 总人数 | 其中:工人 | |
| 5 | 原料、能源消耗量 | 电耗/kW | 汽耗/(t/h) | 折标煤/(t/a) |
| | | 水耗/(m³/h) | 天然气/(m³/a) | 主要原料/(t/a) |
| 6 | 年运输量/t | 总量 | 其中:运入　　　运出 | |
| 7 | 占地面积/m² | 全厂（场） | 其中:生产区　　厂区配套设施　　生活区 | |
| 8 | 建筑面积/m² | 总面积 | 其中:生产　　非生产(其中宿舍福利设施等) | |
| 9 | 年三废排放量 | 废水/m³ | 全厂 | 主要有害成分 |
| | | 废渣/t | 全厂 | 主要有害成分 |
| | | 废气/m³ | 全厂 | 主要有害成分 |

③ 厂址方案比较。概述工厂自然地理、社会经济、自然环境、建厂条件及协作条件等。对厂址方案技术条件、建设投资和年经营费用进行比较，并作《技术条件比较表》《建设投资比较表》《年经营费用比较表》。

④ 厂址推荐方案。厂址推荐方案应论述推荐方案的主要优缺点，并与拟建厂所要求的基本条件进行比较。

⑤ 当地政府及有关部门对推荐厂址的意见。

⑥ 结论、存在问题与建议。

## 四、厂址方案选择

### （一）厂址方案比较

厂址方案比较应按照建厂的主要要求，将明显具有不可克服的缺点，如水源、排污、面积不满足要求等去除，从余下的缺点较少的方案中择优选择。

**（二）厂址方案考察**

厂址方案考察项目包括厂址的地理位置、自然条件、社会经济情况、建厂条件、协作关系、建厂投资（成本消耗）等。

**（三）厂址方案比较依据**

厂址方案比较依据厂址的技术条件、投资费用和年度经营费用。

技术条件：根据专业特点必须选择先进可靠的工艺技术和节能设备，技术人员保障性好，满足国家的经济规模要求。

投资费用：公用工程和建筑的费用（土方量、地质勘探、给排水、供电交通等）。

经营费用：影响主要为原材料、产品的运输费用、污染物的治理费用、以及给排水费用、动力费用等。

**（四）厂址方案比较方法**

厂址方案比较通常采用以下两种方法：

统计法：统计法是把厂址的诸多项条件（不论是自然条件还是技术经济条件）当作影响因素，把欲要比较的厂址编号，然后对每一厂址的每一个影响因素，逐一比较其优缺点，并打上等级分值，最后把这些因素比较的等级分值进行统计，得出最佳厂址的选择结论。

方案比较法：方案比较法是以厂址自然条件为基础，经济技术条件为主体，列出其中的若干个主要因素，形成厂址方案。然后对每一个方案优缺点进行比较，然后结合以往的选择厂址经验，得出最佳的厂址选择结论。

**（五）厂址方案推荐**

厂址选择工作组对各厂址方案的优劣和取舍进行综合论证后，结合当地政府及有关部门对厂址选择的意见，提出对厂址选择的推荐方案。

**（六）建议**

通过厂址选择方案比较后，厂址选择工作组提出厂址的推荐方案，应论述推荐方案的优缺点，并对存在的问题提出建议，最后对厂址选择作出初步的结论意见。

# 第二节　厂区总平面布置设计

厂区总平面布置设计是要表明工程建设项目在厂址上总的布局。其任务是根据厂区的地形、进出厂物料运输方向和运输方式、工程地质等情况，全面衡量、合理布置全厂所有建筑物、构筑物、铁路、道路以及地上和地下工程管线的平面和竖向的相互位置，使之适合工艺过程，并与厂区地形及绿化、美化相适应，保证劳动者有良好的劳动条件，从而使工厂组成一个有机的生产整体，以使工厂发挥最大的生产效能。

在厂区总平面布置设计中，所涉及的问题是错综复杂的，而且许多因素对设计成果影响很大。这些因素主要是：生产规模和生产工艺流程；运输上的要求；动力供应条件；厂区自然条件；城市规划与建筑要求；防火和卫生技术要求；施工条件和工厂的发展远景等。综合考虑这些因素，合理地设计总平面，不但能使建厂工程既省又快地完成，而且对保证未来的生产经营也提供了重要的条件。

一个工程建设项目从开始规划或进行可行性研究时，就要根据制浆造纸企业生产过程的特点，各个车间和工段之间的相互关系，厂内外运输的具体要求和条件，考虑该工程项目的整体布局。在工程项目的设计阶段，应根据厂址选择和社会调查时所获得的自然条件和建设条件等基础资料，结合工程项目的生产规模和具体要求、国家有关的设计标准和规范，逐步充实完善，并做出若干个总平面布置和运输设计方案。通过论证和比较，提出和推荐与城市规划协调一致、节约用地、布置紧凑、安全适用、符合环境保护要求、节省投资、并留有适当发展或技术改造余地的总平面布置设计方案。

制浆造纸工厂的总平面布置设计的主要工作包括：

① 确定全厂各种生产、辅助生产、动力、办公和服务的建筑物、构筑物，运输道路和设施（包括铁路专用线，公路和水运码头等），仓库和堆场等在厂区平面相对位置和间距；

② 确定场地、道路、建筑物、构筑物的设计标高；

③ 根据全厂的年运输量，合理设计厂区内外的交通运输系统和厂内运输方式，保证工厂的正常投入产出；

④ 统一考虑厂区的地上和地下管线的综合布置，敷（埋）设的标高，合理设置管线构架和沟槽；

⑤ 规划厂区的环境，创造一个既能保持良好操作条件又能增强职工身心健康的美化和绿化的环境，使工厂成为一个生产和生活协调完整的建筑群体。

## 一、厂区总平面布置原则

厂区总平面布置应遵循以下原则。

### （一）厂区总平面布置必须满足生产工艺过程的要求

生产工艺过程要求生产所使用的各种原材料、半成品和成品的运输线路尽可能的短，避免迂回和往返运输。使生产能顺流而下，有单一的流向、有较短的运输距离、有较少的装卸次数等，把联系紧密和协作的部门尽量安排在一起。

### （二）厂区总平面布置应有利于提高经济效益

厂区总平面布置应尽量减少人的活动量和物料的运输量，提高系统的生产能力。充分利用地面和空间面积，使平面布置具有最大的灵活性和适应性，确保投资费用和投产后运输费用最小。

### （三）厂区总平面布置应有利于保证安全和增进职工健康

厂区总平面布置要进行环境因素分析和危险源分析，认证考虑"三废"处理。注意精密仪器及加工车间不要和有强烈震动的车间布置在一起，要为职工创造优美的工作环境，做到厂区布置整洁、美观和畅通。

### （四）厂区总平面布置应留有发展余地

厂区总平面布置时，要充分考虑到企业的未来发展，将来会有什么样的改建或者扩建，其难易程度有多大，要留有足够的空地。

## 二、厂区总平面布置要求

厂区总平面布置要满足以下几点要求。

**（一）厂区总平面布置应满足功能分区要求**

制浆造纸工厂有很多不同的生产车间、辅助生产车间；各种原料堆场、仓库；还有行政办公区等。这些不同的车间其功能性不同，在总平面布置图上应有合理的定位，便于生产管理、物料运输和安全卫生等方面都有利。下面举例说明制浆造纸工厂的各功能区及在总平面布置图上的定位要求。

（1）原料堆存区

制浆造纸工厂原料量大，宜靠近码头或铁路等交通运输方便的位置；制浆造纸原料容易着火，宜布置在锅炉房的上风向；又由于原料贮存区在大风季节会产生粉尘的污染，所以，宜布置在生产区的下风向，且距生产区应有一定的距离。

（2）生产区

生产区是工厂的核心功能区，不仅出入车间人员较多而且占地面积大，宜布置在工厂中心地带，以便和相关的辅助车间联系。

（3）动力区

制浆造纸工厂动力区主要包括热电站（或锅炉房）、变电站、压缩空气站等。它们主要是为各生产车间提供电力、蒸汽和压缩空气等，宜布置在靠近其所服务的车间，以减少管道的铺设、运送距离和运送中的损耗，同时这些部门有烟气和灰尘产生，易引起火灾和污染，故应布置在生产区的下风向。

（4）给水区

给水区包括水泵房、水处理站、澄清水池等，应布置在靠近水源入口处，周围应进行绿化，以保护给水区清洁。

（5）辅助生产区

主要包括机修、电修、仪修车间等，这些车间应靠近生产车间布置，以便于生产车间发生故障或需要零件时，能及时进行修理或供给。

（6）仓库区

主要包括原料仓库、备品备件库、成品库等，应布置在原料、备品入口、成品出口处，同时要靠近主要运输线路，便于运输。

（7）厂前区

厂前区主要建筑有综合办公大楼、中心化验室、食堂、传达室等，厂前区布置应符合全厂总体规划布局，有利于生产功能分区组织，满足经营管理要求，注意节约用地，并做好美化和绿化。

**（二）确定厂址及建、构筑物和道路的标高**

确定厂址标高应考虑在近50年最高洪水位0.5m以上，保证厂址不受洪水或暴雨淹没。

厂前区建筑物一般标高比室外地面标高要高500~600mm，车间建筑物一般标高比室外地面标高要高150~300mm，各建筑物周边要设不小于千分之五的排水坡度。

厂区道路标高宜低于车间外的地坪标高，以利于雨水的排除。

**（三）工程管线综合布置**

制浆造纸工厂物料种类很多，如纸浆、清水、黑液、白水、各种化学品等，这些物料输送大多采用管道连接。不同介质还具有高温、高压、腐蚀、易燃等危险特性，因此，管线系统是制浆造纸工厂的重要组成部分。合理地进行管线综合布置、确定管线的走向及其敷设方式，对于减少工艺过程的能耗、节约投资、减少工厂的占地面积、便于维护检修以及安全生产等都具有重要意义。

1. 工程管线综合布置原则。

① 管线布置应与总平面布置协调；

② 管线走向应力求做到管线短捷、适当集中，并与道路、建筑物相平行，尽量缩短主干管的敷设长度，以减少生产中的动力、热能长期损耗；

③ 尽量减少管线之间交叉，必须交叉时要采取加固措施。

2. 管线敷设方式

管线敷设主要有直埋敷设、架空敷设、地面敷设和地下综合管沟敷设这几种方式，管线敷设具体要求如下。

（1）直埋敷设

这是采用较多的一种敷设方式。这种管线一般直埋在道路与建筑物之间的空地上，它往往成为确定建筑物间距的决定因素。

（2）架空敷设

管线的架空敷设是将管道安放在单层或多层管架或支承架上。这种敷设方式检修方便，占地面积少，在制浆造纸工厂采用较多。架空敷设应注意尽量不妨碍建筑物的自然采光和通风，并与建筑物及其环境相协调。

（3）地面敷设

地面敷设是采用低支架、管撑敷设地面管线，这种方式多用于车间内部工艺管道的敷设，但应避免与人流、物流较多的道路交叉。

（4）地下综合管沟敷设

地下综合管沟布置具有占地少，有利于厂区的环境美化，管道检修方便等特点；但投资大，要考虑通风、排水、安全等问题。对于容易腐蚀地面的强酸、强碱管道以及有爆炸危险的管道不宜放在地下管沟里。

## 三、风向玫瑰图

风向玫瑰图（简称风玫瑰图）也叫风向频率玫瑰图，它是根据某一地区多年平均统计的各个风向和风速的百分数值，并按一定比例绘制，一般多用8个或16个罗盘方位表示，由于形状酷似玫瑰花朵而得名。

玫瑰图上所表示风的吹向，是指从外部吹向地区中心的方向，各方向上按统计数值画出的线段，表示此方向风频率的大小，线段越长表示该风向出现的次数越多。将各个方向上表示风频的线段按风速数值百分比绘制成不同颜色的分线段，即表示出各风向的平均风速，此类统计图称为风频风速玫瑰图。

图 3-1 和图 3-2 为国内某市风频率百分比玫瑰图和风向玫瑰图。

## 四、总平面设计技术经济指标

总平面设计技术经济指标主要包括建筑系数、场地利用系数和绿化系数等，同时，各地区对投资强度和土地容积率也提出不同的要求，规划部门拟根据这些指标是否符合

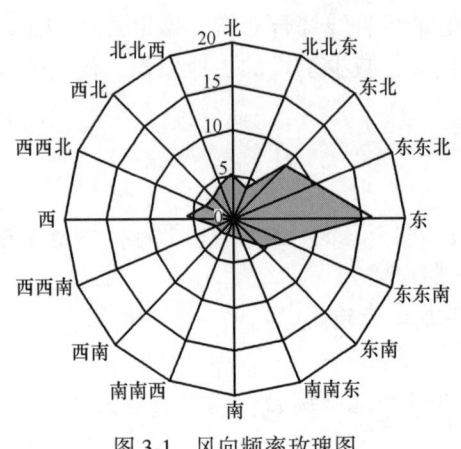

图 3-1 风向频率玫瑰图 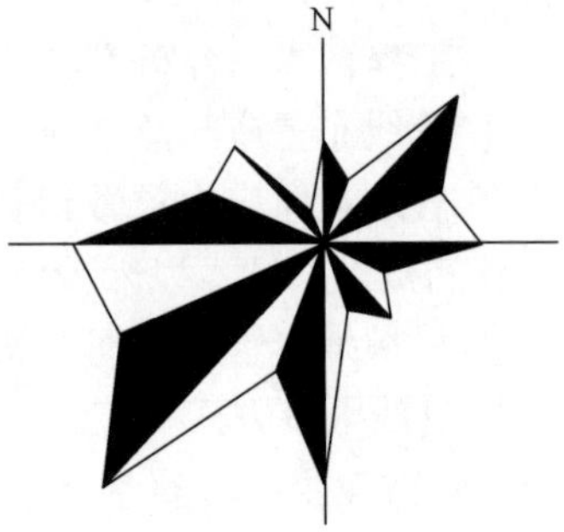　　　　　　　　图 3-2 风向玫瑰图

相关技术规范要求来对工厂提出的规划方案审批。

$$建筑系数 = \frac{建、构筑物及露天堆场占地面积(m^2)}{厂区占地面积(m^2)} \times 100\% \quad (3-1)$$

$$场地利用系数 = 建筑系数 + \frac{铁路、道路及工程管线占地面积(m^2)}{厂区占地面积(m^2)} \times 100\% \quad (3-2)$$

制浆造纸厂设计规范中对以上各项技术经济指标要求为：建筑系数一般不低于 25%，场地利用系数一般不低于 50%。

投资强度：投资强度是指固定资产投资额（包括厂房、设备和地价款）除以土地面积，是衡量土地利用率的重要标准。

容积率：容积率是指项目用地范围内计算容积率的总建（构）筑物面积与项目总用地面积的比值。

计算容积率时，应注意以下几点：

① 建（构）筑物面积应按建、构筑物外墙建筑轴线计算。当该建（构）筑物层高超过 8m 时，该层建（构）筑面积应加倍计算；高度超过 8m 的露天设备、容器、装置等的覆盖面积应加倍计算；

② 圆形（圆锥形）构筑物及挡土墙面积计算应按实际投影面积计算；

③ 贮罐区面积计算应按防火堤轴线计算，未设防火堤的贮罐区应按成组设备的最外边缘计算；

④ 天桥、栈桥的面积应按外壁投影面积计算；

⑤ 架空敷设的室外管廊可按管廊支柱间的轴线宽度加 1.5m 乘以管廊长度计算；单柱支撑的室外管架可按管架最外边缘宽度乘以管架长度计算；

⑥ 露天设备、容器面积为独立设备、容器时应按其实际用地面积计算；为成组设备、容器时应按设备、容器场地铺砌范围计算；

⑦ 露天堆场及露天操作场面积应按堆场（操作场）实际区域面积计算；当原料垛高超过 8m 时，应加倍计算。

## 五、总平面布置图

图 3-3 为国内某造纸厂总平面布置图

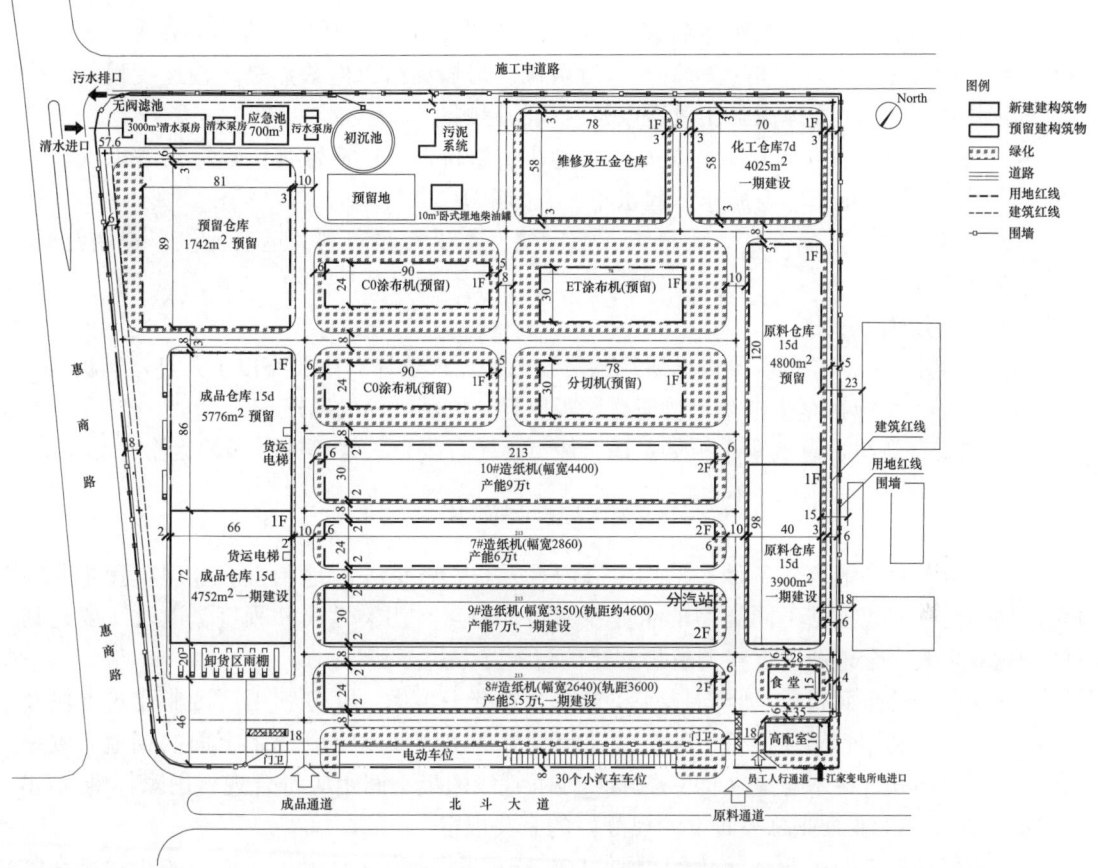

图 3-3 国内某造纸厂总平面布置图

## 第三节 工厂运输和绿化

### 一、工 厂 运 输

制浆造纸工厂运输量大,每天有大量的厂外原材料运入厂内、生产成品运出厂外,同时,物料在厂内的周转量也很大。因此,合理的运输系统设计不仅可以降低投资费用、节约用地面积,还可以降低运输成本,提高工厂运营效率。

**(一) 工厂运输任务**

工厂运输设计要根据运输货物种类和运输量,正确选择厂内外的各种运输方式,合理布局厂内外运输系统和人流、货流的流向,使厂内外运输、装卸、储存和使用形成完整连续的运输系统。

**(二) 工厂运输方式**

工厂运输方式主要分为厂外和厂内运输两种,厂外运输方式主要分为水路运输、公路运输和铁路运输;厂内运输包括叉车、平板拖车、抱车、皮带输送机、链板输送机以及其它特种运输(如架空索道、管道输送等)。

1. 厂外运输

厂外运输方式需要根据所运输货物的特征来选择，通常包括以下3种运输方式。

① 水路运输。其优点是运输量大、运费低、运输灵活，但缺点是运输速度慢，还受枯、洪水位变化、冬季冰冻封闭航道以及台风的影响。

② 公路运输。其优点是运输灵活、占地少、造价低、适应性强，运输设备以汽车为主，还可以有各种拖车、电瓶车、起重车、人力车等。

③ 铁路运输。其优点是运输量大、速度快，不受气候限制，运费比汽车费用要低，但比水运要高。

2. 厂内运输

厂内运输方式同样也需要根据所运输货物的特征来选择，主要有以下几种运输机械。

① 叉车、平板拖车、抱车等：适合浆板原料、成品纸等的运输；

② 皮带输送机、链板输送机等：适合废纸、木片麦草、煤等原材料的运输。

## 二、工 厂 绿 化

绿化应结合当地自然条件、植物生态习性及抗污性能，因地制宜，合理布置企业绿化用地。另外，应根据不同类型的企业及其生产特点、污染性质和程度，以及所要达到的绿化效果等，合理地确定各类植物的比例与配置方式。

绿化应与总平面布置、竖向设计和管线布置统一考虑，充分利用厂区非建筑地段及零星空地；应利用管架、栈桥、架空线路等设施的下面及地下管线带上面的场地布置绿化。厂区绿地率、树木与建（构）筑物和地下管线的最小间距应符合现行国家标准《GB 50187—2012 工业企业总平面设计规范》的有关规定。

环境保护是工业企业现代化的重要组成部分，而绿化又是保护环境、防止污染和维持自然生态平衡的一项重要措施。它对改善环境卫生条件，美化厂容、文明生产都有重要意义。所以，工厂绿化设计是工厂总平面设计中不可缺少的组成部分。

**（一）工厂绿化对环境保护的作用**

工厂绿化不仅能防灾治害、改善气候、美化厂区，而且能过滤、阻挡、隔离、吸附和黏滞空气中的污染粉尘，能吸收有害气体，使空气得到净化。

绿化对环境保护的作用主要有下列几个方面：

1. 吸收二氧化碳和二氧化硫气体

众所周知，绿色植物是二氧化碳的消耗者，也是氧的天然加工厂。据研究分析，通常一公顷的阔叶林，在一天内可消耗1t二氧化碳，放出0.75t氧。如果每人有$10m^2$的森林面积，就可保持空气的新鲜。生长茂盛的草坪在光合作用下，每平方米面积1h可吸收1.5g二氧化碳，而每人每小时呼出的二氧化碳约为38g，如果每人有$25m^2$的草坪，就可以把一个人白天呼出的二氧化碳全部吸收。

大气中的二氧化硫，除一部分散入高空被稀释外，大部分降到地面，被空气中各种物体表面所吸收。在各种物体表面中，以植物叶片的表面积最大，所吸收的二氧化硫也比其他物体大得多。有人研究，植物叶片吸收二氧化硫的能力为其所占土地的吸收能力8倍以上。当二氧化硫被植物吸收后，便形成亚硫酸及亚硫酸盐，然后它能够以一定的速度将亚硫酸盐氧化成硫酸盐。只要大气中二氧化硫的浓度不超过一定的限度，植物叶片就不会受害，并能不断吸收大气中的二氧化硫。

2. 吸收放射性物质

工厂绿化不但可以阻隔放射性物质和辐射的传布，并且可以起到过滤吸收作用。在有辐射性污染的厂区周围，选用抗辐射的树种建造防护林带，在一定程度内可以防御和减少放射性污染的危害。

3. 吸滞烟尘和粉尘

植物，特别是树木，对烟灰、粉尘有明显的阻挡、过滤和吸附作用。树木的减尘作用表现在两方面：一方面由于树木的枝冠茂密，具有降低风速的作用，随着风速的降低，空气中携带的大颗粒灰尘下降；另一方面是由于叶子表面不平，多茸毛，有的还分泌黏性的油脂或汁浆，使空气中的尘埃被叶面及枝杆的下凹部分附着，起过滤作用。树木的叶面积总数很大，其吸滞烟尘的能力很强，宛如空气的天然过滤器，能够大大减少烟尘对空气的污染。绿化区比非绿化区的飘尘浓度可减少10%~15%，有的可减少50%，就是这个原因。草地的减尘作用也非常明显，草的茎叶也具有吸附飘尘作用，草的根部可以固定砂、土，不使尘土飞扬。一般种草坪地区比地面裸露地区上空的含尘量可减少65%~83%。

4. 有很好的杀菌作用

绿化树木可以减少空气中的细菌数量，例如$1m^3$空气中的含菌量，在百货商场内达40万个，市区街道达3万~4万个，而在绿地处只有300~500个，在森林中仅有50个。这是因为绿化地区空气中的灰尘减少，从而减少了细菌。另一方面植物本身有杀菌作用，已经发现不少植物能分泌出具有强大杀菌能力的挥发性物质——杀菌素，能杀死致病的微生物，从而有效地保护了环境卫生条件。

5. 调节和改善小气候的作用　树木对厂区的温度、湿度和风速都有良好的调节效果。在调节气温方面，夏季林荫下的气温比无林地带的气温低3~5℃，而较有建筑物地区的温度低10℃左右，草坪的温度比沥青路面的温度低8~16℃，墙面有垂直绿化的表面温度比没有绿化的红砖墙表面温度低5.5~14℃。绿地在夏季降温效果非常明显。而在冬季，却又可稍稍地提高气温，能起到冬暖夏凉的作用。

提高空气湿度方面，在夏季大面积草坪可提高湿度20%，小片草坪也能提高湿度4%~12%。在其他季节也可不同程度地提高空气中的湿度。这对改善小环境的气候、减少尘土和病菌等污染物飞扬都有积极效果。

在对风的影响方面，在林带高度1倍的距离内，风速可减低60%，10倍的距离时，风速可减低20%；20倍的距离时，可减低10%。可见林地能减少暴风的袭击。

6. 减弱噪声

绿化树木的各组成部分（枝、叶、干）是决定绿化植物吸声减噪效用的重要因素。不同的树种，组合配植方式和地面覆盖情况不同，减噪效用也有差别。就整个绿化减噪效用来看，树冠的形状及分布范围、枝叶的疏密、枝干的软硬等都有影响。分枝低、树冠低的乔木减噪效果好。一般重叠排列、大而健壮、具有较硬叶子的树种，在盛叶季节对于减弱噪声非常有效。例如噪声通过18m宽的林带，可减噪16dB；通过36m宽的林带，可降低30dB；一般绿化可降低噪声8~10dB；就是2.2m宽的绿篱也能降低噪声5~6dB。

7. 防火防爆和隐蔽隔离作用　许多绿化树木都具有防火的功能，凡含树脂少，枝叶含水分多，着火时不会产生火焰的树木，都能起到阻挡火势蔓延的作用。

绿化树木对重要车间、保密设施能起到隐蔽的作用，起隐蔽作用的树种以常绿树种为主。此外，绿化树木还可减轻因爆炸引起的震动，从而减少其所造成的损失。

（二）工厂绿化设计的要求

在工厂总平面设计中，应把绿化作为一项设计因素统一加以考虑，那种在总平面设计之后，再用绿化来"填补空白"的办法是极不合理的。应对绿化作统一规划，合理安排，使绿化达到改善生产环境和丰富建筑艺术面貌的目的。为了做好厂区绿化，在设计中应考虑以下几方面的要求。

1. 满足生产和环境保护对绿化的要求

工厂绿化应根据工厂性质，规模，生产特点，环境条件等对绿化的不同功能要求进行设计。合理地进行规划，科学地进行布置，使绿化起到保证产品质量，保证职工健康，改善环境条件的效果。

2. 重视绿化植物的选用和种植要求

绿化能否达到应有的效果，在很大程度上取决于树种选择是否合适。设计中应按绿地的功能、栽植目的、树种的生态习性和栽植地点的当地条件综合考虑，做到"对症下药""因地制宜"。

3. 妥善处理绿化布置与管线的关系

工厂的地上、地下管网线路较多，特别在通道上更为密集，这都给绿化布置带来许多制约条件。因此，在设计过程中应妥善处理好二者的关系，为绿化植物的种植创造良好的条件。

4. 厂区应有合适的绿地面积

厂内绿地面积的大小与净化作用息息相关，一般来说，绿地面积越大，则其减尘、减噪、吸收毒气的作用就越大，因此，在可能条件下，争取多一点绿地面积，对防止污染，保护环境是必要的。应充分利用空地和不可建用地进行绿化。尤其在山地建厂，更应利用陡坡、冲沟、地质不良和不可建用的地带进行绿化，以发挥用地和绿化的最大效果。

5. 发挥绿化在完善建筑群体艺术方面的作用

工厂绿化不但能使厂区的卫生、防护条件得到改善，而且有助于提高建筑环境的美学价值。在总平面布置时，要善于发挥绿化对于建筑的点缀、陪衬、指引、组织空间、美化等作用，使绿化与建筑群体布置互相配合，相得益彰。

（三）工厂绿化布置

1. 车间的环境绿化

一般车间的生产状况要求比较清洁，对隔热（南方地区）、防风（北方地区）、采光、防尘、防噪都有一定要求，在树种选择和绿化布置方面就应考虑这些要求。例如，在车间的南面宜种落叶乔木，以便冬季采光和获得充足的阳光；在东西侧宜种高大荫浓的乔木以防夏日曝晒；在北侧宜种常绿、落叶乔木和灌木混交配植，以挡冬季的寒风和尘土。车间周围的空地，则尽量以草皮覆盖，使环境清新、明快。

面临主干道的车间入口处，可配合建筑造型和临近环境，种植常绿树和花灌木加以点缀，配植草花加以陪托，再配以建筑小品，更能使入口环境富有生机，也烘托了入口的气氛。

此外，将绿化引进车间内部，可使室内环境得到进一步改善；墙面垂直绿化和屋顶绿化可在不占用土地的情况下，充分发挥绿化效果。

污染性车间会排出有害气体和粉尘，要求绿化能防烟、防尘、防毒。要使绿化植物能在不同的污染环境里发挥防护功能，关键在于选择合适的树种。但要达到预期的防护效果，还有赖于合理的绿化布置。若车间散发的有害物质在植物抗性所允许的限度内，可以采取密植，以充分发挥植物的净化能力来改善生产环境，如果毒性和浓度较大，仍采取密植方式，就会阻塞或降低气流的速度而使浓度提高。所以在这类车间附近，特别在污染较重的主导风向下侧，接近污染源的地段不宜植树，更不宜密植，在此地段宜种抗性强的灌木、草类、露地花卉。

有精密仪器设备的车间或实验室，对防尘、降温、美观要求较高，宜在车间周围种植不带毛絮的落叶乔木。在建筑物朝向主导风向的一侧，或干道侧，或有污染物排出的车间等处，应密植防护绿地，以避免或减少邻近有害气体、噪声、尘土等的侵袭。

2. 厂内道路绿化

厂内道路的绿化应在通道设计中统一考虑和布置，并与通道两侧建、构筑物，地下地上管道，道路，铁路，人行道的布置等相协调。对于主要通道的重点绿化还应考虑建筑环境和群体空间艺术处理要求。

就道路绿化布置而言，一般应满足吸尘、防噪、遮阳，交通安全和路容美观的要求。道路绿化通常采取在道路两侧人行道上种植高大稠密的乔木，形成行列式的林荫道。当道路较窄时，可采取交错排列种植，或在道路一侧种植，以期获得遮阳效果。从道路绿化功能考虑，在车行道与人行道之间可配置绿化带，绿化带采取落叶大乔木与灌木混交种植，可获良好效果，既可防尘、防噪、遮荫，又可分隔人流与车流，还利于冬季车间的采光。对于功能上、美观上要求高的主干道，还可在道路中间增设绿化带，形成花园式林荫道，适合在大型工厂采用。

行道树的树种，应根据厂区条件和地方特点，选择耐剪修、主干挺直，树冠大，抗性强、生长迅速、易成活、便于管理的品种。如主要道路的行道树采用樟树套种夹竹桃或法国冬青；法国梧桐套种法国冬青，次要道路则分不同情况，采用法桐、女贞或侧柏套种夹竹桃、美人蕉或棕榈。

对大型工厂中表现性要求较高的中央大道，视具体情况可增设绿带，并应注意植物形态、高低、层次、色彩的配合和组织，使其成为富有生气的绿廊。

在厂区道路旁种行道树，应注意不影响地下管线的布置，在道路转弯处不遮挡车辆运行和司机的视线。

3. 厂前区绿化

工厂主要出入口及行政、生活福利建筑等周围环境的绿化，应结合厂前建筑群体组合和美化设施统一考虑，合理地进行布置。

工厂主要出入口是居住区到厂区的枢纽，可沿厂前道路井然有序地种植树形美观的乔木，以引导人流通往厂区，在入口附近可重点进行装饰性绿化并配置建筑小品，以加强入口气氛。

在厂前布置有广场或绿地的工厂，其绿化要根据交通组织、视线要求、装饰效果、城镇规划及经济条件等综合考虑。一般可沿广场周边种植乔木，特别在南方更宜种植有浓荫的乔木，以防夏日暴晒。在广场适当的位置可设花坛或绿地。在要求较高的广场，还可以分不同情况配置喷水池、叠石、雕塑等，以丰富工厂入口面貌。

4. 卫生防护地带的绿化

卫生防护地带的绿化，是工厂绿化不可缺少的部分，它对减少城镇污染，保护农田，改善城镇环境卫生状况都有极为重要的作用。

在产生有害气体、烟、粉尘、臭气、噪声的工厂与居住区之间的防护距离内所布置的绿化，要求能达到阻挡空气中的尘埃、降低空气中有害气体的含量、改变小气候条件并防治噪声对居住区干扰的目的。

对于防护距离较宽的工厂，可在防护距离内设置毒害较小的车间或工厂，办公室、门诊部、浴室、食堂等。在这种情况下，防护林带的绿化要与这些设施的绿化相协调。

5. 绿化系数

绿化系数表明厂区的绿化覆盖面积占厂区总面积的比率，制浆造纸工厂的绿化系数一般为 15%~20%。

$$绿化系数 = \frac{绿化覆盖面积(m^2)}{厂区占地面积(m^2)} \times 100\% \tag{3-3}$$

# 第四节　本章课程重点思政内容

本章课程重点介绍了制浆造纸工厂的厂址选择和工厂总平面布置相关内容，包括厂址选择的基本原则和要求，厂址选择必须符合制浆造纸行业特点，满足制浆造纸行业对原材料及化工原料资源需求，水、电、汽等能源需求，以及交通运输和环境保护等要求。工厂总平面布置必须符合相关规划指标要求，必须满足当地规定的投资强度和容积率等要求。课程内容涉及相关的思政元素包括社会责任感意识和团队意识与协调沟通等。

（一）社会责任感意识

通过分析不同工厂厂址地域选择案例，正确理解制浆造纸厂址选择特点和要求，制浆造纸行业所处的社会地位和重要性，让学生树立高度的社会责任意识和担当。

（二）团队意识与协调沟通

通过厂址选择和工厂布置内容学习，了解厂址选择和工厂布置必须由专业人员组成团队，相互协调沟通，共同完成，树立良好的团队意识和协调沟通能力。

# 第四章 制浆造纸工艺设计

工程项目决策完成后，通常由业主委托具有相应行业工程设计资质的设计单位，签订项目设计合同，技术文件作为合同附件，设计院组织相关专业设计人员组成项目设计团队开展工程项目的设计工作。

制浆造纸工程项目设计首先从工艺专业设计开始，工艺专业根据设计合同和技术文件要求，制定出合理的工艺技术方案，完成初步工艺流程图设计、工艺平衡计算、设备能力计算和设备选型表、设备布置图等初步工艺设计内容，待工艺设计整体方案确认无误后提交给相关专业开展详细设计工作。

工艺专业提供设计方案的准确性、先进性和可靠性非常重要，工程设计质量的好坏、工程投产后的经济效益等，与工艺专业设计有着很大的关系。因此，要求工艺专业设计人员应熟练掌握本专业基本理论知识、设计原则、规范和设计方法，具有一定的工程实践能力，所设计的工艺技术路线要满足产品质量要求。

## 第一节 概 述

### 一、工艺设计依据

工艺专业设计人员必须以项目前期已经批准的有关决策文件为依据进行工艺设计，根据业主与设计单位签订的工程项目设计合同，项目负责人下达的设计任务书等开展工艺设计工作，制定的工艺流程应保证技术先进、稳妥、成熟可靠，不能选择《产业结构调整指导目录》中要求淘汰的生产工艺技术路线或《造纸产业发展政策》上明确规定禁止使用的落后生产工艺技术路线，也不能使用未经产业化试验验证的是否成熟可靠的工艺技术。

设计过程中，首先应了解所设计的生产线能力，产品质量标准要求等，并根据产品质量标准要求选择生产所需要的各种原辅材料，制定出合理的生产工艺流程；其次，通过相关工艺理论计算，确定设备生产能力大小，选择生产所需要的设备型号及规格等参数，并进行车间设备的合理布置设计等。

### 二、工艺设计基本原则

工艺设计时必须遵循以下基本原则。

**(一) 设计的产品质量必须符合国家或行业标准**

制浆造纸产品质量标准包括国家标准和行业标准，详见《中国轻工业标准汇编 造纸卷》（上、下），但也有少数特种纸产品没有国家标准和行业标准，设计时执行企业标准或根据客户要求。

**（二）设计应采用先进、成熟、可靠的生产方法和低能耗设备，满足节能减排和清洁生产要求**

制浆造纸生产工艺过程复杂，设备众多且设备负荷高，能源消耗较高，必须采用先进、成熟、可靠的生产方法和低能耗设备，在保证产品质量的前提下，优化生产工艺流程，使用新型节能装备，达到降低能耗和节约能源的目的，同时，可以减少生产过程中污染物的排放量，满足清洁生产要求。

**（三）设计应根据不同的生产方法，选择相应的工艺流程及相关设备**

制浆造纸产品生产方法一般而言都不是唯一的，要通过比较论证各种生产方法的优缺点，找出满足产品质量最优的生产方法，以达技术先进、经济合理的目的。

在进行具体设备的选型时，应注意下列一些问题：

① 尽量选用结构新、体型小、质量轻、效率高、消耗省而且操作可靠、维修方便、供应有保证或能自行加工制造的设备；

② 各种附属设备的型号、规格应尽量统一，便于生产管理和减少备品备件的种类。

**（四）设计必须充分考虑"三废"治理及余热的循环利用**

设计应严格贯彻执行国家环境保护、工业卫生等方面的规定，采取积极措施，充分考虑生产过程中产生的"废水、废气、废渣"等废弃物的资源化综合利用，减少环境污染；同时生产过程中产生余热应采用热回收装置回收再利用，减少热量的损失和能源的浪费。

**（五）设计应考虑工艺流程物料走向与设备及管道布置先后走向一致**

工艺布置应做到生产流程顺畅、紧凑、尽量简化，力求缩短物料的运输距离，并充分考虑设备安装、操作、检修和通行的方便以及其他专业对场地布置的要求。

总之，生产工艺设计作为制浆造纸工程设计的主导专业设计，对工程整体设计质量的影响显著，必须体现工程技术的先进性和经济合理性，同时，要确保所采用的工艺技术安全可靠。

## 三、工艺设计阶段及内容

根据设计阶段的划分，设计主要分为初步设计阶段和施工图设计阶段，各阶段设计的内容也不完全相同。

**（一）初步设计阶段**

依据设计任务书和项目前期相关的决策文件，以及确定的厂址选择报告书等，对所选厂址范围内的生产工艺技术及各公用工程作合理的分析研究，完成初步设计阶段的设计内容。

1. 生产工艺方案论证

依据经批准的可行性研究报告、总体设计方案、工程设计合同书及设计基础资料，制定相应的生产工艺方案，进行多方案比较和优化，确定合理的生产方法，论述所采用的生产方法的技术可行性与经济合理性。

2. 绘制生产工艺流程图

生产工艺流程设计要体现出工艺流程的先进性与可靠性，满足产品质量要求；同时要满足项目的客观要求，根据业主的人员状况和资金状况来选择合适的生产方法。因此，要求设计人员必须全面掌握制浆造纸专业知识，生产设备的使用状况和结构特点，在满足产品质量要求的前提下，尽可能节约投资。在考虑工艺流程方案时，应同时考虑到生产过程所产生的废弃物循环综合利用方案和必要的综合治理措施。

3. 工艺平衡计算

根据所确定的工艺流程，进行相应的物料平衡计算、浆水平衡计算和动力平衡计算等，并绘制出物料平衡图、浆水平衡图和热量平衡图。

4. 设备能力计算及设备选型

根据物料平衡计算、浆水平衡计算和动力平衡计算结果，并根据设计产量要求，计算出所需生产设备能力大小及台数，根据所确定的设备厂家产品样本选择设备规格及型号，编制完成设备一览表。

制浆造纸行业设备通常分为专业设备、通用设备和非标准设备三大类；

专业设备是制浆造纸行业的专用设备，如碎浆机、打浆机、造纸机等，这些设备需要国内制浆造纸专业设备厂配套设计制作，设备型号也往往是各专业设备厂根据企业自身的特点来编制的，因此，即使是同样生产能力、相同技术规格的设备，设备的结构和型号也是不完全一样的。

通用设备是依据国家标准来统一设计制作的，是由国家或行业来统一制定的型号，这类设备具有很好的互换性，即不同厂家生产的设备可以通用。

非标准设备，如槽罐、浆塔（池）等，形状及材质通常都是根据实际需要来设计，没有统一的国家标准。

5. 设备布置图设计

根据工艺流程图和设备选型结果，并结合土建、电气、给排水、自控仪表等公用工程专业相关设计规范要求，进行车间设备的布局设计。设备需要做多层布置时，一定要设置设备安装和检修的吊装孔，吊装孔大小以满足车间最大设备件的安装和检修为宜，吊装孔四周要设置栏杆确保生产和操作人员安全；进出车间大门、楼梯和消防通道的设置要符合消防专业的相关规定，车间内要设置电气控制室、仪表控制室及产品化验室等，还要设置一定的人员生活设施及办公用房等。

6. 编制初步设计文件

初步设计成果包括初步设计图纸和初步设计文件两个部分。初步设计图纸主要包括生产工艺流程图、物料（或浆水）平衡图、设备一览表、设备布置图等；初步设计图纸完成后还需要编制初步设计文件，初步设计文件主要包括初步设计说明书和初步设计概算书。初步设计说明书主要从技术上论证工艺设计方案合理性及先进性等，初步设计概算书则是从项目投资的角度评价项目建设的经济合理性及经济效益分析预测和评价。

(二) 施工图设计阶段

施工图设计主要依据是经批准的初步设计文件、概算书及相关初步设计图纸。施工图设计阶段要求更加具体化，对所需要设计的各单项工程以满足施工要求的深度出图，这些图纸必须能满足采购、施工和安装的要求，并且还要提出施工安装验收的质量标准，某些特殊的施工安装方法和注意事项等，需在施工图设计说明书详细说明，避免后续工程的返工而浪费施工工期。

施工图设计阶段以施工图纸及说明书为主，工程全部结束后还要做施工图竣工决算书。

1. 施工图设计说明书

施工图设计阶段说明书应包括以下3个主要内容：

① 对初步设计的某些内容必须进行修改时，应详细说明修改的理由和原因，而且必须征得业主及项目相关主管部门、监理单位等同意后方可执行；有些诸如生产规模、产品方案等原则性的主要内容不得修改，否则须重新申报项目的相关审批手续，获得许可后重新进行施工图设计；

② 设备安装说明和验收标准及其他注意事项；

③ 管道安装要求和验收标准及其他注意事项等。

2. 施工图设计图纸

施工图设计图纸主要包括：

① 带仪表测控点的生产管道系统图；

② 生产设备及管道布置图（大型复杂项目要单独出具生产设备布置图），便于设备及管道安装和制作使用；

③ 非标准设备制造和安装图，需按国家机械制图标准绘制出图；

④ 生产设备及电机一览表；

⑤ 管道及管件材料汇总表；

⑥ 其他为了设备订货和安装的补充说明和图纸等。

## 四、工艺设计深度要求

### （一）初步设计深度要求

初步设计深度必须满足《QBJS 6—2005 轻工业建设项目初步设计编制内容深度规定》中规定的深度要求，其具体要求为：

① 初步设计要满足主要设备和材料的订货；

② 初步设计概算要在合理范围内，要控制好项目的建设投资；

③ 初步设计结果要提供给主管部门和有关单位进行设计审查；

④ 初步设计文件中要明确生产及管理人员的数量，岗位人员安排及技术培训要求；

⑤ 初步设计要满足施工安装准备和生产准备工作；

⑥ 初步设计是施工图设计的主要依据。

### （二）施工图设计深度要求

施工图设计深度必须满足《QBJS 34—2005 轻工业建设项目施工图设计编制内容深度规定》中规定的深度要求，具体要求为：

① 施工图设计必须满足所有设备和材料的订货和交货计划安排；

② 施工图设计要满足非标准设备的订货、制作和交货安排；

③ 施工图设计要满足施工图安装预算和施工组织设计的编制；

④ 施工图设计要控制施工安装质量，并根据施工说明要求进行竣工验收。

# 第二节 工艺流程设计

工艺流程设计是工艺设计的首要环节，必须严格按照产品的质量标准要求选择合理的工艺技术方案，并进行比选和优化。工艺流程设计要满足技术先进、经济合理、成熟、稳妥、可靠的原则，同时要结合工厂实际情况和项目特点，如企业资金状况、技术人员素质、项目复杂程度等，制定出既符合产品质量要求，又符合工厂实际的合理工艺流程。

制浆造纸工艺过程复杂，生产工序繁多，主要包括制浆车间、造纸车间和辅助生产车间等，每个车间生产工艺流程各不相同，下面主要介绍各个车间常规的工艺流程，供设计参考。

## 一、制浆工艺流程设计

### （一）概述

制浆是指通过化学方法、机械方法或二者相结合的方法，使植物纤维原料解离成纸浆的生产过程。

制浆方法不同，制浆生产的工艺流程及生产设备也不相同，目前国内大型制浆造纸生产企业主要采用化学法制浆和化学机械法制浆，下面重点介绍以木材为原料的化学制浆生产工艺流程和化学机械浆生产工艺流程。

### （二）制浆工艺流程简介

1. 化学制浆工艺流程

化学制浆生产工艺流程是从原料备料开始，经蒸煮、洗涤、筛选、净化浓缩、氧脱木素和漂白等工序制得合格的浆料至贮浆塔为止。

(1) 备料工艺流程

原木通过堆放储存，经锯断、剥皮、削片、筛选等工序制得合格的木片供化学浆或化学机械浆生产使用。生产过程中产生的树皮、锯末和木屑等送热电站锅炉，燃烧回收利用其热量或做其他用途。

一般树皮中纤维含量低，灰分和杂质含量高，因此，原木备料流程中首先要去除树皮，以提高蒸煮器效率，减少后续蒸煮化学药品的消耗，并提高纸浆的质量。

通过削片机把原木削成符合蒸煮要求的木片，不合格的粗大木片需经再碎机破碎成合格片后回用，碎木屑则送热电站锅炉燃烧回收利用其热值。一般木片的规格：长15~25mm，厚3~5mm，宽度约20mm，木片的合格率大于85%，保证蒸煮时药液均匀渗透，制得的浆料质量稳定。

从削片机出来的木片，会带有粗大片、木屑等，必须经过筛选除去。粗大木片经再碎机再碎或小型削片机再削片后回用。

我国木材原料资源匮乏，目前以原木为原料的工厂较少，大多数工厂采用进口木片为原料。外购木片运至工厂后送入木片仓，经仓底部出料螺旋将木片送至皮带输送机，经盘筛和木片筛筛选出合格的木片后送至化学浆车间蒸煮或化机浆磨浆使用，不合格的大木片送再碎机处理后回用。图4-1为原木备料系统生产流程框图。

(2) 蒸煮工艺流程

蒸煮包含间歇式蒸煮和连续式蒸煮，本蒸煮工艺流程以第二代紧凑蒸煮为例。

合格木片经胶带输送机送至蒸煮车间，进入木片缓冲槽、木片计量器后通过木片泵送至预浸塔，预浸塔上部作为木片仓，用来预汽蒸和减少喂料变化的冲击，从蒸煮塔上部筛板抽出的黑液和白液混合后加入到预浸塔抽提筛板的上方、液体汽化蒸汽上升至汽蒸区加热木片，并排出木片中的不冷凝性（NCG）气体。预浸后的木片由底部卸料装置排出，送入高压喂料器，进入蒸煮塔顶部分离器，木片从输送循环的液体中分离出来，落入蒸煮塔中，蒸煮塔的顶部和分离器的下部分别通入中压蒸汽及白液，对木片进行蒸煮，蒸煮后的浆料在蒸煮塔底部洗涤区进行置换洗涤，依靠蒸煮塔压力和塔底卸料器把浆料排至喷放锅贮存。图 4-2 为木片蒸煮系统生产流程框图。

（3）洗涤、筛选、净化和浓缩工艺流程

蒸煮工段喷放锅出来的粗浆中含有蒸煮残留的废液，经过洗涤工序，把浆料中残留的废液洗涤出来，使浆料成为洁净的纸浆，

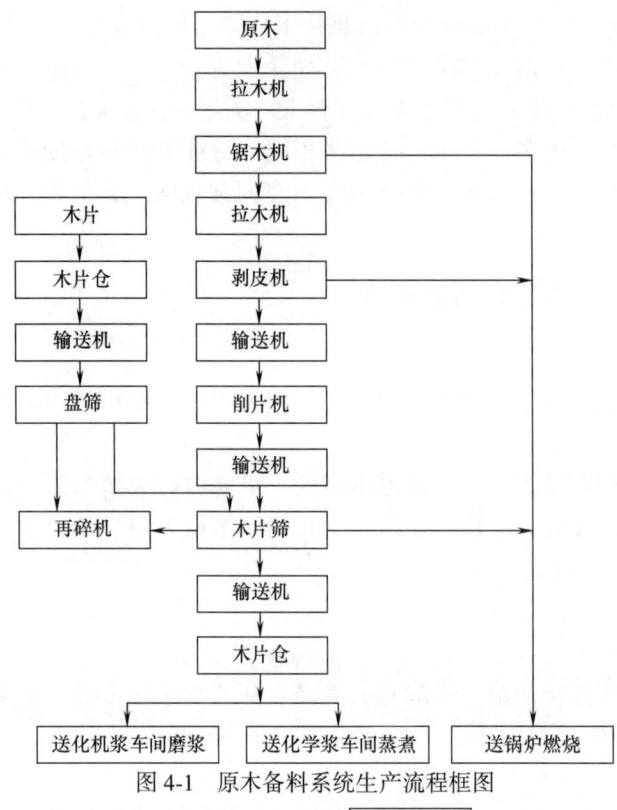

图 4-1 原木备料系统生产流程框图

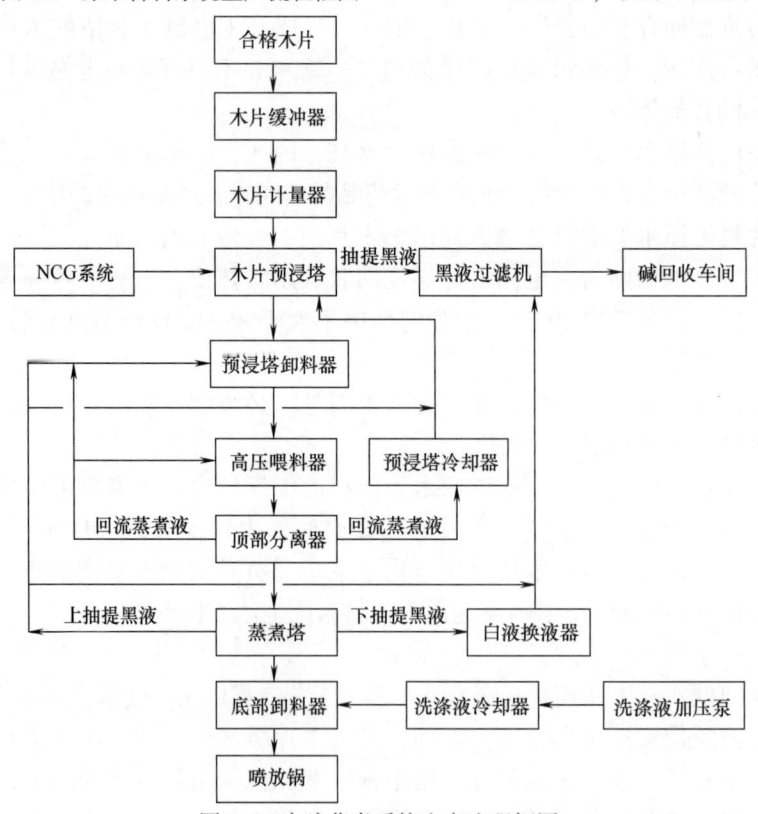

图 4-2 木片蒸煮系统生产流程框图

同时，粗浆中还含有少量未蒸解组分、树节和纤维束等，必须经过筛选和净化工序予以除去，制得生产所需要的合格细浆，再经挤浆机等浓缩工序进一步处理，提取浆料中的黑液，将黑液送碱回收工序处理，回收黑液中的碱，确保浆料的洁净度和浓度稳定，满足后续浆料漂白工艺的要求。图4-3为浆料洗涤、筛选、净化和浓缩系统流程框图。

（4）漂白工艺流程

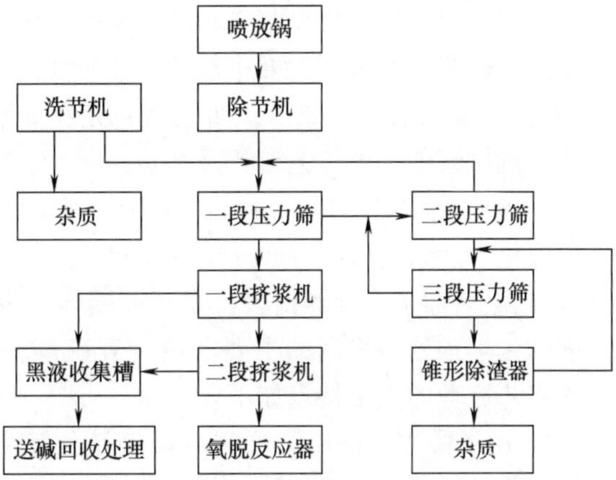

图 4-3 洗涤、筛选、净化和浓缩系统流程框图

漂白是通过漂白化学品的作用除去未漂纸浆中的木素或者改变木素发色基团的结构来实现纸浆的白度提高。

漂白主要目的是提高纸浆的白度和白度稳定性，另外，漂白可以改善纸浆的物理化学性质，纯化纸浆，提高纸浆的洁净度。

目前化学浆的漂白方法主要为无元素氯（ECF）漂白和全无氯（TCF）漂白两种，传统的含元素氯漂白（氯气、次氯酸盐）因其漂白后废水中产生二噁英等有害成分，对环境有一定的污染，我国目前已严格限制使用。

典型的 ECF 漂白工序有 OD（EOP）D、OAZED 等组合而成，TCF 漂白工序有 OZQP、OQPZP 等组合而成，采用何种形式的漂白组合流程应视浆料漂白特性及纸浆最终质量要求来确定。图4-4为国内某厂采用的多段漂白系统生产工艺流程框图。

2. 化学机械浆工艺流程

化学机械浆是化学预处理和机械磨浆相结合的制浆方法，包括 CTMP、CMP、APMP、SCMP 等。化学机械浆具有得率高、污染负荷轻、投资费用低和容易上马等优点，最近几年发展速度较快。

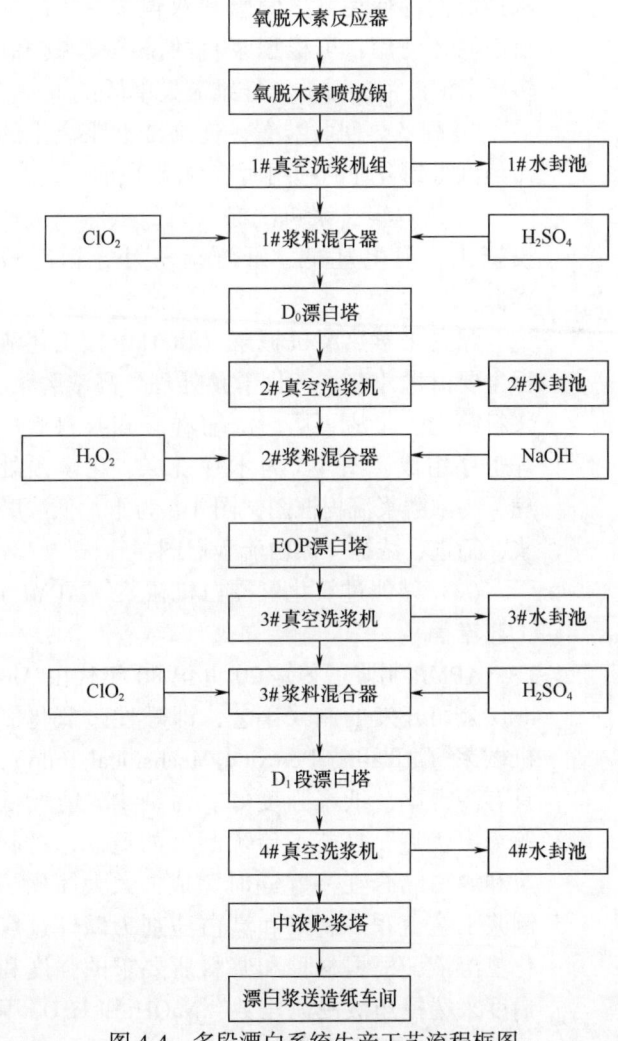

图 4-4 多段漂白系统生产工艺流程框图

目前国内生产化学机械浆工厂主要采用漂白化学热磨机械浆（BCTMP）和碱性过氧化氢漂白机械浆（APMP）两种方式，这两种化学机械浆制浆方法的主要区别在于：BCTMP是在高浓磨浆后进行漂白，而APMP是在高浓磨浆的同时进行漂白。下面分别介绍这两种化学机械浆的生产工艺流程及特点。

(1) 漂白化学热磨机械浆（BCTMP）工艺流程

漂白化学热磨机械浆（BCTMP）制浆工艺是由METSO公司在化学热磨机械浆（CTMP）基础上增加了后续漂白段，是目前国际上生产高白度浆种普遍采用的工艺技术。制浆过程中化学预处理采用的主要药液为亚硫酸钠，高浓漂白采用碱性过氧化氢作为漂白剂，该工艺流程的主要特点如下：

① 采用一段木片挤压撕裂和一段药液浸渍相结合，并通过大型压力高浓盘磨磨浆，对原料和浆种的适应性强；

② 采用筛后高浓漂白的方式，漂白效率高，成浆白度高，生产灵活性好；洗涤的白水逆流循环使用，多圆盘和双辊挤浆机的浊滤液循环使用，可根据浆料的洗净度来控制多圆盘清滤液的排放，纤维流失率低；

③ 配备热回收装置，使高浓磨浆产生的污蒸汽得到合理的利用而节约能耗；

④ 用双辊挤浆机洗涤浆料，虽然一次性投资大，但电耗低，纤维流失小，运行成本低。

漂白化学热磨机械浆（BCTMP）工艺流程主要由木片洗涤、化学预处理、高浓磨浆、浆料筛选、浆渣再磨、浓缩洗涤和浆料漂白等工序组成，图4-5为木片洗涤、化学预处理、高浓磨浆流程框图，图4-6为木片低浓磨浆、筛选、浓缩、漂白流程框图。

(2) 碱性过氧化氢漂白机械浆（APMP）工艺流程

APMP制浆工艺是20世纪80年代由Andritz公司开发的制浆工艺，即碱性过氧化氢机械浆（Alkaline Peroxide Mechanical Pulp），具有高得率、纸浆强度好、污染少、能耗低等突出优点，打破了传统制浆的概念，将制浆和漂白结合在一起同时完成，大大简化了制浆工艺流程。制浆和漂白药剂为碱性过氧化氢溶液，根据材种和浆料所要求的强度和白度来选择药液浸渍段数、NaOH和$H_2O_2$用量。该工艺流程的主要特点如下：

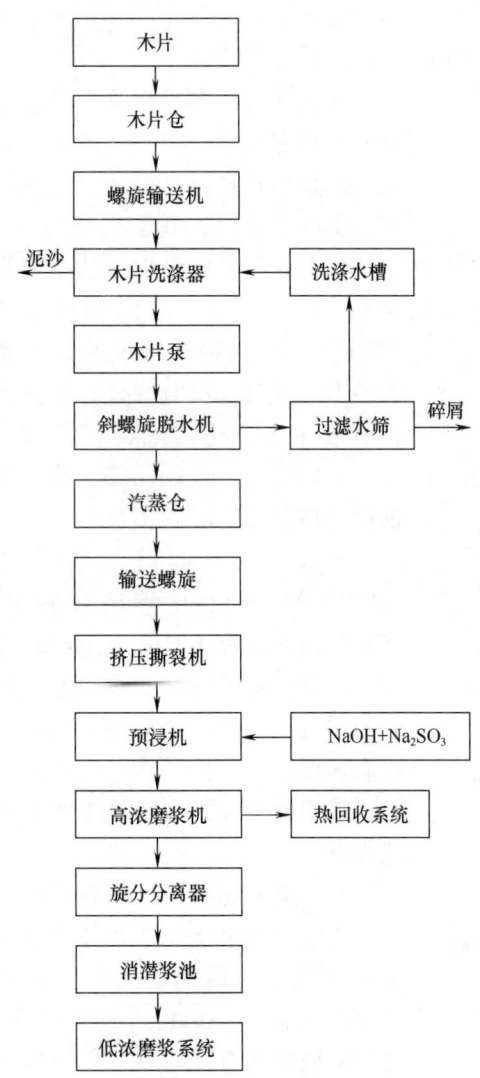

图4-5 木片洗涤、化学预处理、高浓磨浆流程框图

① 木片在磨浆之前，先经过一个特殊的机械处理过程，即采用高压缩比的螺旋挤压过程（挤压撕裂机），使料片纵列成丝团甚至绒毛状。因此，料片极易接受化学药剂处理而软化，获得理想的磨浆效果，提高成浆质量，并可减少磨浆动力消耗；

② 制浆和漂白同时完成，所有过程均在常压下进行，流程和设备相对简化，基建投资少；

③ 生产用水可循环使用，化学药品中不含硫化物，污染负荷低，排水易处理；

④ 较适用于阔叶木原料，如杨木、桉木和桦木也适用。据最新研究，棉秆也能制得较为理想的 APMP 浆。

碱性过氧化氢漂白机械浆（APMP）工艺流程主要由木片洗涤、化学预处理、高浓磨浆、浆料筛选、浆渣再磨、浓缩洗涤等工序组成。图 4-7 为典型的 APMP 工艺流程框图。

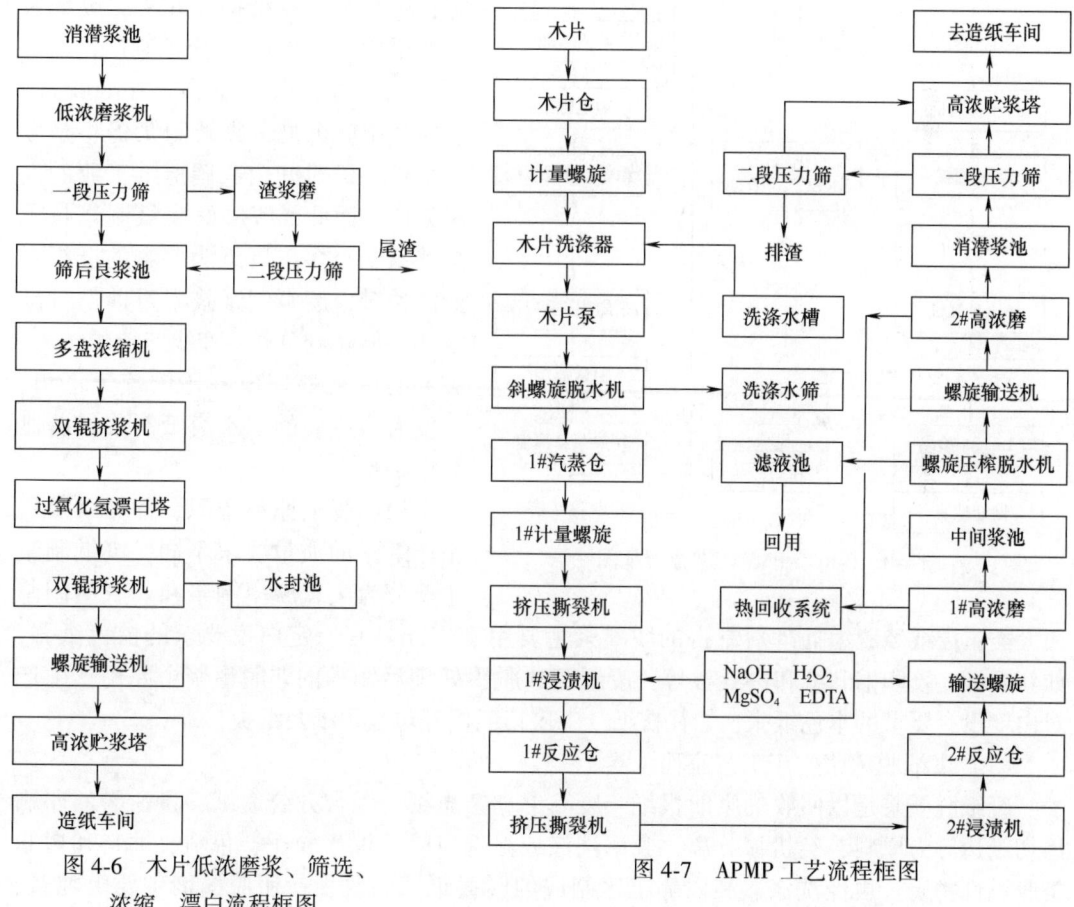

图 4-6 木片低浓磨浆、筛选、浓缩、漂白流程框图

图 4-7 APMP 工艺流程框图

（3）改良的碱性过氧化氢漂白机械浆（P-RC APMP）工艺流程

P-RC APMP 是在 APMP 基础上发展起来的制浆工艺，与 APMP 区别在于：

① 木片在预浸段的化学处理更为温和；

② 主要的漂白反应在一段磨及其后的高浓反应塔中进行，纸浆漂白代替了木片漂白。

图 4-8 为 P-RC APMP 制浆系统生产工艺流程框图。

## 3. 废纸制浆工艺流程

废纸作为造纸重要原材料之一,已经占到我国造纸工业原料的60%以上。根据中国造纸协会《关于造纸工业"十三五"发展的意见》,预计到2020年,造纸工业原料结构中,木浆、废纸浆、非木浆占比由2015年的27.9%、65.1%、7.0%调整为28.6%、65.0%、6.4%;国产木浆占比由2015年的9.8%增至10.5%,同时继续推进全国"林纸一体化"专项规划的实施;废纸浆占比维持在65%,废纸浆消费量增加670万t,废纸利用量增加750万t;非木浆产量维持在600万t左右。由此可见,废纸制浆仍将是今后很长一段时间内我国造纸工业的发展方向,因此,解决好废纸制浆技术是关系到众多以废纸为原料的造纸企业的关键,废纸制浆技术目前已日渐成熟,但随着单条生产线产能的扩大,关键的废纸处理设备还依赖于进口,开发大型成套的国产废纸制浆设备已势在必行。

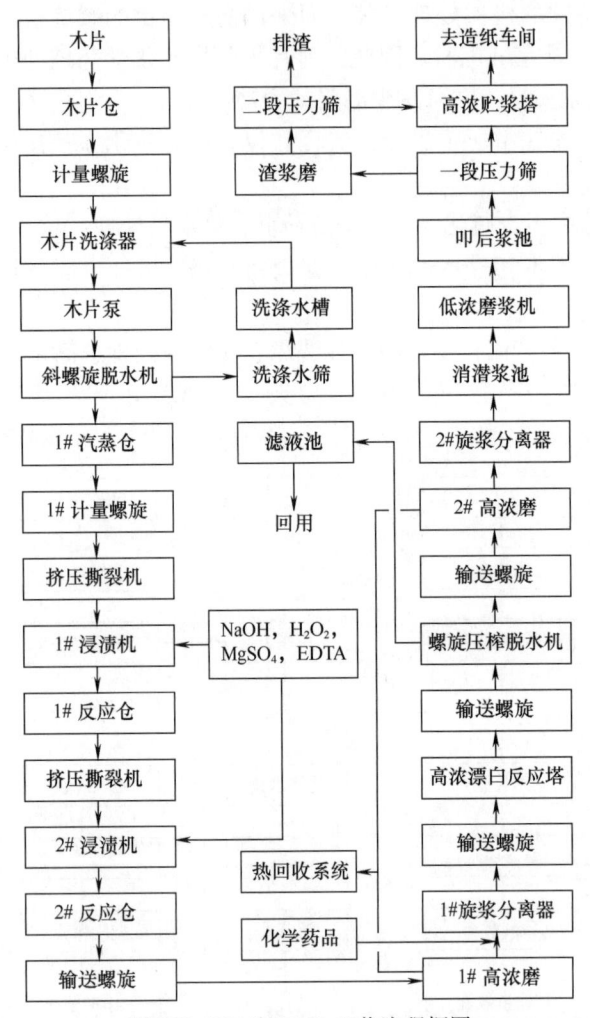

图 4-8 P-RC APMP 工艺流程框图

根据废纸原料来源、种类以及所生产纸张的质量要求不同,废纸制浆主要分为废纸脱墨制浆和非脱墨制浆两大类;废纸经脱墨处理后制得的脱墨浆主要用于生产具有一定白度要求的白色纸张,如新闻纸、胶印书刊纸和白纸板等;废纸经非脱墨处理后制得的非脱墨浆主要用于生产对白度没有要求的本色纸张,如瓦楞纸、牛皮箱纸板等包装用纸及纸板。

(1) 废纸脱墨浆生产工艺流程

废纸脱墨浆是以回收的废旧报纸、废旧书刊杂志纸、混合办公废纸、含油墨的印刷厂切纸边等为原料,经机械分离、脱墨洗涤或浮选以除掉油墨粒子、色料、填料和树脂类胶黏性物质,再经洗涤、漂白等工序制成的脱墨纸浆。脱墨使用脱墨剂主要由纯碱、烧碱、磺化油、表面活性剂、洗涤剂、分散剂等组成。

脱墨浆全部或配加部分其他纸浆可用于抄造新闻纸、书写印刷纸、白纸板、包装纸和纸板等。

1) 废纸脱墨浆生产工艺流程描述

废纸经散包机解包后,经高浓水力碎浆机碎解,碎浆浓度12%~18%,碎浆的同时加入脱墨剂等化学药品,使油墨从附着的纤维上剥离开来,碎解后的浆料经粗选设备除去其非纤维类的轻重杂质，高浓除渣器和压力粗筛除去纤维类的轻重杂质，经洗涤或浮选设备去除油墨粒子，再经低浓除渣器和压力精筛去除细小的杂质，浆料经多盘浓缩机浓缩至10%左右浓度，再经压榨螺旋脱水至25%~35%浓度，经热分散或搓揉系统处理浆料中的胶粘物，再加水稀释至1%左右浓度经浮选设备进一步去除油墨粒子，提高浆料的白度，经浓缩机浓缩后，贮存于贮浆塔中供造纸车间使用。

2) 废纸脱墨浆生产工艺流程特点

废纸脱墨浆生产工艺流程特点主要体现在以下3个方面：

① 流程中考虑先净化后筛选的处理方案，充分考虑了设备的性能和要除去杂质的特性，做到从粗到细、从大到小、从重到轻、从多到少、从易到难，这样可以防止或减少对后序设备的磨损，有利于杂物排除干净，节省电耗；

② 热分散系统布置在前浮选、浓缩之后，可充分利用筛选和净化设备的功能，最大限度地去除各种轻重杂质，浆料中的胶黏物再通过热分散系统处理，使之分散充分，均匀地分布在浆料中，减少对纸浆质量的影响；

③ 热分散系统之后是高浓漂白工序，浆料洁净，杂物含量少，容易漂白，减少漂白剂的用量。热分散后直接高浓漂白，不需要增加浓缩设备，热量损失少，可节约蒸汽，降低能源消耗。

3) 废纸脱墨浆生产工艺流程框图

废纸脱墨浆生产工艺主要由水力碎浆、高浓除砂、粗筛选、前浮选脱墨、精筛选、浓缩、热分散、后浮选脱墨和浓缩等工序组成，图4-9为典型废纸脱墨浆生产工艺流程框图。

(2) 废纸非脱墨浆生产工艺流程

利用废旧瓦楞纸箱为原料生产瓦楞原纸、牛皮箱纸板等包装用纸或纸板，废纸制浆过程中不需要添加脱墨剂对浆料脱墨处理，因此，无须对浆料进行浮选除去油墨，但包装用纸或纸板定量往往都比较高，通常由多层组成，为了更好地发挥各种纤维特性，需要对废纸碎

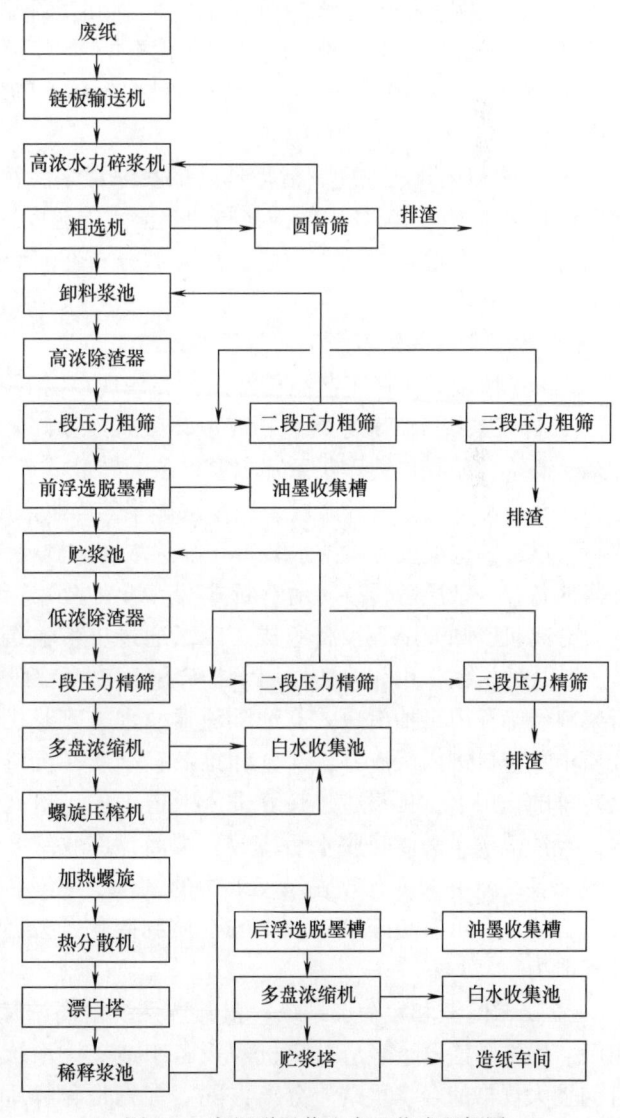

图4-9 废纸脱墨浆生产工艺流程框图

解后的纤维进行一次或二次分级处理，分级后的长纤维和短纤维根据不同纸张要求选择是否采用热分散处理以除去胶黏物，处理后的长纤维和短纤维再按一定比例配比分别用于制作纸板的芯层和面（底）层用浆，以提高纸张的物理强度，改善纸张的表面性能，其生产工艺流程和脱墨浆生产工艺流程不同。

1) 废纸非脱墨制浆生产工艺流程描述

废纸非脱墨制浆生产过程主要包括如下工序：

① 水力碎浆处理。在高浓状态下，使废纸纤维解离，通过杂质分离系统除去密度和体积较大的非纤维类杂质，如泥沙、石子、铁丝、塑料、泡沫等。

② 高浓除渣和粗筛选系统。采用高浓除渣器和压力粗筛选系统除去密度和体积较大的纤维类杂质，如未解离开的浆块、纤维束等。

③ 纤维分级处理。采用一次纤维分级筛处理，根据纤维分级筛的筛孔直径大小设置长短纤维的比例，把混合浆料分离成长纤维和短纤维；也可以进行二次纤维分级处理，把纤维分成长纤维、中纤维和短纤维，再根据成纸质量要求，按一定比例来配浆。

④ 低浓净化和精筛选系统。通过低浓除渣器和压力精筛选系统除去浆料中细小的杂质。

⑤ 浓缩和热分散处理。精筛选后的良浆经多盘浓缩机浓缩至10%～12%浓度，经螺旋压榨脱水至30%～35%浓度，浆料加热至一定温度后进入热分散机处理使浆料中残留的胶黏物在高温下融化成细小粒子，均匀的分布在浆料里，通过洗涤和浓缩除去，制得的浆料贮存于浆塔中。

2) 废纸非脱墨浆生产工艺流程特点

废纸非脱墨浆生产工艺流程特点主要体现在以下5个方面。

① 碎浆系统。碎浆系统包括高浓转鼓式连续碎浆系统和低浓立式连续碎浆系统两种方式。高浓转鼓式连续碎浆系统主要设备为转鼓式碎浆机，该设备集碎浆与筛选于一体，分为碎浆段和筛选段，碎浆段采用高浓碎浆，碎浆浓度为12%～18%，碎解后浆料进入低浓筛选段，筛选段设有喷淋水装置，筛选浓度控制在3%～5%，筛选后良浆通过筛孔进入良浆池备存，杂质随转鼓转动不断排出。低浓立式连续碎浆系统由水力碎浆机、深渣井、杂质分离机、圆筒筛等设备组成。废纸通过皮带输送机送入水力碎浆机，在水力碎浆机转子叶片的机械作用和剪切作用下被碎解，浓度一般控制在8%～15%，连续操作。碎解后浆料经筛板由泵抽出送入高浓除渣器。水力碎浆机槽体底侧设有重渣口，废纸中的重杂质由重渣口进入沉渣井，部分纤维及轻杂质在沉渣井内分离浮出进入杂质分离机，在其转子的作用下，良浆通过筛缝进入上道工序，粗大杂物及部分纤维滞留在杂质分离机内，经冲洗送至圆筒筛脱水后排放，圆筒筛回收纤维送回水力碎浆机，碎浆机连续运行一般配备绞绳机，可有效去除废纸中的铁丝、细绳、棉纱等粗大杂质。该系统几台设备的组合使用，可避免碎浆过程中的杂质细碎化，减轻后序设备的负担，提高碎解系统的处理能力。

② 高浓除渣和粗筛选系统。粗筛选系统由高浓除渣器、复式纤维分离机、高浓压力粗筛、中浓除渣器、轻渣分离机等设备组成。该系统主要作用是将碎解后的浆料中所含有的较大规格的轻、重杂质分离去除。首先是碎解后的浆料在一定的压力下沿切线方向进入高浓除渣器，由于重杂质密度大，惯性作用力大，不易受到浆料冲刷作用而随浆料

运动，高浓除渣器利用涡流原理，在3%~5%的浓度下，可有效去除书钉、石子、铁屑等各种重杂质，它是一种保护性设备，因此，放在流程的前部，以保护后序设备不被损坏。经过高浓除渣后的浆料，由泵送入复式纤维分离机，复式纤维分离机集疏解、除渣和筛选功能于一体，对经碎解后未被完全碎解的纸片进一步疏解，并可有效去除残余砂粒、石子等重杂质以及塑料、聚苯乙烯泡沫、部分胶黏物等轻杂质，减轻后序筛选设备的负担，良浆进入高浓压力筛，尾浆及轻杂质进入轻渣分离机。轻渣分离机主要作用是处理复式纤维分离机、高浓压力粗筛、压力精筛的尾渣及轻杂质，利用上升式涡流原理，去除聚苯乙烯泡沫、塑料片及部分胶黏物，并回收纤维。

③ 纤维分级处理。利用纤维分级筛把上述工序制得的纤维浆料进行分级处理，使长短纤维按一定比例分开，以便后序对长短纤维分别处理，满足纸张抄造的要求。纤维分级筛的目的和作用：从纸浆中获得较好地长纤维；可更好地利用低廉的废纸原料，对长纤维和短纤维进行分开处理，短纤维可以不再进行热分散处理和盘磨打浆，节约设备投资和能源消耗；经纤维分级后，对多层成形造纸的纸张，可使用不同的浆料，提高纸张的质量。经纤维分级后可获得较清洁的短纤维浆料；使废纸处理流程更加简化，减少处理量，避免长纤维的切断。

④ 纤维精净化和筛选系统。分级后的长短纤维分别经各自的低浓除渣器和压力精筛系统处理；一般由一级三段低浓除渣器、一级三段（或两段）压力精筛和多圆盘浓缩机等组成。该系统的作用是去除经粗筛选和高浓除渣器系统中未去除的细小杂质。低浓除渣器，主要是去除细小的轻杂质，如聚苯乙烯泡沫、塑料片及部分胶黏物；压力精筛一般选用波纹缝筛，与前道工序中的高浓压力筛（孔筛）相比，既可有效去除形体较大、长形或片状形杂质，也可去除团形杂质、胶黏性杂质、纤维束等细小杂质。多圆盘浓缩机的作用一方面是利用洗涤进一步去除浆料中的杂质和灰尘，另一方面将浆料浓缩至热分散系统所需的浓度要求。

⑤ 浓缩和热分散系统。采用多圆盘浓缩机对长短纤维进行浓缩处理，短纤维胶黏物含量一般较低，不需要经过热分散系统处理，浓缩后直接贮存于短纤维贮浆塔备用；长纤维浆经过前面工序的处理，90%以上的杂质被去除，但是废纸中胶黏性杂质仍部分留在纸浆中，如油脂、石蜡、塑料、橡胶、沥青等，很难通过筛选除渣去除，如不采取措施，在造纸过程中这些热溶物经过烘缸被高温熔化，不仅产生贴缸、断头等操作问题，而且使纸表面出现不同程度的热熔物斑点，直接影响纸张的外观质量。热分散系统的作用是将这些杂质分散成$40\mu m$以下的人类眼睛看不到的杂点。它包括三种设备：多盘浓缩机或斜螺旋脱水机，螺旋挤浆机和热分散机。浆料经多盘浓缩机或斜螺旋脱水机、螺旋挤浆机浓度提高到30%~35%，送入热分散机，热分散机具有特殊形状的定子和转子，在加热状态上进行强力挤压、揉搓，将前道工序未被去除的胶黏性杂质热熔分散，均匀分布浆料中。加热90℃温度左右，能基本保持纤维的特性。

3）废纸非脱墨浆生产工艺流程先进性

废纸非脱墨浆生产流程先进性主要体现在以下5个方面：

① 碎浆系统碎解和除杂同时进行，可尽早去除粗大杂质，避免杂质干扰和杂质细碎化，减轻后序设备负担，提高系统生产能力；

② 采用纤维分级把长短纤维分开处理，以减轻后序设备的处理能力，节约能源；

③ 采用多级筛选，尽可能地去除各种杂质，减轻热分散系统的负担；

④ 筛选系统筛除能够做到从精到细、从大到小、从重到轻、从多到少，从易到难的有效顺序，有利于杂质筛除；

⑤ 采用热分散技术，可将难以去除的热熔物分散处理，提高纸外观质量和纸机的操作性能，热分散机是整个系统处理各种杂质的最后一道把关设备。

4）废纸非脱墨浆生产工艺流程图

废纸非脱墨浆生产主要由碎浆、高浓除渣、粗筛选、纤维分级、低浓除渣、精筛选、浓缩和热分散等工序组成，图 4-10 为典型废纸非脱墨浆生产工艺流程框图。

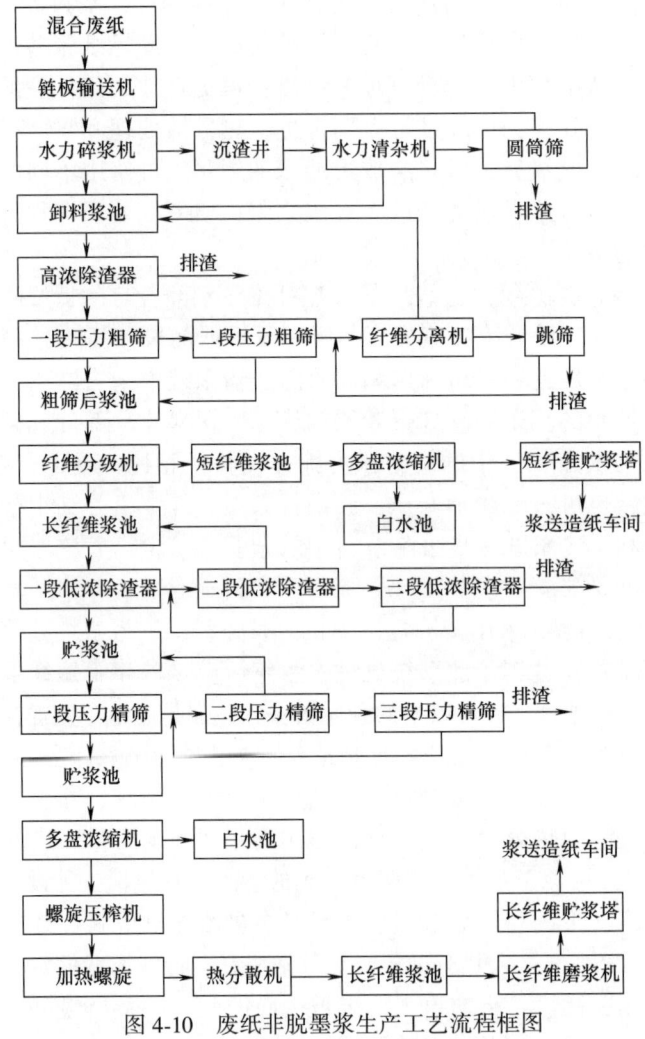

图 4-10 废纸非脱墨浆生产工艺流程框图

## 二、碱回收工艺流程设计

### （一）概述

植物纤维原料经碱性化学药液蒸煮成纸浆后，从纸浆中分离出被蒸煮药液溶解出来的木素和糖类等有机化合物的碱性溶液及残余的蒸煮液，通常称为黑液。

碱回收是将制浆黑液经化工过程处理后，回收黑液中的化学品和热能的过程，所回收的化学药品和热能供制浆系统使用。

碱回收是应用吕布兰制碱法的基本原理，将黑液中钠的有机化合物燃烧成碳酸钠及将补充的硫酸钠（俗称芒硝）还原成硫化钠，再经过石灰苛化，制成氢氧化钠溶液，或氢氧化钠和硫化钠的混合液（通常称为白液）。

碱回收过程的主要化学反应如下：

$$2RCOONa+CO_2+H_2O \longrightarrow 2RCOOH+Na_2CO_3 \qquad Na_2SO_4+2C \longrightarrow Na_2S+2CO_2$$

$$Na_2CO_3+CaO+H_2O \longrightarrow 2NaOH+CaCO_3$$

碱回收系统的主要生产技术指标是碱回收率，计算公式在国际上常用生产 1t 纸浆需要在碱回收过程中补充的芒硝量来表示碱回收的效率。补充的芒硝量越少，则碱回收率越高。较好的碱回收系统，对木浆黑液碱回收率在 93% 以上，生产 1t 纸浆需要在碱回收过程中补充的芒硝量在 50kg 以下。

### （二）碱回收工艺流程

碱回收系统是由稀黑液的蒸发浓缩、浓黑液的燃烧、熔融物的溶解苛化和从苛化产生的碳酸钙中回收石灰等基本工序组成。

**1. 蒸发工段**

（1）蒸发工艺概述

从浆料洗涤过程中提取的黑液，固形物含量一般在 15% 以下，需经过蒸发水分，提高黑液浓度至固形物含量 50% 以上，以满足燃烧要求。黑液在蒸发前，为防止管道结垢，一般采用黑液过滤机除去黑液中的细小纤维和泥沙等杂质。

黑液蒸发通常采用多效蒸发系统，一般采用 5~7 效蒸发器。为了适应黑液黏度高和易于结垢的特性，第一效蒸发器一般使用温度不高于 150℃ 的饱和蒸汽。最后一效蒸发器的二次蒸汽温度不低于 50℃，并采用混流或逆流方式进料。针叶木浆黑液浓度达 25%~30% 时，可分离出硫酸盐皂（或称皂化物），其主要成分是树脂酸钠和脂肪酸钠。硫酸盐皂用硫酸处理，制成塔罗油，可再分馏得到树脂酸、脂肪酸等副产品。黑液蒸发产生的二次蒸汽冷凝水中，含有甲醇、还原性硫化物等污染物质，可经蒸汽汽提分离出来，得到较为洁净的冷凝水，可回用于纸浆或白泥洗涤。

（2）蒸发工艺流程框图

蒸发工艺流程框图见图 4-11。

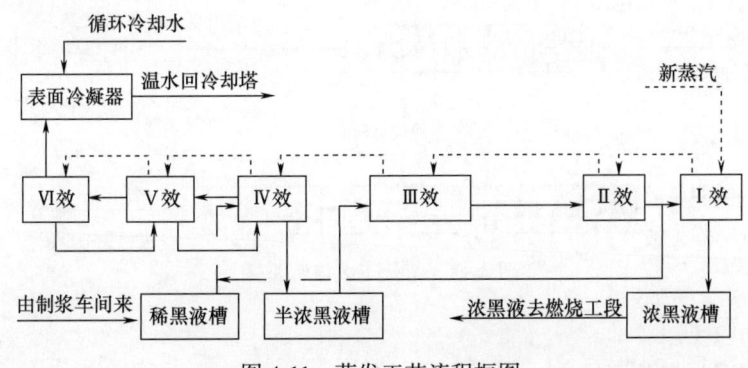

图 4-11 蒸发工艺流程框图

2. 燃烧工段

（1）燃烧工艺概述

黑液燃烧是将增浓后的黑液和补充的芒硝，送入碱回收炉中燃烧。碱回收炉是完成碱回收化学反应的反应器，又是生产蒸汽的动力锅炉，因此，是碱回收工艺的心脏部分。目前主要使用的碱回收炉为单汽包低臭型喷射炉，其工艺流程大致有：给水系统、汽水系统、黑液系统、绿液系统、碱灰机芒硝系统、辅助燃料系统、臭气处理系统、供风系统、烟气系统、加药系统、吹灰系统、排污系统、中低压蒸汽系统及工厂水系统。

（2）燃烧工艺流程框图

燃烧工艺流程框图见图4-12。

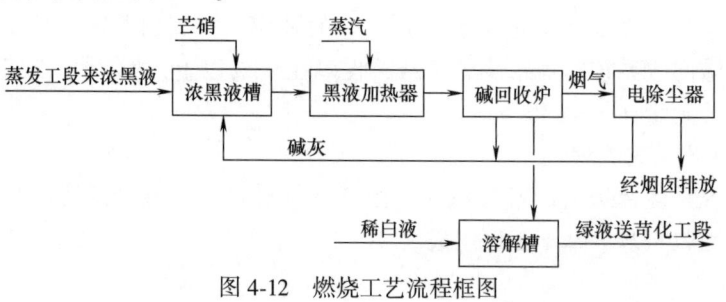

图 4-12　燃烧工艺流程框图

3. 苛化工段

（1）苛化工艺概述

苛化是将燃烧工段溶解槽来的绿液中添加石灰乳液，使碳酸钠转化成为氢氧化钠，以制成蒸煮药液——白液。

连续苛化是将绿液用澄清或过滤方式，连续除去其中悬浮的固体杂质，得到澄清绿液，再送入苛化器中，与经过消化的石灰乳液充分反应，得到含有氢氧化钠和碳酸钠的苛化乳液，连续分离白泥，制得澄清白液，供蒸煮使用。白泥供石灰窑回收使用。

（2）苛化工艺流程框图

苛化工艺流程框图见图4-13。

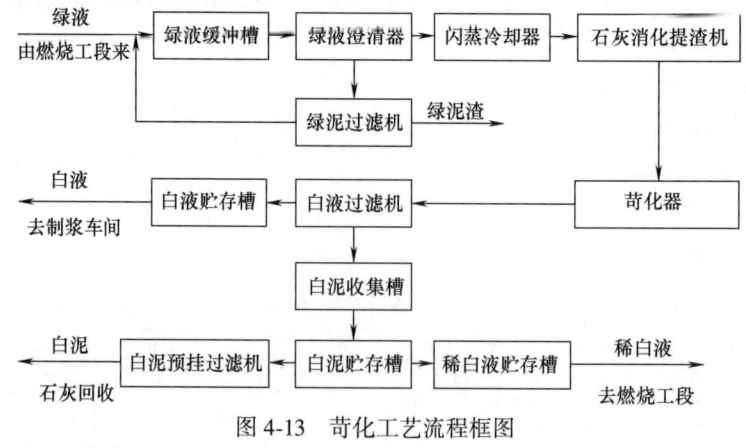

图 4-13　苛化工艺流程框图

4. 石灰回收工段

（1）石灰回收工艺概述

石灰回收是把苛化过程分离出的白泥，经洗涤和脱水，送入石灰窑中，燃烧重油或燃料气以进行干燥并煅烧成氧化钙（石灰），再供苛化使用。石灰回收采用的主体设备是回转窑。

(2) 石灰回收工艺流程框图

石灰回收工艺流程框图见图4-14。

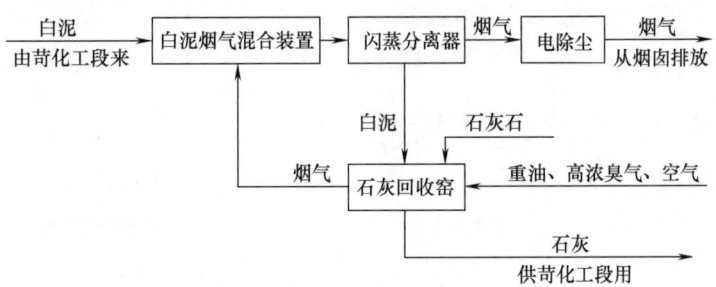

图 4-14 石灰回收工艺流程框图

### 三、造纸工艺流程设计

造纸系统是从浆料制备系统开始，到卷筒成品纸为止的整个流程；主要包括浆料制备系统、纸机流送系统、真空系统、喷水系统、白水回收系统、损纸处理系统、蒸汽冷凝水系统、湿部化学品制备及添加系统、表面施胶系统、涂料制备及涂布系统（对涂布纸生产而言）等系统组成；

**造纸工艺流程简介**

1. 浆料制备系统

(1) 概述

浆料制备系统是将外购商品浆板经碎浆和打浆处理，或制浆系统来的浆料经打浆处理，满足纸张抄造的性能要求；未经过打浆处理的浆料比较粗糙，纤维没有充分润胀和分丝帚化，纤维之间结合力低，生产的纸张强度低，不能满足纸张物理强度的要求，因此，浆料抄造前必须经过打浆处理，使浆料充分的吸水润胀和分丝帚化。

(2) 浆料制备系统工艺流程

以商品木浆板处理为例来说明浆料制备系统生产工艺流程，图4-15为典型商品木浆板处理工艺流程框图。

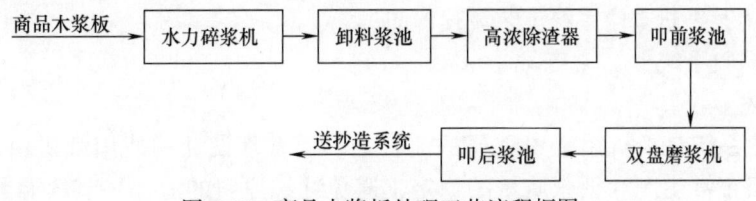

图 4-15 商品木浆板处理工艺流程框图

2. 浆料流送系统

(1) 概述

浆料流送系统主要是将浆料制备系统制得的各种浆料，按一定的比例要求完成配浆，同时根据纸张的质量要求，添加适当的化学药品以满足纸张各种性能要求和纸张抄造的要求；一般需要浆内施胶、加填和染色等处理，同时添加各种助剂如助留助滤剂，消泡剂，防腐剂等；配好的浆料需要经过上网前的冲浆稀释、净化、除气、筛选等工序处理才能够上网抄造的要求。

（2）浆料流送系统工艺流程框图

图 4-16 为浆料流送系统工艺流程框图。

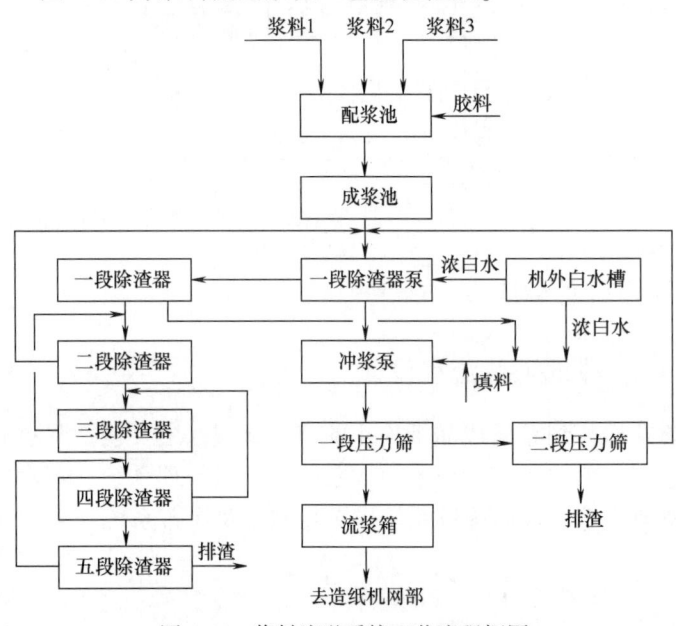

图 4-16 浆料流送系统工艺流程框图

3. 纸机真空系统

（1）概述

纸机真空系统主要是将浆料流送系统送至网部的浆料进一步脱水至一定的干度，在网上形成均匀分布的湿纸页。由于浆料中水分主要分为游离水和结合水，游离水在纸机网部案辊或案板的作用下，依靠浆料的重力作用而脱去，一般干度在 3% 左右，超过此干度，依靠重力作用很难再脱去其中的结合水，必须依靠外力作用（即真空抽吸作用）才能脱去部分的结合水，使纸页干度进一步提升，为了取得均匀分布的湿纸页，真空抽吸作用力要逐渐提高，刚开始采用真空度较低的真空箱来抽吸，待纸页成型稳定后再采用高真空箱来抽吸，即真空度由低到高的方式，由于网部是敞开式的，难免有大量空气被吸入导致真空无法进一步提高，因此，湿纸页经过网部脱水后，在真空伏辊处需进一步加大真空抽吸力脱去纸页中的结合水，后续再经压榨毛毯转移纸页中的水分，使纸页的干度不断提高，纸页出真空伏辊干度大约在 20%~22%，出压榨部干度在 44%~50%（根据纸的质量要求及压榨部的压榨方式不同）。

（2）纸机真空系统流程框图

图 4-17 为某纸机真空系统工艺流程框图

4. 白水回收系统

（1）概述

白水回收系统是纸机系统中重要的流程之一，合理设计和使用纸机白水回收系统，有利于造纸机正常生产和纸张质量的稳定，避免纤维原料的流失，节约能源，减少对环境的污染，同时降低生产成本。

纸机网部脱出水分为浓白水和稀白水两种，浓白水中细小纤维、填料和辅料含量都比较高，重新回用到系统中以减少纤维流失和降低化学品的消耗，浓白水主要回用于浆料冲浆系统，用于浆料稀释使用，多余浓白水再溢流至稀白水中回用；纸机稀白水包括

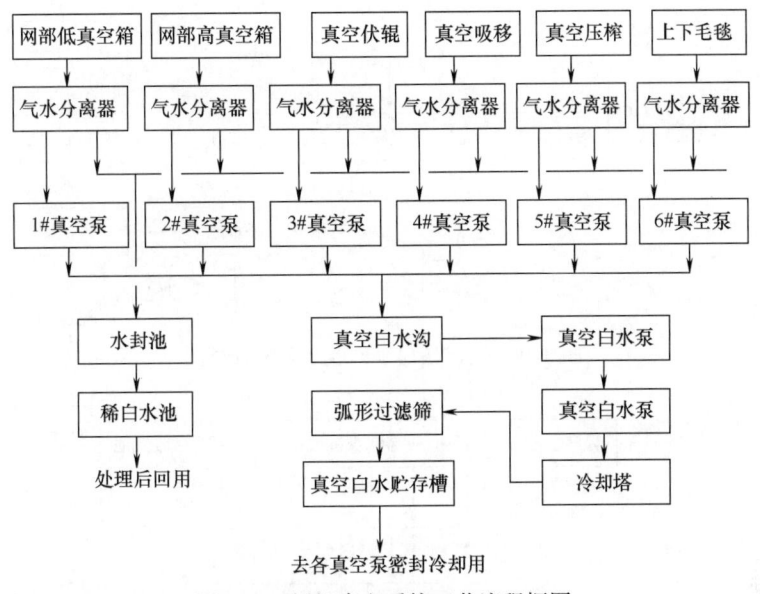

图 4-17 纸机真空系统工艺流程框图

网部高、低压喷水，导辊润滑和清洗水，压榨部毛毯高、低压喷水，网部及压榨部汽水分离器来的真空白水等；实际生产中，稀白水回收方法有三种：气浮法、沉淀法和过滤法。

气浮法所采用的设备结构简单，施工方便，浮渣浓度高，处理效率高，但动力消耗较高，日常维修量大，一般中小型纸厂白水回收多采用气浮法。

沉淀法的优点是设备结构紧凑，占地面积小，效率高，表面负荷可达 $6\sim8m^3/m^2$，但其安装制造麻烦，清洗不方便，适合处理水量不大的中小型纸厂白水回收系统。

过滤法目前所采用的主要设备是多圆盘过滤机，该设备可以把白水分离出浊白水、澄清白水及超级澄清白水三种品质的白水，以供生产过程中不同地点使用，能减少清水消耗量，提高水的重复利用率。过滤法的优点是占地面积小，回收率高，回收浆料浓度大，操作简便，但设备投资较大。一般大型纸厂白水回收系统多采用这种方法。

（2）白水回收系统工艺流程框图

① 气浮法白水回收工艺流程。图 4-18 为气浮法白水回收工艺流程框图。

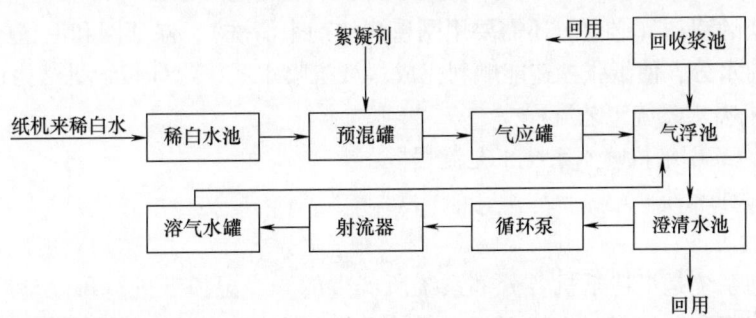

图 4-18 气浮法白水回收工艺流程框图

② 沉淀法白水回收工艺流程。图 4-19 为沉淀法白水回收工艺流程框图。
③ 过滤法白水回收工艺流程。图 4-20 为过滤法白水回收工艺流程框图。

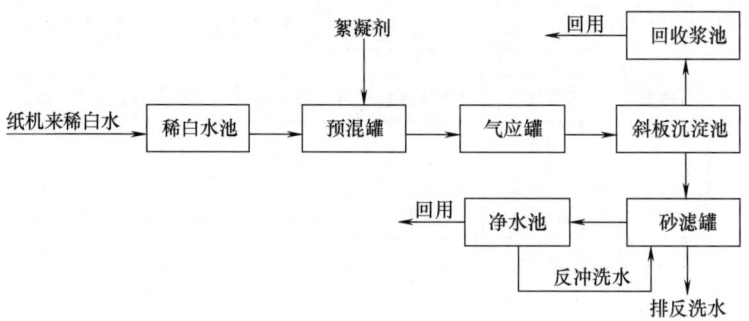

图 4-19 沉淀法白水回收工艺流程框图

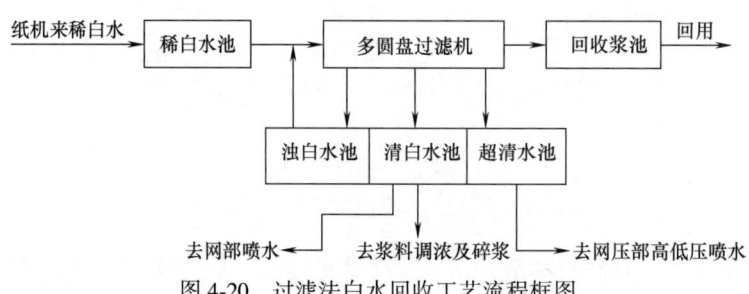

图 4-20 过滤法白水回收工艺流程框图

#### 5. 纸机喷水系统

（1）概述

纸机喷水系统是纸张抄造过程中重要的生产系统之一，对纸机系统运行的稳定性及产品的质量也起到非常关键的作用，尤其对于涂布印刷类纸张，因该类纸张生产过程中需添加大量湿部化学品和涂布化学品，这些化学品在生产过程中会有很大一部分流失在纸机白水系统中，随着白水的回用在系统中反复循环，涂布纸的涂层中含有胶乳、表面活性剂等组分中也有一些固体和溶解的有机污染物，这些干扰物质被称作白树脂或阴离子污染物。此类物质呈阴电性并且有很强的凝聚和沉积趋势。当它们在白水系统中循环积聚到一定程度时，就开始沉积到网子、毛毯和烘缸的表面，对纸机的正常运行以及纸张的质量带来不利的影响。因此，必须通过喷水系统对网部和压榨部进行不间断的清洗，保持网和毛毯的清洁（必要时还需要用网毯清洁剂来清洗），保证网和毛毯的正常滤水和转移纸页中的水分，使纸张抄造能顺利完成。纸机喷水系统设计与纸机结构设计有关。

（2）纸机喷水系统工艺流程

图 4-21 为某厂纸机喷水系统工艺流程框图。

#### 6. 纸机损纸系统

（1）概述

损纸处理系统是将造纸机各分部系统所产生的干、湿损纸进行再处理后回用，湿损纸主要是在网部和压榨部产生，网部产生的湿损纸主要有断纸损纸和切边损纸，压榨部湿损纸由于具有一定的干度，通常又称为半干损纸；干损纸主要是在表面施胶、压光机、卷纸机和复卷机等处产生。一般而言，干、湿损纸要分开处理，湿损纸强度较低，依靠损纸池搅拌器搅拌作用及浆泵的输送剪切作用就可以把湿损纸分散开来，经浓缩后可以

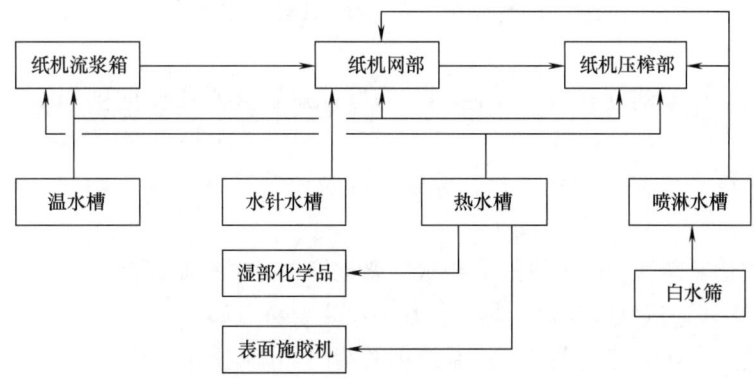

图 4-21　纸机喷水系统工艺流程框图

直接回用；而干损纸由于强度较大，尤其是施胶或涂布类纸张，往往为了提高纸张的结合强度，添加一些干强剂、湿强剂或表面施胶剂（涂料）等，干损纸仅靠损纸池内搅拌器的作用难以分散开，必须要用疏解机才能将纤维分散开来，在损纸疏解之前应把损纸里含胶料的大纸片筛选去除。

（2）纸机损纸系统工艺流程

图 4-22 为某厂纸机损纸处理系统工艺流程框图。

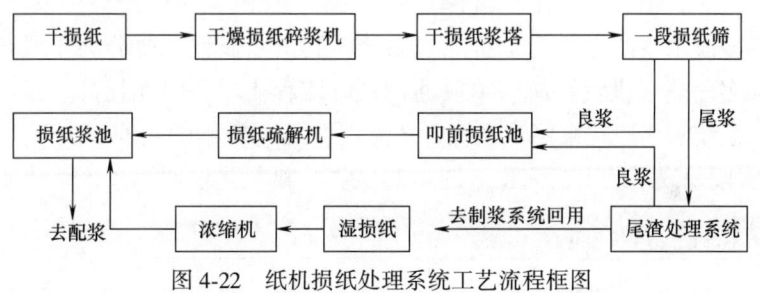

图 4-22　纸机损纸处理系统工艺流程框图

7. 纸机蒸汽冷凝水系统

（1）概述

纸机蒸汽冷凝水系统也即纸机通汽系统，主要是将压榨部来的半干纸页经烘缸强制干燥作用，脱去纸页中的剩余水分，满足成品纸的干度要求。

纸机通汽系统分为单段通汽和多段通汽，单段通汽由于蒸汽消耗量大、能耗高，已经很少使用，目前企业使用较多的是多段通汽系统。为了使能源更加合理的利用，充分发挥二次蒸汽的热效率，目前很多企业纸机通汽系统拟采用多段热泵通汽系统。

传统的多段通汽基本上可以满足纸张干燥需要，蒸汽的能量利用比较充分，而且多段方式可以使冷凝水连续地在每个汽水分离器内闪蒸，闪蒸出的蒸汽进入到下一段蒸汽入口总管，从而节省了新鲜蒸汽消耗。但是，从供汽回路看，各段串联在一起，任何一段调节阀动作，都会影响前后各段的运行状态，引起其他各段调节阀作相应的调整，整个调节过程长而复杂，难以实现造纸机干燥部各段烘缸用汽压力的合理匹配和耗汽量平衡。因此，传统的多段通汽也有很多不足之处。

① 由于是多段串连，不利于单独调节造纸机干燥部各段烘缸的供汽压力和用汽量；

② 热力系统运行不正常，普遍存在着造纸机烘缸积水现象，而烘缸积水将影响纸机车速和产品质量的提高；

③ 烘缸排水压差建立受到一定限制，为保证烘缸排水压差就削弱了热力系统循环动力；

④ 控制系统自身存在相互干扰，导致自控及调节系统工况不稳定，影响纸机安全运行；

⑤ 负荷变化及断纸加剧了烘缸的积水，恶化了热力系统循环。

与传统的多段通汽系统相比，热泵供热系统主要特点如下：

① 蒸汽喷射式热泵替代多段通汽系统中的阀门节流减压执行器；

② 采用高效汽水分离罐进行扩容闪蒸和汽水分离，减少湿蒸汽及蒸汽冷凝水进入纸机烘缸；

③ 采用小压差、大流量的疏水装置用于烘缸疏水阻汽，使烘缸内的冷凝水能连续通畅地排出，避免烘缸内积水现象发生，提高烘缸的传热效率；

④ 不凝性气体排出系统，提高蒸汽冷凝速度和烘缸传热强度以及纸幅干燥速率；

⑤ 系统自控环路互不干扰；

⑥ 断纸期间纸机烘缸温升曲线影响小。

（2）纸机蒸汽冷凝水系统工艺流程

纸机蒸汽冷凝水系统也称为纸机通汽系统，其工艺流程主要分为单段通汽系统、多段通汽系统和多段热泵供汽系统。单段通汽系统流程简单，但能耗高，目前基本已不使用，多段通汽系统和多段热泵供汽系统工艺流程见图 4-23 和图 4-24。

① 纸机多段通汽系统工艺流程。图 4-23 为某厂纸机多段通汽系统工艺流程简图。

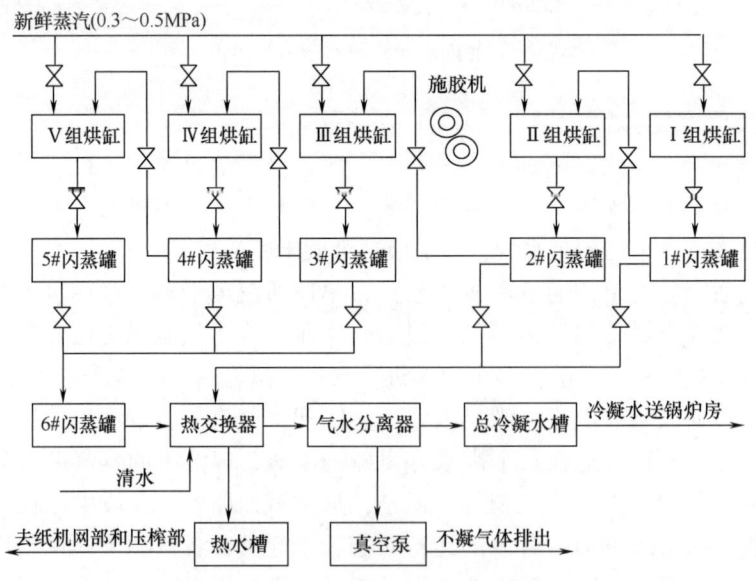

图 4-23　纸机多段通汽系统工艺流程简图

② 纸机热泵通汽系统工艺流程。图 4-24 为某厂纸机热泵通汽系统工艺流程简图。

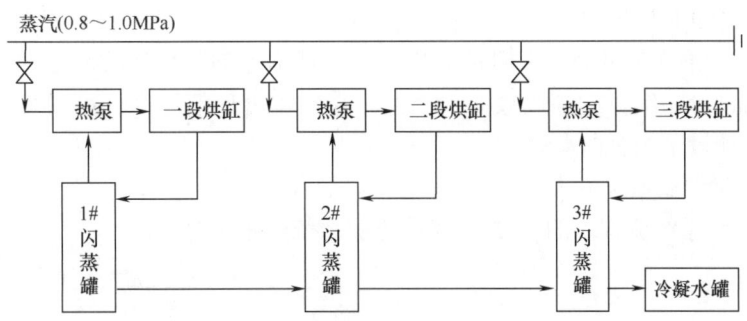

图 4-24 纸机热泵通汽系统流程简图

8. 湿部化学品系统

（1）概述

湿部化学品可分为两大类。第一类是以促进和改善纸张成形过程效率为主，防止产生波动和干扰，即控制型助剂或过程助剂，如助留剂、助滤剂、消泡剂、防腐剂、树脂控制剂、毛毯清洗剂等；第二类是以提高最终纸产品使用性能与质量为主，即功能型助剂，如干强剂、湿强剂、施胶剂、填料、染料、增白剂、柔软剂等。

添加湿部化学助剂主要目的是为了获得纸张的某些性能或者提高纸机的操作性能。湿部化学品应用最广泛、用量最大的是施胶剂、助留助滤剂和增强剂。

① 施胶剂。中性施胶代表了当今造纸施胶技术发展的潮流和方向。中性施胶的化学品有反应型胶料 AKD（烷基烯酮二聚体）和 ASA（烯基琥珀酸酐）。AKD 中性施胶最大的好处是可以用碳酸钙作填料，使得纸张的白度、不透明度、耐折度、表面强度、耐久性能和印刷性能等均有明显提高，且纸张的脆性明显降低。此外，AKD 对控制纸板的边缘渗透特别有效，因此，液体包装纸往往采用 AKD 施胶。外来的 AKD 从槽车卸至贮存槽贮存，经篮式过滤器过滤，以静态混合器稀释至 2% 浓度后加至压力筛进口。AKD 施胶机理：AKD 分子中含有疏水基团和反应活性集团，施胶时，反应活性基团与纤维的羧基发生酯化反应，形成共价键结合，在纤维表面形成一层稳定的薄膜，此时疏水基团转向纤维表面之外，使纸获得憎液性能。

② 增强剂。增强剂包括干增强剂和湿增强剂。干增强剂主要采用阳离子淀粉。阳离子淀粉经溶解槽溶解，以蒸汽直接加热的方式加热调制，经过滤后以静态混合器稀释至 0.5% 浓度后加至混合浆池中。阳离子淀粉的加入可使成品纸及纸板的部分物理性指标得到提高，如改善纸及纸板的挺度、撕裂度、耐破度、环压强度等。湿增强剂通常采用聚酰胺聚胺-表氯醇树脂（PAE）等。

③ 助留助滤剂。助留剂（如聚丙烯酰胺）经溶解、过滤后以静态混合器稀释至 0.05% 浓度后，加至压力筛出口。聚胺类兼有助留助滤作用，效果明显。

④ 分散剂。纸料的分散主要是助剂等细小颗粒和纤维的分散。水溶性高分子树脂是在浆料分散中用得较多的一类。细小颗粒分散剂主要是萘磺酸盐及萘酚磺酸盐、木素磺酸盐、聚丙烯酸钠等。纤维分散剂主要是水溶性高分子、聚氧化乙烯（PEO）、非离子聚丙烯酰胺（NPAM）等。分散剂的发展动向为天然型向合成型发展、高表面活性发展和复合型分散剂。

⑤ 防霉杀菌剂。苯并异噻唑酮及其衍生物（卡松）是目前使用效果最好的一类杀菌

剂。杀菌剂经计量泵计量按不同的用途，分别加至白水池、白水塔及损纸浆塔。

⑥ 消泡剂。消泡剂可分为水溶性消泡剂，油性消泡剂。水性溶消泡剂一般使用量较大，但不会明显影响纸页的施胶效果。因此，采用水溶性消泡剂，可以采用聚醚型消泡剂。消泡剂经计量泵加至白水池。

（2）湿部化学品系统流程

① 浆内施胶系统流程。图 4-25 为浆内施胶系统流程示意图。

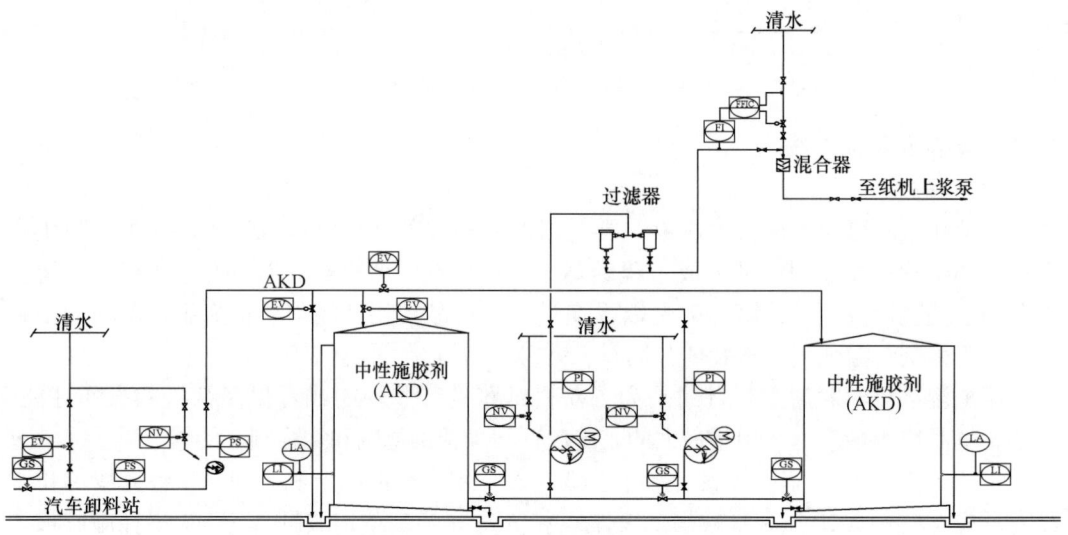

图 4-25　浆内施胶系统流程示意图

② 表面施胶系统流程。图 4-26 为表面施胶系统流程示意图。

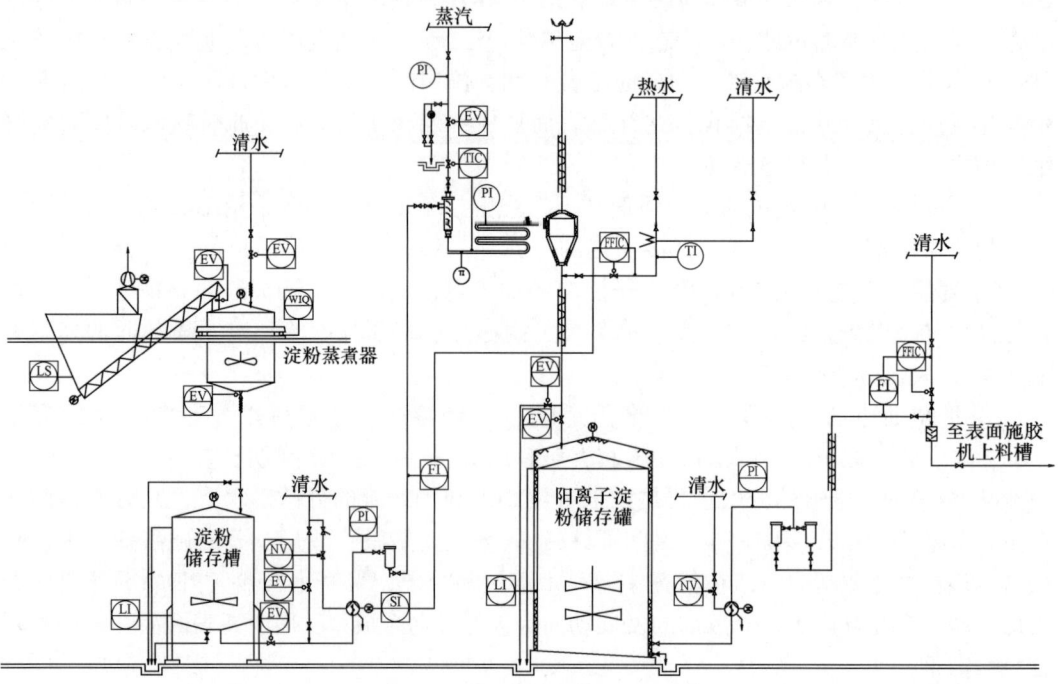

图 4-26　表面施胶系统流程示意图

③ 干、湿强剂制备流程。图 4-27 为干、湿强剂制备流程示意图。

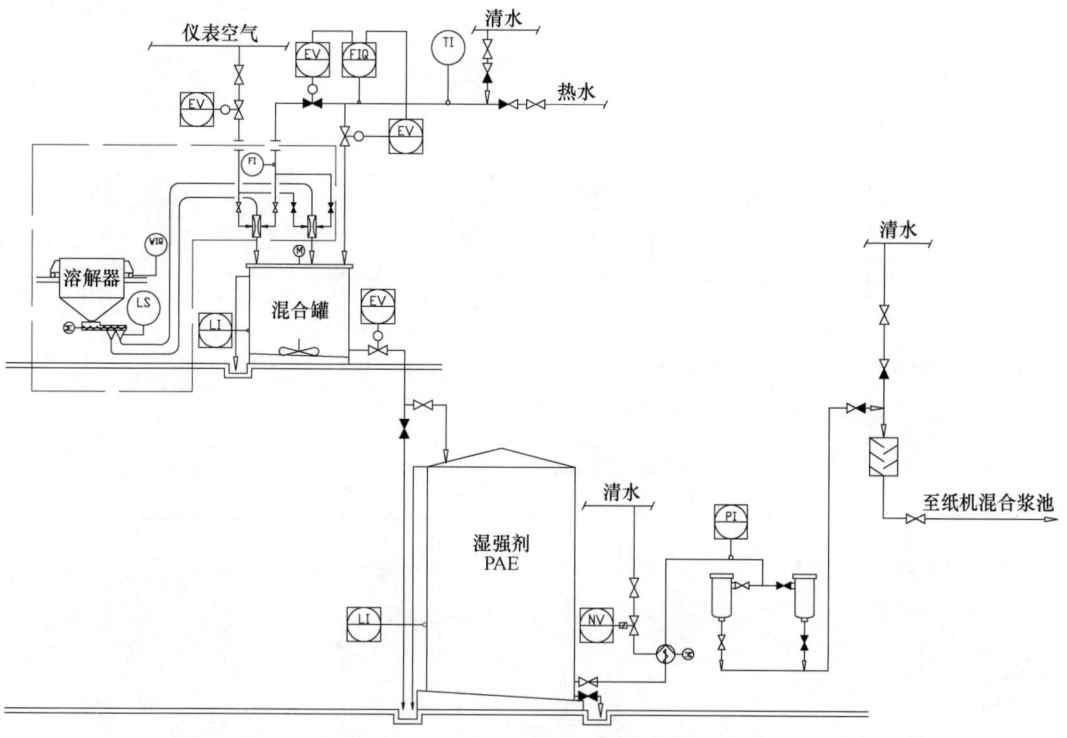

图 4-27　干、湿强剂制备流程示意图

④ 助留助滤剂制备流程。图 4-28 为助留助滤剂制备流程示意图。

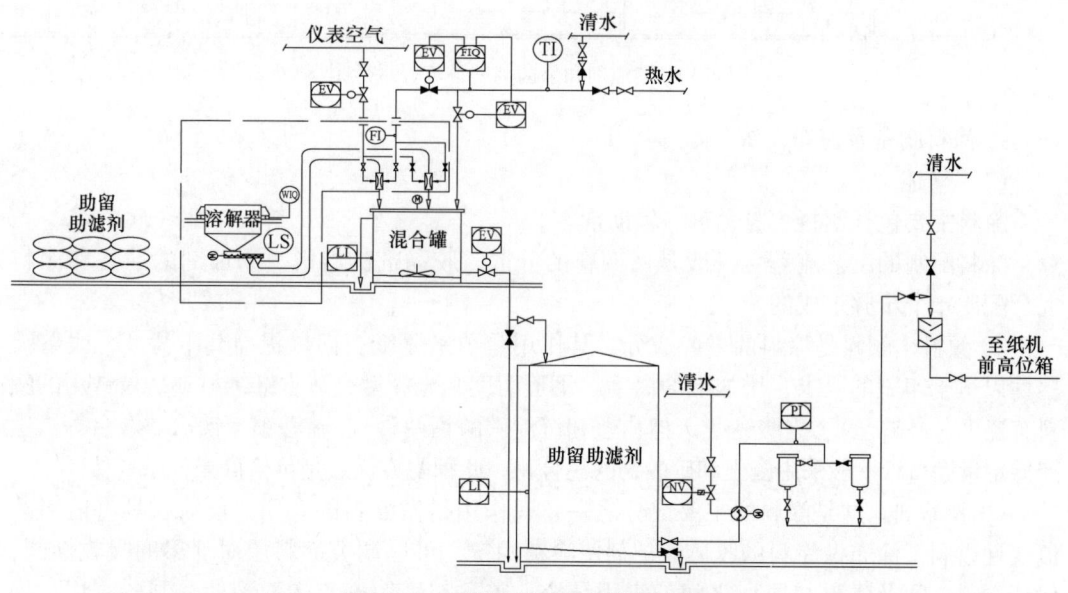

图 4-28　助留助滤剂制备流程示意图

⑤ 分散剂制备流程。图 4-29 为分散剂制备流程示意图。
⑥ 消泡剂和杀菌剂制备流程。图 4-30 为消泡剂和杀菌剂制备流程示意图。

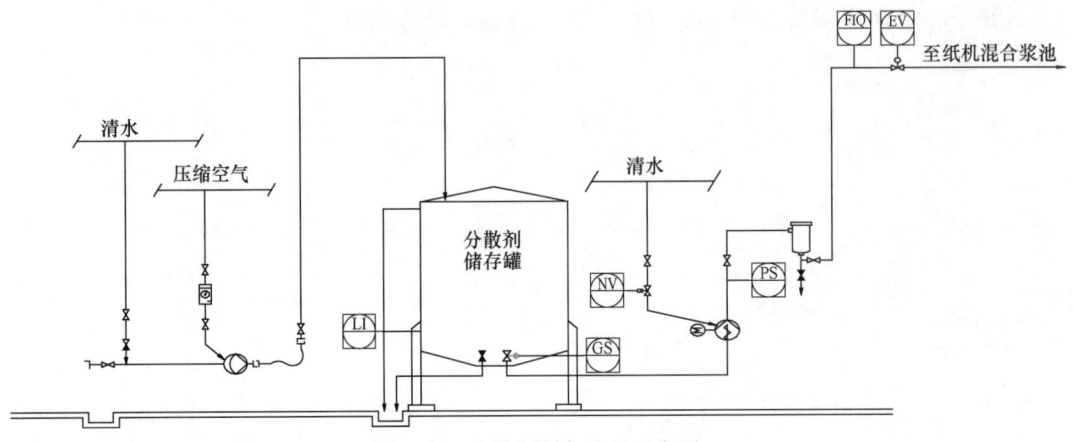

图 4-29 分散剂制备流程示意图

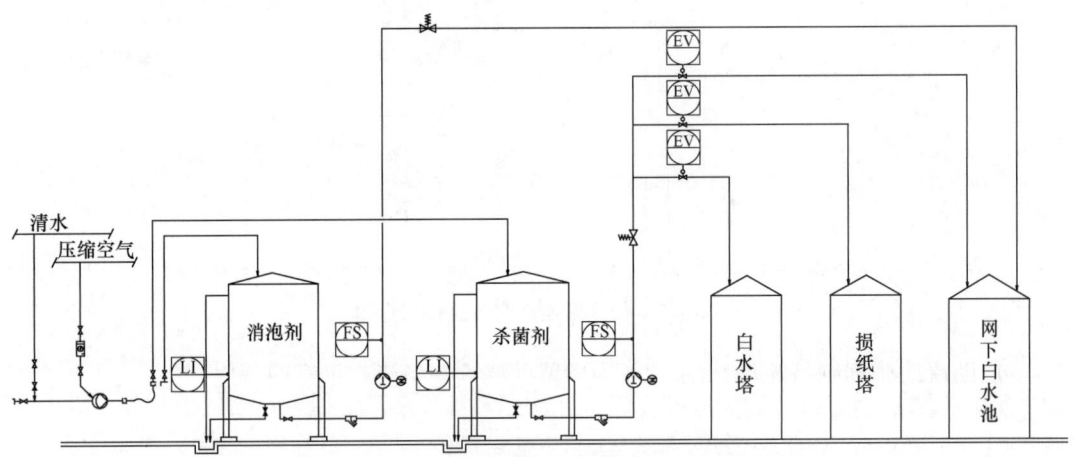

图 4-30 消泡剂和杀菌剂制备流程示意图

9. 涂料制备及涂布系统

（1）概述

涂料主要包括颜料、胶黏剂、辅助剂等。

涂料配制的工艺流程：一般是由颜料的分散、胶黏剂的溶解、添加剂的准备和涂料混合配制 4 个步骤组成的。

① 颜料。颜料是涂料的主要成分，其作用是填平原纸表面以提高其平滑度，改善吸墨性以适于印刷的要求，增加纸的白度、不透明度和光泽度，节省纤维材料。最常用的颜料有瓷土（高岭土）、碳酸钙（天然白垩和沉淀碳酸钙两种）、硫酸钡、钛白、缎白等。生产低定量涂布纸一般采用瓷土和碳酸钙的混合物。此种配方优点是价格低廉，原料易得。

② 胶黏剂。这是涂料的主要成分之一，其作用是做颜料的介质，使涂料具有适当的流变性以利于涂布做涂料的胶体保护剂使涂料稳定，可以调节涂料层对油墨的吸收性能，保证颜料之间及颜料与原纸之间的牢固结合。胶黏剂采用聚乙烯醇溶液。制备方法：先按其要求的浓度将所需冷水放入搅拌器内，开动搅拌器，将聚乙烯均匀地加入水中，浸泡 5~10min 后，用蒸汽加热。继续搅拌升温至 90℃ 到 98℃ 直至全部溶解为止，所需时间为 30~60min。完全溶解后的胶液要立即使用或降温加助剂。使用前不能停止搅拌，否则

胶液表面结膜，影响质量。

③ 辅助剂。除了颜料和胶黏剂，需加入辅助剂来改善涂料或涂层的性能。包括分散剂、抗水剂、消泡剂、润滑剂、防腐剂、减黏剂等。分散剂采用磷酸盐，因为它分散瓷土和碳酸钙的效果好。用量：对瓷土为 0.25%，对碳酸钙是 2%～3%。抗水剂采用胶乳。消泡剂采用松油，不仅能除去泡沫，还有提高涂料纸的光泽度、平滑度、柔软性及防止掉粉等作用。防腐剂，用于防止涂料液腐败变质，常用防腐剂是硼砂。润滑剂采用硬脂酸钠，用量为涂料固含量的 0.5%～2%。

④ 涂布方式。涂布方式为机内涂布，制备好的涂料送至涂布机的供料系统，再送至涂布机的涂布头。比较先进的涂布方式是刮刀涂布，可实现高速涂布，涂布纸性能好，但对原纸和涂料性能要求高。

（2）涂料制备系统流程

① 瓷土制备流程。图 4-31 为瓷土制备流程示意图。

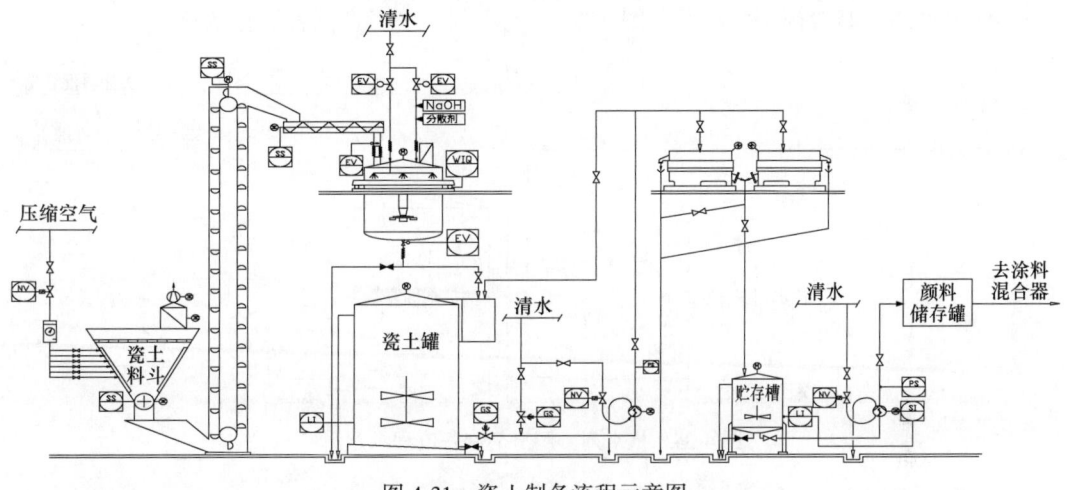

图 4-31 瓷土制备流程示意图

② 碳酸钙制备流程。图 4-32 为碳酸钙制备流程示意图。

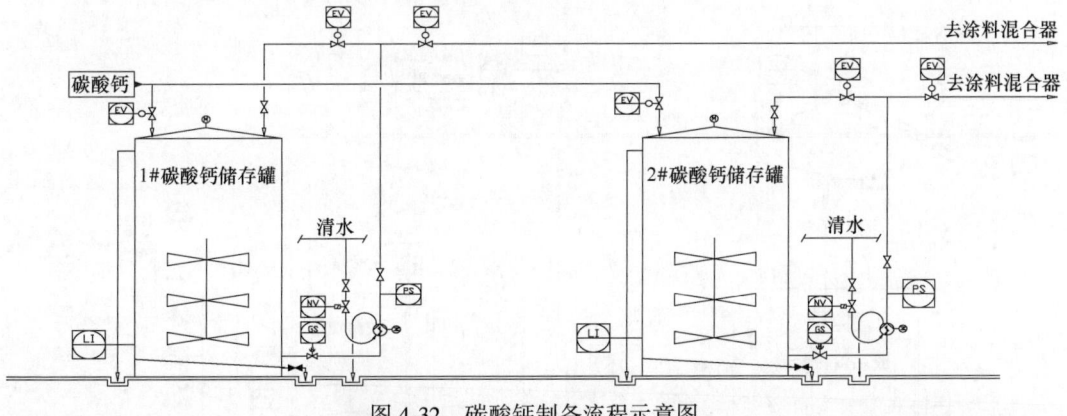

图 4-32 碳酸钙制备流程示意图

③ 氢氧化钠、分散剂和杀菌剂制备流程。图 4-33 为氢氧化钠、分散剂和杀菌剂制备流程示意图。

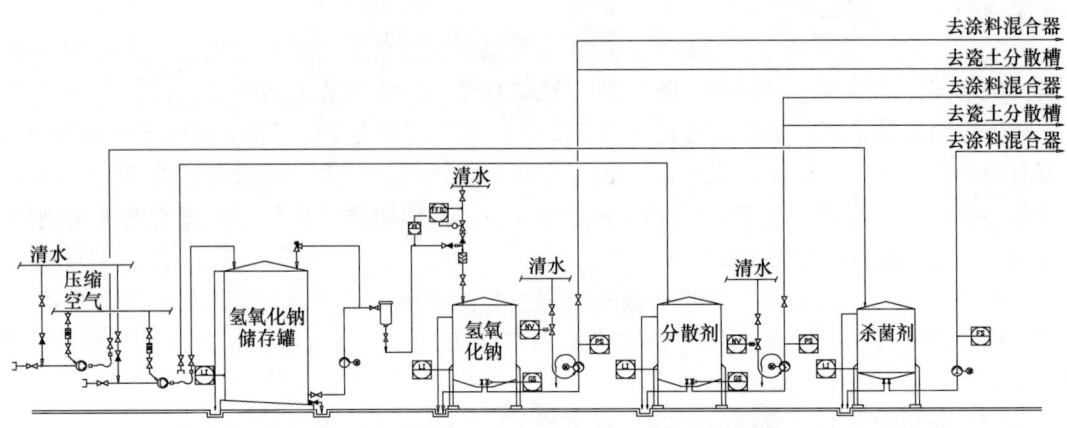

图 4-33　氢氧化钠、分散剂和杀菌剂制备流程示意图

④ 抗水剂、润滑剂制备流程。图 4-34 为抗水剂、润滑剂制备流程示意图。

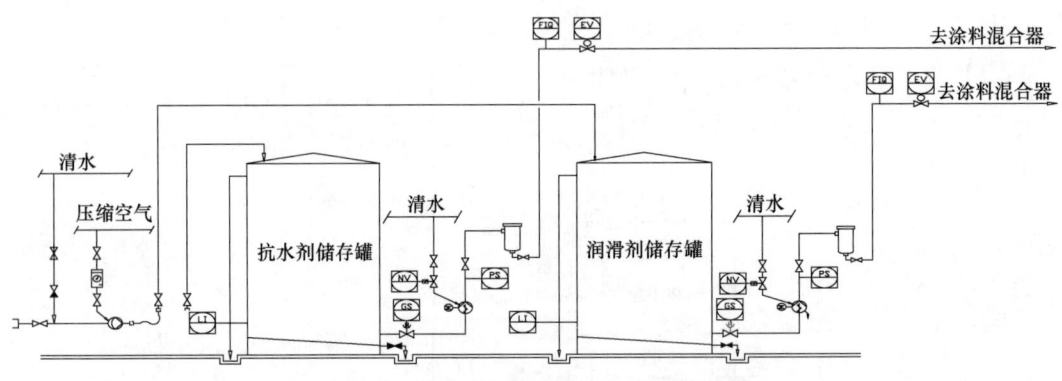

图 4-34　抗水剂、润滑剂制备流程示意图

⑤ 胶黏淀粉制备流程。图 4-35 为胶黏淀粉制备流程示意图。

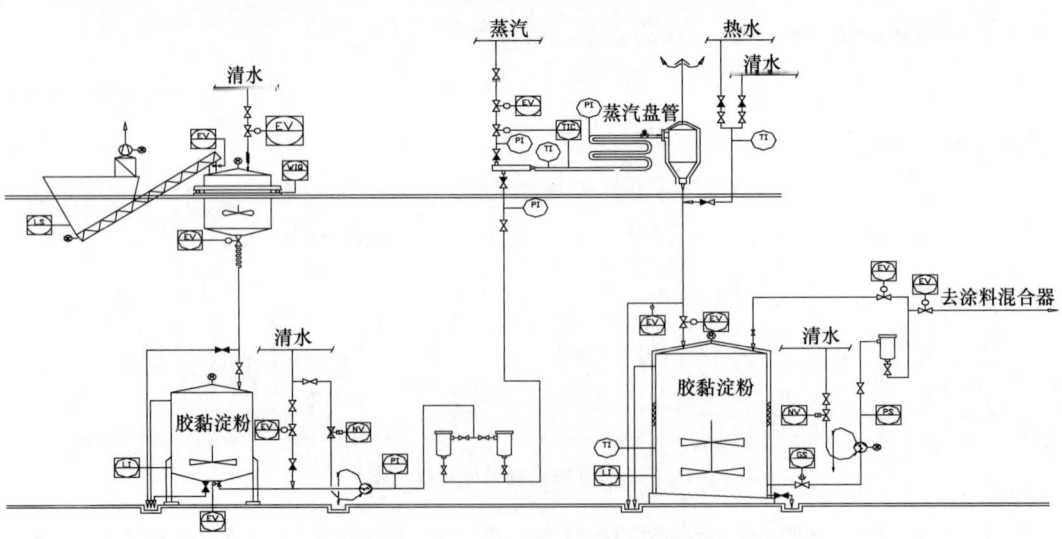

图 4-35　胶黏淀粉制备流程示意图

⑥ 羧甲基纤维素钠（CMC）制备流程。图4-36为羧甲基纤维素钠（CMC）制备流程示意图。

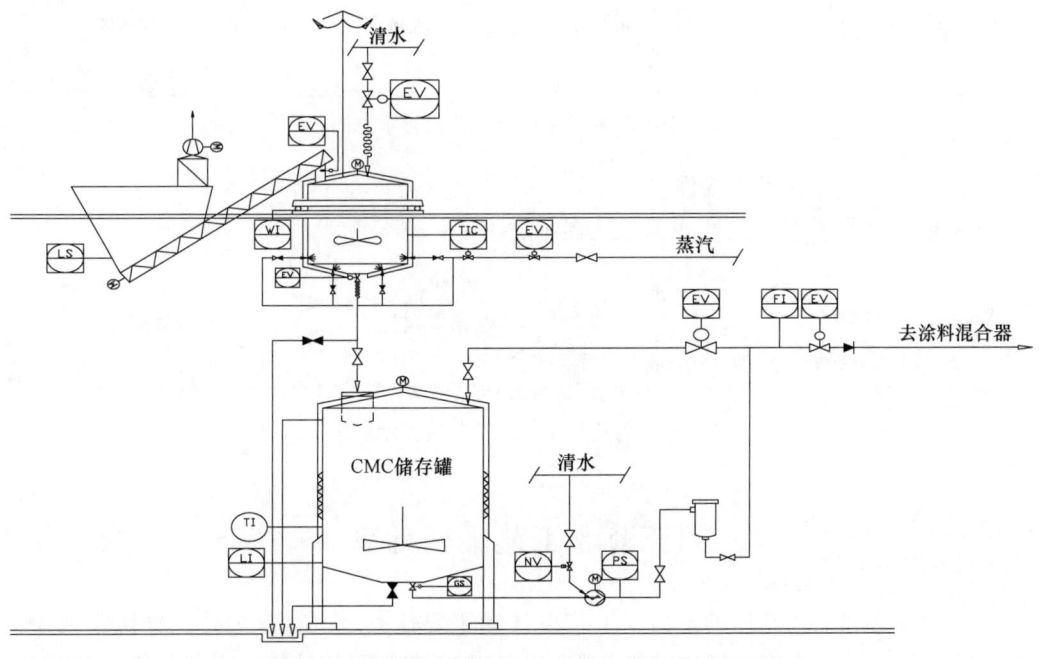

图4-36 羧甲基纤维素钠（CMC）制备流程示意图

⑦ 增白剂和消泡剂制备流程。图4-37为增白剂和消泡剂制备流程示意图。

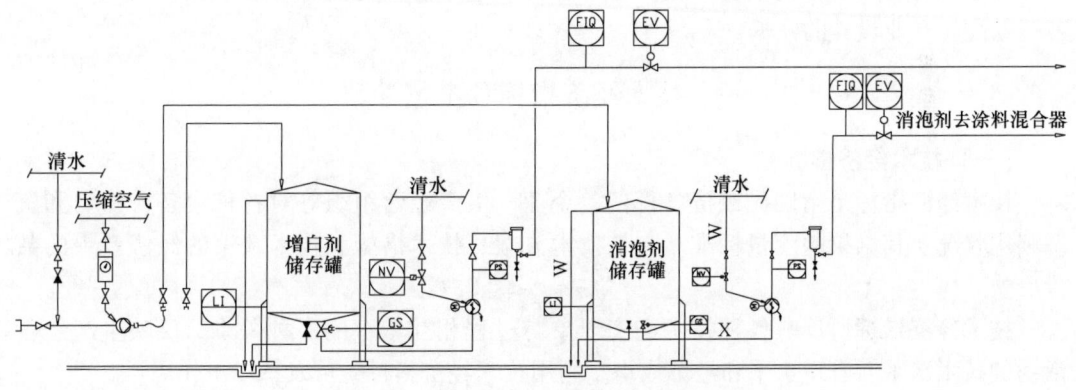

图4-37 增白剂和消泡剂制备流程示意图

**10. 完成整理系统**

（1）概述

纸机完成整理系统是指纸张从卷纸机出来后通过复卷机复卷成一定规格的卷筒，包装成卷筒纸，或经过切纸机切成一定规格的平板纸，再经包装、计量、输送至成品仓库为止的过程。

由于每种纸张最终用途不一样，有些纸张要求卷筒包装外售，有些纸张需要切成平板后包装销售，因此，纸张生产企业需要配置不同的完成整理生产线以满足不同客户要求。

（2）平板纸生产线工艺流程

图 4-38 为典型平板纸生产线工艺流程示意图。

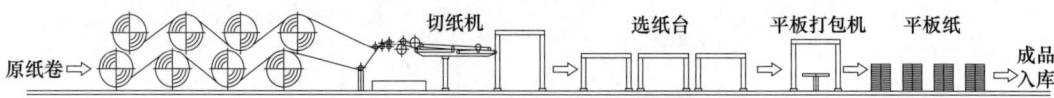

图 4-38　平板纸生产线工艺流程示意图

（3）卷筒纸包装线工艺流程

图 4-39 为典型卷筒纸生产线工艺流程示意图。

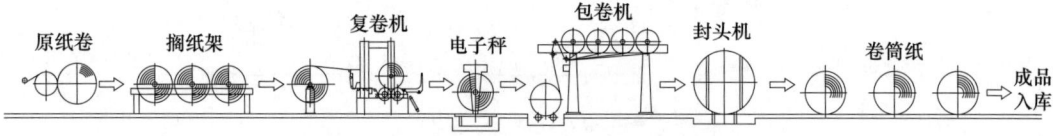

图 4-39　卷筒纸生产线工艺流程示意图

# 第三节　工艺平衡计算

在生产方法和工艺流程确定后，工艺设计的主要任务之一就是根据已经确定的工艺流程，确定工艺技术经济指标和工艺参数，进而进行有关平衡计算。平衡计算主要包括：物料（或浆水）平衡计算、热力（或动力）平衡计算和设备能力平衡计算等，计算结果作为工艺设备生产能力选型的依据。同时也为各辅助配套专业设计提供相关资料，作为各辅助配套专业设计的依据。

## 一、技术经济指标和工艺参数

### （一）技术经济指标

技术经济指标是指国民经济各部门、企业、生产经营组织等对各种设备、物资和资源利用状况及其结果的度量标准。它是技术方案、技术措施和技术政策的经济效果的数量反映。

技术经济指标可反映各种技术经济现象与过程相互依存的多种关系，反映生产经营活动的技术水平、管理水平和经济成果。利用技术经济指标，可发挥以下作用：

① 查明与挖掘生产潜力，增加生产，提高经济效益；

② 考核生产技术活动的经济效果，以合理利用机械设备、改善产品质量；

③ 评价各种技术方案，为技术经济决策提供依据。

技术经济指标设计应遵循三个基本原则：

（1）科学性

指标设计必须同技术经济范畴的科学含义相一致，指标数量应取决于经济部门的需要和理论研究的完善程度；

（2）实用性

指标设计应适应于经济发展水平，不同的工程项目、不同的技术方案、不同的技术实践，其指标设计应有不同，各有侧重；

（3）可比性。

指标设计应在统计数据、满足需要、时间、价格和消耗费用等方面可比的条件下进行，要将不可比因素转化为可比因素。

工艺技术经济指标是指企业和部门都有一套与本企业、本部门的工艺流程、工艺设备、所用原材料辅料、燃料动力消耗以及产品特点相适应的技术经济指标。主要包括：

① 产品质量指标。包括合格率、成品率、等级率等。

② 原材料、动力消耗指标

③ 设备利用程度指标。

工艺技术经济指标是衡量一个工程项目设计是否先进可靠和经济合理的标准，设计中采用的工艺技术经济指标应接近或高于国内同行业的平均先进定额标准。

制浆造纸工程设计应根据产品特性，设定其工艺技术经济指标，使其符合《GB 51092—2015 制浆造纸厂设计规范》要求及国家颁布的相关政策。

表 4-1 至表 4-4 列出制浆造纸厂几个主要生产车间技术经济指标，仅供参考。

**表 4-1 备料车间主要工艺技术指标**

| 序号 | 技术指标 | 原料名称 | | | |
|---|---|---|---|---|---|
| | | 木片 | 竹片 | 芦苇 | 稻麦草 |
| 1 | 原料长度/mm | 15~30 | 20~30 | 30~60 | 20~40 |
| 2 | 合格率大于/% | 80 | 85 | 85 | 85 |
| 3 | 水分/% | 25~45 | 15~30 | 15~25 | 20 |
| 4 | 备料损失/% | 3~7 | 3~6 | 5~8 | 5~8 |

**表 4-2 化学竹浆制浆车间主要工艺技术指标**

| 序号 | 参数名称 | 单位 | 数量 | 备注 |
|---|---|---|---|---|
| 1 | 年工作日 | d | 340 | 320~340 |
| 2 | 日工作小时 | h | 24 | |
| 3 | 蒸煮工段 | | | DDS 蒸煮工艺 |
| | 用碱量(以 $Na_2O$ 计) | % | 13~15 | |
| | 硫化度 | % | 25~28 | |
| | 粗浆得率 | % | 50 | |
| | 粗浆硬度 | 卡伯值 | 10~15 | |
| | 蒸汽消耗 | t/t浆 | 0.6~0.8 | |
| | 送蒸发黑液浓度 | % | ≥15 | |
| | 送蒸发黑液温度 | ℃ | 110 | |
| 4 | 洗选及氧脱木素工段 | | | |
| | 洗涤筛选损失 | % | 1~2 | 对喷放粗浆 |
| | 黑液提取率 | % | 98 | |
| | 洗净度 | kg/t浆 | <5 | 以 $Na_2O$ 计 |

续表

| 序号 | 参数名称 | 单位 | 数量 | 备注 |
|---|---|---|---|---|
| | 耗氧量 | kg/t浆 | 20~25 | |
| | 氧脱后浆硬度 | 卡伯值 | 8~9 | |
| 5 | 漂白工段 | | | ECF漂白工艺 |
| | 漂白浆得率 | % | 95 | 对未漂白浆 |
| | 漂白浆白度 | % | 88~90 | |
| | 漂白浆总得率 | % | 46 | |
| | 耗碱量(NaOH) | kg/t浆 | 30~40 | |
| | 耗$ClO_2$量 | kg/t浆 | 20~30 | |
| | 耗蒸汽量 | t/t浆 | 0.8~1.0 | |
| | 耗水量 | $m^3$/t浆 | 25~35 | 制浆车间 |
| | 耗电量 | kW·h | ~600 | 制浆车间 |

注：耗电量根据自制非木材化学浆能耗限额先进值280kgce/t浆计算得出。

表4-3　　化学机械木浆（APMP）车间主要工艺技术指标

| 序号 | 参数名称 | 单位 | 数量 | 备注 |
|---|---|---|---|---|
| 1 | 年工作日 | d | 340 | 320~340 |
| 2 | 日工作小时 | h | 24 | |
| 3 | 木片仓 | | | |
| | 温度 | ℃ | 70 | |
| | 停留时间 | min | 20 | |
| 4 | 木片洗涤温度 | ℃ | 70 | |
| 5 | 预汽蒸仓 | | | |
| | 温度 | ℃ | 95 | |
| | 停留时间 | min | 17 | |
| 6 | 浸渍时间 | min | 3 | |
| 7 | 1#预汽蒸仓 | | | |
| | 温度 | ℃ | 90 | |
| | 停留时间 | min | 20 | |
| 8 | 2#预汽蒸仓 | | | |
| | 温度 | ℃ | 95 | |
| | 停留时间 | min | 4 | |
| 9 | 一段磨浆 | | | |
| | 浓度 | % | 50 | |
| | 压力 | kPa | 350 | |
| 10 | 消潜浆池 | | | |
| | 浓度 | % | 45 | |
| | 温度 | ℃ | 70 | |

续表

| 序号 | 参数名称 | 单位 | 数量 | 备注 |
|---|---|---|---|---|
| 11 | 二段磨浆 | | | |
| | 浓度 | % | 5 | |
| 12 | 浆渣磨 | | | |
| | 浓度 | % | 38 | |
| | 压力 | kPa | 350 | |
| 13 | 筛选浓度 | % | 4 | |
| 14 | 筛选压力 | kPa | 300 | |
| 15 | 粗渣率 | % | 30 | |
| 16 | 圆盘过滤机 | | | |
| | 入口浓度 | % | 1.2 | |
| | 出口浓度 | % | 12 | |
| 17 | 贮浆塔 | | | |
| | 浓度 | % | 12 | |
| | 停留时间 | h | 12 | |
| 18 | 入预蒸发废液量 | t/t风干浆 | 10 | |
| 19 | 入预蒸发废液浓度 | % | 1.5 | |
| 20 | 出预蒸发废液浓度 | % | 15 | |
| 21 | 浆得率 | % | 88 | |
| 22 | 游离度 CSF | mL | 350~400 | |
| 23 | 浆白度(ISO) | % | 82 | |
| 24 | 耗碱量(NaOH) | kg/t浆 | 30~40 | |
| 25 | 耗$H_2O_2$量 | kg/t浆 | 20~30 | |
| 26 | 消耗蒸汽量 | t/t浆 | 0.5~1.0 | 制浆车间 |
| 27 | 消耗清水量 | $m^3$/t浆 | ~20 | 制浆车间 |
| 28 | 消耗电量 | kW·h | ~1200 | 制浆车间 |

注：耗电量根据自制化学机械浆能耗限额先进值235kgce/t浆计算得出。

表4-4　　涂布牛卡纸造纸车间主要工艺技术指标

| 序号 | 名称 | 单位 | 数据 | 备注 |
|---|---|---|---|---|
| 1 | 产品名称 | | 涂布牛卡纸 | |
| 2 | 产品规格 | | 平板、卷筒 | |
| 3 | 定量范围 | g/$m^2$ | 150~300 | 计算定量230g/$m^2$ |
| 4 | 年工作日 | d | 340 | |
| 5 | 日工作时 | h | 24 | |
| 6 | 各层浆料 | | | |
| | 面层浆 | % | 10~15 | NBKP+LBKP |
| | 芯层浆 | % | 55~65 | DIP |

续表

| 序号 | 名称 | 单位 | 数据 | 备注 |
|---|---|---|---|---|
|  | 底层浆 | % | 25~30 | AOCC |
| 7 | 幅宽 | mm | 8100 |  |
| 8 | 工作车速 | m/min | 1000 |  |
| 9 | 传动车速 | m/min | 1000 |  |
| 10 | 施胶量 | g/m² | 2~3 | 固含量10% |
| 11 | 涂布量 |  |  |  |
|  | 预涂一次 | g/m² | 8~12 | 固含量62% |
|  | 背施胶 | g/m² | 2~3 | 固含量10% |
|  | 面涂一次 | g/m² | 8~12 | 固含量62% |
|  | 面涂二次 | g/m² | 8~12 | 固含量62% |
| 12 | 成品产量 | t/a | 750000 |  |
| 13 | 成品水分 | % | 6~8 |  |
| 14 | 成品率 | % | 98 |  |
| 15 | 抄造率 | % | 98 |  |
| 16 | 消耗蒸汽量 | t/t 纸 | 1.5~1.8 | 造纸车间 |
| 17 | 消耗清水量 | m³/t 纸 | 6~10 | 造纸车间 |
| 18 | 消耗电量 | kW·h | ~300 | 造纸车间 |

注：耗电量根据涂布纸板能耗限额先进值230kgce/t浆计算得出。

### （二）工艺参数

工艺参数是指为了达到某些预期的技术经济指标，工艺过程中所需选用的技术数据。

不同的产品，选择的工艺流程和生产方法不同；即使同一种产品，由于采用的原材料不同，所选择的工艺流程和生产方法也会不同，故其生产工艺参数都会有所不同，工艺计算时，选用合理的工艺参数尤为重要。比如进出工艺设备的浓度、温度、压力及反应时间等，主要是满足生产过程中的工艺条件，与工艺技术指标并没有严格的界限。

高档文化用纸工艺定额和工艺参数，见表4-5，仅供参考。

**表4-5　　　　　　　高档文化用纸工艺定额和工艺参数**

| 序号 | 参数名称 | 单位 | 工艺参数 | 备注 |
|---|---|---|---|---|
| 1 | 车速 | m/min | 800 |  |
| 2 | 日平均工作数 | h/d | 22.5 |  |
| 3 | 定量 | g/m² | 70 |  |
| 4 | 抄宽 | mm | 3750 |  |
| 5 | 抄造率 | % | 97 |  |
| 6 | 成品率 | % | 97 |  |

续表

| 序号 | 参数名称 | 单位 | 工艺参数 | 备注 |
|---|---|---|---|---|
| 7 | 浆料配比<br>　自制苇浆<br>　阔叶木浆<br>　针叶木浆 | <br>%<br>%<br>% | <br>50<br>30<br>20 | |
| 8 | 成纸干度 | % | 92 | |
| 9 | 干损纸率 | % | 1.5 | 对理论产量 |
| 10 | 湿损纸率 | % | 2.0 | 对理论产量 |
| 11 | 上网浓度 | % | 0.6 | |
| 12 | 进压榨部干度 | % | 20 | |
| 13 | 进干燥部干度 | % | 48~50 | |
| 14 | 表面施胶前干度 | % | 90 | |
| 15 | 表面施胶后干度 | % | 75~78 | |
| 16 | 冲边宽度 | mm | 2×15 | |
| 17 | 横向收缩率 | % | 3.0 | |
| 18 | 填料量 | % | 15~20 | 对成品 |
| 19 | 填料浓度 | % | 15 | |
| 20 | 填料留着率 | % | 80 | |
| 21 | CPAM用量 | % | 0.05 | 对成品 |
| 22 | CPAM浓度 | % | 0.3 | |
| 23 | APAM用量 | % | 0.07 | 对成品 |
| 24 | APAM浓度 | % | 0.3 | |
| 25 | 流浆箱回流量 | % | 5 | |
| 26 | 调浆箱回流量 | % | 10 | |
| 27 | 真空伏辊损纸率 | % | 1.0 | |
| 28 | 压榨带出纤维率 | % | 0.12 | |
| 29 | 圆网浓缩机出浆浓度 | % | 3.5 | |
| 30 | 圆网浓缩机带出纤维率 | % | 0.5 | |
| 31 | 一段除渣器排渣率 | % | 20 | |
| 32 | 二段除渣器排渣率 | % | 20 | |
| 33 | 三段除渣器排渣率 | % | 20 | |
| 34 | 四段除渣器排渣率 | % | 20 | |
| 35 | 一段除渣器进浆浓度 | % | 1.1 | |
| 36 | 二段除渣器进浆浓度 | % | 1.0 | |
| 37 | 三段除渣器进浆浓度 | % | 0.8 | |
| 38 | 四段除渣器进浆浓度 | % | 0.6 | |
| 39 | 一段除渣器渣浆浓度 | % | 1.5 | |
| 40 | 二段除渣器渣浆浓度 | % | 1.5 | |

续表

| 序号 | 参数名称 | 单位 | 工艺参数 | 备注 |
|---|---|---|---|---|
| 41 | 三段除渣器渣浆浓度 | % | 1.5 | |
| 42 | 压力筛进浆浓度 | % | 0.7 | |
| 43 | 压力筛排渣浓度 | % | 1.2 | |
| 44 | 高浓除渣器进浆浓度 | % | 3.0 | |
| 45 | 高浓除渣器排渣率 | % | 0.5 | |
| 46 | 洗毛毯清水 | L/t | ~8000 | |
| 47 | 洗网清水 | L/t | ~6000 | |

## 二、物料（或浆水）平衡计算

制浆造纸工艺平衡计算是工艺生产过程中计算的基础。比如化学制浆生产文化用纸，制浆车间包括备料、蒸煮、洗涤、筛选及漂白等工艺过程。造纸车间包括打浆、加填、流送、成形、压榨及干燥等工艺过程，一般是以一个车间（或工段）为计算单位。

### （一）物料（或浆水）平衡计算的依据

物料（或浆水）平衡计算的理论依据为质量守恒定律。原则上即进入某一设备系统的物料质量等于操作或加工后所得产物的质量和损失的物料量之和，同样地，进入某一设备系统的液体量或水分量等于操作或加工后的液体量或水分量和损失的液体量或水分量之和。

$$m_{入} = m_{出} + m_{损} \tag{4-1}$$

$$V_{入} = V_{出} + V_{损} \tag{4-2}$$

式中　$m_{入}$——进设备或系统的物料质量，kg

　　　$m_{出}$——从设备或系统中输出的物料质量，kg

　　　$m_{损}$——从设备中输出的废渣量或化学反应损失的量，kg

　　　$V_{入}$——进设备或系统的物料液体量或水分量，L 或 kg

　　　$V_{出}$——从设备或系统中输出的物料液体量或水分量，L 或 kg

　　　$V_{损}$——从设备中输出的废渣或化学反应损失的液体量或水分量，L 或 kg

制浆造纸工艺过程的浆水平衡计算，是物料平衡计算的一种特殊形式，也是制浆造纸专业根据专业特点的习惯性叫法。制浆造纸在生产过程中主要是以液体（水）作为载体的连续化生产过程。浆水平衡是指制浆造纸过程中浆料的平衡（即纤维和填料等的平衡）及液体（水）的平衡，一般指浆料的浓度比较低（≤15%），浆料的密度与水的密度相近，为了计算方便，把浆料的密度近似地看作为水的密度，浆料密度与水近似，为1kg/L，所以浆水平衡计算是一种近似的计算。当浆料的浓度较高（≥15%）或形成纸页时，就不能将浆料或纸页的密度看作是水的密度，以物料平衡计算的方式更符合实际。

物料平衡：

$$m = V \times w / (1-w) \tag{4-3}$$

式中　$m$——进出设备或系统的物料质量，kg

　　　$V$——进出设备或系统的物料水分量，kg

　　　$w$——进出设备浆料或纸页干度，%

浆水平衡：
$$m = V \times w \tag{4-4}$$

式中　$m$——进出设备或系统的物料质量，kg

　　　$V$——进出设备或系统的物料液体量，L

　　　$w$——进出设备浆料浓度，%

**（二）物料（或浆水）平衡计算目的**

物料（或浆水）平衡计算，主要目的有以下几点：

① 通过物料（或浆水）平衡计算，可以确定出单位产品或半成品消耗指标，即每吨产品或半成品所耗用原料、化学药品、水以及其他辅料量，为技术经济和水、电、汽等专业设计提供重要依据；

② 通过物料（或浆水）平衡计算，为生产设备台数选择及非标设备设计奠定基础；

③ 通过物料（或浆水）平衡计算，得到废物排出量，为"三废"处理、综合利用及交通运输设计提供数据；

④ 通过物料（或浆水）平衡计算，为项目投产后生产检查和管理提供依据。

**（三）物料（或浆水）平衡计算方法和步骤**

1. 计算方法

物料（或浆水）平衡计算通常以 1t 产品（1t 风干浆或 1t 成品纸）为计算基础，按生产流程的逆方向进行逐步推算。计算时应选用合理的技术经济指标数据作为物料（或浆水）平衡计算的依据。

2. 计算步骤

① 先绘出方框流程图，按生产顺序逆方向逐步推算；

② 查阅资料，选取有关定额和工艺技术数据；

③ 绘出一个工艺环节的物料进出方框图，注明设备名称和有关数据；

④ 根据质量守恒定律，计算进出某工艺环节的物料数据；

⑤ 按生产顺序绘制物料（或浆水）平衡图；

⑥ 列出物料（或浆水）平衡表。

**（四）物料（或浆水）平衡计算注意事项**

物料（或浆水）平衡计算应注意以下几点：

1. 计算时可视为清水的溶液或乳液

① 漂白过程加的漂液，制浆及抄纸过程加的少量助剂；

② 抄纸过程加的矾土液和施胶用的胶液；

③ 浓度小于 0.1% 稀白水。

2. 计算时可视为纤维的物料

① 抄纸过程加的量较大且能留在纸页中的功能助剂；

② 填料加入量小于 10% 时，可将填料视为纤维；填料加入量大于 10% 时，要分别计算填料和纤维的量。

3. 总体物料（或浆水）平衡计算要求

① 局部环节允许有 0.3%~1% 的误差；

② 计算结果保留小数点后两位；

③ 浆料、白水和清水的密度比较接近时，可取相同值计算。

④ 在蒸煮和抄纸过程中，浆料浓度较高（≥15%）或形成纸页时，以物料平衡公式计算。

## （五）物料（或浆水）平衡图和明细表

物料（或浆水）平衡计算结果需要以物料（或浆水）平衡图和汇总成表格的形式呈现，这样更加直观，便于查阅计算结果的准确性和合理性，包括物料（或浆水）平衡图和物料（或浆水）平衡明细表。

1. 物料（或浆水）平衡图

绘制物料（或浆水）平衡图时，应注意以下几点：

① 计算单位名称；

② 各种物料进出单元（工段或车间）的由来和去向；

③ 各物料（包括绝干物料）的收支数量，以及各种物料的收支总量。

2. 物料（或浆水）平衡明细表

物料（或浆水）平衡明细表是在物料（或浆水）平衡计算之后进行，以表格的形式列出生产车间及各工艺设备的收支平衡。该表反应进出车间及工艺设备物料的消耗量、废物排出量等情况，对评价设计的合理性及经济概算具有重要意义。

## （六）物料（或浆水）平衡计算表示方法

在纸张抄造过程中，浆料经过流浆箱、网案成形及真空吸水箱，再到真空伏辊，逐步脱水形成纸页，纸页的密度与水的密度差异较大，纸页中的水分以结合水和游离水的形式存在，所以平衡计算以物料平衡计算为依据，主要是以百分比来计算纸页的质量（$m_{纸}$）和纸页所含的水分（$m_w$），$w_{纸}$为纸页的干度。

同样地，在制浆过程中（如蒸煮过程和化机浆制浆过程）也会存在浆料的浓度较高（≥15%）的情况，平衡计算以物料平衡计算为依据。

物料平衡计算公式：

$$m_{0,纸}+m_3 = m_{1,纸}+m_2 \tag{4-5}$$

$$m_{0,w}+m_{3,w} = m_{1,w}+m_{2,w} \tag{4-6}$$

$$m_{纸} = m_w \times w_{纸}/(1-w_{纸}) \tag{4-7}$$

式中　$m_{纸}$——进出设备纸页绝干质量　　kg

　　　$m_w$——进出设备纸页水分质量　　kg

　　　$w_{纸}$——进出设备纸页干度　　%

　　　$m_{0,纸}$——进设备纸页绝干质量　　kg

　　　$m_{0,w}$——进设备纸页水分质量　　kg

　　　$w_{0,纸}$——进设备纸页干度　　%

　　　$m_{1,纸}$——出设备纸页绝干质量　　kg

　　　$m_{1,w}$——出设备纸页水分质量　　kg

　　　$w_{1,纸}$——出设备纸页干度　　%

　　　$m_2$——出设备损纸绝干质量　　kg

　　　$m_{2,w}$——出设备损纸浆水分质量　　kg

　　　$w_2$——出设备损纸干度　　%

　　　$m_3$——进设备辅料绝干质量　　kg

　　　$m_{3,w}$——进设备辅料水分质量　　kg

$w_3$——进设备辅料干度　　　　　%

浆水平衡计算公式（浆料浓度低，密度与水近似，则1kg浆料体积近似1L浆料。所以，浆料浓度单位以%表示）：

$$m_0 + m_3 = m_1 + m_2 \tag{4-8}$$

$$V_0 + V_3 = V_1 + V_2 \tag{4-9}$$

$$m = V \times w \tag{4-10}$$

式中　$m$——进出设备浆料质量　　　　kg
　　　$V$——进出设备浆料体积　　　　L
　　　$w$——进出设备浆料浓度　　　　%
　　　$m_0$——进设备浆料质量　　　　kg
　　　$V_0$——进设备浆料体积　　　　L
　　　$w_0$——进设备浆料浓度　　　　%
　　　$m_1$——出设备浆料质量　　　　kg
　　　$V_1$——出设备浆料体积　　　　L
　　　$w_1$——出设备浆料浓度　　　　%
　　　$m_2$——出设备损失浆料质量　　kg
　　　$V_2$——出设备损失浆料体积　　L
　　　$w_2$——出设备损失浆料浓度　　%
　　　$m_3$——进设备辅料质量　　　　kg
　　　$V_3$——进设备辅料体积　　　　L
　　　$w_3$——进设备辅料浓度　　　　%

### （七）物料（或浆水）平衡计算图

物料（或浆水）平衡图可以用两种方式绘制，一种是以方框图的形式来表达，即进出系统的各物料单元以方块图来表示，计算物料进出量方便、直观、易懂。一种是以设备外形（形象外形）图的形式来表达，即把设备的外形绘制出来，再根据生产流程顺序把设备与设备连接起来，并把物料平衡计算结果在流程图上表示出来，该图形象、表达清晰。

### （八）物料（或浆水）平衡计算实例

**实例1：600t/d漂白竹浆制浆车间物料（或浆水）平衡计算**

（1）漂白竹浆制浆车间工艺流程框图
漂白竹浆制浆车间工艺流程框图见图4-40。

（2）漂白竹浆制浆车间工艺技术经济指标和工艺参数（600t/d）
表4-6为漂白竹浆制浆车间平衡计算有关工艺技术指标和工艺参数（600t/d）。

表4-6　漂白竹浆制浆车间平衡计算有关工艺技术指标和工艺参数（600t/d）

| 序号 | 指标名称 | 定额 | 备注 |
| --- | --- | --- | --- |
| 1 | 漂后风干竹浆1000kg,绝干浆质量/kg | 900.00 | 计算定量 |
| 2 | 泵送造纸车间竹浆浓度/% | 4.0 | 离心浆泵输送浓度一般不超过5.0% |
| 3 | 漂后贮浆塔竹浆浓度/% | 10.0 | |
| 4 | 真空洗浆机进口浆浓度/% | 2.0 | 1.5%~2.0% |

续表

| 序号 | 指标名称 | 定额 | 备注 |
|---|---|---|---|
| 5 | 真空洗浆机出口浆浓度/% | 10.0 | 10.0%~12% |
| 6 | 真空洗浆机喷淋水量/L 真空洗浆机排出水中纤维可以不计 | 10000.00 | 80000.00~12000.00 排除水因逆流洗筛未损失 |
| 7 | 漂白总损失量/% | 5.0 | 占未漂浆 |
| 8 | $D_1$ 段漂白损失量/% | 10.0 | 占漂白总损失量 |
| 9 | $D_1$ 段漂白反应浓度/% | 10.0 | 10.0%~12% |
| 10 | $D_1$ 段漂白反应温度/℃ | 80 | 80~90℃ |
| 11 | $D_1$ 段蒸汽消耗量/kg | 200.00 | 200.00~300.00kg |
| 12 | $D_1$ 段 $ClO_2$ 用量/kg | 9.00 | 8.00~10.00kg |
| 13 | $D_1$ 段 $ClO_2$ 溶液浓度/(g/L) | 10.00 | 8.00~12.00g/L |
| 14 | Eop 段漂白损失量/% | 30.0 | 占漂白总损失量 |
| 15 | Eop 段漂白反应浓度/% | 10.0 | 10.0%~12% |
| 16 | Eop 段漂白反应温度/℃ | 90 | 85~90℃ |
| 17 | Eop 段蒸汽消耗量/kg | 200.00 | 200.00~300.00kg |
| 18 | Eop 段 NaOH 用量/kg | 12 | 10~14kg |
| 19 | Eop 段 NaOH 溶液浓度/(g/L) | 80.00 | 80.00~120.00g/L |
| 20 | Eop 段 $H_2O_2$ 用量/kg | 4.00 | |
| 21 | Eop 段 $H_2O_2$ 混合溶液浓度/(g/L) | 10.00 | 8.00~12.00g/L |
| 22 | Eop 段 $O_2$ 用量/kg | 3.00 | |
| 23 | $D_0$ 段漂白损失量/% | 20.0 | 占漂白总损失量 |
| 24 | $D_0$ 段漂白反应浓度/% | 10.0 | 10.0%~12% |
| 25 | $D_0$ 段漂白反应温度/℃ | 85 | 80~90℃ |
| 26 | $D_0$ 段蒸汽消耗量/kg | 200.00 | 200.00~300.00kg |
| 27 | $D_0$ 段 $ClO_2$ 用量/kg | 18.00 | 18.00~20.00kg |
| 28 | $D_0$ 段 $ClO_2$ 溶液浓度/(g/L) | 10.00 | 8.00~12.00g/L |
| 29 | 漂前贮浆塔竹浆浓度/% | 10.0 | |
| 30 | 漂前贮浆塔出口浆浓度/% | 4.0 | |
| 31 | 真空洗浆机进口浆浓度/% | 2.0 | 1.5%~2.0% |
| 32 | 真空洗浆机出口浆浓度/% | 10.0 | 10.0%~12% |
| 33 | 真空洗浆机喷淋水量/L 真空洗浆机排出水中纤维可以不计 | 10000.00 | 80000.00~12000.00 排除水因逆流洗筛未损失 |
| 34 | 一段压力筛出口浓度/% | 2.5 | |
| 35 | 一段压力筛排渣浓度/% | 3.0 | |

续表

| 序号 | 指标名称 | 定额 | 备注 |
|---|---|---|---|
| 36 | 一段压力筛排渣率/% | 20.0 | 对进一段压力筛浆量 |
| 37 | 二段压力筛进浆浓度/% | 1.5 | |
| 38 | 二段压力筛排渣浓度/% | 2.5 | |
| 39 | 二段压力筛排渣率/% | 20.0 | 对进二段压力筛浆量 |
| 40 | 三段压力筛进浆浓度/% | 1.0 | |
| 41 | 三段压力筛排渣浓度/% | 2.5 | |
| 42 | 三段压力筛排渣率/% | 25.0 | 对进除渣器及三段压力筛浆量 |
| 43 | 渣浆洗涤器进浆浓度/% | 0.6 | |
| 44 | 渣浆洗涤器排渣浓度/% | 2.5 | |
| 45 | 渣浆洗涤器排渣率/% | 50.0 | 对进渣浆洗涤器浆量 |
| 46 | O 段漂白损失量/% | 40.0 | 占漂白总损失量 |
| 47 | O 段漂白反应浓度/% | 10.0 | 10.0%~12% |
| 48 | O 段漂白反应温度/℃ | 95 | 85~95℃ |
| 49 | O 段蒸汽消耗量/kg | 200.00 | 200.00~300.00kg |
| 50 | O 段 NaOH 用量/kg | 22.00 | 20.00~25.00kg |
| 51 | O 段 NaOH 溶液浓度/(g/L) | 80.00 | 80.00~120.00g/L |
| 52 | O 段 $O_2$ 用量/kg | 20.00 | |
| 53 | 高浓除渣器出浆浓度/% | 3.5 | |
| 54 | 高浓除渣器排渣浓度/% | 4.0 | |
| 55 | 高浓除渣器排渣率/% | 0.2 | 对高浓除渣器进浆 |
| 56 | 压力除节机出浆浓度/% | 3.5 | |
| 57 | 压力除节机排渣浓度/% | 4.0 | |
| 58 | 压力除节机排渣率/% | 5.0 | 对压力除节机进浆 |
| 59 | 节子洗涤器出浆浓度/% | 1.0 | |
| 60 | 节子洗涤器排渣浓度/% | 20.0 | |
| 61 | 节子洗涤器排渣率/% | 10.0 | 对节子洗涤器进浆 |
| 62 | 喷放锅出口浆浓度/% | 4.0 | |
| 63 | 喷放锅贮浆浓度/% | 5.0 | 喷放泵进行冷喷放 |
| 64 | 蒸煮粗浆得率/% | 50.0 | 对蒸煮绝干竹片 |
| 65 | 蒸煮液比 | 1∶5.5 | 绝干原料与蒸煮总液量之比 |
| 66 | 竹片洗涤筛选损失/% | 2.5 | 对竹片原料 |
| 67 | 切竹机损失/% | 2.0 | 对竹子原料 |

（3）物料（或浆水）平衡计算过程

以 1000kg 漂白风干竹浆为计算基准，以浆水平衡计算为原则，浓度单位为%。浆料质量 $m$（kg）和浆料体积 $V$（L）有效数字保留到小数点后 2 位。

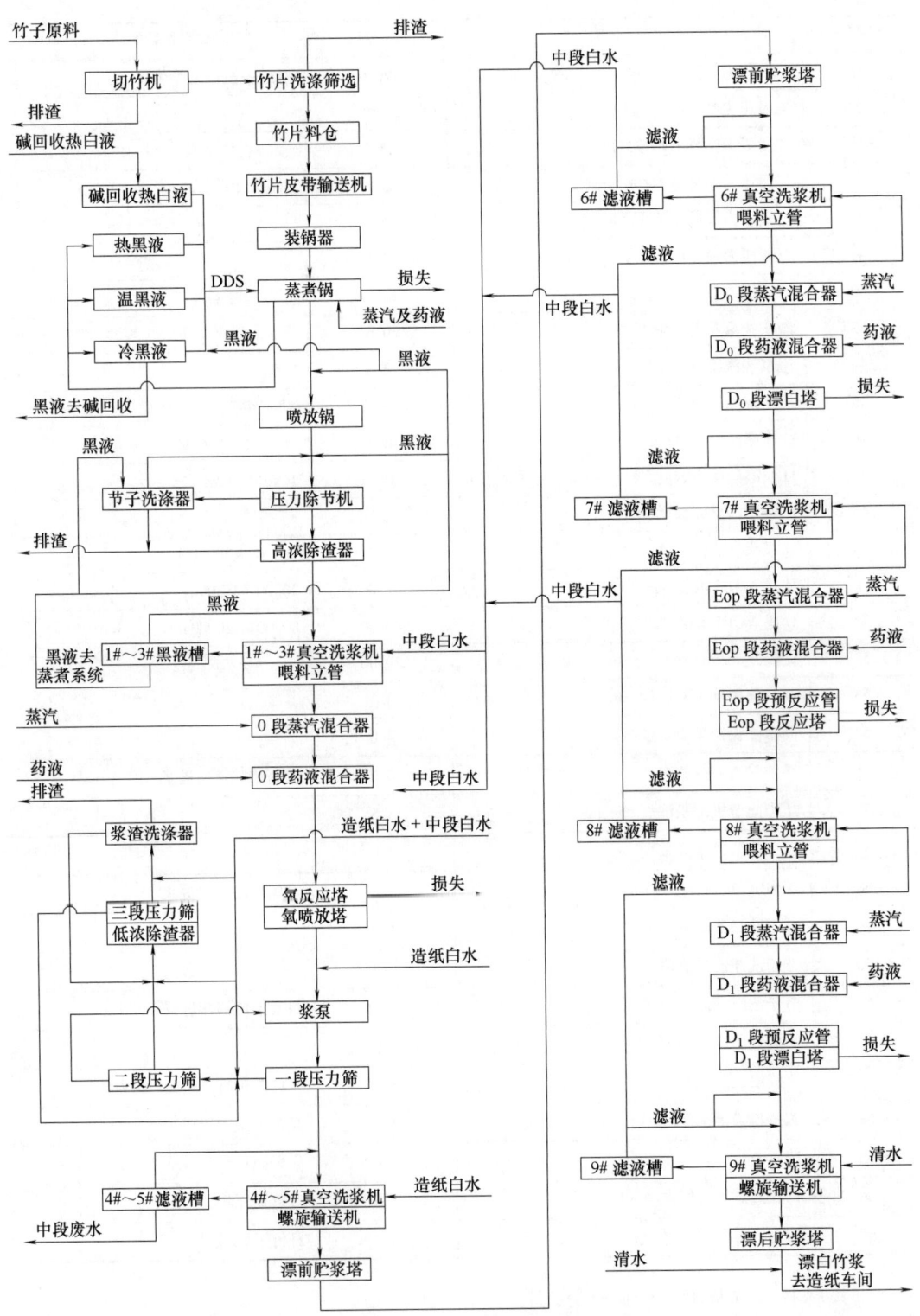

图 4-40 漂白竹浆制浆车间工艺流程框图

1) 漂后贮浆塔

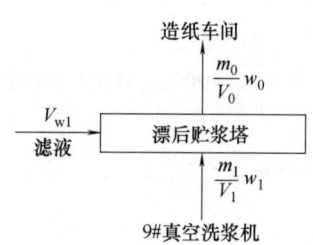

已知：漂后风干竹浆 1000kg，绝干浆为，$m_0 = 900.00$kg

送入造纸车间竹浆浓度，$w_0 = 4.0\%$

（注：一般离心泵输送浓度不超过 5.0%）

$w_1 = 10.0\%$

求得：$m_0 = m_1 = 900.00$

$V_0 = m_0/w_0 = 22500.00$

$V_1 = m_1/w_1 = 9000.00$

$V_{w1} = V_0 - V_1 = 13500.00$（清水）

2) 螺旋输送机、9#真空洗浆机

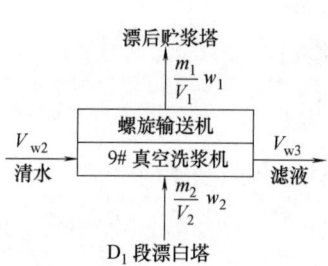

已知：漂后贮浆塔竹浆为，$m_1 = 900.00$kg

贮浆浓度，$w_1 = 10.0\%$

进真空洗浆机浓度，$w_2 = 2.0\%$

$V_{w2} = 10000.00$（清水）

求得：$m_2 = m_1 = 900.00$

$V_1 = m_1/w_1 = 9000.00$

$V_2 = m_2/w_2 = 45000.00$

$V_{w3} = V_2 + V_{w2} - V_1 = 46000.00$（滤液）

（注：脱除白水含有纤维因在系统内循环，可以不作计算）

3) $D_1$ 段漂白塔、$D_1$ 段预反应管

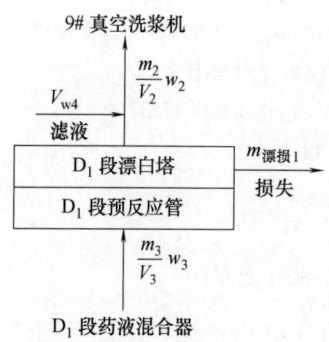

已知：$m_2 = 900.00$kg，进真空洗浆机浓度，$w_2 = 2.0\%$

$V_2 = 45000.00$  $w_3 = 10.0\%$

$D_1$ 段漂损失量 $m_{漂损1}$ 约占总漂损失的 10%

漂白总损失量约为 5%（对未漂浆）

求得：$m_损 = 900.00/(1-5\%) - 900.00 = 47.37$

$m_{漂损1} = m_损 \times 10\% = 4.74$

$m_3 = m_1 + m_{漂损1} = 904.74$

$V_3 = 9047.40$

$V_{w4} = V_2 - V_3 = 35952.60$（滤液）

4) $D_1$ 段药液混合器

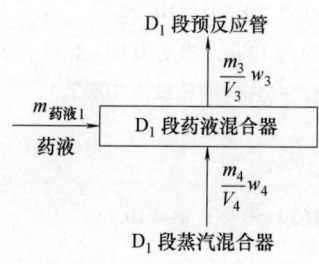

已知：$m_3 = 904.74$

进 $D_1$ 段预反应管浓度，$w_3 = 10.0\%$

$V_3 = 9047.40$

$D_1$ 段 $ClO_2$ 用量约为 9kg，浓度为 10g/L

$m_{药液1} = 900.00$

求得：$m_4 = 904.74$  $V_4 = 8147.40$

则，$w_4 = 11.1\%$

5）$D_1$ 段蒸汽混合器

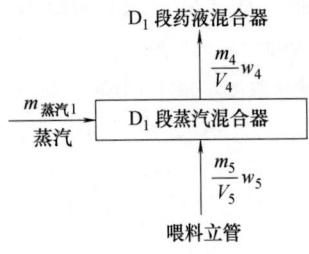

已知：$m_4 = 904.74$　$V_4 = 8147.40$　$w_4 = 11.1\%$

$D_1$ 段蒸汽用量约为 200.00kg

$m_{蒸汽1} = 200.00$kg，则 $V_{蒸汽1} = 200$L（转化为水体积）

求得：$m_5 = 904.74$

$V_5 = V_4 - V_{蒸汽1} = 7947.40$

$w_5 = 11.4\%$

6）喂料立管、8#真空洗浆机

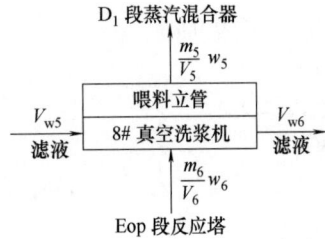

已知：$m_5 = 904.74$　$V_5 = 7947.40$

$w_5 = 11.4\%$　$w_6 = 2.0\%$

$V_{w5} = 10000.00$（滤液）

求得：$m_6 = 904.74$

$V_6 = 45237.00$

$V_{w6} = V_6 + V_{w5} - V_5 = 47289.60$（滤液）

7）Eop 段反应塔、Eop 预反应管

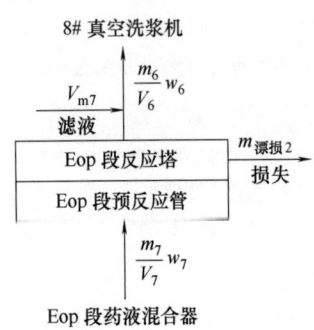

已知：$m_6 = 904.74$　$V_6 = 45237.00$

进真空洗浆机浓度，$w_6 = 2.0\%$　$w_7 = 10.0\%$

Eop 段碱抽提损失量 $m_{漂损2}$ 约占总漂白损失 30%

漂白总损失量约为 5%（对未漂浆）

求得：$m_损 = 900.00/(1-5\%) - 900.00 = 47.37$

$m_{漂损2} = m_损 \times 30\% = 14.21$

$m_7 = 918.95$

$V_7 = 9189.50$

$V_{w7} = V_6 - V_7 = 36047.50$（滤液）

8）Eop 段药液混合器

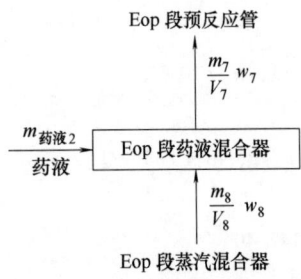

已知：$m_7 = 918.95$　$V_7 = 9189.50$　$w_7 = 10.0\%$

Eop 段 NaOH 用量约为 12kg，浓度为 80g/L

$H_2O_2$ 用量约为 4kg，混合药液浓度为 10g/L

$O_2$ 用量约为 3kg。

$m_{药液2} = 550.00$

求得：$m_8 = 918.95$　$V_8 = 8639.50$ 则，$w_8 = 10.6\%$

## 9) Eop 段蒸汽混合器

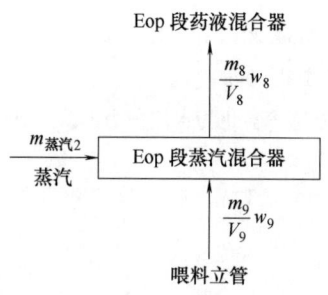

已知：$m_8 = 918.95$　$V_8 = 8639.50$　$w_8 = 10.6\%$
Eop 段蒸汽用量约为 200.00kg
$m_{蒸汽2} = 200.00kg$，则 $V_{蒸汽2} = 200L$（转化为水体积）
求得：$m_9 = 918.95$
$V_9 = V_8 - V_{蒸汽2} = 8439.50$
$w_9 = 10.9\%$

## 10) 喂料立管、7#真空洗浆机

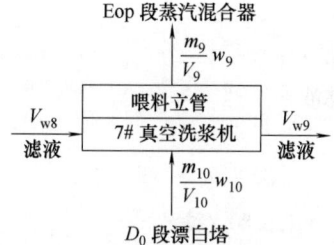

已知：$m_9 = 918.95$　$V_9 = 8439.50$
$w_9 = 10.9\%$　$w_{10} = 2.0\%$
$V_{w8} = 10000.00$（滤液）
求得：$m_{10} = 918.95$
$V_{10} = 45947.50$
$V_{w9} = V_{10} + V_{w8} - V_9 = 47508.00$（滤液）

## 11) $D_0$ 段漂白塔

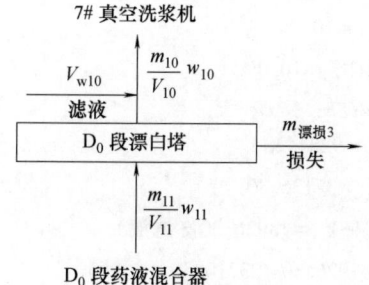

已知：$m_{10} = 918.95$　$V_{10} = 45947.50$
$w_{10} = 2.0\%$　$w_{11} = 10.0\%$
$D_0$ 段漂白塔损失量 $m_{漂损3}$ 约占总漂白损失 20%
漂白总损量失约为 5%（对未漂浆）
求得：$m_{损} = 900.00/(1-5\%) - 900.00 = 47.37$
$m_{漂损3} = m_{损} \times 20\% = 9.47$
$m_{11} = m_{10} + m_{漂损3} = 928.42$
$V_{11} = 9284.20$
$V_{w10} = V_{10} - V_{11} = 36663.30$（滤液）

## 12) $D_0$ 段药液混合器

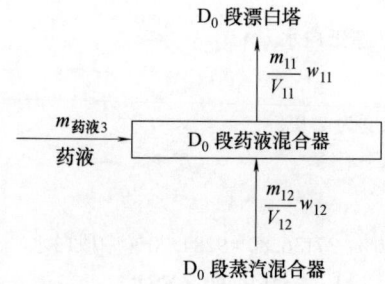

已知：$m_{11} = 928.42$　$V_{11} = 9284.20$
$w_{11} = 10.0\%$　$w_{12} = 10.0\%$
$D_0$ 段 $ClO_2$ 用量约为 18kg，浓度为 10g/L
$m_{药液3} = 1800.00kg$，则 $V_{药液3} = 1800L$
求得：$m_{12} = 928.42$　$V_{12} = V_{11} - V_{药液3} = 7484.20$
则，$w_{12} = 12.4\%$

### 13）$D_0$ 段蒸汽混合器

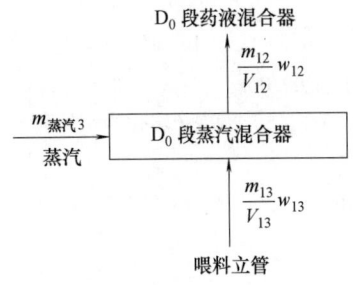

已知：$m_{12} = 928.42$　$V_{12} = 7484.20$　$w_{12} = 12.4\%$

$D_0$ 段蒸汽用量约为 200.00kg

$m_{蒸汽3} = 200.00$kg，则蒸汽转化为水体积为 $V_{蒸汽3} = 200$L

求得：$m_{13} = 928.42$

$V_{13} = 7284.20$

$w_{13} = 12.7\%$

### 14）喂料立管、6#真空洗浆机

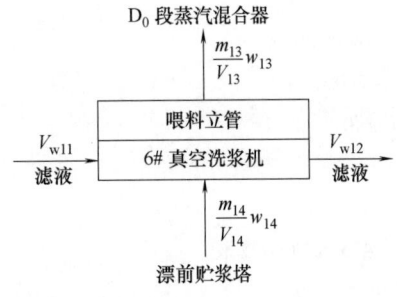

已知：$m_{13} = 928.42$　$V_{13} = 7284.20$

$w_{13} = 12.7\%$　$w_{14} = 2.0\%$

$V_{w11} = 10000.00$（滤液）

求得：$m_{14} = 928.42$

$V_{14} = 46421.00$

$V_{w12} = V_{14} + V_{w11} - V_{13} = 49136.80$（滤液）

### 15）漂前贮浆塔

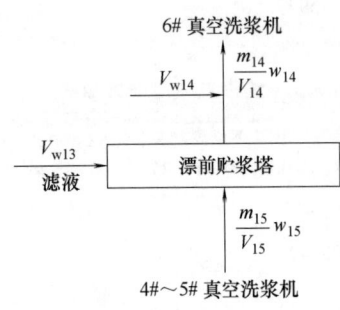

已知：$m_{14} = 928.42$　$V_{14} = 46421.00$

$w_{14} = 2.0\%$　$w_{15} = 10.0\%$

漂前贮浆塔贮浆浓度：10.0%

漂前贮浆塔出口浓度：4.0%

求得：$m_{15} = 928.42$　$V_{15} = 9284.20$

$V_{w13} + V_{w14} = V_{14} - V_{15} = 37136.80$

$V_{w13} = 928.42/0.04 - V_{15} = 13926.30$（滤液）

$V_{w14} = 37136.80 - 13926.30 = 23210.50$（滤液）

### 16）4#~5#真空洗浆机、螺旋输送机

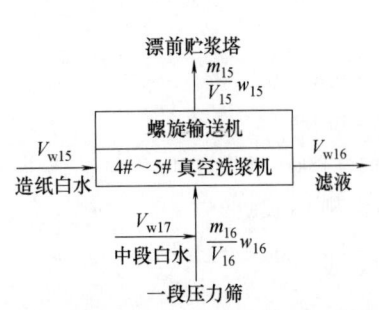

已知：$m_{15} = 928.42$　$V_{15} = 9284.20$

$w_{15} = 10.0\%$

$V_{w15} = 10000.00$（造纸白水）

$w_{16} = 2.5\%$

进真空洗浆机浓度为 2.0%

求得：$m_{16} = 928.42$

$V_{16} = 37136.80$

$V_{w17} = 928.42/2.0\% - 37136.80 = 9284.20$（中段白水）

$V_{w16} = V_{16} + V_{w17} + V_{w15} - V_{15} = 47136.80$（滤液）

### 17）一段压力筛

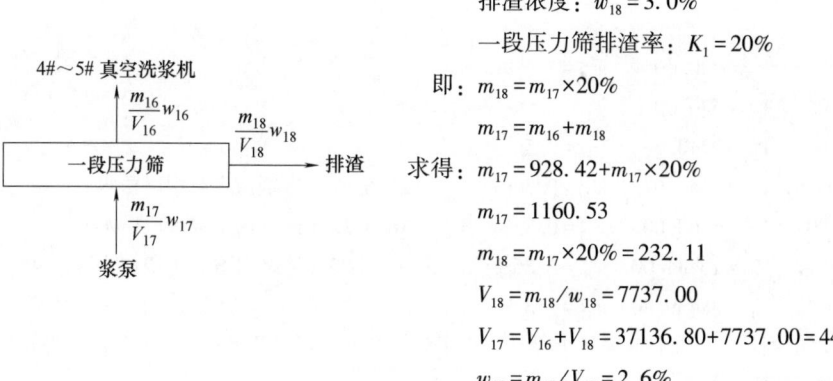

已知：$m_{16} = 928.42$   $V_{16} = 37136.80$   $w_{16} = 2.5\%$

排渣浓度：$w_{18} = 3.0\%$

一段压力筛排渣率：$K_1 = 20\%$

即：$m_{18} = m_{17} \times 20\%$

$m_{17} = m_{16} + m_{18}$

求得：$m_{17} = 928.42 + m_{17} \times 20\%$

$m_{17} = 1160.53$

$m_{18} = m_{17} \times 20\% = 232.11$

$V_{18} = m_{18} / w_{18} = 7737.00$

$V_{17} = V_{16} + V_{18} = 37136.80 + 7737.00 = 44873.80$

$w_{17} = m_{17} / V_{17} = 2.6\%$

### 18）四段筛选系统

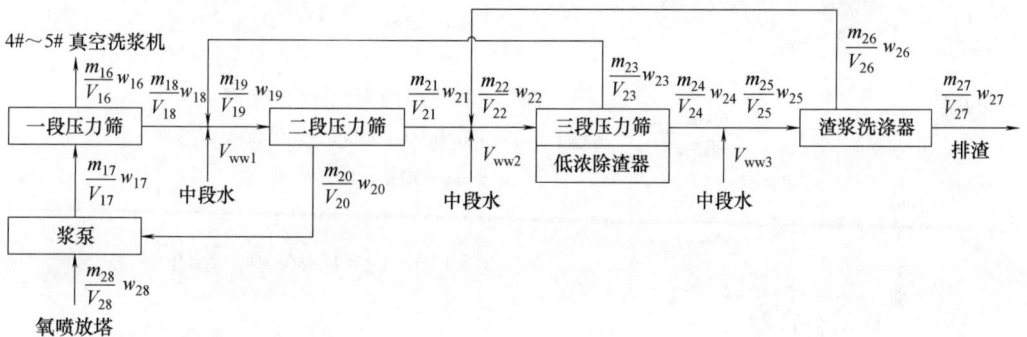

已知：出一段压力筛渣浆浓度，$w_{18} = 3.0\%$   $m_{18} = 232.11$   $V_{18} = 7737.00$

二段压力筛排渣率：$K_2 = 20\%$  即 $m_{20} = 4 \times m_{21}$   $w_{19} = 1.5\%$   $w_{21} = 2.5\%$

三段压力筛排渣率：$K_3 = 25\%$  即 $m_{23} = 3 \times m_{24}$   $w_{22} = 1.0\%$   $w_{24} = 2.5\%$

渣浆洗涤器排渣率：$K_4 = 50\%$  即 $m_{26} = m_{27}$   $w_{25} = 0.6\%$   $w_{27} = 2.5\%$

求解：$m_{27}$、$m_{24}$、$m_{21}$

计算：$m_{18} + m_{23} = m_{21} + m_{20}$ （1）

$V_{18} + V_{ww1} + V_{23} = V_{21} + V_{20}$ （2）

$m_{21} + m_{26} = m_{24} + m_{23}$ （3）

$V_{21} + V_{ww2} + V_{26} = V_{24} + V_{23}$ （4）

$m_{24} = m_{27} + m_{26}$ （5）

$V_{24} + V_{ww3} = V_{27} + V_{26}$ （6）

$m_{20} = 4 \times m_{21}$     $m_{23} = 3 \times m_{24}$     $m_{26} = m_{27}$

$V_{21} = 40 m_{21}$     $V_{24} = 40 \times m_{24}$     $V_{27} = 40 \times m_{27}$

$m_{19} = V_{19} \times 1.5\%$     $m_{22} = V_{22} \times 1.0\%$     $m_{25} = V_{25} \times 0.6\%$

求得：$m_{26} = m_{27}$

$m_{24} = 2 m_{27}$     $V_{24} = 40 m_{24} = 80 m_{27}$

$m_{21} = 7 m_{27}$     $V_{21} = 40 m_{21} = 280 m_{27}$

$m_{23} = 6m_{27}$

$m_{20} = m_{18} - m_{27}$   $m_{20} = 4m_{21} = 28m_{27}$

$m_{18} = 232.11$

$m_{18} = 29m_{27}$

$m_{27} = 8.00$   $V_{27} = 320.00$   $w_{27} = 2.5\%$

$m_{24} = 16.00$   $V_{24} = 640.00$   $w_{24} = 2.5\%$

$m_{21} = 56.00$   $V_{21} = 2240.00$   $w_{21} = 2.5\%$

$m_{26} = 8.00$   $V_{26} = 2346.67$   $w_{26} = 0.34\%$   $V_{ww3} = 2026.67$（造纸白水或中段白水）

$m_{23} = 48.00$   $V_{23} = 5760.00$   $w_{23} = 0.83\%$   $V_{ww2} = 1813.33$（造纸白水或中段白水）

$m_{20} = 224.11$   $V_{20} = 16434.00$   $w_{20} = 1.36\%$   $V_{ww1} = 5177.00$（造纸白水或中段白水）

$m_{17} = 936.42$   $V_{17} = 28439.80$   $w_{17} = 3.3\%$

（注：由于中段水浓度较低，而且在系统内循环，为了计算简便，可以不考虑中段水的纤维浓度）

19）氧喷放塔、氧反应塔

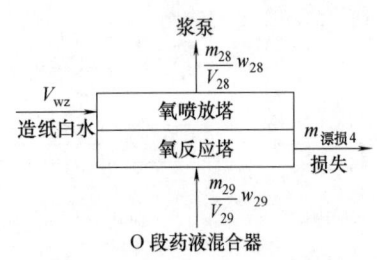

已知：$m_{28} = 936.42$   $V_{28} = 28439.80$

$w_{28} = 3.3\%$   $w_{29} = 10.0\%$

O段漂白损失量 $m_{漂损4}$ 约占总漂白损失的40%

漂白总损失量约为5%（对未漂浆）

求得：$m_{损} = 900.00/(1-5\%) - 900.00 = 47.37$

$m_{漂损4} = m_{损} \times 40\% = 18.95$

$m_{29} = 936.42 + 18.95 = 955.37$

$V_{29} = 9553.70$   $V_{wz} = 18886.10$（造纸白水）

20）O段药液混合器

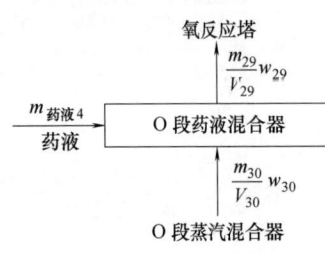

已知：$m_{29} = 955.37$   $V_{29} = 9553.70$   $w_{29} = 10.0\%$

O段 $O_2$ 用量约为20kg

NaOH用量约为22kg，浓度为80g/L，则药液体积为

$V_{药液4} = 275L$

求得：$m_{药液4} = 275.00$（实际碱液加在喂料立管前）

$m_{30} = 955.37$

$V_{30} = V_{29} - V_{药液4} = 9278.70$

$w_{30} = 10.3\%$

21）O段蒸汽混合器

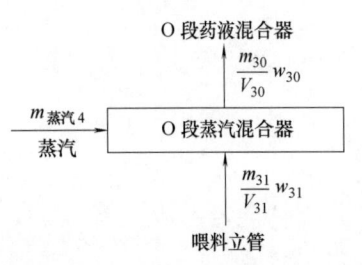

已知：$m_{30} = 955.37$   $V_{30} = 9278.70$

$w_{30} = 10.3\%$

O段蒸汽用量约为200kg，则 $V_{蒸汽4} = 200L$

求得：$m_{蒸汽4} = 200.00$

$m_{31} = 955.37$

$V_{31} = V_{30} - V_{蒸汽4} = 9078.70$

$w_{31} = 10.5\%$

## 22）喂料立管、1#~3#真空洗浆机

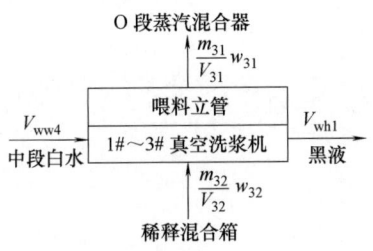

已知：$m_{31} = 955.37$　$V_{31} = 9078.70$

$w_{31} = 10.5\%$　$w_{32} = 2.0\%$

$V_{ww4} = 10000.00$（中段白水）

求得：$m_{32} = 955.37$

$V_{32} = 47768.50$

$V_{wh1} = V_{32} + V_{ww4} - V_{31} = 48689.80$（黑液）

## 23）稀释混合箱

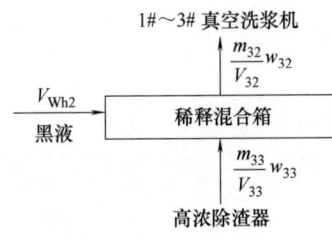

已知：$m_{32} = 955.37$　$V_{32} = 47768.50$

$w_{32} = 2.0\%$　$w_{33} = 3.5\%$

求得：$m_{33} = 955.37$

$V_{33} = 27296.29$

$V_{Wh2} = V_{32} - V_{33} = 20472.21$（黑液）

## 24）高浓除渣器

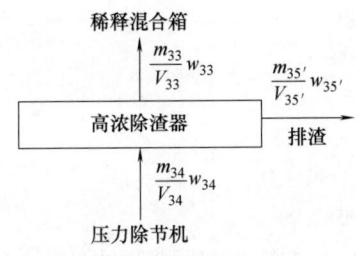

已知：$m_{33} = 955.37$　$V_{33} = 27296.29$

$w_{33} = 3.5\%$　$w_{35'} = 4.0\%$

高浓除渣器排渣率 $K_5 = 0.2\%$（对压力筛来浆）

求得：$m_{35'} = 955.37/(1-0.2\%) - 955.37 = 1.91$

$V_{35'} = 47.75$

$m_{34} = 957.28$

$V_{34} = 27344.04$

$w_{34} = 3.5\%$

## 25）压力除节机、节子洗涤器

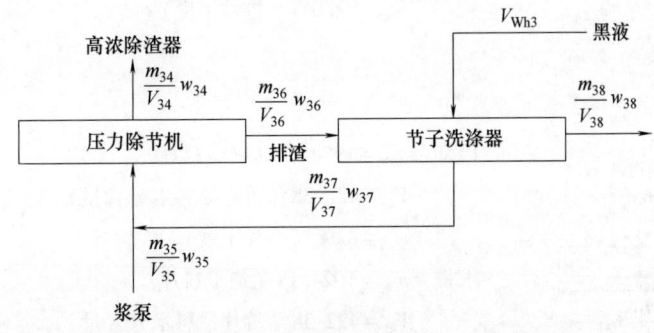

已知：$m_{34} = 957.28$　$V_{34} = 27344.04$　$w_{34} = 3.5\%$

压力除节机排渣率 $K_6 = 5.0\%$（对浆泵来浆）

节子洗涤器排渣率 $K_7 = 10.0\%$（对压力筛排渣）

$w_{36} = 4.0\%$    $w_{37} = 1.0\%$    $w_{38} = 20.0\%$

求得：$m_{36} = 0.05m_{35}$    $m_{38} = 0.1m_{36}$    $m_{37} = 0.9m_{36}$    $m_{34} + m_{36} = m_{35} + m_{37}$

$m_{35} = 962.09$    $m_{36} = 48.10$    $m_{37} = 43.29$    $m_{38} = 4.81$

$V_{34} + V_{36} = V_{35} + V_{37}$    $V_{36} + V_{Wh3} = V_{37} + V_{38}$

$V_{36} = 1202.50$    $V_{37} = 4329.00$    $V_{38} = 24.05$    $V_{Wh3} = 3150.55$（黑液）

$m_{35} = 962.09$    $V_{35} = 24217.54$    $w_{35} = 3.97\%$

26）喷放锅

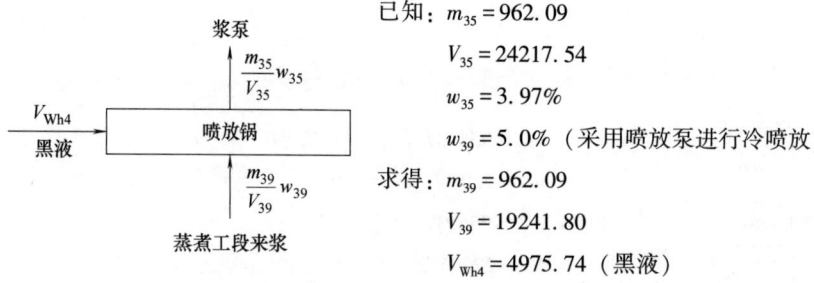

已知：$m_{35} = 962.09$

$V_{35} = 24217.54$

$w_{35} = 3.97\%$

$w_{39} = 5.0\%$（采用喷放泵进行冷喷放）

求得：$m_{39} = 962.09$

$V_{39} = 19241.80$

$V_{Wh4} = 4975.74$（黑液）

27）蒸煮锅

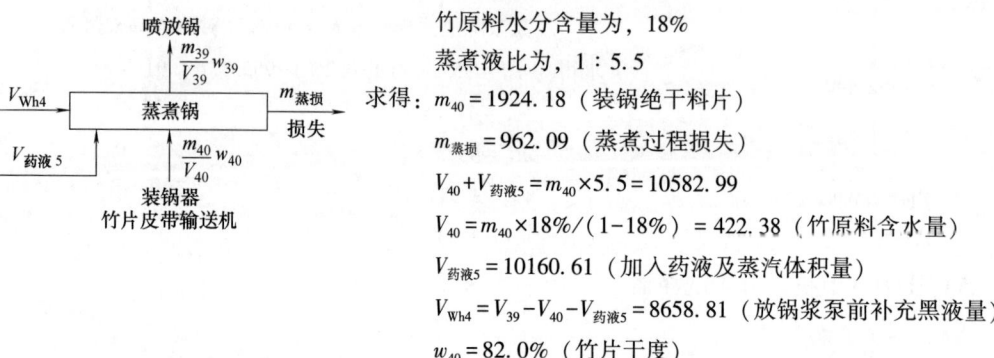

已知：$m_{39} = 962.09$    $V_{39} = 19241.80$    $w_{39} = 5.0\%$

蒸煮及备料以物料平衡公式计算

蒸煮粗浆得率，$K_8 = 50\%$

竹原料水分含量为，$18\%$

蒸煮液比为，$1:5.5$

求得：$m_{40} = 1924.18$（装锅绝干片）

$m_{蒸损} = 962.09$（蒸煮过程损失）

$V_{40} + V_{药液5} = m_{40} \times 5.5 = 10582.99$

$V_{40} = m_{40} \times 18\%/(1-18\%) = 422.38$（竹原料含水量）

$V_{药液5} = 10160.61$（加入药液及蒸汽体积量）

$V_{Wh4} = V_{39} - V_{40} - V_{药液5} = 8658.81$（放锅浆泵前补充黑液量）

$w_{40} = 82.0\%$（竹片干度）

28）竹片料仓

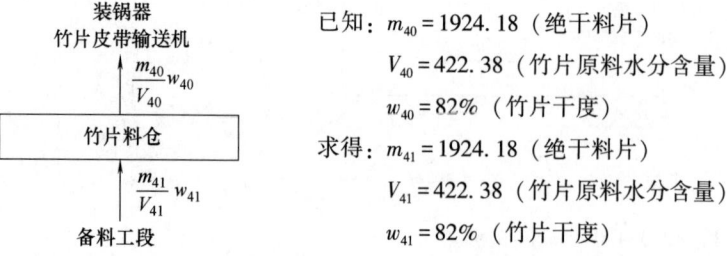

已知：$m_{40} = 1924.18$（绝干料片）

$V_{40} = 422.38$（竹片原料水分含量）

$w_{40} = 82\%$（竹片干度）

求得：$m_{41} = 1924.18$（绝干料片）

$V_{41} = 422.38$（竹片原料水分含量）

$w_{41} = 82\%$（竹片干度）

29）竹片洗涤筛选

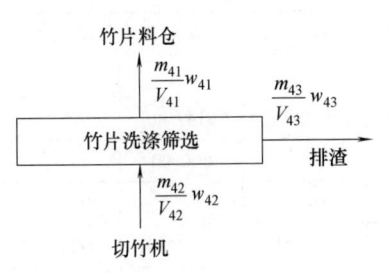

已知：$m_{41}=1924.18$（绝干料片）

$V_{41}=422.38$（竹片原料水分含量）

$w_{41}=82\%$（竹片干度）

竹片洗涤筛选损失，$K_9=2.5\%$

求得：$m_{42}=m_{41}/(1-2.5\%)=1973.52$

$V_{42}=433.21$（竹片原料水分含量）

$w_{42}=82\%$（竹片干度）

$m_{43}=49.34$（绝干料片） $V_{43}=10.83$（料片水分）

30）切竹机

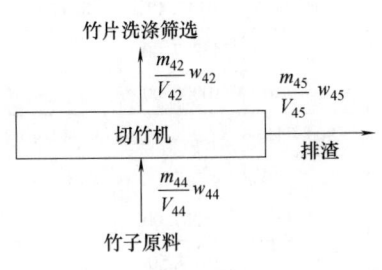

已知：$m_{42}=1973.52$（绝干料片）

$V_{42}=433.21$（竹片原料水分含量）

$w_{42}=82\%$（竹片干度）

切竹机损失，$K_{10}=2.0\%$

求得：$m_{44}=m_{42}/(1-2.0\%)=2013.80$（绝干竹子）

$V_{44}=442.051$（竹子原料水分含量）

$w_{44}=82\%$（竹子干度，即含18%水分）

$m_{45}=40.28$（绝干料片）

$V_{45}=8.84$（料片水分）

(4) 物料（或浆水）平衡计算图

漂白竹浆制浆车间工艺平衡计算图，见附录1。

(5) 物料（或浆水）平衡计算明细表

漂白竹浆制浆车间物料（或浆水）平衡计算明细表见表4-7。

**表4-7 漂白竹浆制浆车间物料（或浆水）平衡计算明细表**

| 序号 | 单元名称 | 来源与去向 | 纤维质量/kg | | 浆料或水分体积/L | |
|---|---|---|---|---|---|---|
| | | | 收 | 支 | 收 | 支 |
| 1 | 漂后贮浆塔 | 来9#真空洗浆机 | 900.00 | | 9000.00 | |
| | | 清水 | | | 13500.00 | |
| | | 去造纸车间 | | 900.00 | | 22500.00 |
| | | 合计 | 900.00 | 900.00 | 22500.00 | 22500.00 |
| 2 | 螺旋输送机 9#真空洗浆机 | 来$D_1$段漂白塔 | 900.00 | | 45000.00 | |
| | | 清水 | | | 10000.00 | |
| | | 去漂后贮浆塔 | | 900.00 | | 9000.00 |
| | | 去9#滤液槽 | | | | 46000.00 |
| | | 合计 | 900.00 | 900.00 | 55000.00 | 55000.00 |
| 3 | $D_1$段漂白塔 $D_1$段预反应管 | 来$D_1$段药液混合器 | 904.74 | | 9047.40 | |
| | | 滤液 | | | 35952.60 | |
| | | 去9#真空洗浆机 | | 900.00 | | 45000.00 |
| | | 损失 | | 4.74 | | |
| | | 合计 | 904.74 | 904.74 | 45000.00 | 45000.00 |

续表

| 序号 | 单元名称 | 来源与去向 | 纤维质量/kg 收 | 纤维质量/kg 支 | 浆料或水分体积/L 收 | 浆料或水分体积/L 支 |
|---|---|---|---|---|---|---|
| 4 | $D_1$ 段药液混合器 | 来 $D_1$ 段蒸汽混合器 | 904.74 | | 8147.40 | |
| | | 药液 | | | 900.00 | |
| | | 去 $D_1$ 段预反应管 | | 904.74 | | 9047.40 |
| | | 合计 | 904.74 | 904.74 | 9047.40 | 9047.40 |
| 5 | $D_1$ 段蒸汽混合器 | 来喂料立管 | 904.74 | | 7947.40 | |
| | | 蒸汽 | | | 200.00 | |
| | | 去 $D_1$ 段药液混合器 | | 904.74 | | 8147.40 |
| | | 合计 | 904.74 | 904.74 | 8147.40 | 8147.40 |
| 6 | 喂料立管 8#真空洗浆机 | 来 Eop 段反应塔 | 904.74 | | 45237.00 | |
| | | 滤液 | | | 10000.00 | |
| | | 去 $D_1$ 段蒸汽混合器 | | 904.74 | | 7947.40 |
| | | 去 8#滤液槽 | | | | 47289.60 |
| | | 合计 | 904.74 | 904.74 | 55237.00 | 55237.00 |
| 7 | Eop 段反应塔 Eop 段预反应管 | 来 Eop 段药液混合器 | 918.95 | | 9189.50 | |
| | | 滤液 | | | 36047.50 | |
| | | 去 8#真空洗浆机 | | 904.74 | | 45237.00 |
| | | 损失 | | 14.21 | | |
| | | 合计 | 918.95 | 918.95 | 45237.00 | 45237.00 |
| 8 | Eop 段药液混合器 | 来 Eop 段蒸汽混合器 | 918.95 | | 8639.50 | |
| | | 药液 | | | 550.00 | |
| | | 去 Eop 段预反应管 | | 918.95 | | 9189.50 |
| | | 合计 | 918.95 | 918.95 | 9189.50 | 9189.50 |
| 9 | Eop 段蒸汽混合器 | 来喂料立管 | 918.95 | | 8439.50 | |
| | | 蒸汽 | | | 200.00 | |
| | | 去 Eop 段药液混合器 | | 918.95 | | 8639.50 |
| | | 合计 | 918.95 | 918.95 | 8639.50 | 8639.50 |
| 10 | 喂料立管 7#真空洗浆机 | 来 $D_0$ 段漂白塔 | 918.95 | | 45947.50 | |
| | | 滤液 | | | 10000.00 | |
| | | 去 Eop 段蒸汽混合器 | | 918.95 | | 8439.50 |
| | | 去滤液槽 | | | | 47508.00 |
| | | 合计 | 918.95 | 918.95 | 55947.50 | 55947.50 |
| 11 | $D_0$ 段漂白塔 | 来 $D_0$ 段药液混合器 | 928.42 | | 9284.20 | |
| | | 滤液 | | | 36663.30 | |
| | | 去 7#真空洗浆机 | | 918.95 | | 45947.50 |
| | | 损失 | | 9.47 | | |
| | | 合计 | 928.42 | 928.42 | 45947.50 | 45947.50 |

续表

| 序号 | 单元名称 | 来源与去向 | 纤维质量/kg 收 | 纤维质量/kg 支 | 浆料或水分体积/L 收 | 浆料或水分体积/L 支 |
|---|---|---|---|---|---|---|
| 12 | D₀段药液混合器 | 来D₀段蒸汽混合器 | 928.42 | | 7484.20 | |
| | | 药液 | | | 1800.00 | |
| | | 去D₀段漂白塔 | | 928.42 | | 9284.20 |
| | | 合计 | 928.42 | 928.42 | 9284.20 | 9284.20 |
| 13 | D₀段蒸汽混合器 | 来喂料立管 | 928.42 | | 7284.20 | |
| | | 蒸汽 | | | 200.00 | |
| | | 去D₀段药液混合器 | | 928.42 | | 7484.20 |
| | | 合计 | 928.42 | 928.42 | 7484.20 | 7484.20 |
| 14 | 喂料立管 6#真空洗浆机 | 来漂前贮浆塔 | 928.42 | | 46421.00 | |
| | | 滤液 | | | 10000.00 | |
| | | 去D₀段蒸汽混合器 | | 928.42 | | 7284.2 |
| | | 去6#滤液槽 | | | | 49136.8 |
| | | 合计 | 928.42 | 928.42 | 56421.00 | 56421.00 |
| 15 | 漂前贮浆塔 | 来4#~5#真空洗浆机 | 928.42 | | 9284.20 | |
| | | 滤液 | | | 37136.80 | |
| | | 去6#真空洗浆机 | | 928.42 | | 46421.00 |
| | | 合计 | 928.42 | 928.42 | 46421.00 | 46421.00 |
| 16 | 螺旋输送机 4#~5#真空洗浆机 | 来一段压力筛 | 928.42 | | 37136.80 | |
| | | 造纸白水 | | | 10000.00 | |
| | | 中段白水 | | | 9284.20 | |
| | | 去漂前贮浆塔 | | 928.42 | | 9284.20 |
| | | 去滤液槽 | | | | 47136.8 |
| | | 合计 | 928.42 | 928.42 | 47136.8 | 47136.8 |
| 16 | 一段压力筛 | 来浆泵 | 1160.53 | | 44873.80 | |
| | | 去4#~5#真空洗浆机 | | 928.42 | | 37136.80 |
| | | 去排渣 | | 232.11 | | 7737.00 |
| | | 合计 | 1160.53 | 1160.53 | 44873.80 | 44873.80 |
| 18 | 氧喷放塔 氧反应塔 | 来O段药液混合器 | 955.37 | | 9553.70 | |
| | | 造纸白水 | | | 18886.10 | |
| | | 去浆泵 | | 936.42 | | 28439.80 |
| | | 损失 | | 18.95 | | |
| | | 合计 | 955.37 | 955.37 | 28439.80 | 28439.80 |
| 19 | O段药液混合器 | 来O段蒸汽混合器 | 955.37 | | 9278.70 | |
| | | 来药液 | | | 275.00 | |
| | | 去氧反应塔 | | 955.37 | | 9553.70 |
| | | 合计 | 955.37 | 955.37 | 9553.70 | 9553.70 |

续表

| 序号 | 单元名称 | 来源与去向 | 纤维质量/kg 收 | 纤维质量/kg 支 | 浆料或水分体积/L 收 | 浆料或水分体积/L 支 |
|---|---|---|---|---|---|---|
| 20 | O段蒸汽混合器 | 来喂料立管 | 955.37 | | 9078.70 | |
| | | 来蒸汽 | | | 200.00 | |
| | | 去O段药液混合器 | | 955.37 | | 9278.70 |
| | | 合计 | 955.37 | 955.37 | 9278.70 | 9278.70 |
| 21 | 喂料立管 1#~3#真空洗浆机 | 来稀释混合箱 | 955.37 | | 47768.50 | |
| | | 中段白水 | | | 10000.00 | |
| | | 去O段蒸汽混合器 | | 955.37 | | 9078.70 |
| | | 去黑液槽 | | | | 48689.80 |
| | | 合计 | 955.37 | 955.37 | 57768.50 | 57768.50 |
| 22 | 稀释混合箱 | 来高浓除渣器 | 955.37 | | 27296.29 | |
| | | 来黑液 | | | 20472.21 | |
| | | 去1#~3#真空洗浆机 | | 955.37 | | 47768.50 |
| | | 合计 | 955.37 | 955.37 | 47768.50 | 47768.50 |
| 23 | 高浓除渣器 | 来压力除节机 | 957.28 | | 27344.04 | |
| | | 去稀释混合箱 | | 955.37 | | 27296.29 |
| | | 排渣 | | 1.91 | | 47.75 |
| | | 合计 | 957.28 | 957.28 | 27344.04 | 27344.04 |
| 24 | 压力除节机 | 来浆泵 | 962.09 | | 24217.54 | |
| | | 来节子洗涤器 | 43.29 | | 4329.00 | |
| | | 去高浓除渣器 | | 957.28 | | 27344.04 |
| | | 排渣 | | 48.10 | | 1202.50 |
| | | 合计 | 1005.38 | 1005.38 | 28546.54 | 28546.54 |
| 25 | 喷放锅 | 蒸煮工段来浆 | 962.09 | | 19241.80 | |
| | | 来黑液 | | | 4975.74 | |
| | | 去浆泵 | | 962.09 | | 24217.54 |
| | | 合计 | 962.09 | 962.09 | 24217.54 | 24217.54 |
| 26 | 蒸煮锅 | 来装锅器 竹片皮带输送机 | 1924.18 | | 422.38 | |
| | | 来药液和蒸汽 | | | 10160.61 | |
| | | 来黑液 | | | 8658.81 | |
| | | 去喷放锅 | | 962.09 | | 19241.80 |
| | | 损失 | | 962.09 | | |
| | | 合计 | 1924.18 | 1924.18 | 19241.80 | 19241.80 |
| 27 | 竹片料仓 | 来备料工段 | 1924.18 | | 422.38 | |
| | | 去装锅器 竹片皮带输送机 | | 1924.18 | | 422.38 |
| | | 合计 | 1924.18 | 1924.18 | 422.38 | 422.38 |

续表

| 序号 | 单元名称 | 来源与去向 | 纤维质量/kg 收 | 纤维质量/kg 支 | 浆料或水分体积/L 收 | 浆料或水分体积/L 支 |
|---|---|---|---|---|---|---|
| 28 | 竹片洗涤筛选 | 来切竹机 | 1973.52 | | 433.21 | |
| | | 去竹片料仓 | | 1924.18 | | 422.38 |
| | | 排渣 | | 49.34 | | 10.83 |
| | | 合计 | 1973.52 | 1973.52 | 433.21 | 433.21 |
| 29 | 切竹机 | 来竹子原料 | 2013.80 | | 442.05 | |
| | | 去竹片洗涤筛选 | | 1973.52 | | 433.21 |
| | | 去排渣 | | 40.28 | | 8.84 |
| | | 合计 | 2013.80 | 2013.80 | 442.05 | 442.05 |

(6) 漂白竹浆制浆车间系统平衡计算图

漂白竹浆制浆车间系统平衡计算图见图4-41。

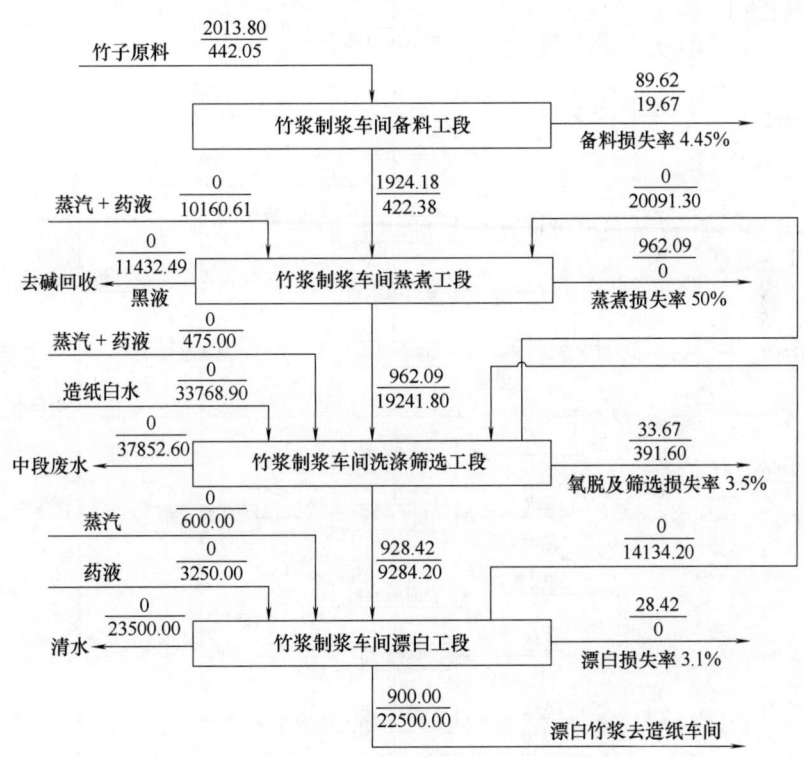

图4-41 漂白竹浆制浆车间系统平衡计算图

**实例2：精制文化用纸造纸车间物料（或浆水）平衡计算**

某企业采用漂白针叶浆（NBKP）和漂白阔叶浆（LBKP）配比漂白热磨机械浆（BCTMP）为原料，按照一定比例混合后生产精制文化用纸，年产量为20万t。

(1) 确定造纸车间工艺流程图

以方框图表示。精制文化用纸造纸车间工艺流程框图见图4-42。

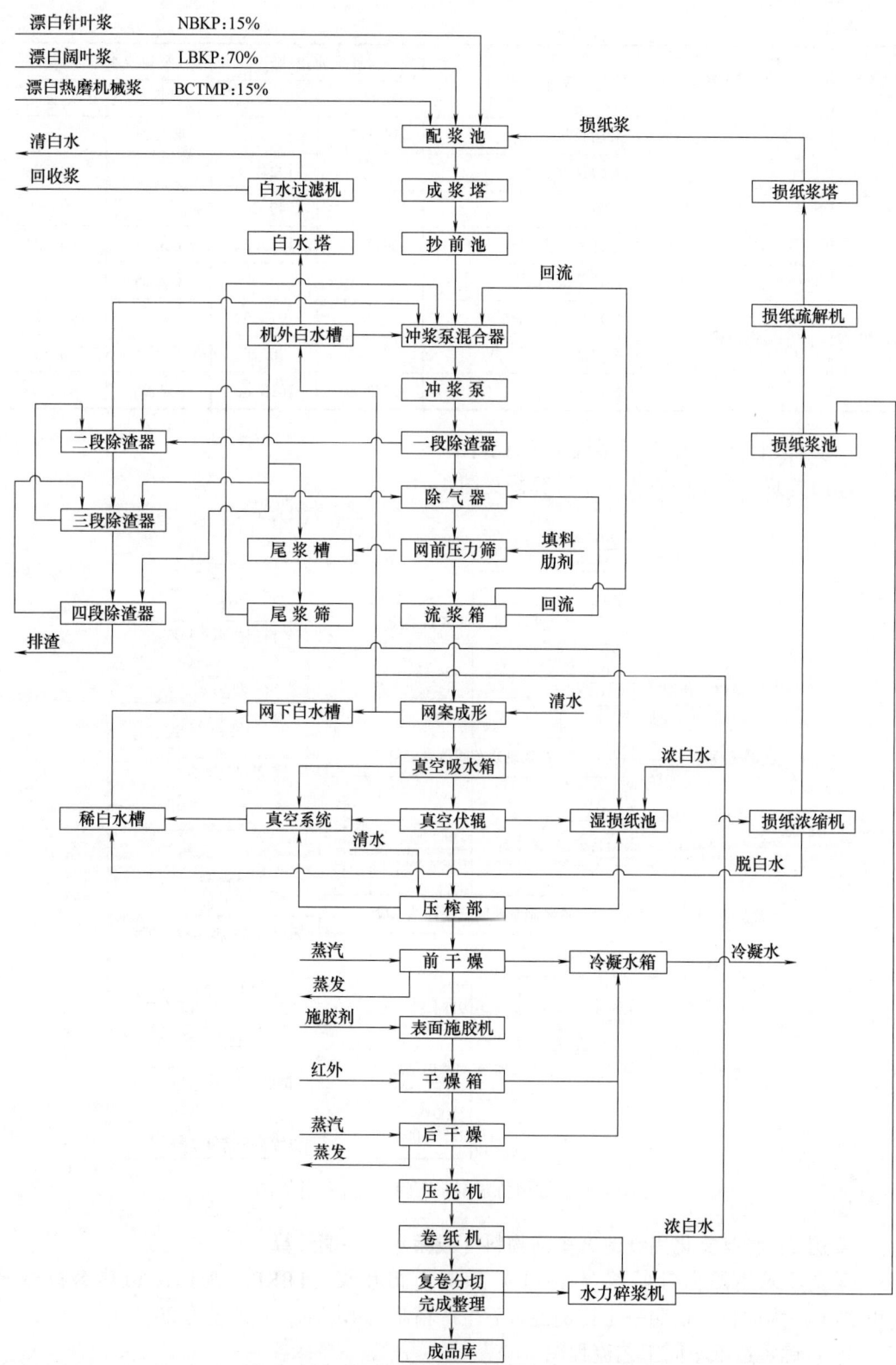

图 4-42 精制文化用纸造纸车间工艺流程框图

（2）600t/d 精制文化用纸平衡计算有关技术指标和工艺参数

600t/d 精制文化用纸平衡计算有关技术指标和工艺参数见表 4-8。

表 4-8　　　　600t/d 精制文化用纸平衡计算有关技术指标和工艺参数

| 序号 | 指标名称 | 定额 | 备注 |
|---|---|---|---|
| 1 | 定量/(g/m²) | 70 | 计算定量 |
| 2 | 浆料配比：NBKP：LBKP：BCTMP | 15：70：15 | |
| 3 | 工作车速/(m/min) | 1300 | |
| 4 | 卷纸宽/mm | 5260 | |
| 5 | 净纸宽/mm | 5200 | |
| 6 | 成品率/% | 98 | 对成品纸 |
| 7 | 抄造率/% | 97 | 对成品纸 |
| 8 | 干损纸损失率/% | 50 | 对抄造总损纸量 |
| 9 | 卷取干度/% | 93 | |
| 10 | 出施胶机纸页干度/% | 75 | |
| 11 | 施胶机施胶量/(g/m²) | 1.0 | |
| 12 | 出前干燥纸页干度/% | 90 | |
| 13 | 出压榨纸页干度/% | 48 | 45%~50%（靴式压榨） |
| 14 | 出伏辊纸页干度/% | 22 | |
| 15 | 压榨部损纸百分比/% | 20 | 对抄造损纸量 |
| 16 | 压榨部损纸干度/% | 30 | |
| 17 | 压榨部白水带出的纤维率/% | 0.12 | 对进压榨部纸页量 |
| 18 | 压榨部冲洗喷淋水用量/L | 7000 | |
| 19 | 进伏辊纸页干度/% | 15 | |
| 20 | 伏辊损纸百分比/% | 30 | 对抄造损纸量 |
| 21 | 伏辊白水带出的纤维率/% | 0.15 | 对进伏辊纸页量 |
| 22 | 进真空吸水箱浆料浓度/% | 3.5 | |
| 23 | 真空吸水箱带出的纤维率/% | 3.0 | 对进真空吸水箱浆料量 |
| 24 | 网部脱白水纤维浓度/% | 0.25 | |
| 25 | 网部冲洗喷淋水用量/L | 5000 | |
| 26 | 流浆箱上网浓度/% | 0.7 | |
| 27 | 流浆箱回流冲浆泵/% | 5 | 对进流浆箱体积量 |
| 28 | 流浆箱回流除气器/% | 10 | 对进流浆箱体积量 |
| 29 | 网前压力筛排渣浓度/% | 0.8 | |
| 30 | 网前压力筛排渣率/% | 5.0 | |
| 31 | 填料用量/% | 15 | 对成品纸 |
| 32 | 填料浓度/% | 15 | |
| 33 | 尾浆筛进浆浓度/% | 0.8 | |
| 34 | 尾浆筛排渣浓度/% | 1.0 | |

续表

| 序号 | 指标名称 | 定额 | 备注 |
|---|---|---|---|
| 35 | 尾浆筛排渣率/% | 10 | 对进尾浆筛浆量 |
| 36 | 一段除渣器出浆浓度/% | 1.0 | |
| 37 | 二段除渣器进浆浓度/% | 1.0 | |
| 38 | 三段除渣器进浆浓度/% | 0.8 | |
| 39 | 四段除渣器进浆浓度/% | 0.5 | |
| 40 | 一段除渣器排渣浓度/% | 3.0 | |
| 41 | 二段除渣器排渣浓度/% | 2.5 | |
| 42 | 三段除渣器排渣浓度/% | 2.5 | |
| 43 | 四段除渣器排渣浓度/% | 2.5 | |
| 44 | 一段除渣器排渣率/% | 20 | |
| 45 | 二段除渣器排渣/% | 20 | |
| 46 | 三段除渣器排渣率/% | 20 | |
| 47 | 四段除渣器排渣率/% | 20 | |
| 48 | 二段除渣器渣浆浓度/% | 2.5 | |
| 49 | 三段除渣器渣浆浓度/% | 2.5 | |
| 50 | 四段除渣器渣浆浓度/% | 2.5 | |
| 51 | 湿损纸浓缩机进浆浓度/% | 2.0 | |
| 52 | 湿损纸浓缩机出浆浓度/% | 4.0 | |
| 53 | 湿损纸浓缩机白水浓度/% | 0.25 | |
| 54 | 填料用量/% | 15 | 对成品纸 |
| 55 | 填料浓度/% | 15 | |
| 56 | AKD 用量/% | 0.15 | 对成品纸 |
| 57 | AKD 浓度/% | 1.5 | |
| 58 | 染料用量/% | 0.01 | 对成品纸 |
| 59 | 染料浓度/% | 0.1 | |
| 60 | 定着剂用量(染料)/% | 0.2 | 对成品纸 |
| 61 | 定着剂浓度(染料)/% | 0.5 | |
| 62 | 膨润土用量/% | 0.4 | 对成品纸 |
| 63 | 膨润土浓度/% | 0.5 | |
| 64 | 助留助滤剂用量/% | 0.02 | 对成品纸 |
| 65 | 助留助滤剂浓度/% | 0.1 | |

(3) 物料（或浆水）平衡计算过程

以 1000kg 成品纸（风干）为计算基准，采用物料平衡以百分比计算。

物料平衡计算公式：
$$m = V \times w/(1-w)$$

式中 $m$——进出设备纸页绝干质量，kg

$V$——进出设备纸页水分质量或体积，kg 或 L

$w$——纸页干度,%

$m$ 和 $V$ 有效数字保留到小数点后 2 位。

1) 复卷、完成部

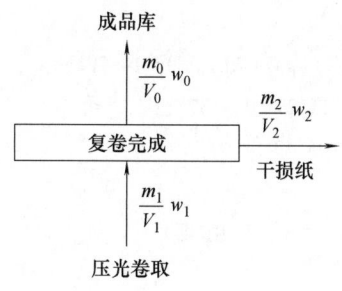

已知：成品纸干度93%，即 $w_0 = w_1 = w_2 = 93\%$

以 1000.00 kg 成品纸（风干）为计算基准

则：$m_0 = 1000.00 \times 93\% = 930.00$

$V_0 = 1000.00 - 930.00 = 70.00$

成品率：$K_1 = 98\%$

计算：$m_1$，$V_1$，$m_2$，$V_2$

成品率 $K_1 =$ 成品量 $m_0$/抄造量 $m_1$

$m_1 = m_0 / K_1 = 930.00/98\% = 948.98$

$V_1 = m_1(1-w_1)/w_1 = 948.98(1-93\%)/93\% = 71.43$

$m_2 = m_1 - m_0 = 948.98 - 930.00 = 18.98$（去干损纸池）

$V_2 = V_1 - V_0 = 71.43 - 70.00 = 1.43$

2) 压光、卷取部

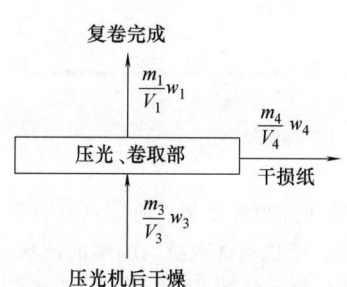

已知：成品纸干度93%，即 $w_1 = w_3 = w_4 = 93\%$

$m_1 = 948.98$  $V_1 = 71.43$

抄造率：$K_2 = 97\%$

干损率：$K_3 = 50\%$（对抄造损纸量）

干损率 = 干损纸量/抄造损纸量

抄造损纸量 = 干损纸量 + 湿损纸量

抄造率：$K_2 =$ 抄造量 $m_1$/（抄造量 $m_1$ + 抄造损纸量 $m_4$）

计算：$m_3$，$V_3$，$m_4$，$V_4$

抄造损纸量 $= m_1/K_2 - m_1 = 29.35$

$m_4 = (m_1/K_2 - m_1) \times 50\%$（去干损纸池）

$= (948.98/0.97 - 948.98) \times 50\% = 14.68$

$V_4 = m_4(1-w_4)/w_4 = 1.10$

$m_3 = m_1 + m_4 = 948.98 + 14.68 = 963.66$

$V_3 = m_3(1-w_3)/w_3 = 72.53$

3) 压光机后干燥

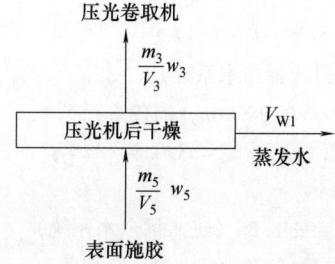

已知：出后干燥纸页干度93%，即 $w_1 = 93\%$

$m_3 = 963.66$  $V_3 = 72.53$  $w_5 = 75\%$

计算：$m_5$，$V_5$，$V_{W1}$

$m_5 = m_1 = 963.66$

$V_5 = m_5(1-w_5)/w_5 = 321.22$

$V_{W1} = V_5 - V_3 = 248.69$（蒸发水）

4) 表面施胶

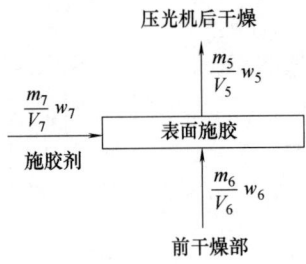

已知：出表面施胶机纸页干度，$w_5 = 75\%$

$m_5 = 963.66$　$V_5 = 321.22$　$w_6 = 90\%$

施胶量：每 $m^2$ 成品纸施胶量为 1.0g

纸页定量：$70g/m^2$

计算：$m_6$，$V_6$，$m_7$，$V_7$，$w_7$

$m_7 = 1.0\ (g/m^2) \times 10^3\ (kg)/(70g/m^2) = 14.29 kg$

$m_6 = m_5 - m_7 = 963.66 - 14.29 = 949.37$

$V_6 = m_6(1-w_6)/w_6 = 105.49$

$V_7 = V_5 - V_6 = 215.73$

$w_7 = m_7/V_7 = 6.6\%$　（$w_7$ 为施胶剂浓度）

5) 前干燥部

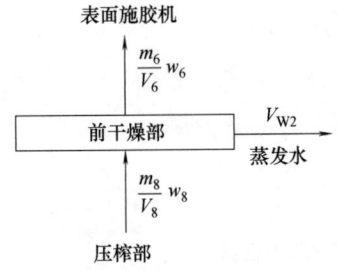

已知：出前干燥部纸页干度，$w_6 = 90\%$

$m_6 = 949.37$　$V_6 = 105.49$　$w_8 = 48\%$

计算：$m_8$，$V_8$，$V_{w2}$

$m_8 = m_6 = 949.37$

$V_8 = m_8(1-w_8)/w_8 = 1028.48$

$V_{w2} = V_8 - V_6 = 922.99$　（蒸发水）

6) 压榨部

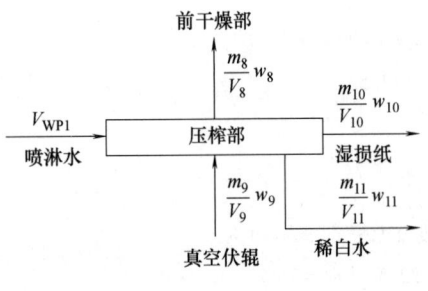

已知：出压榨部纸页干度，$w_8 = 48\%$

$m_8 = 949.37$　$V_8 = 1028.48$

$V_{WP1} = 7000.00$（毛毯冲洗喷淋水量，通过真空吸水箱后进入稀白水系统。毛毯喷淋水量与喷嘴的形状、数量及水压有关，通过查询资料或计算确定。如针形喷嘴，当喷水压力为 3.0MPa，喷嘴直径为 1.0mm 时，喷水量为 2.70L/min）

$w_{10} = 30\%$　$w_9 = 22\%$

压榨湿损纸率：$K_4 = 20\%$（对抄造损纸量）

计算：$m_9$，$V_9$，$m_{10}$，$V_{10}$，$m_{11}$，$V_{11}$，$w_{11}$

$m_{10} =$ 抄造损纸量 $\times 20\% = 29.35 \times 20\% = 5.87$

$V_{10} = m_{10}(1-w_{10})/w_{10} = 13.70$　（去湿损纸池）

压榨白水带出纤维百分率：$K_5 = 0.12\%$

$m_{11} = m_9 \times 0.12\%$　（进入稀白水系统）

$m_9 = m_8 + m_{10} + m_{11} = 949.37 + 5.87 + m_9 \times 0.12\%$

$m_9 = 956.39$　$V_9 = m_9(1-w_9)/w_9 = 3390.84$

$m_{11} = m_9 \times 0.12\% = 1.14$

$V_{11} = V_{WP1} + V_9 - V_8 - V_{10} = 9348.66$（进入稀白水系统）

$w_{11} = m_{11}/(V_{11} + m_{11}) = 1.14/(9348.66 + 1.14) = 0.01\%$

7) 真空伏辊

已知：出真空伏辊纸页干度，$w_9 = 22\%$

$m_9 = 956.39$ $V_9 = 3390.84$

$w_{13} = 22\%$ $w_{12} = 15\%$

伏辊湿损纸率：$K_6 = 30\%$（对抄造损纸量）

计算：$m_{12}$，$V_{12}$，$m_{13}$，$V_{13}$，$m_{14}$，$V_{14}$，$w_{14}$

$m_{13} =$ 抄造损纸量 $\times 30\% = 29.35 \times 30\% = 8.81$

$V_{13} = m_{13}(1-w_{13})/w_{13} = 31.24$ （去湿损纸池）

伏辊白水带出纤维百分率：$K_7 = 0.15\%$

$m_{14} = m_{12} \times 0.15\%$ （进入稀白水系统）

$m_{12} = m_9 + m_{13} + m_{14} = 956.39 + 8.81 + m_{12} \times 0.15\%$

$m_{12} = 966.65$

$V_{12} = m_{12}(1-w_{12})/w_{12} = 5477.68$

$m_{14} = m_{12} \times 0.15\% = 1.45$

$V_{14} = V_{12} - V_9 - V_{13} = 2055.60$ （进入稀白水系统）

$w_{14} = m_{14}/(V_{14} + m_{14}) = 0.07\%$

注：进出真空伏辊的浆料以纸页形式存在，以物料平衡计算为依据；进出真空吸水箱、网案成形及流送系统浆料主要以浆水形式存在，以浆水平衡计算为依据。

浆水平衡计算公式：$m = V \times w$

式中 $m$——进出设备浆料质量，kg

$V$——进出设备浆料体积，L

$w$——进出设备浆料浓度，%

8) 真空吸水箱

已知：出真空吸水箱纸页干度，$w_{12} = 15\%$

$m_{12} = 966.65$ $V_{12} = 5477.68$ $w_{15} = 3.5\%$

真空吸水箱白水带出纤维百分率：$K_8 = 3.0\%$

计算：$m_{15}$，$V_{15}$，$m_{16}$，$V_{16}$，$w_{16}$

$m_{16} = m_{15} \times K_8 = m_{15} \times 3.0\%$

$m_{15} = m_{12} + m_{16} = 966.65 + m_{15} \times 3.0\%$

$m_{15} = 996.55$ $m_{16} = m_{15} \times K_8 = 29.90$

$V_{15} = m_{15}/w_{15} = 28472.86$

$V_{16} = V_{15} - V_{12} = 22995.18$ （进入稀白水系统）

$w_{16} = m_{16}/V_{16} = 0.13\%$

9) 网案成形

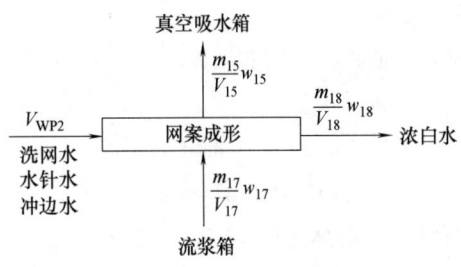

已知：出网案成形浆料浓度，$w_{15} = 3.5\%$
$m_{15} = 996.55$　$V_{15} = 28472.86$
$w_{17} = 0.7\%$　$w_{18} = 0.25\%$
$V_{WP_2} = 5000.00$（指洗网清水、冲边水及水针水等。清白水和超清白水可视为循环白水）用水量与喷嘴的形状、数量及水压有关，通过查询资料或计算确定（如扇形喷嘴，当喷水压力为0.3MPa，喷嘴直径为1.0mm时，喷水量为1.20L/min）

计算：$m_{17}$, $V_{17}$, $m_{18}$, $V_{18}$
$m_{17} = m_{15} + m_{18}$
$V_{17} \times w_{17} = m_{15} + V_{18} \times w_{18}$
$= m_{15} + (V_{17} + V_{WP_2} - V_{15}) \times w_{18}$
$V_{17} = 208415.56$
$m_{17} = V_{17} \times w_{17} = 1458.91$
$m_{18} = m_{17} - m_{15} = 462.36$
$V_{18} = m_{18}/w_{18} = 184942.70$（浓白水去机外白水槽）

10) 流浆箱

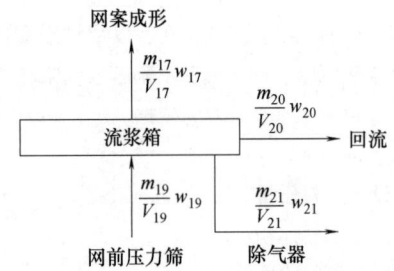

已知：出流浆箱浆料浓度，$w_{17} = 0.7\%$
$m_{17} = 1458.91$　$V_{17} = 208415.56$
$V_{20} = V_{19} \times 5\%$　$V_{21} = V_{19} \times 10\%$

计算：$m_{19}$, $V_{19}$, $m_{20}$, $V_{20}$, $m_{21}$, $V_{21}$
$w_{19} = w_{20} = w_{21} = 0.7\%$
$V_{19} = V_{17} + V_{20} + V_{21} = 208415.56 + V_{19} \times 5\% + V_{19} \times 10\%$
$= 245194.78$
$V_{20} = V_{19} \times 5\% = 12259.74$
$V_{21} = V_{19} \times 10\% = 24519.48$
$m_{19} = V_{19} \times w_{19} = 1716.36$
$m_{20} = 85.82$　$m_{21} = 171.64$

11) 网前压力筛

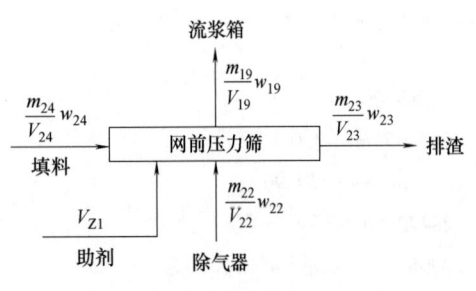

已知：出网前压力筛浆料浓度，$w_{19} = 0.7\%$
$m_{19} = 1716.36$　$V_{19} = 245194.78$
$m_{24} = 930 \times 15\%$　$w_{24} = 15\%$
$w_{23} = 0.8\%$　$m_{23} = m_{22} \times 5\%$（排渣率：$K_9 = 5\%$）
$V_{Z1} = V_{AKD} + V_{染料} + V_{定着剂} + V_{膨润土} + V_{助留助滤剂}$
$= 2413.33$（牵涉到留着率问题，这里只算各助剂的体积量）

计算：$m_{22}$, $V_{22}$, $w_{22}$, $m_{23}$, $V_{23}$, $m_{24}$, $V_{24}$,
$V_{24} = m_{24}/w_{24} = 930.00$　$m_{24} = V_{24} \times w_{24} = 139.50$
$m_{22} = m_{19} + m_{23} - m_{24} = 1659.85$　$m_{23} = m_{22} \times 5\%$
$= 82.99$
$V_{23} = m_{23}/w_{23} = 10373.75$
$V_{22} = V_{19} + V_{23} - V_{24} - V_{Z1} = 252225.20$
$w_{22} = m_{22}/V_{22} = 0.66\%$

## 12) 尾浆筛

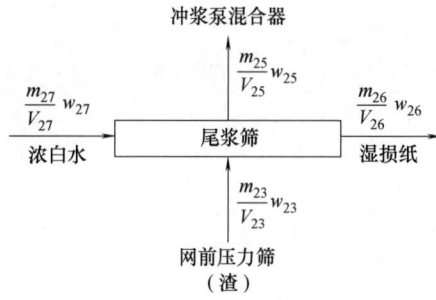

已知：进尾浆筛浆料浓度，$w_{23} = 0.8\%$
尾浆筛排渣率：$K_{10} = 10\%$
$m_{23} = 82.99 \quad V_{23} = 10373.75$
$m_{26} = (m_{23} + m_{27}) \times 10\%$
$w_{27} = 0.25\% \quad w_{26} = 1.0\% \quad w_{25} = 0.7\%$

计算：$m_{25}$，$V_{25}$，$m_{26}$，$V_{26}$，$m_{27}$，$V_{27}$
$m_{23} + m_{27} = m_{25} + m_{26}$
$V_{23} + V_{27} = V_{25} + V_{26}$
$m_{25} = 74.76 + 0.9 \times m_{27}$
$10373.75 + m_{27}/0.25\% = m_{25}/0.7\% + m_{26}/1.0\%$
$m_{27} = 4.35 \quad m_{26} = (m_{23} + m_{27}) \times 10\% = 8.67$
$m_{25} = m_{23} + m_{27} - m_{26} = 78.67$
$V_{26} = m_{26}/w_{26} = 867.00$
$V_{25} = m_{25}/w_{25} = 11238.57$
$V_{27} = V_{25} + V_{26} - V_{23} = 1731.82$

## 13) 除气器

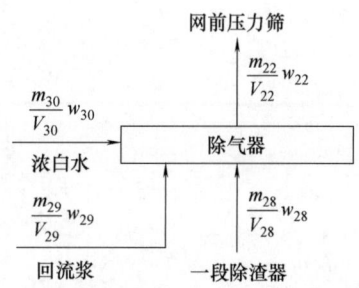

已知：进尾浆筛浆料浓度，$w_{22} = 0.66\%$
$m_{22} = 1659.85 \quad V_{22} = 252225.20 \quad w_{29} = 0.7\%$
$m_{29} = 171.64 \quad V_{29} = 24519.48$
$w_{30} = 0.25\% \quad w_{28} = 1.0\%$

计算：$m_{28}$，$V_{28}$，$m_{30}$，$V_{30}$
$m_{28} + m_{29} + m_{30} = m_{22}$
$V_{28} + V_{29} + V_{30} = V_{22}$
$m_{28} + 171.64 + m_{30} = 1659.85$
$V_{28} + 24519.48 + V_{30} = 252225.20$
$V_{28} = 122526.10$
$V_{30} = V_{22} - V_{28} - V_{29} = 105179.62$
$m_{30} = V_{30} \times w_{30} = 262.95$
$m_{28} = V_{28} \times w_{28} = 1225.26$

## 14) 一段除渣器

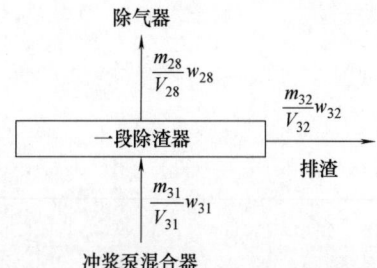

已知：出一段除渣器浆料浓度，$w_{28} = 1.0\%$
$m_{28} = 1225.26 \quad V_{28} = 122526.10 \quad w_{32} = 3.0\%$
一段除渣器排渣率：$K_{11} = 20\%$
即：$m_{32} = m_{31} \times 20\%$
计算：$m_{31}$，$V_{31}$，$w_{31}$，$m_{32}$，$V_{32}$
$m_{31} = m_{28} + m_{32}$
$m_{31} = 1225.26 + m_{31} \times 20\%$
$m_{31} = 1531.58$
$m_{32} = m_{31} \times 20\% = 306.32$
$V_{32} = m_{32}/w_{32} = 10210.67$
$V_{31} = V_{28} + V_{32} = 122526.10 + 10210.67 = 132736.77$
$w_{31} = m_{31}/V_{32} = 1.15\%$

### 15）四段除渣器系统

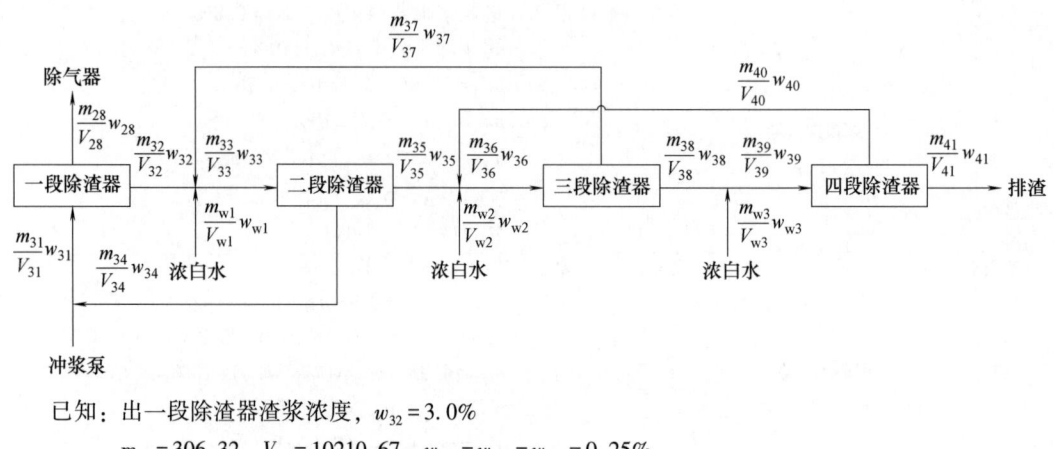

已知：出一段除渣器渣浆浓度，$w_{32}=3.0\%$

$m_{32}=306.32 \quad V_{32}=10210.67 \quad w_{W1}=w_{W2}=w_{W3}=0.25\%$

二段除渣器排渣率：$K_{12}=20\%$ 即 $m_{34}=4\times m_{35}$

$w_{33}=1.0\% \quad w_{35}=2.5\%$

三段除渣器排渣率：$K_{13}=20\%$ 即 $m_{37}=4\times m_{38}$

$w_{36}=0.8\% \quad w_{38}=2.5\%$

四段除渣器排渣率：$K_{14}=20\%$ 即 $m_{40}=4\times m_{41}$

$w_{39}=0.5\% \quad w_{41}=2.5\%$

求解：$m_{41}$、$m_{38}$、$m_{35}$、$m_{W1}$、$m_{W2}$、$m_{W3}$

计算：
$$m_{32}+m_{W1}+m_{37}=m_{35}+m_{34} \tag{1}$$
$$V_{32}+V_{W1}+V_{37}=V_{35}+V_{34} \tag{2}$$
$$m_{35}+m_{W2}+m_{40}=m_{38}+m_{37} \tag{3}$$
$$V_{35}+V_{W2}+V_{40}=V_{38}+V_{37} \tag{4}$$
$$m_{38}+m_{W3}=m_{41}+m_{40} \tag{5}$$
$$V_{38}+V_{W3}=V_{41}+V_{40} \tag{6}$$

$V_{32}+V_{W1}+V_{W2}+V_{W3}=V_{41}+V_{34}$

$m_{32}+m_{W1}+m_{W2}+m_{W3}=m_{41}+m_{34}$

$m_{34}=4\times m_{35} \qquad m_{37}=4\times m_{38} \qquad m_{40}=4\times m_{41}$

$V_a=400\times m_{W1} \qquad V_b=400\times m_{W2} \qquad V_c=400\times m_{W3}$

$V_{35}=40m_3 \qquad V_{38}=40\times m_{38} \qquad V_{41}=40\times m_{41}$

$m_{33}=V_{33}\times 1.0\% \qquad m_{36}=V_{36}\times 0.8\% \qquad m_{39}=V_{39}\times 0.5\%$

$m_{33}=m_{32}+m_{W1}+m_{37} \qquad m_{36}=m_{35}+m_{W2}+m_{40} \qquad m_{39}=m_{38}+m_{W3}$

$V_{33}=V_{32}+V_{W1}+V_{37} \qquad V_{36}=V_{35}+V_{W2}+V_{40} \qquad V_{39}=V_{38}+V_{W3}$

将以上相互关系式分别代入（1）（2）（3）（4）（5）（6）式，

求解：$m_{35}$、$m_{38}$、$m_{41}$、$m_{W1}$、$m_{W2}$、$m_{W3}$

$$306.22+m_{W1}+4m_{38}=5m_{35} \tag{7}$$
$$10210.67+400m_{W1}+4m_{38}/w_{37}=40\times m_{35}+4m_{35}/w_{34} \tag{8}$$
$$m_{35}+m_{W2}+4m_{41}=5m_{38} \tag{9}$$
$$40\times m_{35}+400m_{W2}+4m_{41}/w_{40}=40m_{38}+4m_{38}/w_{37} \tag{10}$$
$$m_{38}+m_{W3}=5m_{41} \tag{11}$$
$$40m_{38}+400m_{W3}=40m_{41}+4m_{41}/w_{40} \tag{12}$$

$(V_{32}+V_{W1}+V_{37})\times 1.0\% = m_{35}+m_{34}=5m_{35}$ (13)

$(V_{35}+V_{W2}+V_{40})\times 0.8\% = m_{38}+m_{37}=5m_{38}$ (14)

$(V_{38}+V_{W3})\times 0.5\% = 5m_{41}$ (15)

$w_{40}=m_{40}/V_{40}=4m_{41}/(V_{38}+V_{W3}-V_{41})$

$w_{37}=m_{37}/V_{37}=4m_{38}/(V_{35}+V_{W2}-V_{38})$

$w_{34}=m_{34}/V_{34}=4m_{35}/(V_{32}+V_{W1}-V_{35})$

$V_{40}=40m_{38}+400m_{W3}-40m_{41}$

$V_{37}=40m_3+400m_{W2}+400m_{W3}-40m_{41}$

$V_{34}=V_{32}+400m_{W1}+400m_{W2}+400m_{W3}+40m_{35}-40m_{41}$

$w_{40}=4m_{41}/(40m_{38}+400m_{W3}-40m_{41})$ (16)

$w_{37}=4m_{38}/(40\times m_{35}+400m_{W2}+400m_{W3}-40m_{41})$ (17)

$w_{34}=4m_{35}/(V_{32}+400m_{W1}+400m_{W2}+400m_{W3}+40m_{35}-40m_{41})$ (18)

由（9）和（15）（7）和（3）得出：

$m_{W3}=20/9\times m_{41} \quad m_{38}=25/9\times m_{41} \quad m_{37}=100/9\times m_{41}$ (19)

$10210.67+400m_{W1}+4m_{38}/w_{37}=100(306.22+m_{W1}+4m_{38})$ (20)

由（9）（12）和（19）得出：

$V_{W3}=800/9\times m_5 \quad V_4=1000/9\times m_{41}$

$w_{40}=1/240 \quad V_{40}=960m_5 \quad m_{40}=4\times m_{41}$

$w_{37}=4/585 \quad V_{37}=1625m_5 \quad m_{37}=100/9\times m_{41}$

求得：

$m_{41}=10.77 \qquad m_{38}=29.91 \qquad m_{35}=95.09$

$V_{41}=430.64 \qquad V_{38}=1255.46 \qquad V_{35}=3804.89$

$m_{40}=43.06 \qquad m_{37}=119.62 \qquad m_{34}=380.35$

$V_{40}=10392.82 \qquad V_{37}=17493.25 \qquad V_{34}=43739.11$

$w_{40}=0.42\% \qquad w_{37}=0.68\% \qquad w_{34}=0.87\%$

$m_{W3}=23.92 \qquad m_{W2}=11.38 \qquad m_{W1}=49.60$

$V_{W3}=9568.00 \qquad V_{W2}=4551.00 \qquad V_{W1}=19840.00$

$m_{31}=1531.58 \qquad V_{31}=132736.77 \qquad w_{31}=1.15\%$

（注：由于上网浓度较低，必须考虑浓白水纤维浓度，不至于造成冲浆泵选型偏小）

16）冲浆泵混合器

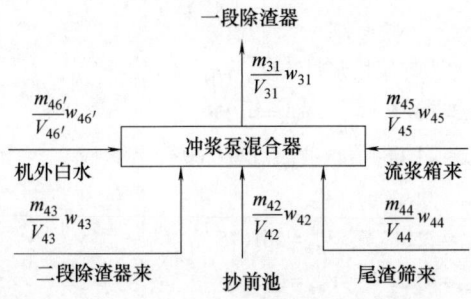

已知：出冲浆泵混合器浆料浓度 $w_{31}=1.15\%$

$m_{31}=1531.58 \quad V_{31}=132736.77$

机外白水槽白水浓度，$w_{46'}=0.25\%$

流浆箱回流，$w_{45}=0.7\%$

$m_{45}=85.82 \quad V_{45}=12259.74$

二段除渣器来浆，$w_{43}=0.87\%$

$m_{43}=380.95 \quad V_{43}=43809.48$

尾浆筛来浆，$w_{44}=0.7\%$

$m_{44}=78.67 \quad V_{44}=11238.57$

抄前池来浆，$w_{42}=4.0\%$

求得：$m_{46'}=108.73 \quad V_{46'}=43492.00$

$m_{42}=877.41 \quad V_{42}=21935.13$

17）抄前池

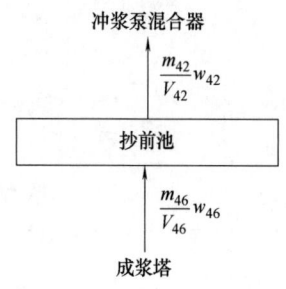

已知：出冲浆泵混合器浆料浓度，$w_{42}=4.0\%$

$m_{42}=877.41$  $V_{42}=21935.13$

计算：$m_{46}$，$V_{46}$，$w_{46}$

$m_{46}=877.41$

$V_{46}=21935.13$

$w_{46}=4.0\%$

18）水力碎浆机

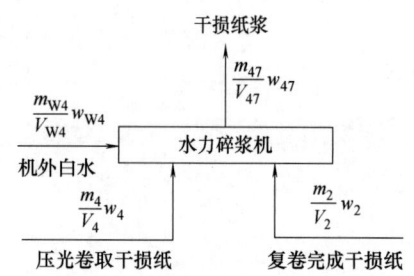

已知：出水力碎浆机浆料浓度，$w_{47}=4.0\%$

$w_{W4}=0.25\%$  $w_2=w_4=93.0\%$

$m_4=14.68$  $V_4=1.10$

$m_2=18.98$  $V_2=1.43$

计算：$m_{47}$，$V_{47}$，$m_{W4}$，$V_{W4}$

$m_{47}=35.90$  $V_{47}=897.43$

$m_{W4}=2.24$  $V_{W4}=894.90$

19）湿损纸池

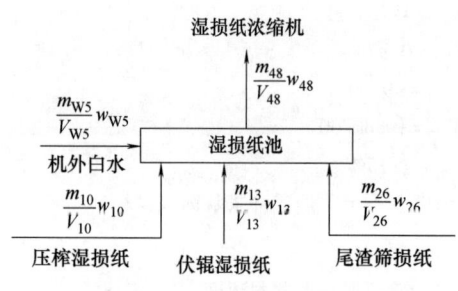

已知：出水力碎浆机浆料浓度，$w_{48}=2.0\%$

$w_{W5}=0.25\%$

$m_{13}=8.81$  $V_{13}=31.24$  $w_{13}=22.0\%$

$m_{10}=5.87$  $V_{10}=13.70$  $w_{10}=30.0\%$

$m_{26}=8.67$  $V_{26}=867.00$  $w_{26}=1.0\%$

计算：$m_{48}$，$V_{48}$，$m_{W5}$，$V_{W5}$

$m_{48}=24.08$  $V_{48}=1204.00$

$m_{W5}=0.73$  $V_{W5}=292.07$

20）湿损纸浓缩机

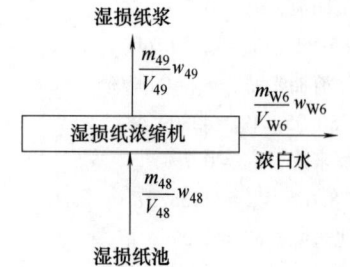

已知：出水力碎浆机浆料浓度，$w_{49}=4.0\%$

$w_{48}=2.0\%$  $w_{W6}=0.25\%$

$m_{48}=24.08$  $V_{48}=1204.00$

计算：$m_{49}$，$V_{49}$，$m_2$，$V_{W6}$

$m_{49}=22.47$  $V_{49}=561.75$

$m_{W6}=1.61$  $V_{W6}=642.13$

21）损纸浆池

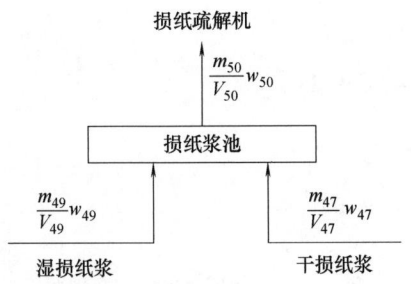

已知：干损纸、湿损纸浓度 $w_{49} = w_{47} = 4.0\%$
$m_{49} = 22.47 \quad V_{49} = 561.75$
$m_{47} = 35.90 \quad V_{47} = 897.43$
计算：$m_{50}, V_{50}, w_{50}$
$m_{50} = 58.37 \quad V_{50} = 1459.25$
$w_{50} = 4.0\%$

22）损纸疏解机

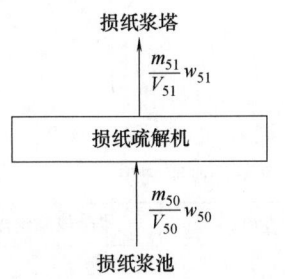

已知：损纸浓度 $w_{50} = w_{51} = 4.0\%$
$m_{50} = 58.37 \quad V_{50} = 1459.25$
计算：$m_{51}, V_{51}$
$m_{51} = 58.37 \quad V_{51} = 1459.25$
损纸浆塔：
$m_{51} = 58.37 \quad V_{51} = 1459.25$

23）配浆池

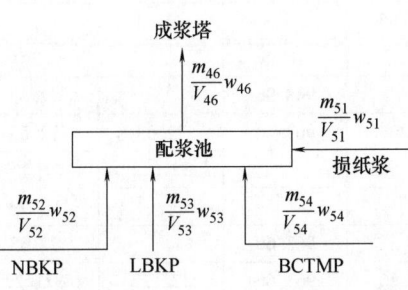

已知：出配浆池浆料浓度，$w_{46} = 4.0\%$
$m_{46} = 877.41 \quad V_{46} = 21935.13$
$m_{51} = 58.37 \quad V_{51} = 1459.25$
NBKP：LBKP：BCTMP＝15%：70%：15%
$w_{53} = w_{52} = w_3 = 4.0\%$
计算：$m_{53}, V_{53}, m_{52}, V_{52}, m_{54}, V_{54}$，
$m_{53} = 573.32 \quad V_{53} = 14333.12$
$m_{52} = 122.86 \quad V_{52} = 3071.40$
$m_{54} = 122.86 \quad V_{54} = 3071.40$
制浆车间来浆绝干量
（NBKP+LBKP+BCTMP）$m$：
$m = m_{53} + m_{52} + m_{54} = 819.04$
制浆车间来绝干浆体积量 $V$：
$V = V_{53} + V_{52} + V_{54} = 20475.92$
$w = m/V = 4.0\%$

24）白水塔、网下白水槽

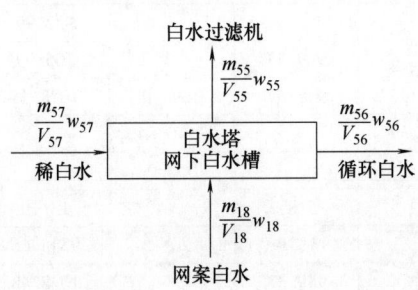

已知：$m_{18} = 462.36 \quad V_{18} = 184942.70 \quad w_{18} = 0.25\%$
$V_{56} = V_{冲浆泵混合器} + V_{二段除渣器} + V_{三段除渣器} + V_{四段除渣器}$
$\quad + V_{尾浆筛} + V_{除气器} + V_{干损纸} + V_{湿损纸} = 185844.41$
$m_{56} = m_{冲浆泵混合器} + m_{二段除渣器} + m_{三段除渣器} + m_{四段除渣器}$
$\quad + m_{尾浆筛} + m_{除气器} + m_{干损纸} + m_{湿损纸} = 464.66$
$V_{57} = V_{湿损纸浓缩机} + V_{真空吸水箱} + V_{真空伏辊} + V_{压榨} + 9348.66$
$\quad = 35041.57$
$m_{57} = m_{湿损纸浓缩机} + m_{真空吸水箱} + m_{真空伏辊} + m_{压榨部} = 34.10$
$w_{57} = m_{57}/V_{57} = 0.10\%$
求得：$V_{55} = V_{18} + V_{57} - V_{56} = 34139.86$
$m_{55} = m_{18} + m_{57} - m_{56} = 31.80$
$w_{55} = 0.09\%$

25）白水过滤机

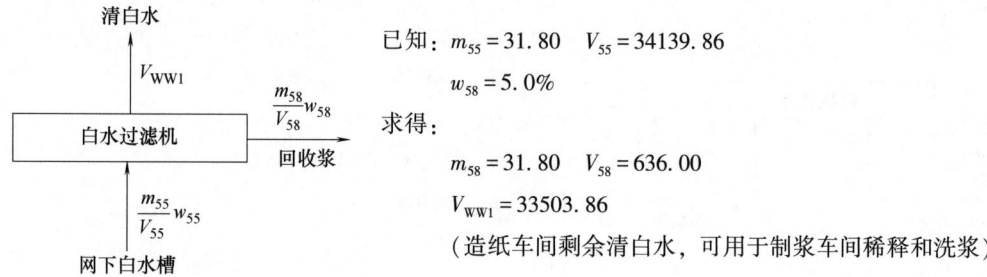

已知：$m_{55} = 31.80$　$V_{55} = 34139.86$
$w_{58} = 5.0\%$

求得：

$m_{58} = 31.80$　$V_{58} = 636.00$

$V_{WW1} = 33503.86$

（造纸车间剩余清白水，可用于制浆车间稀释和洗浆）

(4) 物料（或浆水）平衡计算图

精制文化用纸造纸车间生产工艺平衡计算图见附录2。

(5) 物料（或浆水）平衡计算明细表

600t/d 精制文化用纸造纸车间物料（或浆水）平衡计算明细表，见表4-9。

表 4-9　　600t/d 精制文化用纸造纸车间物料（或浆水）平衡计算明细表

| 序号 | 单元名称 | 来源与去向 | 纤维质量/kg | | 水分或浆料体积/L | |
|---|---|---|---|---|---|---|
| | | | 收 | 支 | 收 | 支 |
| 1 | 完成整理复卷分切 | 来卷纸机 | 948.98 | | 71.43 | |
| | | 去水力碎浆机 | | 18.98 | | 1.43 |
| | | 去成品库 | | 930 | | 70 |
| | | 合计 | 948.98 | 948.98 | 71.43 | 71.43 |
| 2 | 压光、卷取部 | 来压光机后干燥 | 963.66 | | 72.53 | |
| | | 去水力碎浆机 | | 14.68 | | 1.10 |
| | | 去复卷完成 | | 948.98 | | 71.43 |
| | | 合计 | 963.66 | 963.66 | 72.53 | 72.53 |
| 3 | 压光机后干燥 | 来表面施胶 | 963.66 | | 321.22 | |
| | | 蒸发水 | | | | 248.69 |
| | | 去压光卷取机 | | 963.66 | | 72.53 |
| | | 合计 | 963.66 | 963.66 | 321.22 | 321.22 |
| 4 | 表面施胶机 | 来前干燥部 | 949.37 | | 105.49 | |
| | | 施胶剂 | 14.29 | | 215.73 | |
| | | 去后干燥 | | 963.66 | | 321.22 |
| | | 合计 | 963.66 | 963.66 | 321.22 | 321.22 |
| 5 | 前干燥部 | 来压榨部 | 949.37 | | 1028.48 | |
| | | 蒸发水 | | | | 922.99 |
| | | 去表面施胶机 | | 949.37 | | 105.99 |
| | | 合计 | 949.37 | 949.37 | 1028.48 | 1028.48 |
| 6 | 压榨部 | 来真空伏辊 | 956.39 | | 3390.84 | |
| | | 喷淋水 | | | 7000.00 | |
| | | 去湿损纸池 | | 5.87 | | 13.70 |
| | | 去稀白水池 | | 1.14 | | 9348.66 |
| | | 去前干燥部 | | 949.37 | | 1028.48 |
| | | 合计 | 956.39 | 956.39 | 10390.84 | 10390.84 |

续表

| 序号 | 单元名称 | 来源与去向 | 纤维质量/kg 收 | 纤维质量/kg 支 | 水分或浆料体积/L 收 | 水分或浆料体积/L 支 |
|---|---|---|---|---|---|---|
| 7 | 真空伏辊 | 来真空吸水箱 | 966.65 | | 5477.68 | |
| | | 去压榨部 | | 956.39 | | 3390.84 |
| | | 去湿损纸池 | | 8.81 | | 31.24 |
| | | 去稀白水系统 | | 1.45 | | 2055.60 |
| | | 合计 | 966.65 | 966.65 | 5477.68 | 5477.68 |
| 8 | 真空吸水箱 | 来网案成形 | 996.55 | | 28472.86 | |
| | | 去稀白水系统 | | 29.90 | | 22995.18 |
| | | 去真空伏辊 | | 966.65 | | 5477.68 |
| | | 合计 | 996.55 | 996.55 | 28472.86 | 28472.86 |
| 9 | 网案成形 | 来流浆箱 | 1458.91 | | 208415.56 | |
| | | 来清水 | | | 5000.00 | |
| | | 去真空吸水箱 | | 996.55 | | 28472.86 |
| | | 去机外白水槽 | | 462.36 | | 184942.70 |
| | | 合计 | 1458.91 | 1458.91 | 213415.56 | 213415.56 |
| 10 | 流浆箱 | 来网前压力筛 | 1716.36 | | 245194.78 | |
| | | 去除气器 | | 171.64 | | 24519.48 |
| | | 去冲浆泵混合器 | | 85.82 | | 12259.74 |
| | | 去网案成形 | | 1458.91 | | 208415.56 |
| | | 合计 | 1716.36 | 1716.36 | 245194.78 | 245194.78 |
| 11 | 网前压力筛 | 来除气器 | 1659.85 | | 252225.20 | |
| | | 来填料助剂 | 139.50 | | 3343.33 | |
| | | 去尾浆槽 | | 82.99 | | 10373.75 |
| | | 去流浆箱 | | 1716.36 | | 245194.75 |
| | | 合计 | 1799.35 | 1799.35 | 255568.53 | 255568.50 |
| 12 | 尾浆筛 | 来网前压力筛 | 82.99 | | 10373.75 | |
| | | 来机外白水槽 | 4.35 | | 1731.82 | |
| | | 去冲浆泵混合器 | | 78.67 | | 11238.57 |
| | | 去湿损纸池 | | 8.67 | | 867.00 |
| | | 合计 | 87.34 | 87.34 | 12105.57 | 12105.57 |
| 13 | 除气器 | 来一段除渣器 | 1225.26 | | 122526.10 | |
| | | 来流浆箱 | 171.64 | | 24519.48 | |
| | | 来机外白水槽 | 262.95 | | 105179.62 | |
| | | 去网前压力筛 | | 1659.85 | | 252225.20 |
| | | 合计 | 1659.85 | 1659.85 | 252225.20 | 252225.20 |
| 14 | 一段除渣器 | 来冲浆泵 | 1531.58 | | 132736.77 | |
| | | 去二段除渣器 | | 306.32 | | 10210.67 |
| | | 去除气器 | | 1225.26 | | 122526.10 |
| | | 合计 | 1531.58 | 1531.58 | 132736.77 | 132736.77 |

续表

| 序号 | 单元名称 | 来源与去向 | 纤维质量/kg 收 | 纤维质量/kg 支 | 水分或浆料体积/L 收 | 水分或浆料体积/L 支 |
|---|---|---|---|---|---|---|
| 15 | 四段除渣器系统 | 来冲浆泵 | 1531.58 | | 132736.77 | |
| | | 来浓白水1 | 49.60 | | 19840.00 | |
| | | 来浓白水2 | 11.38 | | 4551.00 | |
| | | 来浓白水3 | 23.92 | | 9568.00 | |
| | | 去除气器 | | 1225.26 | | 122526.10 |
| | | 去一段除渣器 | | 380.35 | | 43739.11 |
| | | 去排渣 | | 10.77 | | 430.64 |
| | | 合计 | 1616.48 | 1616.38 | 166695.85 | 166695.85 |
| 16 | 冲浆泵混合器 | 来抄前池 | 877.41 | | 21935.13 | |
| | | 来流浆箱 | 85.82 | | 12259.74 | |
| | | 来尾浆筛 | 78.67 | | 11238.57 | |
| | | 来二段除渣器 | 380.95 | | 43809.48 | |
| | | 来机外白水 | 108.73 | | 43492.00 | |
| | | 去一段除渣器 | | 1531.58 | 132734.92 | 132736.77 |
| | | 合计 | 1531.58 | 1531.58 | 132734.92 | 132736.77 |
| 17 | 抄前池 | 来成浆塔 | 877.41 | | 21935.13 | |
| | | 去冲浆泵混合器 | | 877.41 | | 21935.13 |
| | | 合计 | 877.41 | 877.41 | 21935.13 | 21935.13 |
| 18 | 水力碎浆机 | 来压光卷取干损纸 | 14.68 | | 1.10 | |
| | | 来复卷完成干损纸 | 18.98 | | 1.43 | |
| | | 浓白水 | 2.24 | | 894.90 | |
| | | 去干损纸浆 | | 35.90 | | 897.43 |
| | | 合计 | 35.90 | 35.90 | 897.43 | 897.43 |
| 19 | 湿损纸池 | 来伏辊湿损纸 | 8.81 | | 31.24 | |
| | | 来压榨湿损纸 | 5.87 | | 13.70 | |
| | | 来尾浆筛损纸 | 8.67 | | 867.00 | |
| | | 来浓白水 | 0.73 | | 292.07 | |
| | | 去湿损纸浓缩机 | | 24.08 | | 1204.00 |
| | | 合计 | 24.08 | 24.08 | 1204.00 | 1204.00 |
| 20 | 湿损纸浓缩机 | 来湿损纸池 | 24.08 | | 1204.00 | |
| | | 去浓白水 | | 1.61 | | 642.13 |
| | | 去湿损纸浆 | | 22.47 | | 561.75 |
| | | 合计 | 24.08 | 24.08 | 1024.00 | 1203.88 |
| 21 | 损纸浆池 | 来湿损纸浆 | 22.47 | | 561.75 | |
| | | 来干损纸浆 | 35.90 | | 897.43 | |
| | | 去损纸疏解机 | | 58.37 | | 1459.25 |
| | | 合计 | 58.37 | 58.37 | 1459.25 | 1459.25 |

续表

| 序号 | 单元名称 | 来源与去向 | 纤维质量/kg 收 | 纤维质量/kg 支 | 水分或浆料体积/L 收 | 水分或浆料体积/L 支 |
|---|---|---|---|---|---|---|
| 22 | 损纸疏解机 | 来损纸浆池 | 58.37 | | 1459.25 | |
| | | 去损纸浆塔 | | 58.37 | | 1459.25 |
| | | 合计 | 58.37 | 58.37 | 1459.25 | 1459.25 |
| 23 | 配浆池 | 来 NBKP | 122.86 | | 3071.40 | |
| | | 来 LBKP | 573.32 | | 14333.12 | |
| | | 来 BCTMP | 122.86 | | 3071.40 | |
| | | 来损纸浆 | 58.37 | | 1459.25 | |
| | | 去成浆塔 | | 877.41 | | 21935.13 |
| | | 合计 | 877.41 | 877.41 | 21935.13 | 21935.13 |
| 24 | 白水塔 网下白水槽 | 来网案白水 | 462.36 | | 184942.70 | |
| | | 来稀白水 | 34.10 | | 35041.57 | |
| | | 去白水过滤机 | | 31.80 | | 34139.86 |
| | | 去循环白水 | | 464.66 | | 185844.41 |
| | | 合计 | 496.46 | 496.46 | 219984.27 | 219984.27 |
| 25 | 白水过滤机 | 来网下白水槽 | 31.80 | | 34139.86 | |
| | | 去清白水 | | | | 33503.86 |
| | | 去回收浆 | | 31.80 | | 636.00 |
| | | 合计 | 31.80 | 31.80 | 34139.86 | 34139.86 |

(6) 精制文化用纸造纸车间系统平衡计算图

精制文化用纸造纸车间系统平衡计算图见图 4-43。

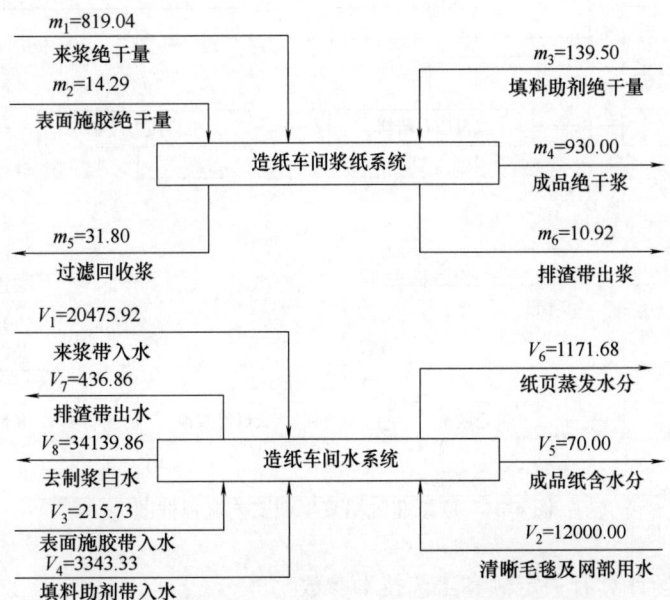

图 4-43 精制文化用纸造纸车间系统平衡计算图

### 实例3：废纸制浆系统浆水平衡计算

某厂拟采用进口美国废旧瓦楞纸箱（AOCC）和国产废旧瓦楞纸箱（OCC）为原料，按照一定比例混合后生产牛皮箱纸板，年产量为30万t。其浆水平衡计算如下所示。

（1）确定该系统工艺流程图

以方框图表示，见图4-44废纸非脱墨浆生产工艺流程框图。

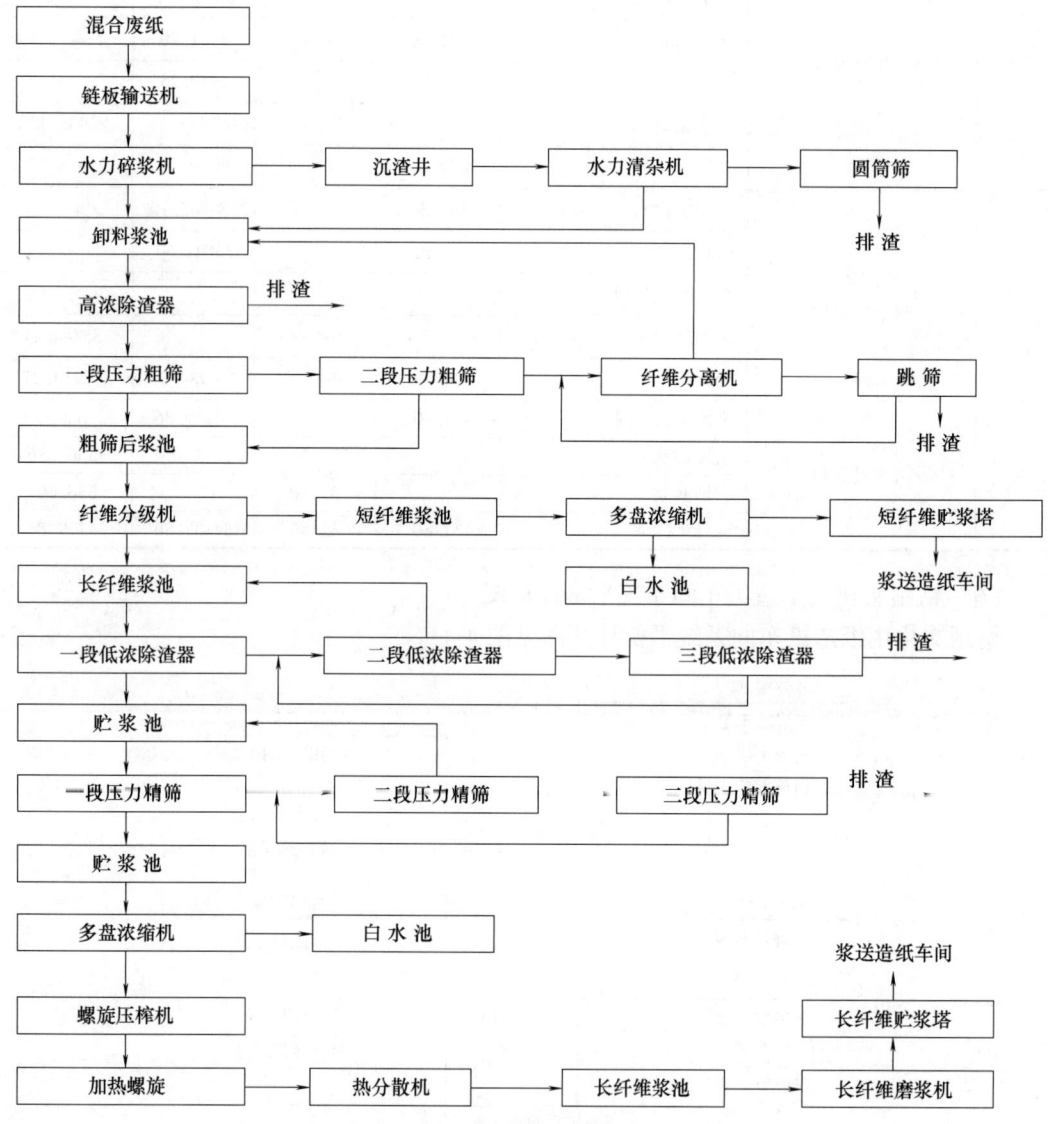

图4-44 废纸非脱墨浆生产工艺流程框图

（2）选定平衡计算有关定额和工艺技术参数

生产30万t牛皮箱纸板废纸制浆车间有关定额和技术数据见表4-10。

表4-10　年产30万t牛皮箱纸板废纸制浆车间有关定额和技术数据

| 序号 | 指标名称 | | 单位 | 定额 | 备注 |
|---|---|---|---|---|---|
| 1 | 原料配比： | AOCC | % | 30 | 比例可以根据产品质量适当调整 |
| | | OCC | % | 70 | |
| 2 | 原料水分 | | % | 10.0 | 对风干浆 |
| 3 | 圆筒筛排渣浓度 | | % | 15.0 | |
| 4 | 抓斗排渣浓度 | | % | 50.0 | |
| 5 | 绞绳机排渣浓度 | | % | 90.0 | |
| 6 | 绞绳机排渣率 | | % | 0.5 | 对原料 |
| 7 | 抓斗排渣率 | | % | 0.5 | 对原料 |
| 8 | 圆筒筛排渣率 | | % | 1.5 | 对原料 |
| 9 | 高浓除渣器排渣浓度 | | % | 4.5 | |
| 10 | 高浓除渣器排渣率 | | % | 0.5 | 对除渣器进口 |
| 11 | 1#振框筛排渣浓度 | | % | 6.0 | |
| 12 | 1#振框筛排渣率 | | % | 35.0 | 对1#振框筛进口 |
| 13 | 一段粗筛排渣率 | | % | 30.0 | 对一段粗筛进口 |
| 14 | 一段粗筛进浆浓度 | | % | 2.7 | |
| 15 | 中浓除渣器排渣率 | | % | 0.5 | 对中浓除渣器进口 |
| 16 | 中浓除渣器排渣浓度 | | % | 3.5 | |
| 17 | 中浓除渣器进浆浓度 | | % | 2.5 | |
| 18 | 短纤维一段除渣器进浆浓度 | | % | 1.0 | |
| 19 | 短纤维二段除渣器进浆浓度 | | % | 0.75 | |
| 20 | 短纤维三段除渣器进浆浓度 | | % | 0.6 | |
| 21 | 短纤维四段除渣器进浆浓度 | | % | 0.4 | |
| 22 | 短纤维一段除渣器排渣率 | | % | 22.0 | 对除渣器进口 |
| 23 | 短纤维三段除渣器排渣率 | | % | 30 | 对除渣器进口 |
| 24 | 短纤维四段除渣段排渣率 | | % | 3.0 | 对一段除渣器进口 |
| 25 | 短纤维四段除渣器排渣浓度 | | % | 2.5 | |
| 26 | 短纤维多盘浓缩机进浆浓度 | | % | 0.85 | |
| 27 | 短纤维多盘浓缩机出白水浓度 | | % | 0.05 | |
| 28 | 短纤维多盘浓缩机带出白水率 | | % | 0.05 | 对多盘进口浆量 |
| 29 | 短纤维双盘磨进浆浓度 | | % | 3.5 | |
| 30 | 短纤维浓缩浆池贮浆浓度 | | % | 4.0 | |
| 31 | 长纤维一段除渣器进浆浓度 | | % | 1.0 | |
| 32 | 长纤维一段除渣器排渣率 | | % | 22.0 | 对长一段除渣器进口 |
| 33 | 长纤维二段除渣器进浆浓度 | | % | 0.75 | |
| 34 | 长纤维三段除渣器进浆浓度 | | % | 0.6 | |
| 35 | 长纤维四段除渣器进浆浓度 | | % | 0.4 | |
| 36 | 长纤维三段除渣器排渣率 | | % | 30 | 对三段除渣器进口 |
| 37 | 长纤维四段除渣段排渣率 | | % | 3.0 | 对一段除渣器进口 |
| 38 | 长纤维一道精筛进浆浓度 | | % | 0.85 | |

续表

| 序号 | 指标名称 | 单位 | 定额 | 备注 |
|---|---|---|---|---|
| 39 | 长纤维一道精筛排渣率 | % | 30 | 对一道精筛进口 |
| 40 | 长纤维多盘过滤机进浆浓度 | % | 0.85 | |
| 41 | 二道精筛进浆浓度 | % | 1.05 | |
| 42 | 2#振框筛进浆浓度 | % | 1.4 | |
| 43 | 2#振框筛排渣浓度 | % | 5.0 | |
| 44 | 2#振框筛排渣率 | % | 2.0 | 对长纤维成品浆量 |
| 45 | 长纤维多盘过滤机进浆浓度 | % | 0.80 | |
| 46 | 长纤维多盘过滤机出浆浓度 | % | 3.5 | |
| 47 | 长纤维多盘过滤机出白水浓度 | % | 0.05 | |
| 48 | 螺旋压榨机进浆浓度 | % | 10.0 | |
| 49 | 压榨螺旋机出白水浓度 | % | 0.80 | |
| 50 | 斜螺旋浓缩机进浆浓度 | % | 3.50 | |
| 51 | 斜螺旋浓缩机出白水浓度 | % | 0.10 | |
| 52 | 热分散机进浆浓度 | % | 25.0 | |
| 53 | 热分散后浆池浓度 | % | 4.0 | |
| 54 | 长纤维叩后浆池贮浆浓度 | % | 3.5 | |
| 55 | 造纸车间来白水浓度 | % | 0.06 | |
| 56 | 粗筛白水池,除渣器白水池白水浓度 | % | 0.07 | |
| 57 | 长短纤维浆料比例 | | 4∶6 | |
| 58 | 长纤维精浆机进浆浓度 | % | 3.50 | |
| 59 | 长纤维叩后浆池贮浆浓度 | % | 3.50 | |

(3) 物料（或浆水）平衡计算过程

以1000kg风干浆（按10%水分计）为计算基准。单位：纤维为kg；液体为L。纤维分级后长短纤维按4∶6比例来计算。

浆料质量 $m$ 有效数字保留到小数点后2位，单位为kg。

浆料体积 $V$ 有效数字保留到小数点后2位，单位为L。

1) 长纤维贮浆池及长纤维精浆机平衡计算

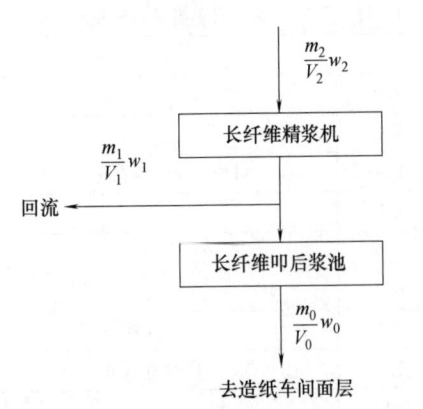

已知：$m_0 = 360.00$　$w_0 = w_1 = w_2 = 3.5\%$

假设：$m_1 = 10\% m_2$

计算：$m_2 = m_1 + m_0$ (1)

$V_2 = V_1 + V_0$ (2)

$V_0 = m_0 / w_0$ (3)

$V_1 = m_1 / w_1$ (4)

$V_2 = m_2 / w_2$ (5)

代入已知条件得：

$V_0 = 10285.71$　$m_1 = 40.00$　$V_1 = 1142.86$

$m_2 = 400.00$　$V_2 = 11428.57$

2) 热分散机和热分散后浆池平衡计算

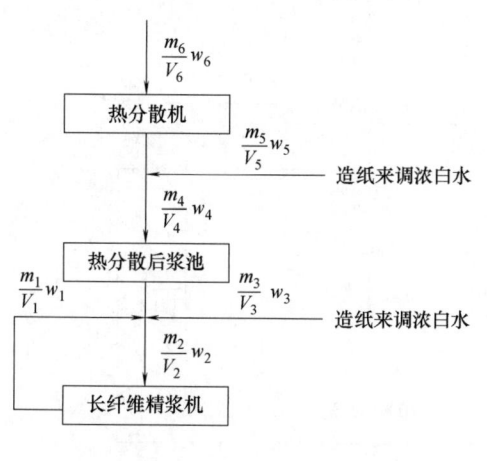

已知：$m_1 = 40.00$　$m_2 = 400.00$　$V_1 = 1142.86$
$V_2 = 11428.57$　$w_1 = w_2 = 3.5\%$

假设：$w_3 = w_5 = 0.06\%$，$w_4 = 4\%$，$w_6 = 25\%$

计算：
$m_1 + m_3 + m_4 = m_2$ 　(1)
$V_1 + V_3 + V_4 = V_2$ 　(2)
$m_5 + m_6 = m_4$ 　(3)
$V_5 + V_6 = V_4$ 　(4)
$V_2 = m_2/w_2$ 　(5)
$V_3 = m_3/w_3$ 　(6)
$V_4 = m_4/w_4$ 　(7)
$V_5 = m_5/w_5$ 　(8)
$V_6 = m_6/w_6$ 　(9)

代入已知条件得：
$m_3 = 0.78$　$V_3 = 1305.29$　$m_4 = 359.22$
$V_4 = 8980.42$
$m_5 = 4.54$　$V_5 = 7561.70$　$m_6 = 354.68$
$V_6 = 1418.72$

3) 斜螺旋浓缩机和螺旋压榨机平衡计算

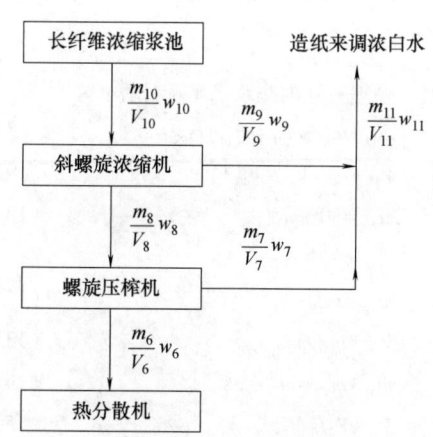

已知：$m_6 = 354.68$　$V_6 = 1418.72$　$w_6 = 25\%$

假设：$w_7 = 0.8\%$　$w_8 = 10\%$　$w_9 = 0.1\%$　$w_{10} = 3.5\%$

计算：
$m_6 + m_7 = m_8$ 　(1)
$V_6 + V_7 = V_8$ 　(2)
$m_8 + m_9 = m_{10}$ 　(3)
$V_8 + V_9 = V_{10}$ 　(4)
$m_7 + m_9 = m_{11}$ 　(5)
$V_7 + V_9 = V_{11}$ 　(6)
$V_7 = m_7/w_7$ 　(7)
$V_8 = m_8/w_8$ 　(8)
$V_9 = m_9/w_9$ 　(9)
$V_{10} = m_{10}/w_{10}$ 　(10)
$V_{11} = m_{11}/w_{11}$ 　(11)

代入已知条件得：
$m_7 = 18.51$　$V_7 = 2313.13$　$m_8 = 373.19$
$V_8 = 3731.85$
$m_9 = 7.13$　$V_9 = 7134.42$　$m_{10} = 380.32$
$V_{10} = 10866.26$
$m_{11} = 25.64$　$V_{11} = 9447.54$　$w_{11} = 0.27\%$

4) 长纤维多盘过滤机计算

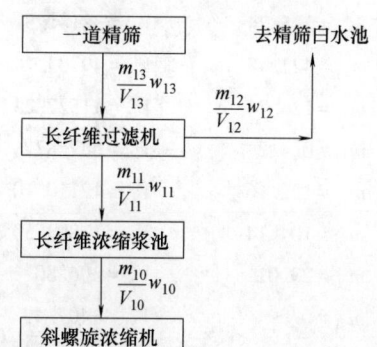

已知：$m_{10} = m_{11} = 380.32$　$V_{10} = V_{11} = 10866.26$
$w_{10} = w_{11} = 3.5\%$

假设：$w_{12} = 0.05\%$　$w_{13} = 0.80\%$

计算：
$m_{10} + m_{12} = m_{13}$ 　(1)
$V_{10} + V_{12} = V_{13}$ 　(2)
$V_{12} = m_{12}/w_{12}$ 　(3)
$V_{13} = m_{13}/w_{13}$ 　(4)

代入已知条件得：
$m_{12} = 19.56$　$V_{12} = 39118.55$
$m_{13} = 399.88$　$V_{13} = 49984.81$

5) 长纤维精筛选系统计算

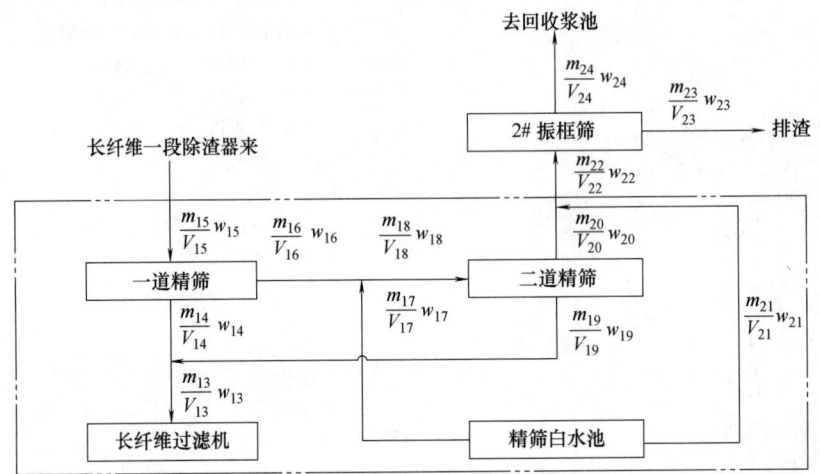

已知：$m_{13} = 399.88$   $V_{13} = 49984.81$   $w_{13} = 0.80\%$

假设：$w_{15} = 0.85\%$   $w_{17} = w_{21} = 0.07\%$   $w_{18} = 1.05\%$   $w_{22} = 1.4\%$   $w_{23} = 5\%$

2#振框筛排渣率为成品长纤维2%，2#振框筛排渣量为其进浆量的30%

一道精筛排渣率为30%（对进浆量），排渣浓度1.1%

计算：$m_{23} = 2\% \; m_0$   (1)

$V_{23} = m_{23}/w_{23}$   (2)

$m_{23} = 30\% m_{22}$   (3)

$m_{24} = 70\% m_{22}$   (4)

$V_{22} = m_{22}/w_{22}$   (5)

$V_{23} + V_{24} = V_{22}$   (6)

$V_{24} = m_{24}/w_{24}$   (7)

代入已知条件得：

$m_{22} = 24.00$   $V_{22} = 1714.29$

$m_{23} = 7.20$   $V_{23} = 144.00$

$m_{24} = 16.80$   $V_{24} = 1570.29$

$w_{24} = 1.07\%$

(1) 对上述虚方框内作浆水平衡计算：

(2) $m_{15} + m_{17} + m_{21} = m_{13} + m_{22}$   (8)

(3) $V_{15} + V_{17} + V_{21} = V_{13} + V_{22}$   (9)

(4) $m_{16} = 30\% m_{15}$   (10)

(5) $m_{14} = 70\% m_{15}$   (11)

(6) $m_{19} = m_{13} - m_{14}$   (12)

(7) $V_{16} = m_{16}/w_{16}$   (13)

$m_{16} + m_{17} = m_{18}$   (14)

$V_{16} + V_{17} = V_{18}$   (15)

$V_{14} + V_{16} = V_{15}$   (16)

$V_{19} + V_{20} = V_{18}$   (17)

代入已知条件得：

$m_{14} = 295.74$   $V_{14} = 38181.51$

$m_{15} = 422.48$   $V_{15} = 49703.74$

$m_{16} = 126.74$   $V_{16} = 11522.23$

$m_{17} = 0.412$   $V_{17} = 587.87$

$m_{18} = 127.16$   $V_{18} = 12110.10$

$m_{19} = 104.14$   $V_{19} = 11803.30$

$m_{20} = 23.01$   $V_{20} = 306.80$

$m_{21} = 0.99$   $V_{21} = 1407.49$

6) 长纤维除渣系统浆水平衡计算

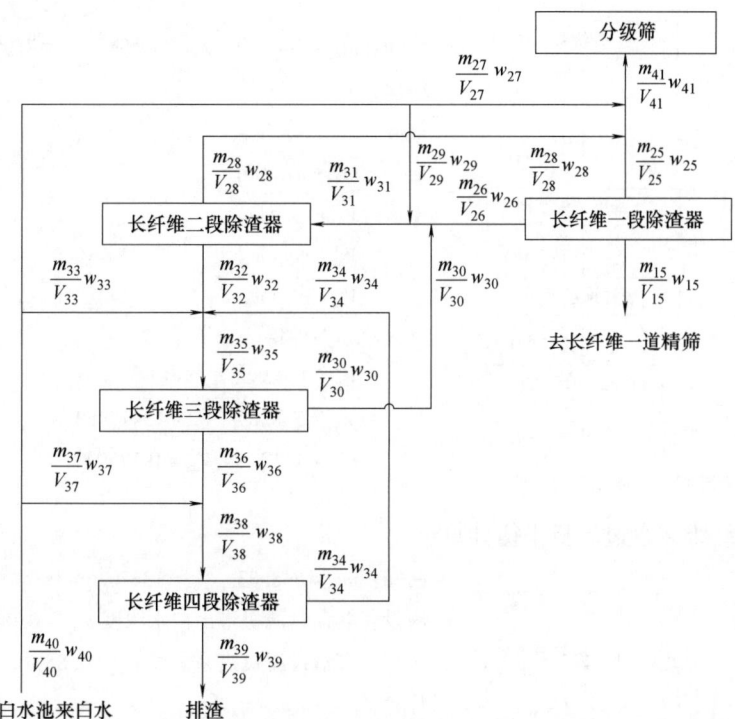

已知：$m_{15}=422.48$  $V_{15}=49703.74$  $w_{15}=0.85\%$  $w_{25}=1\%$  $w_{37}=0.07\%$
假设：一段除渣器排渣率为22%（对其进口量），四段除渣器排渣率为30%（对其进口量），四段除渣器进浆浓度：$w_{38}=0.4\%$，三段除渣器进浆浓度：$w_{35}=0.6\%$，三段除渣器排渣率30%（对其进口浆量），二段除渣器进浆浓度：$w_{31}=0.75\%$，排渣率为30%（对其进口浆量），排渣浓度：$w_{23}=3.5\%$，长纤维除渣系统总排渣率设为3%（对一段除渣器进口浆量）

计算：
$m_{25}=m_{15}/78\%$ （1）
$m_{26}=m_{25}-m_{15}$ （2）
$V_{25}=m_{25}/w_{25}$ （3）
$V_{26}=V_{25}-V_{15}$ （4）
代入已知条件得：
$m_{25}=541.64$
$V_{25}=54164.33$
$m_{26}=119.16$
$V_{26}=4460.59$
$m_{39}=3\%m_{25}$ （5）
$V_{39}=m_{39}/w_{39}$ （6）
$m_{38}=m_{39}/30\%$ （7）
$V_{38}=m_{38}/w_{38}$ （8）
$m_{34}=70\%m_{38}$ （9）
$V_{34}=V_{38}-V_{39}$ （10）
代入已知条件得：
$m_{34}=37.92$
$V_{34}=12891.11$

$m_{38}=54.16$
$V_{38}=13541.08$
$m_{39}=16.25$
$V_{39}=649.97$
$m_{36}+m_{37}=m_{38}$ （11）
$V_{36}+V_{37}=V_{38}$ （12）
$m_{36}=30\%m_{35}$ （13）
$m_{30}=70\%m_{35}$ （14）
$V_{30}=m_{30}/w_{30}$ （15）
$V_{35}=m_{35}/w_{35}$ （16）
代入已知条件得：
$m_{30}=106.76$
$V_{30}=23893.28$
$m_{35}=152.510$
$V_{35}=25418.3$
$m_{36}=45.75$
$V_{36}=1525.10$
$m_{37}=8.41$
$V_{37}=12015.98$

$m_{32}+m_{33}+m_{34}=m_{35}$ （17）
$V_{32}+V_{33}+V_{34}=V_{35}$ （18）
$V_{32}=m_{32}/w_{32}$ （19）
$V_{33}=m_{33}/w_{33}$ （20）
$m_{26}+m_{29}+m_{30}=m_{31}$ （21）
$V_{26}+V_{29}+V_{30}=V_{31}$ （22）
$V_{29}=m_{29}/w_{29}$ （23）
$V_{31}=m_{31}/w_{31}$ （24）
$m_{27}+m_{28}+m_{41}=m_{25}$ （25）
$V_{27}+V_{27}+V_{41}=V_{25}$ （26）
$V_{41}=m_{41}/w_{41}$ （27）
$V_{27}=m_{27}/w_{27}$ （28）
$m_{40}=m_{27}+m_{29}+m_{33}+m_{37}$ （29）
$V_{40}=V_{27}+V_{29}+V_{33}+V_{37}$ （30）
代入已知条件得：
$m_{27}=7.24$
$V_{27}=10340.79$
$m_{28}=119.30$
$V_{28}=27219.29$

$m_{29}=1.37$
$V_{29}=1950.68$
$m_{31}=227.28$
$V_{31}=30304.56$
$m_{32}=107.99$
$V_{32}=3085.27$
$m_{33}=6.61$
$V_{33}=9442.00$
$m_{40}=23.62$
$V_{40}=33749.45$
$m_{41}=415.11$
$V_{41}=16604.26$

7) 短纤维浓缩浆池、双盘磨和叩后浆池平衡计算

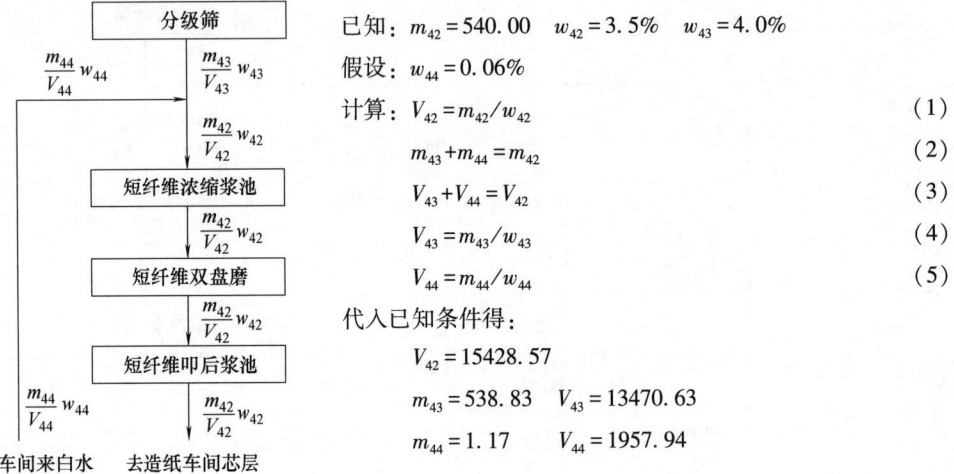

已知：$m_{42} = 540.00$　　$w_{42} = 3.5\%$　　$w_{43} = 4.0\%$

假设：$w_{44} = 0.06\%$

计算：$V_{42} = m_{42}/w_{42}$　　　　　　　　　　　(1)

$\qquad m_{43} + m_{44} = m_{42}$　　　　　　　　　(2)

$\qquad V_{43} + V_{44} = V_{42}$　　　　　　　　　(3)

$\qquad V_{43} = m_{43}/w_{43}$　　　　　　　　　　(4)

$\qquad V_{44} = m_{44}/w_{44}$　　　　　　　　　　(5)

代入已知条件得：

$\qquad V_{42} = 15428.57$

$\qquad m_{43} = 538.83$　　$V_{43} = 13470.63$

$\qquad m_{44} = 1.17$　　$V_{44} = 1957.94$

8) 短纤维多盘过滤机平衡计算

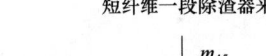
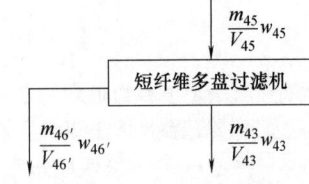

已知：$m_{43} = 538.83$　　$V_{43} = 13470.63$

假设：多盘过滤机带出白水浓度 $w_{46'} = 0.05\%$

　　　多盘过滤机进浆浓度 $w_{45} = 0.85\%$

计算：$m_{43} + m_{46'} = m_{45}$　　　　　　　　　(1)

$\qquad V_{43} + V_{46'} = V_{45}$　　　　　　　　　(2)

$\qquad V_{45} = m_{45}/w_{45}$　　　　　　　　　　(3)

$\qquad V_{46'} = m_{46'}/w_{46'}$　　　　　　　　　(4)

代入已知条件得：

$\qquad m_{45} = 565.35$　　$V_{45} = 66511.24$

$\qquad m_{46'} = 26.52$　　$V_{46'} = 53040.60$

9) 短纤维除渣系统平衡计算

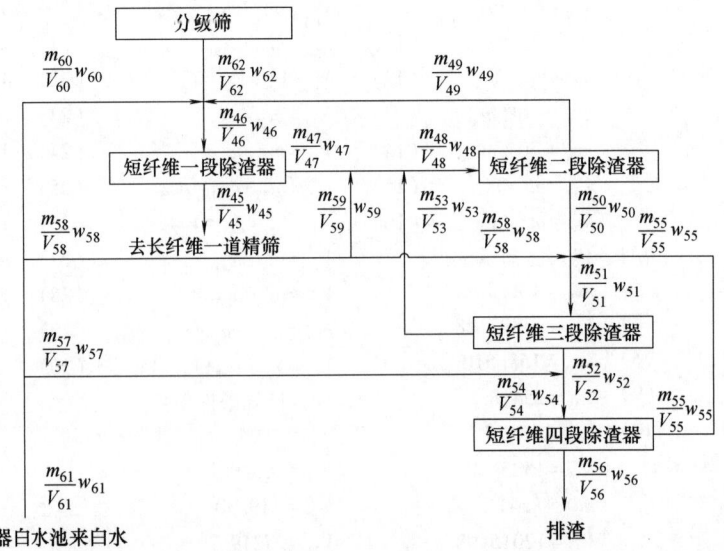

已知：$m_{45}=565.35$　$V_{45}=66511.24$　$w_{45}=0.85\%$　$w_{46}=1.0\%$

假设：一段除渣器排渣率为22%（对其进口量），四段除渣器排渣率为30%（对其进口量），四段除渣器进浆浓度：$w_{54}=0.4\%$，三段除渣器进浆浓度：$w_{51}=0.6\%$，三段除渣器排渣率30%（对其进口浆量），二段除渣器进浆浓度：$w_{48}=0.75\%$，排渣率为30%（对其进口浆量），排渣浓度：$w_{49}=3.5\%$，短纤维除渣系统总排渣率设为3%（对一段除渣器进口浆量）

| | | | | | |
|---|---|---|---|---|---|
| $m_{45}=78\%m_{46}$ | (1) | 代入已知条件得： | | $V_{60}=m_{60}/w_{60}$ | (31) |
| $m_{47}=22\%m_{46}$ | (2) | $m_{51}=204.08$ | | $V_{62}=m_{62}/w_{62}$ | (32) |
| $V_{46}=m_{46}/w_{46}$ | (3) | $V_{51}=34013.78$ | | $m_{57}+m_{58}+m_{59}+m_{60}=m_{61}$ | (33) |
| $V_{47}=V_{46}-V_{45}$ | (4) | $m_{52}=61.22$ | | $V_{57}+V_{58}+V_{59}+V_{60}=V_{61}$ | (34) |
| $m_{56}=3\%m_{46}$ | (5) | $V_{52}=2040.83$ | | 代入已知条件得： | |
| $V_{56}=m_{56}/w_{56}$ | (6) | $m_{53}=142.86$ | | $m_{48}=304.13$ | |
| 代入已知条件得： | | $V_{53}=31972.96$ | | $V_{48}=40551.17$ | |
| $m_{46}=724.80$ | | $m_{54}=72.48$ | | $m_{49}=159.63$ | |
| $V_{46}=72480.19$ | | $V_{54}=18120.08$ | | $V_{49}=36422.54$ | |
| $m_{47}=159.46$ | | $m_{55}=50.74$ | | $m_{50}=144.50$ | |
| $V_{47}=5978.95$ | | $V_{55}=17250.31$ | | $V_{50}=4128.63$ | |
| $m_{56}=21.74$ | | $m_{57}=11.26$ | | $m_{58}=8.84$ | |
| $V_{56}=869.76$ | | $V_{57}=16079.25$ | | $V_{58}=12634.38$ | |
| $m_{56}=30\%m_{54}$ | (7) | $m_{50}+m_{55}+m_{58}=m_{51}$ | (19) | $m_{59}=1.82$ | |
| $m_{55}=70\%m_{54}$ | (8) | $V_{50}+V_{55}+V_{58}=V_{51}$ | (20) | $V_{59}=2599.26$ | |
| $V_{54}=m_{54}/w_{54}$ | (9) | $V_{50}=m_{50}/w_{50}$ | (21) | $m_{60}=9.69$ | |
| $V_{55}=V_{54}-V_{56}$ | (10) | $V_{58}=m_{58}/w_{58}$ | (22) | $V_{60}=13844.49$ | |
| $m_{52}+m_{57}=m_{54}$ | (11) | $m_{47}+m_{57}+m_{59}=m_{49}$ | (23) | $m_{61}=31.61$ | |
| $V_{52}+V_{57}=V_{54}$ | (12) | $V_{47}+V_{57}+V_{59}=V_{49}$ | (24) | $V_{61}=45157.38$ | |
| $V_{52}=m_{52}/w_{52}$ | (13) | $V_{48}=m_{48}/w_{48}$ | (25) | $m_{62}=555.58$ | |
| $V_{57}=m_{57}/w_{57}$ | (14) | $V_{59}=m_{59}/w_{59}$ | (26) | $V_{62}=22223.16$ | |
| $m_{52}=30\%m_{51}$ | (15) | $m_{49}+m_{50}=m_{48}$ | (27) | | |
| $m_{53}=70\%m_{51}$ | (16) | $V_{49}+V_{50}=V_{48}$ | (28) | | |
| $V_{51}=m_{51}/w_{51}$ | (17) | $m_{49}+m_{60}+m_{62}=m_{46}$ | (29) | | |
| $V_{53}=V_{51}-V_{52}$ | (18) | $V_{49}+V_{60}+V_{62}=V_{46}$ | (30) | | |

10）中浓除渣器平衡计算

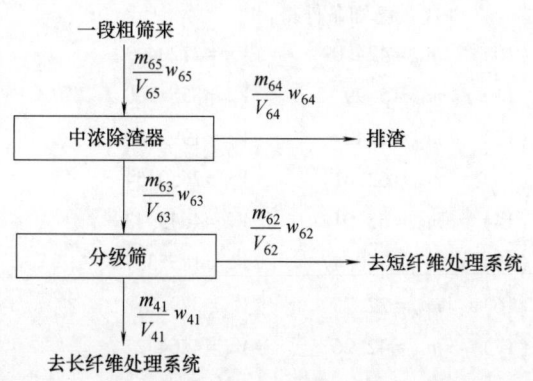

已知：$m_{41}=415.11$　$V_{41}=16604.26$
$m_{62}=555.58$　$V_{62}=22223.16$

假设：中浓除渣器排渣率为0.5%（对其进口浆量），排渣浓度：3.5%

计算：
$m_{41}+m_{62}=m_{63}$ （1）
$V_{41}+V_{62}=V_{63}$ （2）
$m_{63}=99.5\%m_{65}$ （3）
$m_{64}=0.5\%m_{65}$ （4）
$V_{64}=m_{64}/w_{64}$ （5）
$V_{63}+V_{64}=V_{65}$ （6）

代入已知条件得：
$m_{63}=970.69$　$V_{63}=38827.42$
$m_{64}=4.88$　$V_{64}=139.37$
$m_{65}=975.56$　$V_{65}=38966.79$　$w_{65}=2.5\%$

11) 一段粗筛、分级筛进料浆池浆水平衡计算

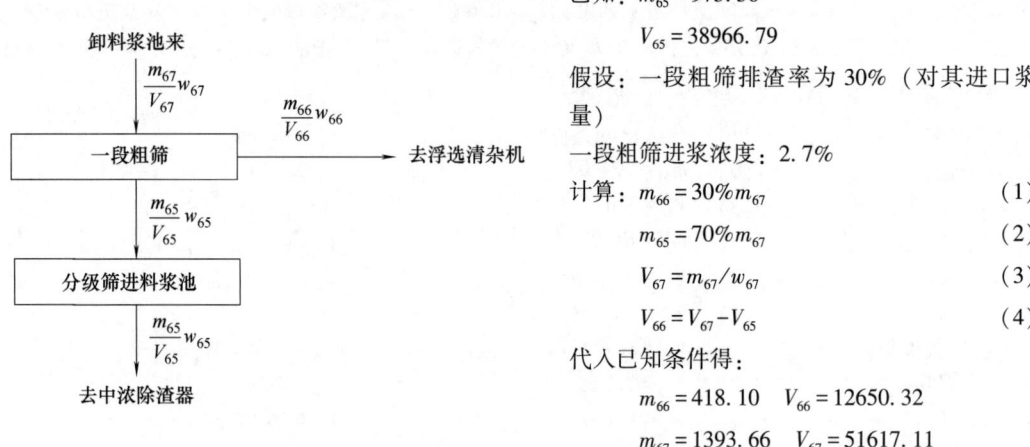

已知：$m_{65} = 975.56$
$V_{65} = 38966.79$

假设：一段粗筛排渣率为 30%（对其进口浆量）

一段粗筛进浆浓度：2.7%

计算：
$$m_{66} = 30\% m_{67} \quad (1)$$
$$m_{65} = 70\% m_{67} \quad (2)$$
$$V_{67} = m_{67}/w_{67} \quad (3)$$
$$V_{66} = V_{67} - V_{65} \quad (4)$$

代入已知条件得：

$m_{66} = 418.10 \quad V_{66} = 12650.32$
$m_{67} = 1393.66 \quad V_{67} = 51617.11$

12) 卸料浆池，浮选清杂机和 1#振框筛平衡计算

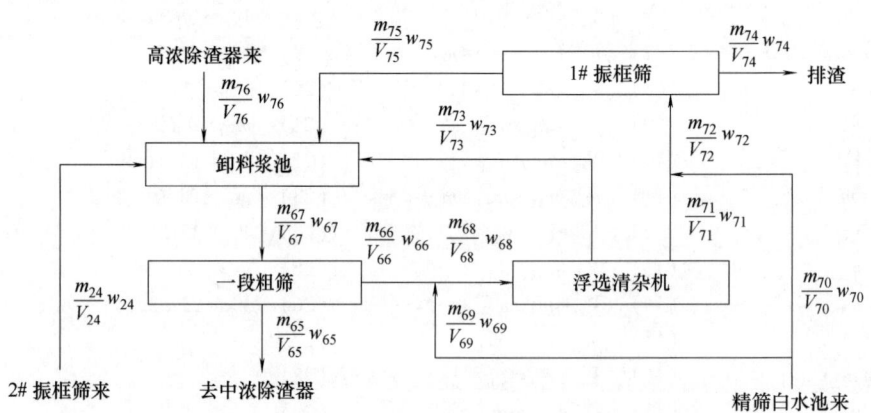

已知：$m_{66} = 418.10 \quad V_{66} = 12650.32$ 粗筛白水池来白水浓度：0.07% $m_{24} = 16.80 \quad V_{24} = 1570.29$

假设：浮选清杂机进浆浓度 2%，排渣率 15%（对其进口浆量），排渣浓度：2.4%

1#振框筛进浆浓度：1.4%，排渣率：35%，排渣浓度：6%

计算：

| | | 代入已知条件得： | |
|---|---|---|---|
| $m_{66} + m_{69} = m_{68}$ (1) | $V_{70} + V_{71} = V_{72}$ (10) | $m_{68} = 424.09$ | $V_{68} = 21204.32$ |
| $V_{66} + V_{69} = V_{68}$ (2) | $V_{70} = m_{70}/w_{70}$ (11) | $m_{69} = 5.99$ | $V_{69} = 8554.00$ |
| $V_{68} = m_{68}/w_{68}$ (3) | $V_{72} = m_{72}/w_{72}$ (12) | $m_{70} = 1.40$ | $V_{70} = 1992.89$ |
| $V_{69} = m_{69}/w_{69}$ (4) | $m_{74} = 35\% m_{72}$ (13) | $m_{71} = 63.61$ | $V_{71} = 2650.54$ |
| $m_{71} = 15\% m_{68}$ (5) | $m_{75} = 65\% m_{72}$ (14) | $m_{72} = 65.01$ | $V_{72} = 4643.43$ |
| $m_{73} = 85\% m_{68}$ (6) | $V_{74} = m_{74}/w_{74}$ (15) | $m_{73} = 360.47$ | $V_{73} = 18553.78$ |
| $V_{71} = m_{71}/w_{71}$ (7) | $V_{75} = V_{72} - V_{74}$ (16) | $m_{74} = 22.75$ | $V_{74} = 379.21$ |
| $V_{73} = V_{68} - V_{71}$ (8) | $m_{24} + m_{73} + m_{75} + m_{76} = m_{67}$ (17) | $m_{75} = 42.26$ | $V_{75} = 4264.22$ |
| $m_{70} + m_{71} = m_{72}$ (9) | $V_{24} + V_{73} + V_{75} + V_{76} = V_{67}$ (18) | $m_{76} = 974.13$ | $V_{76} = 27228.83$ |

### 13) 高浓除渣器平衡计算

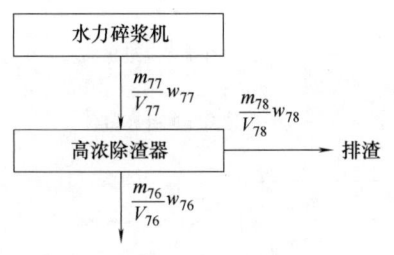

已知：$m_{76} = 974.13$

$V_{76} = 27228.83$

假设：高浓除渣器排渣率：0.5%（对其进口浆量），排渣浓度：4.5%

计算：
$$m_{76} + m_{78} = m_{77} \quad (1)$$
$$V_{76} + V_{78} = V_{77} \quad (2)$$
$$m_{76} = 99.5\% m_{77} \quad (3)$$
$$V_{78} = m_{78}/w_{78} \quad (4)$$

代入已知条件得：

$m_{77} = 979.03$    $V_{77} = 27337.61$

$m_{78} = 4.90$    $V_{78} = 108.78$

### 14) 水力碎浆机平衡计算

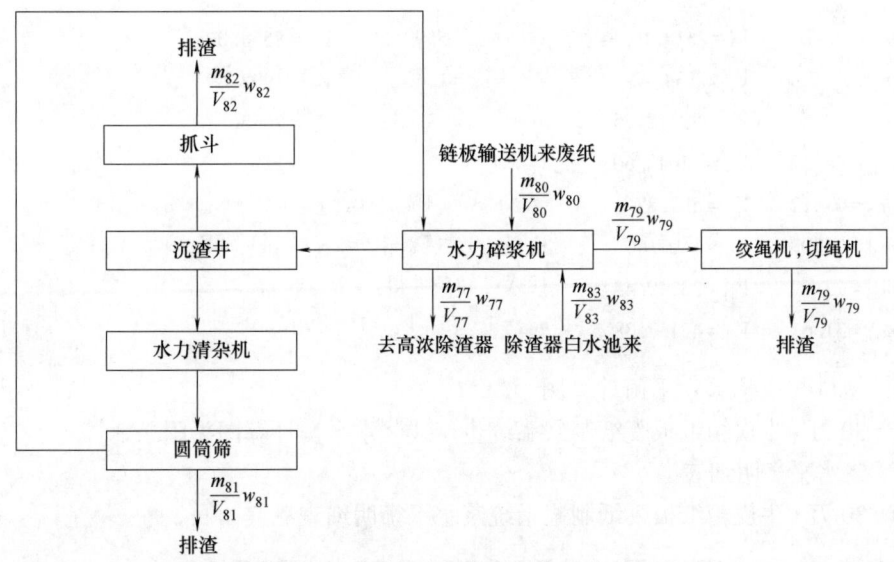

已知：$m_{77} = 979.03$   $V_{77} = 27337.61$   $w_{77} = 4\%$   $w_{83} = 0.07\%$

废纸水分含量：10%，水力碎浆机稀释白水浓度：0.07%

假设：圆筒筛排渣率：1.5%（对进废纸量），排渣浓度：15%，抓斗排渣率：0.5%（进废纸量），排渣浓度：50%，绞绳机排渣率：0.5%（进废纸量），排渣浓度：90%

计算：
| | | |
|---|---|---|
| $m_{79} = 0.5\% m_{80}$ | (1) | $m_{80} + m_{83} = m_{77} + m_{79} + m_{81} + m_{82}$   (9) |
| $m_{81} = 1.5\% m_{80}$ | (2) | $V_{80} + V_{83} = V_{77} + V_{79} + V_{81} + V_{82}$   (10) |
| $m_{82} = 0.5\% m_{80}$ | (3) | 代入已知条件得： |
| $V_{79} = m_{79}/w_{79}$ | (4) | $m_{79} = 4.93$    $V_{79} = 5.47$ |
| $V_{80} = m_{80}/w_{80}$ | (5) | $m_{80} = 985.21$    $V_{80} = 1094.68$ |
| $V_{81} = m_{81}/w_{81}$ | (6) | $m_{81} = 14.78$    $V_{81} = 98.52$ |
| $V_{82} = m_{82}/w_{82}$ | (7) | $m_{82} = 4.93$    $V_{82} = 9.85$ |
| $V_{83} = m_{83}/w_{83}$ | (8) | $m_{83} = 18.45$    $V_{83} = 26356.78$ |

15）精筛白水池、除渣器白水池平衡计算

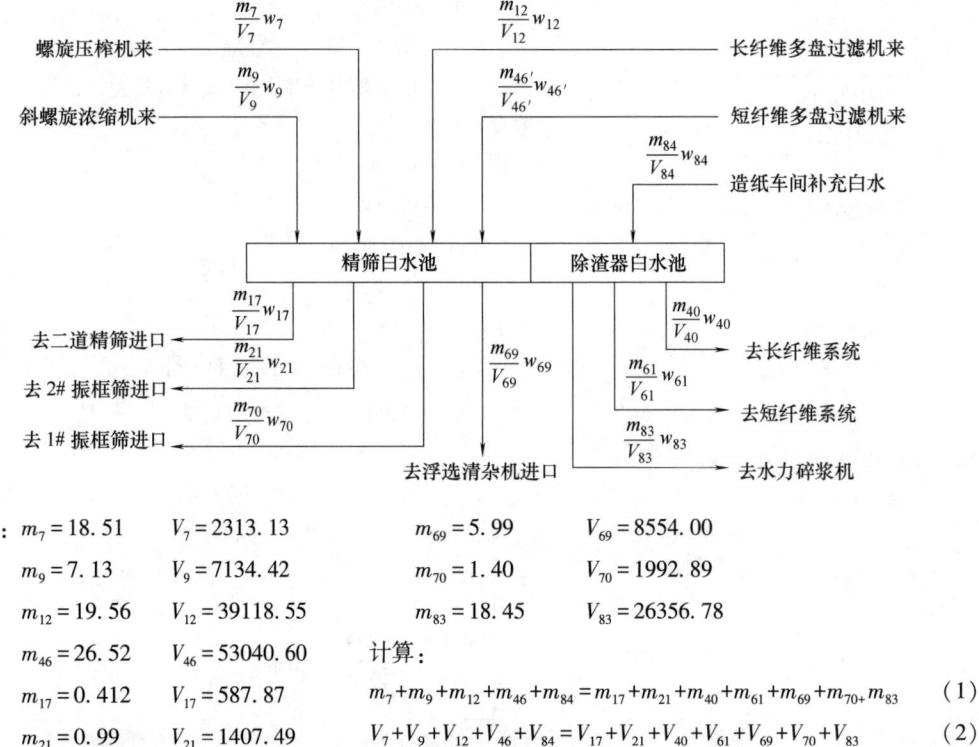

已知：$m_7 = 18.51$    $V_7 = 2313.13$    $m_{69} = 5.99$    $V_{69} = 8554.00$

$m_9 = 7.13$    $V_9 = 7134.42$    $m_{70} = 1.40$    $V_{70} = 1992.89$

$m_{12} = 19.56$    $V_{12} = 39118.55$    $m_{83} = 18.45$    $V_{83} = 26356.78$

$m_{46} = 26.52$    $V_{46} = 53040.60$    计算：

$m_{17} = 0.412$    $V_{17} = 587.87$

$$m_7 + m_9 + m_{12} + m_{46} + m_{84} = m_{17} + m_{21} + m_{40} + m_{61} + m_{69} + m_{70} + m_{83} \quad (1)$$

$m_{21} = 0.99$    $V_{21} = 1407.49$

$$V_7 + V_9 + V_{12} + V_{46} + V_{84} = V_{17} + V_{21} + V_{40} + V_{61} + V_{69} + V_{70} + V_{83} \quad (2)$$

$m_{40} = 23.62$    $V_{40} = 33749.45$    代入已知条件得：

$m_{61} = 31.61$    $V_{61} = 45157.38$    $m_{84} = 10.75$    $V_{84} = 16199.16$

（4）物料（或浆水）平衡计算图

年产30万t牛皮箱纸板废纸制浆系统生产线浆水平衡计算图见附录3。

（5）浆水平衡明细表

年产30万t牛皮箱纸板废纸制浆系统浆水平衡明细表见表4-11。

表4-11    年产30万t牛皮箱纸板废纸制浆系统浆水平衡明细表

| 序号 | 单元名称 | 来源与去向 | 纤维质量/kg | | 浆料体积/L | |
|---|---|---|---|---|---|---|
| | | | 收 | 支 | 收 | 支 |
| 1 | 水力碎浆机 | 来自链板式输送机 | 985.21 | | 1094.68 | |
| | | 来自精筛稀白水池 | 18.45 | | 26356.78 | |
| | | 去高浓除渣器 | | 979.03 | | 27337.61 |
| | | 绞绳机排渣 | | 4.93 | | 5.47 |
| | | 圆筒筛排渣 | | 14.78 | | 98.52 |
| | | 抓斗排渣 | | 4.93 | | 9.85 |
| | | 合计 | 1003.66 | 1003.66 | 27451.45 | 27451.45 |
| 2 | 高浓除渣器 | 来自水力碎浆机 | 979.03 | | 27337.61 | |
| | | 去卸料浆池 | | 974.13 | | 27228.83 |

续表

| 序号 | 单元名称 | 来源与去向 | 纤维质量/kg 收 | 纤维质量/kg 支 | 浆料体积/L 收 | 浆料体积/L 支 |
|---|---|---|---|---|---|---|
| | | 高浓除渣器排渣 | | 4.50 | | 108.78 |
| | | 合计 | 979.03 | 979.03 | 27337.61 | 27337.61 |
| 3 | 卸料浆池 | 来自高浓除渣器 | 974.13 | | 27228.83 | |
| | | 来自1#振框筛 | 42.26 | | 4264.22 | |
| | | 来自2#振框筛 | 16.80 | | 1570.29 | |
| | | 来自浮选清杂机 | 360.47 | | 18553.78 | |
| | | 去一段粗筛 | | 1393.66 | | 51617.11 |
| | | 合计 | 1393.66 | 1393.66 | 51617.11 | 51617.11 |
| 4 | 一段粗筛 | 来自卸料浆池 | 1393.66 | | 51617.11 | |
| | | 去分级筛进料浆池 | | 975.56 | | 38966.79 |
| | | 去浮选清杂机 | | 418.10 | | 12650.32 |
| | | 合计 | 1393.66 | 1393.66 | 51617.11 | 51617.11 |
| 5 | 浮选清杂机 | 来自一段粗筛 | 418.10 | | 12650.32 | |
| | | 来自粗筛白水池 | 5.99 | | 8554.00 | |
| | | 去1#振框筛 | | 63.61 | | 2650.54 |
| | | 去卸料浆池 | | 360.47 | | 18553.78 |
| | | 合计 | 424.09 | 424.09 | 21204.32 | 21204.32 |
| 6 | 1#振框筛 | 来自浮选清杂机 | 63.61 | | 2650.54 | |
| | | 来自粗筛白水池 | 1.40 | | 1992.89 | |
| | | 去卸料浆池 | | 42.26 | | 4264.22 |
| | | 排渣 | | 22.75 | | 379.21 |
| | | 合计 | 65.01 | 65.01 | 4643.43 | 4643.43 |
| 7 | 分级筛进浆池 | 来一段粗筛 | 975.56 | | 38966.79 | |
| | | 去中浓除渣器 | | 975.56 | | 38966.79 |
| | | 合计 | 975.56 | 975.56 | 38966.79 | 38966.79 |
| 8 | 中浓除渣器 | 来分级筛进浆池 | 975.56 | | 38966.79 | |
| | | 去分级筛 | | 970.69 | | 38827.42 |
| | | 排渣 | | 4.88 | | 139.37 |
| | | 合计 | 975.56 | 975.56 | 38966.79 | 38966.79 |
| 9 | 分级筛 | 来自中浓除渣器 | 970.69 | | 38827.42 | |
| | | 去长纤维一段重质除渣器 | | 415.11 | | 16604.26 |
| | | 去短纤维一段重质除渣器 | | 555.58 | | 22223.16 |
| | | 合计 | 970.69 | 970.69 | 38827.42 | 38827.42 |
| 10 | 长纤维一段重质除渣器 | 来自分级筛 | 415.11 | | 16604.26 | |
| | | 来自长纤维二段重质除渣器 | 119.30 | | 27219.29 | |

续表

| 序号 | 单元名称 | 来源与去向 | 纤维质量/kg 收 | 纤维质量/kg 支 | 浆料体积/L 收 | 浆料体积/L 支 |
|---|---|---|---|---|---|---|
| | | 来自除渣器白水池 | 7.24 | | 10340.79 | |
| | | 去一道精筛 | | 422.48 | | 49703.74 |
| | | 去长纤维二段重质除渣器 | | 119.16 | | 4460.59 |
| | | 合计 | 541.64 | 541.64 | 54164.33 | 54164.33 |
| 11 | 长纤维二段重质除渣器 | 来自长纤维一段除渣器 | 119.16 | | 4460.59 | |
| | | 来自除渣器白水池 | 1.37 | | 1950.68 | |
| | | 来自长纤维三段重质除渣器 | 106.76 | | 23893.28 | |
| | | 去长纤维一段除渣器 | | 119.30 | | 27219.29 |
| | | 去长纤维三段除渣器 | | 107.99 | | 3085.27 |
| | | 合计 | 227.28 | 227.28 | 30304.56 | 30304.56 |
| 12 | 长纤维三段除渣器 | 来自长纤维二段除渣器 | 107.99 | | 3085.27 | |
| | | 来自除渣器白水池 | 6.61 | | 9442.00 | |
| | | 来自长纤维四段除渣器 | 37.92 | | 12891.11 | |
| | | 去长纤维二段除渣器 | | 106.76 | | 23893.28 |
| | | 去长纤维四段除渣器 | | 45.75 | | 1525.10 |
| | | 合计 | 152.51 | 152.51 | 25418.38 | 25418.38 |
| 13 | 长纤维四段除渣器 | 来自长纤维三段除渣器 | 45.75 | | 1525.10 | |
| | | 来自除渣器白水池 | 8.41 | | 12015.98 | |
| | | 去长纤维三段除渣器 | | 37.92 | | 12891.11 |
| | | 排渣 | | 16.25 | | 649.97 |
| | | 合计 | 54.16 | 54.16 | 13541.08 | 13541.08 |
| 14 | 一道精筛 | 来自长纤维一段重质除渣器 | 422.48 | | 49703.74 | |
| | | 去二道精筛 | | 126.74 | | 11522.23 |
| | | 去长纤维多盘过滤机 | | 295.74 | | 38181.51 |
| | | 合计 | 422.48 | 422.48 | 49703.74 | 49703.74 |
| 15 | 二道精筛 | 来自一道精筛 | 126.74 | | 11522.23 | |
| | | 来自精筛白水池 | 0.412 | | 587.87 | |
| | | 去长纤维多盘过滤机 | | 104.14 | | 11803.30 |
| | | 去 2#振框筛 | | 23.01 | | 306.10 |
| | | 合计 | 127.16 | 127.16 | 12110.10 | 12110.10 |
| 16 | 2#振框筛 | 来自二道精筛 | 23.01 | | 306.80 | |
| | | 来自精筛白水池 | 0.99 | | 1407.49 | |
| | | 去卸料浆池 | | 16.80 | | 1570.29 |
| | | 排渣 | | 7.20 | | 144.00 |
| | | 合计 | 24.00 | 24.00 | 1714.29 | 1714.29 |

续表

| 序号 | 单元名称 | 来源与去向 | 纤维质量/kg 收 | 纤维质量/kg 支 | 浆料体积/L 收 | 浆料体积/L 支 |
|---|---|---|---|---|---|---|
| 17 | 长纤维多盘过滤机 | 来自一道精筛 | 295.74 | | 38181.51 | |
| | | 来自二道精筛 | 104.14 | | 11803.30 | |
| | | 去长纤维浓缩浆池 | | 380.32 | | 10866.26 |
| | | 去精筛白水池 | | 19.56 | | 39118.55 |
| | | 合计 | 399.88 | 399.88 | 49984.81 | 49984.81 |
| 18 | 斜螺旋浓缩机 | 来自长纤维浓缩浆池 | 380.32 | | 10866.26 | |
| | | 去螺旋压榨机 | | 373.18 | | 3731.85 |
| | | 去精筛白水池 | | 7.13 | | 7134.42 |
| | | 合计 | 380.32 | 380.32 | 10866.26 | 10866.26 |
| 19 | 螺旋压榨机 | 来自斜螺旋浓缩机 | 373.18 | | 3731.85 | |
| | | 去热分散机 | | 354.68 | | 1418.72 |
| | | 去精筛白水池 | | 18.51 | | 2313.13 |
| | | 合计 | 373.18 | 373.18 | 3731.85 | 3731.85 |
| 20 | 热分散后浆池 | 来自螺旋压榨机 | 354.68 | | 1418.72 | |
| | | 来自造纸车间调浓白水 | 4.54 | | 7561.70 | |
| | | 去长纤维精浆机 | | 359.22 | | 8980.42 |
| | | 合计 | 359.22 | 359.22 | 8980.42 | 8980.42 |
| 21 | 长纤维精浆机 | 来自热分散后浆池 | 359.22 | | 8980.42 | |
| | | 来自长纤维精浆机(回流) | 40.00 | | 1142.86 | |
| | | 来自造纸车间调浓白水 | 0.78 | | 1305.29 | |
| | | 去长纤维叩后浆池 | | 360.00 | | 10285.71 |
| | | 去长纤维精浆机(回流) | | 40.00 | | 1142.86 |
| | | 合计 | 400.00 | 400.00 | 11428.57 | 11428.57 |
| 22 | 长纤维叩后浆池 | 来自长纤维精浆机 | 360.00 | | 10285.71 | |
| | | 去造纸车间 | | 360.00 | | 10285.71 |
| | | 合计 | 360.00 | 360.00 | 10285.71 | 10285.71 |
| 23 | 短纤维一段重质除渣器 | 来自分级筛 | 555.58 | | 22223.16 | |
| | | 来自短纤维二段重质除渣器 | 159.63 | | 36422.54 | |
| | | 来自除渣器白水池 | 9.69 | | 13844.49 | |
| | | 去短纤维多盘浓缩机 | | 565.35 | | 66511.24 |
| | | 去短纤维二段重质除渣器 | | 159.46 | | 5978.95 |
| | | 合计 | 724.90 | 724.80 | 72490.19 | 72490.19 |
| 24 | 短纤维二段除渣器 | 来自短纤维一段重质除渣器 | 159.46 | | 5978.95 | |
| | | 来自短纤维三段重质除渣器 | 142.86 | | 31972.96 | |
| | | 来自除渣器白水池 | 1.82 | | 2599.26 | |
| | | 去短纤维一段重质除渣器 | | 159.63 | | 36422.54 |
| | | 去短纤维三段重质除渣器 | | 144.50 | | 4128.63 |
| | | 合计 | 304.13 | 304.13 | 40551.17 | 40551.17 |
| 25 | 短纤维三段除渣器 | 来自短纤维二段重质除渣器 | 144.50 | | 4128.63 | |
| | | 来自短纤维四段重质除渣器 | 50.74 | | 17250.31 | |

续表

| 序号 | 单元名称 | 来源与去向 | 纤维质量/kg 收 | 纤维质量/kg 支 | 浆料体积/L 收 | 浆料体积/L 支 |
|---|---|---|---|---|---|---|
| | | 来自除渣器白水池 | 8.84 | | 12634.38 | |
| | | 去短纤维二段重质除渣器 | | 142.86 | | 31972.96 |
| | | 去短纤维四段重质除渣器 | | 61.22 | | 2040.83 |
| | | 合计 | 204.08 | 204.08 | 34013.33 | 34013.33 |
| 26 | 短纤维四段除渣器 | 来自短纤维三段重质除渣器 | 61.22 | | 2040.83 | |
| | | 来自除渣器白水池 | 11.26 | | 16079.25 | |
| | | 去短纤维三段重质除渣器 | | 50.74 | | 17250.31 |
| | | 排渣 | | 21.74 | | 869.76 |
| | | 合计 | 72.48 | 72.48 | 18120.08 | 18120.08 |
| 27 | 短纤维多盘过滤机 | 来自短纤维一段重质除渣器 | 565.35 | | 66511.24 | |
| | | 去短纤维浓缩浆池 | | 538.83 | | 13470.63 |
| | | 去精筛白水池 | | 26.52 | | 53040.60 |
| | | 合计 | 565.35 | 565.35 | 66511.24 | 66511.24 |
| 28 | 短纤维双盘磨 | 来自短纤维浓缩浆池 | 538.83 | | 13470.63 | |
| | | 来自造纸车间白水 | 1.17 | | 1957.94 | |
| | | 去短纤维叩后浆池 | | 540.00 | | 15428.57 |
| | | 合计 | 540.00 | 540.00 | 15428.57 | 15428.57 |
| 29 | 短纤维叩后浆池 | 来自短纤维双盘磨 | 540.00 | | 15428.57 | |
| | | 去造纸车间底层浆 | | 540.00 | | 15428.57 |
| | | 合计 | 540.00 | 540.00 | 15428.57 | 15428.57 |
| 30 | 精筛白水池和除渣器白水池 | 来自长纤维多盘过滤机 | 19.56 | 39118.55 | | |
| | | 来自短纤维多盘过滤机 | 26.52 | 53040.60 | | |
| | | 来自斜螺旋浓缩机 | 7.13 | 7134.42 | | |
| | | 来自斜螺旋压榨机 | 18.51 | 2313.13 | | |
| | | 来自造纸车间稀白水 | 10.75 | 16199.16 | | |
| | | 去二道精筛进口 | | | 0.41 | 587.87 |
| | | 去2#振框筛进口 | | | 0.99 | 1407.49 |
| | | 去长纤维系统 | | | 23.62 | 33749.45 |
| | | 去短纤维系统 | | | 31.61 | 45157.38 |
| | | 去浮选清杂机进口 | | | 5.99 | 8554.00 |
| | | 去1#振框筛进口 | | | 1.40 | 1992.89 |
| | | 去水力碎浆机 | | | 18.45 | 26356.78 |
| | | 合计 | 82.47 | 1117805.86 | 82.47 | 117805.86 |

(6) 浆水平衡总表

年产 30 万 t 牛皮箱纸板废纸制浆系统浆水平衡总表见表 4-12。

表 4-12　　　　　年产 30 万 t 牛皮箱纸板废纸制浆系统浆水平衡总表

| 项目名称 | | 纤维质量/kg | | 浆料体积/L | |
|---|---|---|---|---|---|
| | | 收 | 支 | 收 | 支 |
| 送造纸车间 | 面浆 | | 360.00 | | 10285.71 |
| | 芯浆 | | 540.00 | | 15428.57 |
| 2#振框筛排渣 | | | 7.20 | | 144.00 |
| 长纤维四段除渣器排渣 | | | 16.25 | | 649.97 |
| 短纤维四段除渣器排渣 | | | 21.74 | | 869.76 |
| 高浓除渣器排渣 | | | 4.90 | | 108.78 |
| 中浓除渣器排渣 | | | 4.88 | | 139.37 |
| 1#振框筛排渣 | | | 22.75 | | 379.21 |
| 绞绳机排渣 | | | 4.93 | | 5.47 |
| 圆筒筛排渣 | | | 14.78 | | 98.52 |
| 抓斗排渣 | | | 4.93 | | 9.85 |
| 链板输送机送来废纸量 | | 985.21 | | 1094.68 | |
| 造纸车间送来白水量 | | 6.50 | | 10824.94 | |
| 补充造纸车间的白水量 | | 10.75 | | 16199.16 | |
| 合计 | | 1002.46 | 1002.36 | 28118.78 | 28119.21 |

(7) 年产 30 万 t 牛皮箱纸板废纸制浆系统浆水平衡计算图

年产 30 万 t 牛皮箱纸板废纸制浆系统浆水平衡计算图如图 4-45 所示。

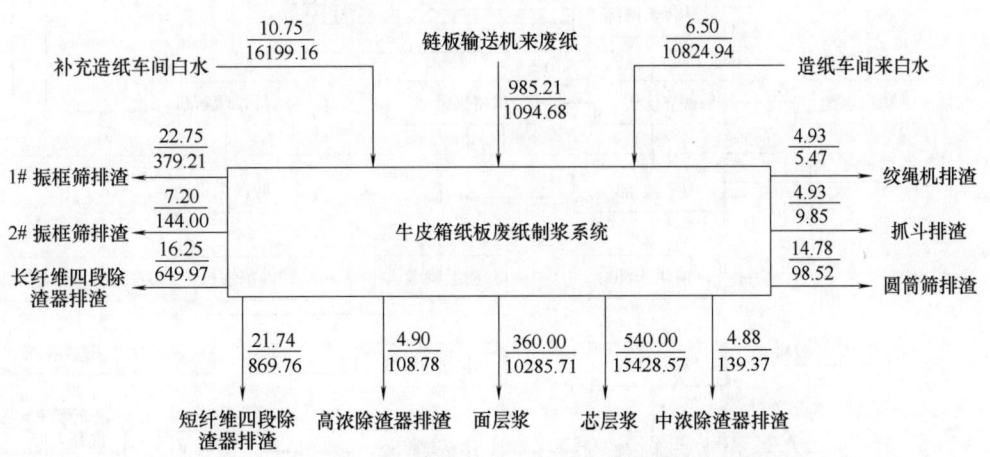

图 4-45　年产 30 万 t 牛皮箱纸板废纸制浆系统平衡计算图

**实例 4：年产 30 万 t 牛皮箱板纸造纸系统浆水平衡计算**

牛皮箱纸板造纸系统拟采用废纸制浆车间制得的合格长、短纤维为原料，长纤维浆用于牛皮箱纸板的底层，短纤维浆用于牛皮箱纸板的芯层，面层以少量 UKP 硫酸盐木浆挂面；三层浆分别按一定比例通过各层流送系统上网抄造成型，再复合制得高档牛皮箱纸板，年产量为 30 万 t。

（1）确定生产工艺流程图

以方框图表示，年产 30 万 t 高档牛皮箱纸板造纸系统生产工艺流程框图如图 4-46 所示。

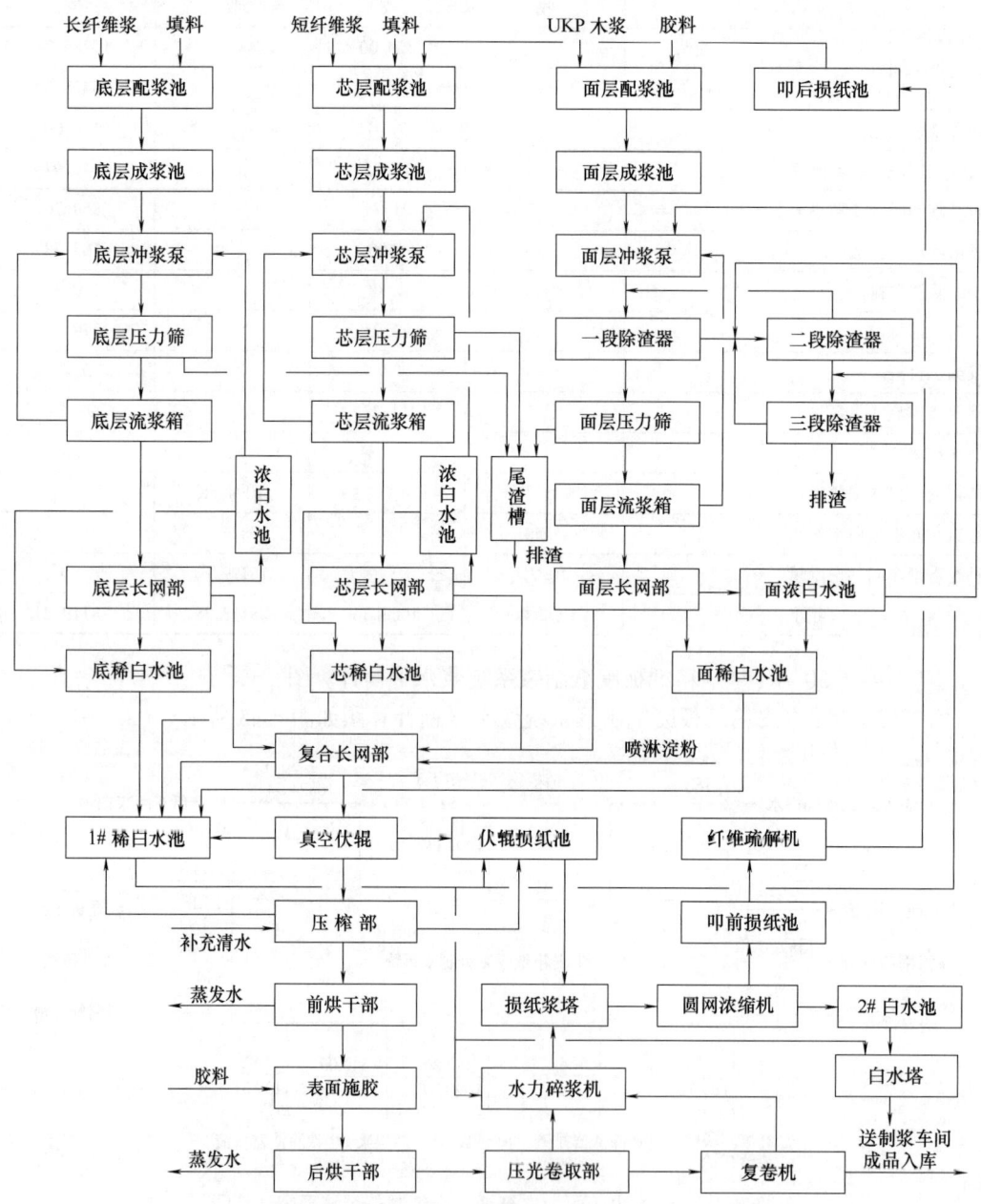

图 4-46  年产 30 万 t 高档牛皮箱纸板造纸系统生产工艺流程框图

（2）选定平衡计算有关定额和工艺技术参数

年产 30 万 t 高档牛皮箱纸板造纸车间有关定额和技术数据见表 4-13。

表 4-13　年产 30 万 t 高档牛皮箱纸板造纸车间有关定额和技术数据

| 序号 | 指标名称 | 单位 | 定额 | 备注 |
|---|---|---|---|---|
| 1 | 定量 | g/m² | 200 | 计算定量 |
| 2 | 设计车速 | m/min | 500 | |
| 3 | 净纸宽度 | mm | 4400 | |
| 4 | 纸机抄宽 | mm | 4440 | |
| 5 | 合格率 | % | 97 | |
| 6 | 抄造率 | % | 97 | |
| 7 | 成品率 | % | 95 | |
| 8 | 干损纸率 | % | 1.5 | 对总绝干浆 |
| 9 | 成纸干度 | % | 93 | |
| 10 | 进后干燥纸页干度 | % | 75 | |
| 11 | 进前干燥纸页干度 | % | 46 | |
| 12 | 面施胶量 | % | 1.0 | 对绝干成品 |
| 13 | 底填料量 | % | 3.0 | 对绝干成品 |
| 14 | 芯填料量 | % | 12.0 | 对绝干成品 |
| 15 | 表面施胶量 | g/m² | 6 | 双面计 |
| 16 | 表面施胶液浓度 | % | 10 | |
| 17 | 喷淋淀粉量 | g/m² | 1 | 对成品计 |
| 18 | 喷淋淀粉溶液浓度 | % | 7 | |
| 19 | 进压榨纸页干度 | % | 22 | |
| 20 | 压榨白水带出纤维率 | % | 0.12 | 对其进浆量 |
| 21 | 压榨湿损率 | % | 1.0 | 对总绝干浆 |
| 22 | 进真空伏辊纸页干度 | % | 10 | |
| 23 | 真空伏辊损纸率 | % | 1.0 | 对其进浆量 |
| 24 | 真空伏辊带出纤维率 | % | 0.15 | 对总绝干浆 |
| 25 | 冲边宽度 | mm | 2×20 | 切两个纸边 |
| 26 | 纸页横向收缩率 | % | 3 | |
| 27 | 底层后真空箱带出纤维率 | % | 3 | 对其进浆量 |
| 28 | 进底网后真空箱纸页干度 | % | 7 | |
| 29 | 纸机补充清水量 | L | 8000 | 吨成品计 |
| 30 | 面层：芯层：底层 | | 20：60：20 | 以 200g/m² 计 |
| 31 | 底,芯层上网浓度 | % | 0.7 | |
| 32 | 面层上网浓度 | % | 0.6 | |
| 33 | 底,芯层压力筛排渣率 | % | 5 | 对其进浆量 |
| 34 | 底,芯压力筛排渣浓度 | % | 1.5 | |
| 35 | 面层压力筛排渣率 | % | 2 | 对其进浆量 |
| 36 | 面压力筛排渣浓度 | % | 1.5 | |

(3) 物料（或浆水）平衡计算过程

以 1000kg 成品纸（风干）为计算基准，采用物料平衡以百分比计算。

物料平衡计算公式： $m = V \times w/(1-w)$

式中　$m$——进出设备纸页绝干质量，kg

　　　$V$——进出设备纸页水分体积或质量，L 或 kg

　　　$w$——纸页干度，%

$m$ 和 $V$ 有效数字保留到小数点后 2 位。

1) 复卷部

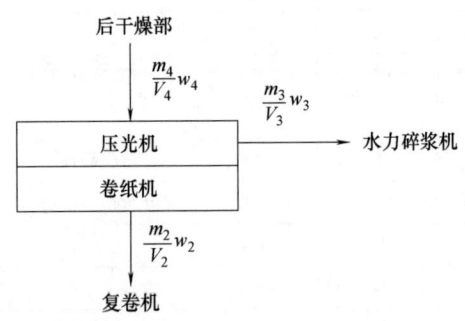

已知：成品纸干度 93%，即 $w_0 = w_1 = w_2 = 93\%$

以 1000.00kg 成品纸（风干）为计算基准，

则：$m_0 = 1000.00 \times 93\% = 930.00$

$V_0 = 1000.00 - 930.00 = 70.00$

假设：成品率 $K_1 = 95\%$

计算：$m_1$，$V_1$，$m_2$，$V_2$

成品率 $K_1 =$ 全部产品（$V_0$）/抄造量（$V_2$）

$m_2 = m_0/K_1$ （1）

$V_2 = m_2(1-w_2)/w_2$ （2）

$V_1 = V_2 - V_0$ （3）

$m_1 = m_2 - m_0$ （4）

代入已知条件得：

$m_1 = 48.95$　　$V_1 = 3.68$

$m_2 = 978.95$　　$V_2 = 73.68$

2) 压光、卷曲部

已知：$m_2 = 978.95$　$V_2 = 73.68$　$w_2 = w_3 = w_4 = 93\%$

假设：抄造率 $K_2 = 97\%$，干损纸率 $d_1 = 1.5\%$

计算：抄造率 = 抄造量/(抄造量+抄造损纸量)

抄造损纸包括：干损纸和湿损纸内部分

设 $V_X =$ 抄造量+抄造损纸量，$m_Y$ 为 $V_X$ 中绝干纤维量，则：

$V_X = V_2/K_2$ （1）

$m_Y = m_2/K_2$ （2）

$m_3 = m_Y \times d_1$ （3）

$V_3 = m_3(1-w_3)/w_3$ （4）

$m_4 = m_2 + m_3$ （5）

$V_4 = V_2 + V_3$ （6）

代入已知条件得：

$V_X = 75.96$　　$m_Y = 1009.22$

$m_3 = 15.14$　　$V_3 = 1.14$

$m_4 = 994.09$　　$V_4 = 74.82$

### 3) 后干燥部

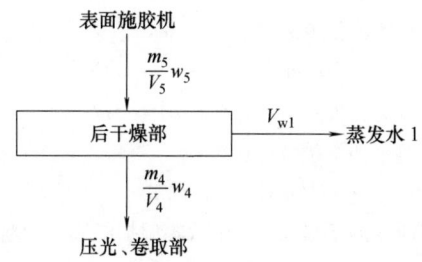

已知：$m_4 = 994.09$  $V_4 = 74.82$  $w_4 = 93\%$

假设：进后干燥纸页干度：$w_5 = 75\%$

计算：
$$m_5 = m_4 \quad (1)$$
$$V_5 = m_5(1-w_5)/w_5 \quad (2)$$
$$V_{w1} = V_5 - V_4 \quad (3)$$

代入已知条件得：

$m_5 = 994.09$  $V_5 = 331.36$  $V_{w1} = 256.54$

### 4) 表面施胶

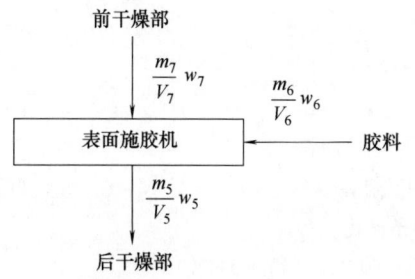

已知：$m_5 = 994.09$  $V_5 = 331.36$  $w_5 = 75\%$

假设：施胶量为：$3g/(m^2 \cdot 面)$，计 $6g/m^2$
成纸定量 $200g/m^2$，胶料浓度：$11.1111\%$

计算：$m_6 = (6/200) \times 930 = 27.90$
$V_6 = m_6/w_6 = 27.90/11.1111\% = 251.00$
$$m_6 + m_7 = m_5 \quad (1)$$
$$V_6 + V_7 = V_5 \quad (2)$$

代入已知条件得：

$m_7 = 966.19$  $V_7 = 80.26$

### 5) 前干燥部

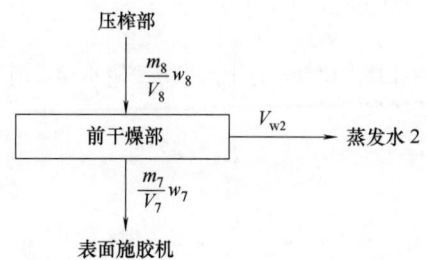

已知：$m_7 = 966.19$  $V_7 = 80.26$  $w_7 = 75\%$

假设：进前干燥纸页干度：$w_8 = 46\%$

计算：
$$m_8 = m_7 \quad (1)$$
$$V_8 = m_8(1-w_8)/w_8 \quad (2)$$
$$V_{W2} = V_8 - V_7 \quad (3)$$

代入已知条件得：

$m_8 = 966.19$  $V_8 = 1134.22$
$V_{W2} = 1053.96$

### 6) 压榨部

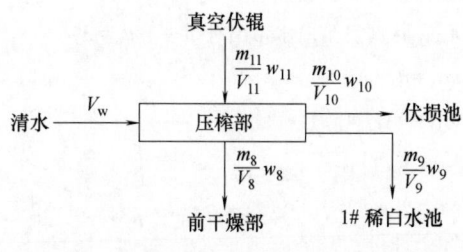

已知：$m_8 = 966.19$  $V_8 = 1134.22$  $w_8 = 46\%$
$m_Y = 1009.22$ [见 2]

假设：进压榨部纸页干度：$w_{11} = 22\%$
压榨部白水带出纤维率 $d_2 = 0.12\%$
压榨部湿损纸率：$d_3 = 1.0\%$
损纸在压榨部的平均干度：$w_{10} = 34\%$
压榨部补充清水量：$V_w = 8000$

计算：
$$m_{10} = m_Y \times d_3 \quad (1)$$
$$V_{10} = m_{10}(1-w_{10})/w_{10} \quad (2)$$
$$m_9 = m_{11} \times d_2 \quad (3)$$
$$m_{11} = m_8 + m_9 + m_{10} \quad (4)$$
$$V_{11} + V_w = V_8 + V_9 + V_{10} \quad (5)$$
$$V_{11} = m_{11}(1-w_{11})/w_{11} \quad (6)$$

代入已知条件得：

$m_9 = 1.17$  $V_9 = 10311.69$
$m_{10} = 10.09$  $V_{10} = 19.59$
$m_{11} = 977.45$  $V_{11} = 3465.50$

7）真空伏辊

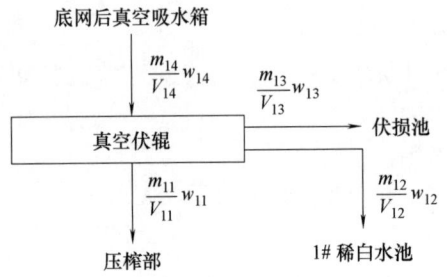

横向收缩率：$\varepsilon = 3.0\%$
纸机抄宽 $B_m = 4440mm$
计算：湿纸页宽度：$B_e = B_m/(1-\varepsilon) = 4577.32$
湿纸边占整个湿纸幅宽的比率：
$$r = b/(b+B_e) = 0.87\%$$
进入伏损池的湿纸量 $m_{13}$ 是由伏辊湿损纸和切边湿纸幅两部分组成，即：

$m_{13} = m_Y \times d_5 + r \times m_{14}$ （1）
$m_{12} = m_{14} \times d_4$ （2）
$m_{14} = m_{11} + m_{12} + m_{13}$ （3）
$V_{14} = m_{14}(1-w_{14})/w_{14}$ （4）
$V_{13} = m_{13}(1-w_{13})/w_{13}$ （5）
$V_{14} = V_{11} + V_{12} + V_{13}$ （6）

已知：$m_{11} = 977.45$　$V_{11} = 3465.50$
$w_{11} = 22\%$　$m_Y = 1009.22$ ［见2)］
假设：进真空伏辊纸页的干度：$w_{14} = 10\%$
　　　进伏损池底损纸干度：$w_{13} = w_{11} = 22\%$
　　　真空伏辊带出纤维率：$d_4 = 0.15\%$
　　　真空伏辊湿损纸率：$d_5 = 1.0\%$
　　　冲边宽度：$b = 2 \times 20mm$

代入已知条件得：
$m_{12} = 1.50$　$V_{12} = 5447.18$
$m_{13} = 18.74$　$V_{13} = 66.44$
$m_{14} = 997.68$　$V_{14} = 8979.12$

说明：进出真空伏辊的浆料以纸页形式存在，以物料平衡计算为依据；以下进出真空吸水箱、网案成形及流送系统浆料主要以浆水形式存在，以浆水平衡计算为依据。

浆水平衡计算公式：　　　　　$m = V \times w$
式中　$m$——进出设备浆料质量，kg
　　　$V$——进出设备浆料体积，L（1L水×1kg/L = 1kg水）
　　　$w$——进出设备浆料浓度，%

8）底层后真空吸水箱

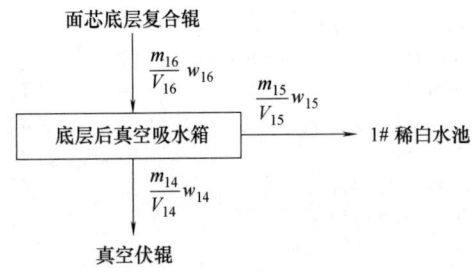

已知：$m_{14} = 997.68$　$V_{14} = 8979.12$　$w_{14} = 10\%$
假设：进底层后真空箱纸页的干度 $w_{16} = 7\%$
　　　底层后真空箱白水带出纤维率：$d_6 = 3\%$
计算：$m_{15} = d_6 \times m_{16}$ （1）
$m_{16} = m_{14} + m_{15}$ （2）
$V_{16} = V_{14} + V_{15}$ （3）
$V_{16} = m_{16}/w_{16}$ （4）
代入已知条件得：
$m_{15} = 30.86$　$V_{15} = 5714.31$
$m_{16} = 1028.54$　$V_{16} = 14693.43$

9) 底层复合辊

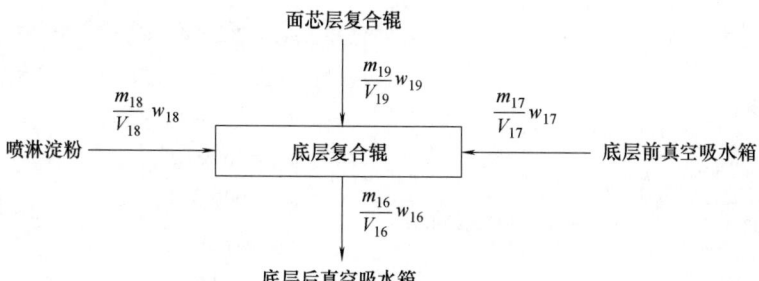

已知：$m_{16} = 1028.54$  $V_{16} = 14693.43$  $w_{16} = 7\%$

假设：喷淋淀粉浓度：$w_{18} = 7\%$

　　　喷淋淀粉加入量为 $1g/m^2$

　　　$w_{17} = w_{19} = 7\%$

计算：以 $200g/m^2$ 为计算依据，面层浆占：20%，芯层浆占：60%，底层浆占：20%

计算：$m_{18} = [930kg/200(g/m^2)] \times 1(g/m^2) = 4.65$

$V_{18} = m_{18}/w_{18} = 66.43$

$m_{17} = 20\%(m_{16} - m_{18})$ 　　　　(1)

$m_{19} = m_{16} - m_{17} - m_{18}$ 　　　　(2)

$V_{17} = m_{17}/w_{17}$ 　　　　(3)

$V_{19} = m_{19}/w_{19}$ 　　　　(4)

代入已知条件得：

$m_{17} = 204.78$ 　　 $V_{17} = 2925.41$

$m_{19} = 819.11$ 　　 $V_{19} = 11701.59$

10) 底层前真空吸水箱

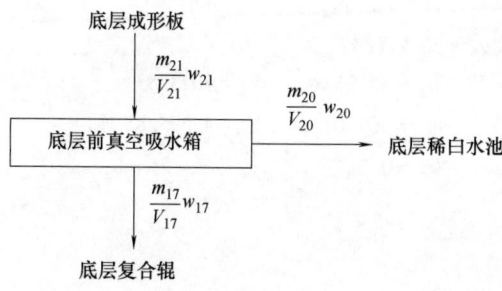

已知：$m_{17} = 204.78$  $V_{17} = 2925.41$  $w_{17} = 7\%$

假设：真空箱带出纤维率：$d_7 = 2.5\%$

　　　$w_{21} = 3.5\%$

计算：$m_{20} = 2.5\% m_{21}$ 　　　　(1)

$m_{17} = 97.5\% m_{21}$ 　　　　(2)

$V_{21} = m_{21}/w_{21}$ 　　　　(3)

$V_{20} = V_{21} - V_{17}$ 　　　　(4)

代入已知条件得：

$m_{20} = 5.25$ 　　 $V_{20} = 3075.42$

$m_{21} = 210.03$ 　　 $V_{21} = 6000.83$

11) 底层成形板

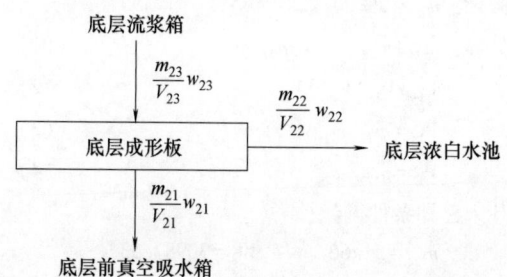

已知：$m_{21} = 210.03$  $V_{21} = 6000.83$  $w_{21} = 3.5\%$

假设：底层留着率为80%

　　　浆料上网浓度 $w_{23} = 0.7\%$

计算：$m_{22} = 20\% m_{23}$ 　　　　(1)

$m_{21} = 80\% m_{23}$ 　　　　(2)

$V_{23} = m_{23}/w_{23}$ 　　　　(3)

$V_{22} = V_{23} - V_{21}$ 　　　　(4)

代入已知条件得：

$m_{22} = 52.51$ 　　 $V_{22} = 31504.26$ 　 $w_{22} = 0.17\%$

$m_{23} = 262.54$ 　　 $V_{23} = 37505.09$

## 12) 底层流浆箱

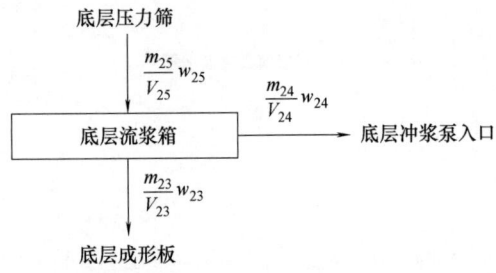

已知：$m_{23} = 262.54$  $V_{23} = 37505.07$  $w_{23} = 0.7\%$

假设：流浆箱回流率为 10%，流浆箱上网浓度：$w_{25} = 0.7\%$

计算：
$$m_{24} = 10\% m_{25} \quad (1)$$
$$m_{23} = 90\% m_{25} \quad (2)$$
$$V_{25} = m_{25}/w_{25} \quad (3)$$
$$V_{25} = V_{24} + V_{23} \quad (4)$$

代入已知条件得：

$m_{24} = 29.17$   $V_{24} = 4167.23$

$m_{25} = 291.71$   $V_{25} = 41672.32$

## 13) 底层压力筛

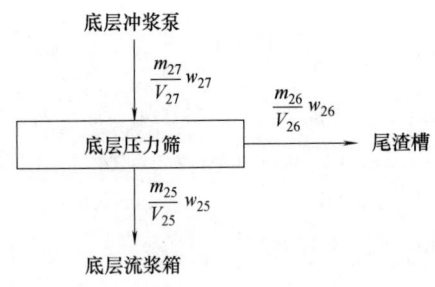

已知：$m_{25} = 291.71$  $V_{25} = 41672.32$  $w_{25} = 0.7\%$

假设：压力筛排渣率 5%，排渣浓度：1.5%

计算：
$$m_{26} = 5\% m_{27} \quad (1)$$
$$m_{25} = 95\% m_{27} \quad (2)$$
$$V_{26} = m_{26}/w_{26} \quad (3)$$
$$V_{27} = V_{25} + V_{26} \quad (4)$$

代入已知条件得：

$m_{26} = 15.35$   $V_{26} = 1023.53$

$m_{27} = 307.06$   $V_{27} = 42695.85$

$w_{27} = 0.72\%$

## 14) 底层冲浆泵

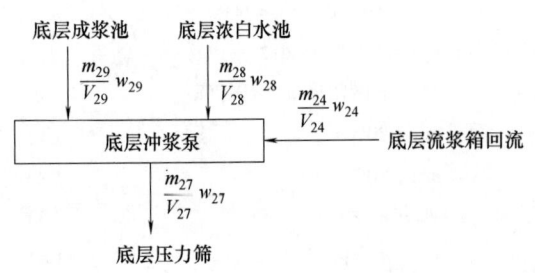

已知：$m_{24} = 29.17$   $V_{24} = 4167.23$   $w_{24} = 0.7\%$

$m_{27} = 307.06$   $V_{27} = 42695.83$

$w_{28} = w_{22} = 0.17\%$

假设：$w_{29} = 3\%$

计算：
$$m_{24} + m_{28} + m_{29} = m_{27} \quad (1)$$
$$V_{24} + V_{28} + V_{29} = V_{27} \quad (2)$$
$$V_{28} = m_{28}/w_{28} \quad (3)$$
$$V_{29} = m_{29}/w_{29} \quad (4)$$

代入已知条件得：

$m_{28} = 51.66$   $V_{28} = 30987.53$

$m_{29} = 226.23$   $V_{29} = 7541.08$

### 15）底层成浆池、底层配浆池

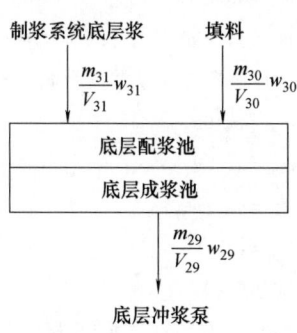

已知：$m_{29} = 226.23$  $V_{29} = 7541.08$
$m_0 = 930.00$ ［见1)］  $w_{29} = 3\%$

假设：总填料用量为 15%（对绝干成品计），其中底层占 20%，来浆浓度：$w_{31} = 3.5\%$

计算：$m_{30} = 20\% \times 15\% m_0$ （1）

$V_{31} = m_{31}/w_{31}$ （2）

$m_{30} + m_{31} = m_{29}$ （3）

$V_{30} + V_{31} = V_{29}$ （4）

代入已知条件得：

$m_{30} = 27.90$  $V_{30} = 1874.44$

$m_{31} = 198.33$  $V_{31} = 5666.64$

### 16）底层浓白水池

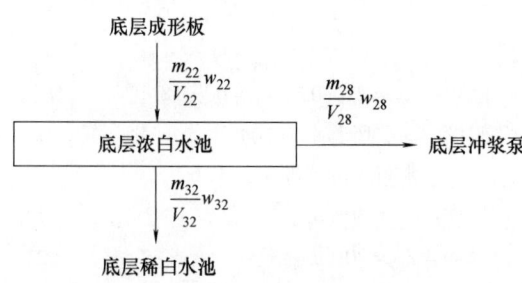

已知：$m_{22} = 52.51$  $V_{22} = 31504.26$  $w_{22} = w_{28} = 0.17\%$

$m_{28} = 51.66$  $V_{28} = 30987.53$

计算：$m_{22} = m_{28} + m_{32}$ （1）

$V_{22} = V_{28} + V_{32}$ （2）

$w_{32} = w_{22} = w_{28}$ （3）

代入已知条件得：

$m_{32} = 0.85$  $V_{32} = 516.73$  $w_{32} = 0.17\%$

### 17）底层稀白水池

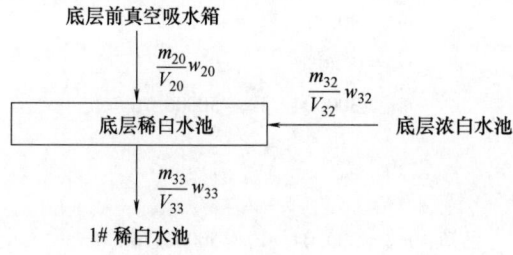

已知：$m_{20} = 5.25$  $V_{20} = 3075.42$

$m_{32} = 0.85$  $V_{32} = 516.73$

计算：$m_{33} = m_{20} + m_{32}$ （1）

$V_{33} = V_{20} + V_{32}$ （2）

$w_{33} = m_{33}/V_{33}$ （3）

代入已知条件得：

$m_{33} = 6.10$  $V_{33} = 3592.15$

$w_{33} = 0.17\%$

### 18）面芯混合辊

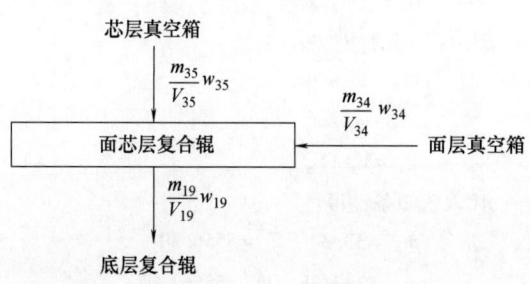

已知：$m_{19} = 819.11$  $V_{19} = 11701.59$

$w_{19} = 7\%$  $m_{17} = 204.78$

假设：$w_{34} = w_{35} = w_{19} = 7\%$，$m_{34} = m_{17}$（面和底层浆配比各占 20%），芯层占 60%

计算：$m_{34} = m_{17}$ （1）

$m_{35} = m_{19} - m_{34}$ （2）

代入已知条件得：

$m_{34} = 204.78$  $V_{34} = 2925.40$

$m_{35} = 614.33$  $V_{35} = 8776.19$

19) 面层真空箱

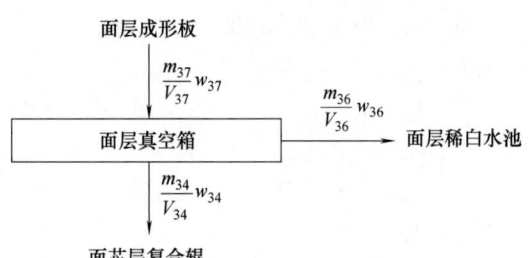

已知：$m_{34} = 204.78$  $V_{34} = 2925.40$  $w_{34} = 7\%$

假设：面层真空箱带出纤维率 $d_8 = 2.5\%$

面层真空箱来浆浓度：$w_{37} = 3.5\%$

计算：
$$m_{36} = d_8 \times m_{37} \quad (1)$$
$$m_{34} = (1-d_8) \times m_{37} \quad (2)$$
$$V_{37} = m_{37}/w_{37} \quad (3)$$
$$V_{36} = V_{37} - V_{34} \quad (4)$$

代入已知条件得：

$m_{36} = 5.25$  $V_{36} = 3075.42$

$w_{36} = 0.17\%$

$m_{37} = 210.03$  $V_{37} = 6000.81$

20) 面层成形板

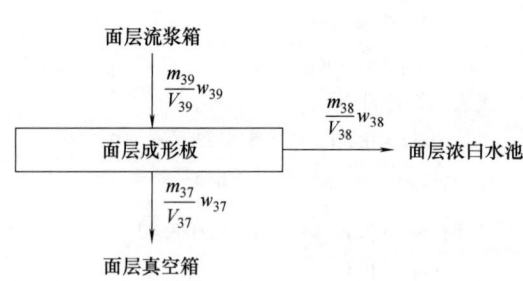

已知：$m_{37} = 210.03$  $V_{37} = 6000.81$  $w_{37} = 3\%$

假设：面层留着率为 70%

浆料上网浓度 $w_{39} = 0.6\%$

计算：
$$m_{38} = 30\% m_{39} \quad (1)$$
$$m_{37} = 70\% m_{39} \quad (2)$$
$$V_{39} = m_{39}/w_{39} \quad (3)$$
$$V_{38} = V_{39} - V_{37} \quad (4)$$

代入已知条件得：

$m_{38} = 90.01$  $V_{38} = 44005.95$

$w_{38} = 0.20\%$

$m_{39} = 300.04$  $V_{39} = 50006.76$

21) 面层流浆箱

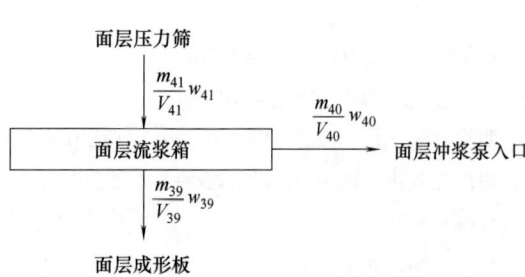

已知：$m_{39} = 300.04$  $V_{39} = 50006.76$

$w_{39} = 0.6\%$

假设：流浆箱回流率为 10%，流浆箱上网浓度：$w_{41} = 0.6\%$

计算：
$$m_{40} = 10\% m_{41} \quad (1)$$
$$m_{39} = 90\% m_{41} \quad (2)$$
$$V_{41} = m_{41}/w_{41} \quad (3)$$
$$V_{41} = V_{39} + V_{40} \quad (4)$$

代入已知条件得：

$m_{40} = 33.34$  $V_{40} = 5556.30$

$m_{41} = 333.38$  $V_{41} = 55563.07$

22) 面层压力筛

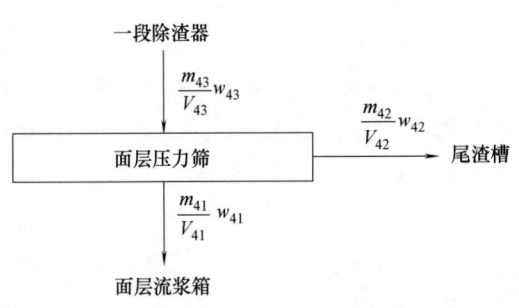

已知：$m_{41} = 333.38$　$V_{41} = 55563.07$　$w_{41} = 0.6\%$

假设：压力筛排渣率 2%，排渣浓度：1.5%

计算：$m_{42} = 2\% m_{43}$ 　　　　　　　　　　　　（1）

　　　$m_{41} = 98\% m_{43}$ 　　　　　　　　　　　　（2）

　　　$V_{43} = m_{43}/w_{43}$ 　　　　　　　　　　　　（3）

　　　$V_{43} = V_{41} + V_{42}$ 　　　　　　　　　　　（4）

代入已知条件得：

　　　$m_{42} = 6.80$　　　$V_{42} = 453.58$

　　　$m_{43} = 340.18$　$V_{43} = 56016.64$

　　　$w_{43} = 0.61\%$

23) 一段除渣器

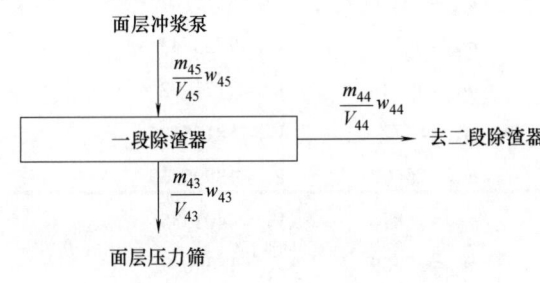

已知：$m_{43} = 340.18$　$V_{43} = 56016.64$

假设：一段除渣器排渣率为 22%，进浆浓度为 0.75%

计算：$m_{44} = 22\% m_{45}$ 　　　　　　　　　　　　（1）

　　　$m_{43} = 78\% m_{45}$ 　　　　　　　　　　　　（2）

　　　$V_{45} = m_{45}/w_{45}$ 　　　　　　　　　　　　（3）

　　　$V_{44} = V_{45} - V_{42}$ 　　　　　　　　　　　（4）

代入已知条件得：

　　　$m_{44} = 95.95$　　　$V_{44} = 2134.13$

　　　$m_{45} = 436.13$　　$V_{45} = 58150.77$

　　　$w_{45} = 0.75\%$

24) 面层冲浆泵及三段除渣系统

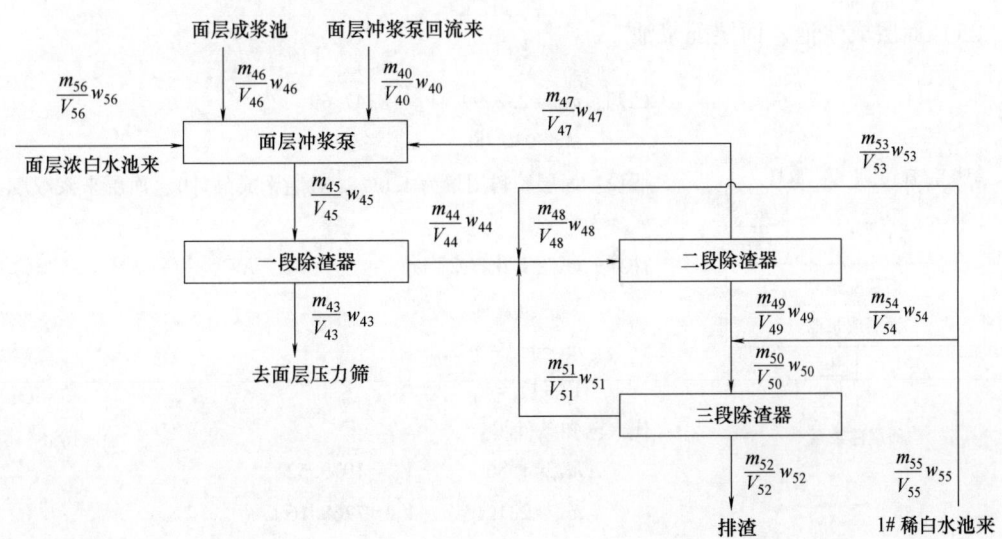

已知：$m_{40} = 33.34$  $V_{40} = 5556.30$
$m_{44} = 95.95$  $V_{44} = 2134.13$
$m_{45} = 436.13$  $V_{45} = 58150.77$

假设：三段除渣器总排渣率为2%（对一段除渣器进口浆量），进浆浓度：0.75%，排渣浓度：1.5%，三段除渣器排渣率15%（对三段除渣器进口浆量）

二段除渣器进浆浓度：0.75%，排渣浓度：1.5%

稀白水池来白水浓度：$w_{53} = w_{54} = w_{55} = w_{62} = 0.18\%$

面层来浓白水浓度：$w_{56} = w_{38} = 0.20\%$

面层成浆池来浆浓度：3.0%

计算：$m_{52} = 2\% m_{45}$ (1)
$V_{52} = m_{52}/w_{52}$ (2)
$m_{52} = 15\% m_{50}$ (3)
$m_{51} = 85\% m_{50}$ (4)
$V_{50} = m_{50}/w_{50}$ (5)
$V_{51} = V_{50} - V_{52}$ (6)
$m_{49} + m_{54} = m_{50}$ (7)
$V_{49} + V_{54} = V_{50}$ (8)
$V_{49} = m_{49}/w_{49}$ (9)
$V_{54} = m_{54}/w_{54}$ (10)
$m_{44} + m_{51} + m_{53} = m_{48}$ (11)
$V_{44} + V_{51} + V_{53} = V_{48}$ (12)
$V_{48} = m_{48}/w_{48}$ (13)
$V_{52} = m_{52}/w_{52}$ (14)
$m_{48} = m_{47} + m_{49}$ (15)
$V_{48} = V_{47} + V_{49}$ (16)
$m_{40} + m_{46} + m_{47} + m_{56} = m_{45}$ (17)
$V_{40} + V_{46} + V_{47} + V_{56} = V_{45}$ (18)
$V_{46} = m_{46}/w_{46}$ (19)
$V_{56} = m_{56}/w_{56}$ (20)
$m_{55} = m_{53} + m_{54}$ (21)
$V_{55} = V_{53} + V_{54}$ (22)

代入已知条件得：
$m_{46} = 232.99$  $V_{46} = 8347.69$
$m_{47} = 120.12$  $V_{47} = 19949.57$
$m_{48} = 170.40$  $V_{48} = 23301.64$
$m_{49} = 50.28$  $V_{49} = 3352.07$
$m_{50} = 58.15$  $V_{50} = 7753.43$
$m_{51} = 49.43$  $V_{51} = 7171.92$
$m_{52} = 8.72$  $V_{52} = 581.51$
$m_{53} = 25.02$  $V_{53} = 13995.60$
$m_{54} = 7.87$  $V_{54} = 4401.35$
$m_{55} = 32.89$  $V_{55} = 18396.95$
$m_{56} = 49.69$  $V_{56} = 24297.21$

25) 面层成浆池、面层配浆池

已知：$m_{46} = 232.99$  $V_{46} = 8347.69$
$m_0 = 930.00$  $w_{46} = 3\%$

假设：面层胶料用量为1.0%（对绝干成品计），面层来浆浓度：$w_{58} = 3.5\%$

计算：$m_{57} = 1.0\% \times 20\% m_0$ (1)
$V_{58} = m_{59}/w_{58}$ (2)
$m_{57} + m_{58} = m_{46}$ (3)
$V_{57} + V_{58} = V_{46}$ (4)

代入已知条件得：
$m_{57} = 1.86$  $V_{57} = 1079.52$
$m_{58} = 231.13$  $V_{58} = 7268.16$

### 26) 面层浓白水池

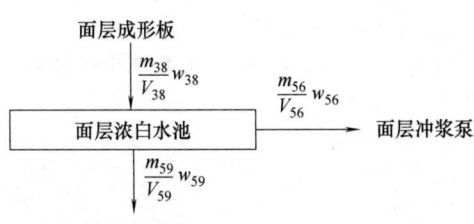

已知：$m_{56} = 49.69 \quad V_{56} = 24297.21 \quad w_{56} = w_{38} = 0.20\%$
$\qquad m_{38} = 90.01 \quad V_{38} = 44005.95$

计算：$m_{38} = m_{56} + m_{59}$                          (1)
$\qquad V_{38} = V_{56} + V_{59}$                           (2)
$\qquad w_{38} = w_{56} = w_{59}$                         (3)

代入已知条件得：
$\qquad m_{59} = 40.3 \quad V_{59} = 19708.74 \quad w_{59} = 0.20\%$

### 27) 面层稀白水池

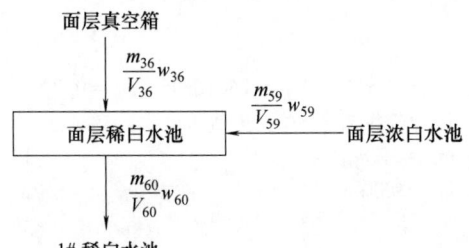

已知：$m_{36} = 5.25 \quad V_{36} = 3075.42$
$\qquad m_{59} = 40.32 \quad V_{59} = 19708.74$

计算：$m_{60} = m_{36} + m_{59}$                          (1)
$\qquad V_{60} = V_{36} + V_{59}$                          (2)
$\qquad w_{60} = m_{60}/V_{60}$                         (3)

代入已知条件得：
$\qquad m_{60} = 45.58 \quad V_{60} = 22784.16 \quad w_{60} = 0.20\%$

### 28) 芯层真空箱

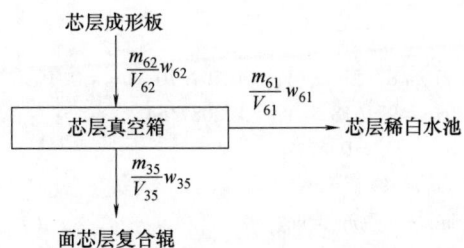

已知：$m_{35} = 614.33 \quad V_{35} = 8776.19 \quad w_{35} = 7\%$
假设：芯层真空箱带出纤维率 $d_9 = 2.5\%$
$\qquad$芯层真空箱来浆浓度：$w_{62} = 3.5\%$

计算：$m_{61} = d_9 \times m_{62}$                          (1)
$\qquad m_{35} = (1-d_9) \times m_{62}$                (2)
$\qquad V_{62} = m_{62}/w_{62}$                         (3)
$\qquad V_{61} = V_{62} - V_{35}$                        (4)

代入已知条件得：
$\qquad m_{61} = 15.75 \qquad V_{61} = 9226.25$
$\qquad m_{62} = 630.09 \qquad V_{62} = 18002.44$

### 29) 芯层成形板

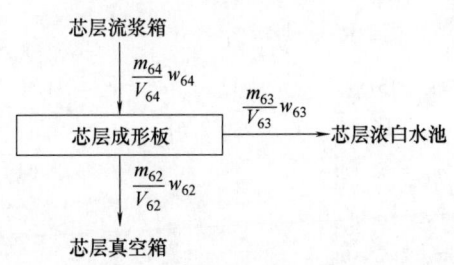

已知：$m_{62} = 630.09 \quad V_{62} = 18002.44$
$\qquad w_{62} = 3.5\%$
假设：芯层留着率为 80%
$\qquad$浆料上网浓度 $w_{64} = 0.7\%$

计算：$m_{63} = 20\% m_{64}$                         (1)
$\qquad m_{62} = 80\% m_{64}$                        (2)
$\qquad V_{64} = m_{64}/w_{64}$                        (3)
$\qquad V_{63} = V_{64} - V_{62}$                       (4)

代入已知条件得：
$\qquad m_{63} = 157.52 \qquad V_{63} = 94512.81$
$\qquad m_{64} = 787.61 \qquad V_{64} = 112515.25$
$\qquad w_{63} = 0.17\%$

### 30）芯层流浆箱

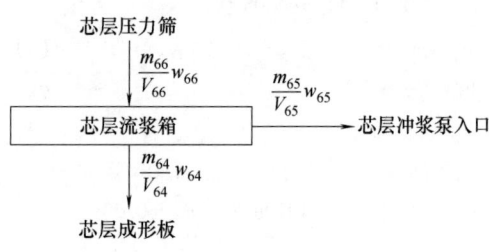

已知：$m_{64} = 787.61$  $V_{64} = 112515.25$
$w_{64} = 0.7\%$

假设：流浆箱回流率为 10%，流浆箱上网浓度：$w_{66} = 0.7\%$

计算：$m_{65} = 10\% m_{66}$ (1)
$m_{64} = 90\% m_{66}$ (2)
$V_{66} = m_{66}/w_{66}$ (3)
$V_{66} = V_{64} + V_{65}$ (4)

代入已知条件得：
$m_{65} = 87.51$  $V_{65} = 12501.70$
$m_{66} = 875.12$  $V_{66} = 125016.95$

### 31）芯层压力筛

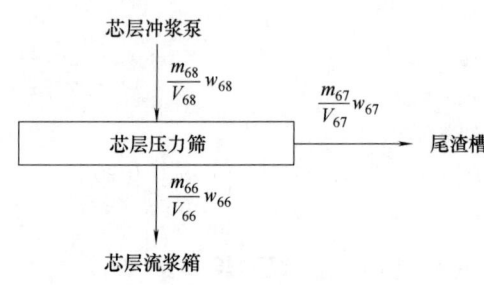

已知：$m_{66} = 875.12$  $V_{66} = 125016.95$  $w_{66} = 0.7\%$

假设：压力筛排渣率 5%，排渣浓度：1.5%

计算：$m_{67} = 5\% m_{68}$ (1)
$m_{66} = 95\% m_{68}$ (2)
$V_{67} = m_{67}/w_{67}$ (3)
$V_{68} = V_{66} + V_{67}$ (4)

代入已知条件得：
$m_{67} = 46.06$  $V_{67} = 3070.59$
$m_{68} = 921.18$  $V_{68} = 128087.54$  $w_{68} = 0.72\%$

### 32）芯层冲浆泵

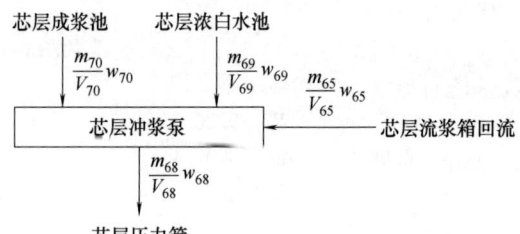

已知：$m_{65} = 87.51$  $V_{65} = 12501.70$  $w_{65} = 0.7\%$
$m_{68} = 921.18$  $V_{68} = 128087.54$
$w_{69} = w_{63} = 0.17\%$

假设：$w_{70} = 3\%$

计算：$m_{65} + m_{69} + m_{70} = m_{68}$ (1)
$V_{65} + V_{69} + V_{70} = V_{68}$ (2)
$V_{69} = m_{69}/w_{69}$ (3)
$V_{70} = m_{70}/w_{70}$ (4)

代入已知条件得：
$m_{69} = 154.97$  $V_{69} = 92962.61$
$m_{70} = 678.70$  $V_{70} = 22623.23$

### 33）芯层浓白水池

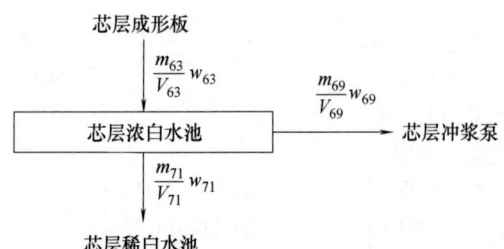

已知：$m_{63} = 157.52$  $V_{63} = 94512.81$  $w_{63} = w_{69} = 0.17\%$
$m_{69} = 154.97$  $V_{69} = 92962.61$

计算：$m_{63} = m_{69} + m_{71}$ (1)
$V_{63} = V_{69} + V_{71}$ (2)
$w_{63} = w_{69} = w_{71}$ (3)

代入已知条件得：
$m_{71} = 2.55$  $V_{71} = 1550.20$  $w_{71} = 0.17\%$

## 34）芯层稀白水池

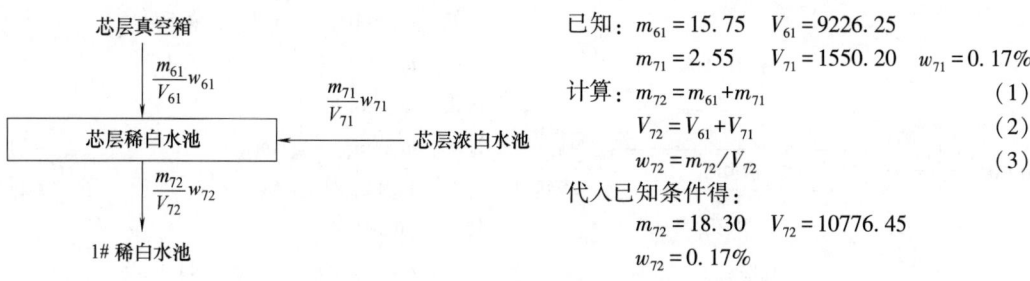

已知：$m_{61} = 15.75$　$V_{61} = 9226.25$
　　　$m_{71} = 2.55$　$V_{71} = 1550.20$　$w_{71} = 0.17\%$

计算：$m_{72} = m_{61} + m_{71}$ 　　　　　　　　　　(1)
　　　$V_{72} = V_{61} + V_{71}$ 　　　　　　　　　　(2)
　　　$w_{72} = m_{72}/V_{72}$ 　　　　　　　　　　(3)

代入已知条件得：
　　　$m_{72} = 18.30$　$V_{72} = 10776.45$
　　　$w_{72} = 0.17\%$

## 35）1#稀白水池

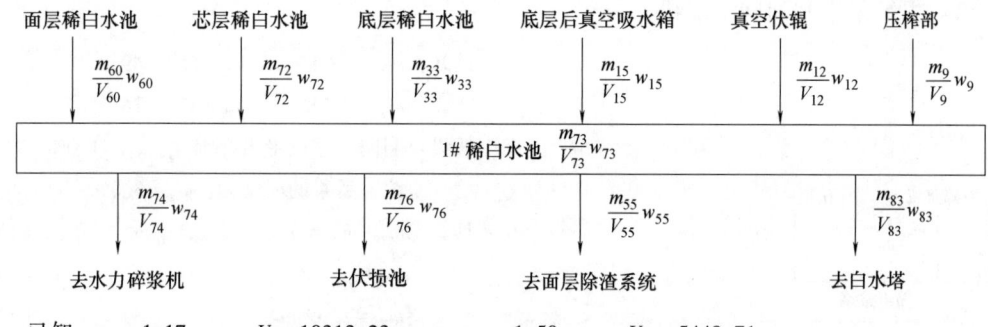

已知：$m_9 = 1.17$　　$V_9 = 10313.23$　　$m_{12} = 1.50$　　$V_{12} = 5448.71$
　　　$m_{15} = 30.86$　$V_{15} = 5714.31$　　$m_{33} = 6.10$　　$V_{33} = 3592.15$
　　　$m_{60} = 45.58$　$V_{60} = 22784.16$　$m_{72} = 18.30$　$V_{72} = 10776.45$
　　　$m_{55} = 32.89$　$V_{55} = 18396.95$　$m_{74} = 4.80$　　$V_{74} = 2686.67$
　　　$m_{76} = 2.00$　　$V_{76} = 1118.23$

计算：
　　$m_{73} = m_9 + m_{12} + m_{15} + m_{33} + m_{60} + m_{72}$ 　　　　　　(1)
　　$V_{73} = V_9 + V_{12} + V_{15} + V_{33} + V_{60} + V_{72}$ 　　　　　　(2)
　　$w_{73} = m_{73}/w_{73}$ 　　　　　　　　　　　　　　　　　　(3)
　　$m_{55} + m_{74} + m_{76} + m_{83} = m_{73}$ 　　　　　　　　　　　(4)
　　$V_{55} + V_{74} + V_{76} + V_{83} = V_{73}$ 　　　　　　　　　　　(5)

代入已知条件得：
　　$m_{73} = 103.51$　$V_{73} = 58629.01$　$w_{73} = 0.18\%$
　　$m_{83} = 63.81$　　$V_{83} = 36427.16$　$w_{83} = 0.18\%$

## 36）水力碎浆机

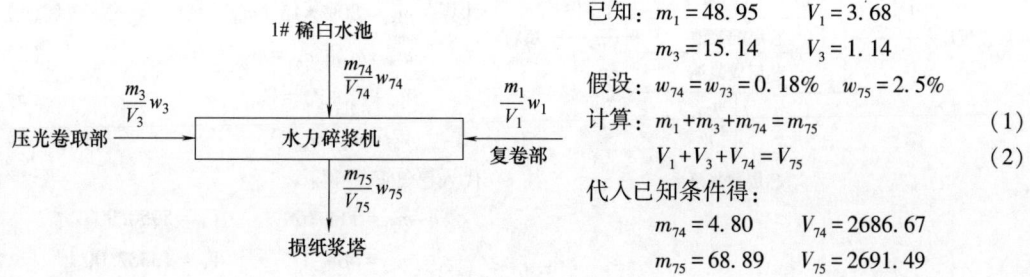

已知：$m_1 = 48.95$　$V_1 = 3.68$
　　　$m_3 = 15.14$　$V_3 = 1.14$

假设：$w_{74} = w_{73} = 0.18\%$　$w_{75} = 2.5\%$

计算：$m_1 + m_3 + m_{74} = m_{75}$ 　　　　　　(1)
　　　$V_1 + V_3 + V_{74} = V_{75}$ 　　　　　　(2)

代入已知条件得：
　　　$m_{74} = 4.80$　$V_{74} = 2686.67$
　　　$m_{75} = 68.89$　$V_{75} = 2691.49$

37）伏损池

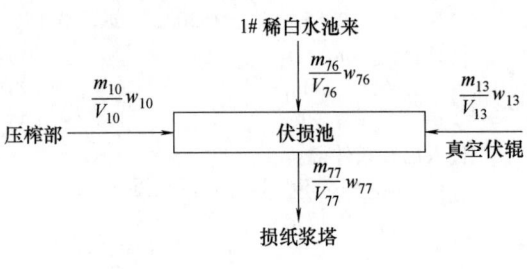

已知：$m_{10} = 10.09 \quad V_{10} = 19.59$

$m_{13} = 18.74 \quad V_{13} = 66.44$

假设：$w_{76} = 0.1788\% \quad w_{77} = 2.5\%$

计算：$m_{10} + m_{13} + m_{76} = m_{77}$ (1)

$V_{10} + V_{13} + V_{76} = V_{77}$ (2)

代入已知条件得：

$m_{76} = 2.00 \quad V_{76} = 1118.23$

$m_{77} = 30.83 \quad V_{77} = 1204.26$

38）损纸浆塔和圆网浓缩机

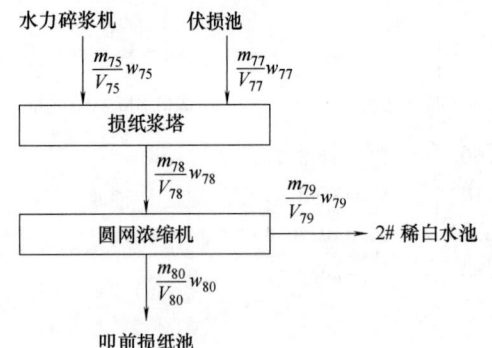

已知：$m_{75} = 68.89 \quad V_{75} = 2691.49$

$m_{77} = 30.82 \quad V_{77} = 1204.26$

假设：圆网浓缩机带出纤维率：$d_{10} = 1.0\%$

浓缩后浆的浓度为：$w_{80} = 3.0\%$

计算：$m_{75} + m_{77} = m_{78}$ (1)

$V_{75} + V_{77} = V_{78}$ (2)

$m_{79} = 1.0\% m_{78}$ (3)

$m_{80} = 99\% m_{78}$ (4)

$V_{80} = m_{80} / w_{80}$ (5)

$V_{78} = V_{79} + V_{80}$ (6)

代入已知条件得：

$m_{78} = 99.71 \quad V_{78} = 3895.75$

$m_{79} = 0.99 \quad V_{79} = 605.42$

$w_{79} = 0.16352\%$

$m_{80} = 98.71 \quad V_{80} = 3290.33$

39）芯层配浆池

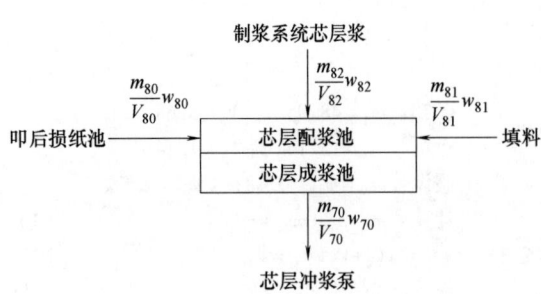

已知：$m_{80} = 98.71 \quad V_{80} = 3290.33$

$m_{70} = 678.70 \quad V_{70} = 22623.23 \quad m_0 = 930$

假设：总填料用量为 15%（对绝干成品计），其中芯层占：80%，来浆浓度：$w_{82} = 3.5\%$

计算：$m_{81} = 80\% \times 15\% m_0$ (1)

$m_{80} + m_{81} + m_{82} = m_{70}$ (2)

$V_{80} + V_{81} + V_{82} = V_{70}$ (3)

$V_{82} = m_{82} / w_{82}$ (4)

代入已知条件得：

$m_{81} = 111.62 \quad V_{81} = 5950.90$

$m_{82} = 468.37 \quad V_{82} = 13382.00$

40) 白水塔

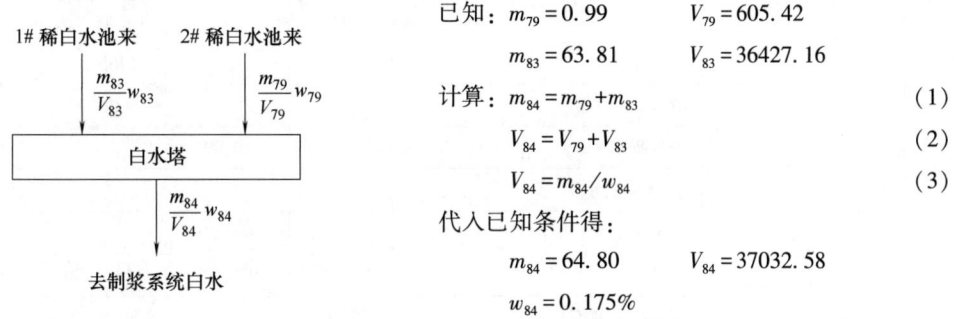

已知：$m_{79} = 0.99$    $V_{79} = 605.42$
$m_{83} = 63.81$    $V_{83} = 36427.16$

计算：
$$m_{84} = m_{79} + m_{83} \quad (1)$$
$$V_{84} = V_{79} + V_{83} \quad (2)$$
$$V_{84} = m_{84}/w_{84} \quad (3)$$

代入已知条件得：
$m_{84} = 64.80$    $V_{84} = 37032.58$
$w_{84} = 0.175\%$

（4）物料（或浆水）平衡计算图

年产 30 万 t 牛皮箱纸板废纸造纸系统浆水平衡计算图见附录 4。

（5）浆水平衡明细表

年产 30 万 t 牛皮箱纸板造纸系统浆水平衡明细表见表 4-14。

表 4-14      年产 30 万 t 牛皮箱纸板造纸系统浆水平衡明细表

| 序号 | 单元名称 | 来源与去向 | 纤维质量/kg | | 浆料体积/L | |
|---|---|---|---|---|---|---|
| | | | 收 | 支 | 收 | 支 |
| 1 | 复卷部 | 来卷取部 | 978.95 | | 73.68 | |
| | | 去水力碎浆机 | | 48.95 | | 3.68 |
| | | 去成品库 | | 930.00 | | 70 |
| | | 合计 | 978.95 | 978.95 | 73.68 | 73.68 |
| 2 | 压光、卷取部 | 来后干燥部 | 994.09 | | 74.82 | |
| | | 去水力碎浆机 | | 15.14 | | 1.14 |
| | | 去复卷部 | | 978.95 | | 73.68 |
| | | 合计 | 994.09 | 994.09 | 74.82 | 74.82 |
| 3 | 后干燥部 | 来表面施胶机 | 994.09 | | 331.36 | |
| | | 去压光、卷取部 | | 994.09 | | 74.82 |
| | | 蒸发水 1 | | | | 256.54 |
| | | 合计 | 994.09 | 994.09 | 331.36 | 331.36 |
| 4 | 表面施胶 | 来前干燥部 | 966.19 | | 80.26 | |
| | | 来胶料 | 27.90 | | 251.10 | |
| | | 去后干燥部 | | 994.09 | | 331.36 |
| | | 合计 | 994.09 | 994.09 | 331.36 | 331.36 |
| 5 | 前干燥部 | 来压榨部 | 966.19 | | 1134.22 | |
| | | 蒸发水 2 | | | | 1081.86 |
| | | 去施胶部 | | 966.19 | | 52.36 |
| | | 合计 | 966.19 | 966.19 | 1134.22 | 1134.22 |

续表

| 序号 | 单元名称 | 来源与去向 | 纤维质量/kg | | 浆料体积/L | |
|---|---|---|---|---|---|---|
| | | | 收 | 支 | 收 | 支 |
| 6 | 压榨部 | 来真空伏辊 | 977.45 | | 3465.50 | |
| | | 清水 | | | 8000.00 | |
| | | 去伏损池 | | 10.09 | | 19.59 |
| | | 去1#稀白水池 | | 1.17 | | 10311.69 |
| | | 去前干燥部 | | 966.19 | | 1134.22 |
| | | 合计 | 977.45 | 977.45 | 11465.50 | 11465.50 |
| 7 | 真空伏辊 | 来底层后真空吸水箱 | 997.68 | | 8979.12 | |
| | | 去压榨部 | | 977.45 | | 3465.50 |
| | | 去伏损池 | | 18.74 | | 66.44 |
| | | 去1#稀白水池 | | 1.50 | | 5447.18 |
| | | 合计 | 997.68 | 997.68 | 8979.12 | 8979.12 |
| 8 | 底层后真空吸水箱 | 来面芯底复合辊 | 1028.54 | | 14693.43 | |
| | | 去1#稀白水池 | | 30.86 | | 5714.31 |
| | | 去真空伏辊 | | 997.68 | | 8979.12 |
| | | 合计 | 1028.54 | 1028.54 | 14693.43 | 14693.43 |
| 9 | 底层复合辊 | 来面芯层复合辊 | 819.11 | | 11701.59 | |
| | | 来底层前真空箱 | 204.78 | | 2925.41 | |
| | | 来喷淋淀粉 | 4.65 | | 66.43 | |
| | | 去底层后真空吸水箱 | | 1028.54 | | 14693.43 |
| | | 合计 | 1028.54 | 1028.54 | 14693.43 | 14693.43 |
| 10 | 底网前真空箱 | 来底层成形板 | 210.03 | | 6000.83 | |
| | | 去底层稀白水池 | | 5.25 | | 3075.42 |
| | | 去底层复合辊 | | 204.78 | | 2925.41 |
| | | 合计 | 210.03 | 210.03 | 6000.83 | 6000.83 |
| 11 | 底层成形板 | 来底层流浆箱 | 262.54 | | 37505.09 | |
| | | 去底层浓白水槽 | | 52.51 | | 31504.26 |
| | | 去底层前真空吸水箱 | | 210.03 | | 6000.83 |
| | | 合计 | 262.54 | 262.54 | 37505.09 | 37505.09 |
| 12 | 底层流浆箱 | 来底层压力筛 | 291.71 | | 41672.32 | |
| | | 去底层冲浆泵 | | 29.17 | | 4167.23 |
| | | 去底层成形板 | | 262.54 | | 37505.09 |
| | | 合计 | 291.71 | 291.71 | 41672.32 | 41672.32 |
| 13 | 底层压力筛 | 来底层冲浆泵 | 307.06 | | 42695.85 | |
| | | 去尾渣槽 | | 15.35 | | 1023.53 |
| | | 去底层流浆箱 | | 291.71 | | 41672.32 |
| | | 合计 | 307.06 | 307.06 | 42695.85 | 42695.85 |

续表

| 序号 | 单元名称 | 来源与去向 | 纤维质量/kg 收 | 纤维质量/kg 支 | 浆料体积/L 收 | 浆料体积/L 支 |
|---|---|---|---|---|---|---|
| 14 | 底层冲浆泵 | 来底层成浆池 | 226.23 | | 7541.08 | |
| | | 来底层浓白水槽 | 51.66 | | 30987.53 | |
| | | 来底层流浆箱 | 29.17 | | 4167.23 | |
| | | 去底层压力筛 | | 307.06 | | 42695.85 |
| | | 合计 | 307.06 | 307.06 | 42695.85 | 42695.85 |
| 15 | 底层成浆池、底层配浆池 | 来制浆系统底层浆 | 198.33 | | 5666.64 | |
| | | 来填料 | 27.90 | | 1874.44 | |
| | | 去底层冲浆泵 | | 226.23 | | 7541.08 |
| | | 合计 | 226.23 | 226.23 | 7541.08 | 7541.08 |
| 16 | 底层浓白水槽 | 来底层成形板 | 52.51 | | 31504.26 | |
| | | 去底层冲浆泵 | | 51.66 | | 30987.53 |
| | | 去底层稀白水池 | | 0.85 | | 516.73 |
| | | 合计 | 52.51 | 52.51 | 31504.26 | 31504.26 |
| 17 | 底层稀白水池 | 来底层前真空吸水箱 | 5.25 | | 3075.42 | |
| | | 来底层浓白水槽 | 0.85 | | 516.73 | |
| | | 去1#稀白水池 | | 6.10 | | 3592.15 |
| | | 合计 | 6.10 | 6.10 | 3592.15 | 3592.15 |
| 18 | 面芯复合辊 | 来芯层真空箱 | 614.33 | | 8776.19 | |
| | | 来面层真空箱 | 204.78 | | 2925.40 | |
| | | 去底层复合辊 | | 819.11 | | 11701.59 |
| | | 合计 | 819.11 | 819.11 | 11701.59 | 11701.59 |
| 19 | 面层真空箱 | 来面层成形板 | 210.03 | | 6000.81 | |
| | | 去面层稀白水池 | | 5.25 | | 3075.42 |
| | | 去面芯复合辊 | | 204.78 | | 2925.40 |
| | | 合计 | 210.03 | 210.03 | 6000.81 | 6000.81 |
| 20 | 面层成形板 | 来面层流浆箱 | 300.04 | | 50006.76 | |
| | | 去面层浓白水槽 | | 90.01 | | 44005.95 |
| | | 去面层真空箱 | | 210.03 | | 6000.81 |
| | | 合计 | 300.04 | 300.04 | 50006.76 | 50006.76 |
| 21 | 面层流浆箱 | 来面层压力筛 | 333.38 | | 55563.07 | |
| | | 去面层冲浆泵 | | 33.34 | | 5556.30 |
| | | 去面层成形板 | | 300.04 | | 50006.76 |
| | | 合计 | 333.38 | 333.38 | 55563.07 | 55563.07 |
| 22 | 面层压力筛 | 来一段除渣器 | 340.18 | | 56016.64 | |
| | | 去尾渣槽 | | 6.80 | | 453.58 |
| | | 去面层流浆箱 | | 333.38 | | 55563.07 |
| | | 合计 | 340.18 | 340.18 | 56016.64 | 56016.64 |

续表

| 序号 | 单元名称 | 来源与去向 | 纤维质量/kg 收 | 纤维质量/kg 支 | 浆料体积/L 收 | 浆料体积/L 支 |
|---|---|---|---|---|---|---|
| 23 | 一段除渣器 | 来面层冲浆泵 | 436.13 |  | 58150.77 |  |
|  |  | 去二段除渣器 |  | 95.95 |  | 2134.13 |
|  |  | 去面层压力筛 |  | 340.18 |  | 56016.64 |
|  |  | 合计 | 436.13 | 436.13 | 58150.77 | 58150.77 |
| 24 | 面层冲浆泵及三段除渣系统 | 来面层成浆池 | 232.99 |  | 8347.69 |  |
|  |  | 来面层冲浆泵 | 33.34 |  | 5556.30 |  |
|  |  | 来面层浓白水槽 | 49.69 |  | 24297.21 |  |
|  |  | 来1#稀白水池 | 32.89 |  | 18396.95 |  |
|  |  | 去面层压力筛 |  | 340.18 |  | 56016.64 |
|  |  | 排渣 |  | 8.72 |  | 581.51 |
|  |  | 合计 | 348.90 | 348.90 | 56598.15 | 56598.15 |
| 25 | 面层成浆池、面层配浆池 | 来制浆系统面层浆 | 231.13 |  | 7268.16 |  |
|  |  | 来胶料 | 1.86 |  | 1079.52 |  |
|  |  | 去面层冲浆泵 |  | 232.99 |  | 8347.69 |
|  |  | 合计 | 232.99 | 232.99 | 8347.69 | 8347.69 |
| 26 | 面层浓白水池 | 来面层成形板 | 90.01 |  | 44005.95 |  |
|  |  | 去面层冲浆泵 |  | 49.69 |  | 24297.21 |
|  |  | 去面层稀白水池 |  | 40.32 |  | 19708.74 |
|  |  | 合计 | 90.01 | 90.01 | 44005.95 | 44005.95 |
| 27 | 面层稀白水池 | 来面层真空箱 | 5.25 |  | 3075.42 |  |
|  |  | 来面层浓白水池 | 40.32 |  | 19708.74 |  |
|  |  | 去1#稀白水池 |  | 45.58 |  | 22784.16 |
|  |  | 合计 | 45.58 | 45.58 | 22784.16 | 22784.16 |
| 28 | 芯层真空箱 | 来芯层成形板 | 630.09 |  | 18002.44 |  |
|  |  | 去芯层稀白水池 |  | 15.75 |  | 9226.25 |
|  |  | 去面芯层复合辊 |  | 614.33 |  | 8776.19 |
|  |  | 合计 | 630.09 | 630.09 | 18002.44 | 18002.44 |
| 29 | 芯层成形板 | 来芯层流浆箱 | 787.61 |  | 112515.25 |  |
|  |  | 去芯层浓白水池 |  | 157.52 |  | 94512.81 |
|  |  | 去芯层真空箱 |  | 630.09 |  | 18002.44 |
|  |  | 合计 | 787.61 | 787.61 | 112515.25 | 112515.25 |
| 30 | 芯层流浆箱 | 来芯层压力筛 | 875.12 |  | 125016.95 |  |
|  |  | 去芯层冲浆泵 |  | 87.51 |  | 12501.70 |
|  |  | 去芯层成形板 |  | 787.61 |  | 112515.25 |
|  |  | 合计 | 875.12 | 875.12 | 125016.95 | 125016.95 |

续表

| 序号 | 单元名称 | 来源与去向 | 纤维质量/kg 收 | 纤维质量/kg 支 | 浆料体积/L 收 | 浆料体积/L 支 |
|---|---|---|---|---|---|---|
| 31 | 芯层压力筛 | 来芯层冲浆泵 | 921.18 | | 128087.54 | |
| | | 去尾渣槽 | | 46.06 | | 3070.59 |
| | | 去芯层流浆箱 | | 875.12 | | 125016.95 |
| | | 合计 | 921.18 | 921.18 | 128087.54 | 128087.54 |
| 32 | 芯层冲浆泵 | 来芯层成浆池 | 678.70 | | 22623.23 | |
| | | 来芯层浓白水槽 | 154.97 | | 92962.61 | |
| | | 来芯层流浆箱 | 87.51 | | 12501.70 | |
| | | 去芯层压力筛 | | 921.18 | | 128087.54 |
| | | 合计 | 921.18 | 921.18 | 128087.54 | 128087.54 |
| 33 | 芯层浓白水池 | 来芯层成形板 | 157.52 | | 94512.81 | |
| | | 去芯层冲浆泵 | | 154.97 | | 92962.61 |
| | | 去芯层稀白水池 | | 2.55 | | 1550.20 |
| | | 合计 | 157.52 | 157.52 | 94512.81 | 94512.81 |
| 34 | 芯层稀白水池 | 来芯层真空箱 | 15.75 | | 9226.25 | |
| | | 来芯层浓白水槽 | 2.55 | | 1550.20 | |
| | | 去1#稀白水池 | | 18.30 | | 10776.45 |
| | | 合计 | 18.30 | 18.30 | 10776.45 | 10776.45 |
| 35 | 1#稀白水池 | 来面层稀白水池 | 45.58 | | 22784.16 | |
| | | 来芯层稀白水池 | 18.30 | | 10776.45 | |
| | | 来底层稀白水池 | 6.10 | | 3592.15 | |
| | | 来真空伏辊 | 1.50 | | 5448.71 | |
| | | 来压榨部 | 1.17 | | 10313.23 | |
| | | 来底层后真空吸水箱 | 30.86 | | 5714.31 | |
| | | 去水力碎浆机 | | 4.80 | | 2686.67 |
| | | 去伏损池 | | 2.00 | | 1118.23 |
| | | 去面层除渣系统 | | 32.89 | | 18396.95 |
| | | 去白水塔 | | 63.81 | | 36427.16 |
| | | 合计 | 103.51 | 103.51 | 58629.01 | 58629.01 |
| 36 | 水力碎浆机 | 来1#稀白水池 | 4.80 | | 2686.67 | |
| | | 来复卷部 | 48.95 | | 3.68 | |
| | | 来压光卷曲部 | 15.14 | | 1.14 | |
| | | 去损纸浆塔 | | 68.89 | | 2691.49 |
| | | 合计 | 68.89 | 68.89 | 2691.49 | 2691.49 |
| 37 | 伏损池 | 来1#稀白水池 | 2.00 | | 1118.23 | |
| | | 来压榨部 | 10.09 | | 19.59 | |
| | | 来真空伏辊 | 18.74 | | 66.44 | |
| | | 去损纸浆塔 | | 30.83 | | 1204.26 |
| | | 合计 | 30.83 | 30.83 | 1204.26 | 1204.26 |

续表

| 序号 | 单元名称 | 来源与去向 | 纤维质量/kg | | 浆料体积/L | |
|---|---|---|---|---|---|---|
| | | | 收 | 支 | 收 | 支 |
| 38 | 损纸浆塔及圆网浓缩机 | 来水力碎浆机 | 68.89 | | 2691.49 | |
| | | 来伏损池 | 30.82 | | 1204.26 | |
| | | 去 2#稀白水池 | | 0.99 | | 605.42 |
| | | 去叩前浆池 | | 98.71 | | 3290.33 |
| | | 合计 | 99.71 | 99.70 | 3895.75 | 3895.75 |
| 39 | 芯层配浆池 | 来制浆系统芯层浆 | 468.37 | | 13382.00 | |
| | | 来叩后损纸浆 | 98.71 | | 3290.33 | |
| | | 来填料 | 111.62 | | 5950.91 | |
| | | 去芯层冲浆泵 | | 678.70 | | 22623.23 |
| | | 合计 | 678.70 | 678.70 | 22623.24 | 22623.23 |
| 40 | 白水塔 | 来 1#稀白水池 | 63.81 | | 36427.16 | |
| | | 来 2#稀白水池 | 0.99 | | 605.42 | |
| | | 去制浆系统白水 | | 64.80 | | 37032.58 |
| | | 合计 | 64.80 | 64.80 | 37032.58 | 37032.58 |

（6）年产 30 万 t 牛皮箱纸板造纸系统浆水平衡总表

年产 30 万 t 牛皮箱纸板造纸系统浆水平衡总表见表 4-15。

表 4-15　年产 30 万 t 牛皮箱纸板造纸系统浆水平衡总表

| 项 目 | 纤维质量/kg | | 浆料体积/L | |
|---|---|---|---|---|
| | 收 | 支 | 收 | 支 |
| 送成品库 | | 930.00 | | 70.00 |
| 前干燥部蒸发水 | | | | 1053.60 |
| 后干燥部蒸发水 | | | | 256.54 |
| 去面层除渣系统白水 | | 8.72 | | 581.51 |
| 尾渣筛排渣 | | 68.21 | | 4547.70 |
| 去制浆系统白水 | | 64.80 | | 37032.58 |
| 浆内施胶剂 | 1.86 | | 1079.52 | |
| 表面施胶剂 | 27.90 | | 251.10 | |
| 喷淋淀粉 | 4.65 | | 66.43 | |
| 补充清水 | | | 8000.00 | |
| 芯层填料 | 111.62 | | 5950.91 | |
| 底层填料 | 27.90 | | 1874.44 | |
| 芯层来浆 | 468.37 | | 13382.00 | |
| 面层来浆 | 231.13 | | 7268.16 | |
| 底层来浆 | 198.33 | | 5666.64 | |
| 合计 | 1071.76 | 1071.73 | 43539.20 | 43541.93 |

(7) 年产 30 万 t 牛皮箱纸板废纸造纸系统浆水平衡计算图

年产 30 万 t 牛皮箱纸板废纸造纸系统浆水平衡计算图见图 4-47。

图 4-47　年产 30 万 t 牛皮箱纸板废纸造纸系统浆水平衡计算图

## 三、热力平衡计算

### (一) 概述

热力平衡计算，也是工艺平衡计算的重要内容之一，它是对制浆和造纸生产工艺过程中热量变化进行计算。通过热力平衡计算，可以计算出每吨产品的蒸汽消耗量，从而确定吨产品的能源消耗等相关指标是否合理，并采取相应措施来降低能源消耗，达到清洁生产和节能降耗的目的。

1. 热力平衡计算目的

① 通过热力平衡计算可以确定生产过程中热量的消耗（主要是指蒸汽量）和变化情况，计算结果作为供热专业设计和成本核算的依据之一；

② 通过热力平衡计算可以确定供热设备容量大小和设备类型；

③ 通过热力平衡计算可以确定废热的排放量，从而可以采取有效措施组织废热回收利用。

2. 热力平衡计算所遵循的原则

能量守恒即引入某一系统的热量必须等于产品所带出的热量和损失的热量之和。即：

$$Q_1+Q_2+Q_3 = Q_4+Q_5 \tag{4-11}$$

式中　$Q_1$——原料或半成品所带来的热量，kJ

　　　$Q_2$——加热介质所提供的热量，kJ

　　　$Q_3$——化学反应热，kJ

　　　$Q_4$——产品所带走的热量，kJ

　　　$Q_5$——损失的热量，kJ

在进行某一系统的热力平衡计算之前，必须确定进入和排出系统的各种热量。根据所确定的收支项目收集必要的数据，例如，初始温度、原料量、各种物料的比热容、最高温度、导热系数、传热系数、设备质量、设备散热面积、蒸汽温度、压力热焓、热损失率等。

在确定了热量的收支项目和掌握必要的数据的基础上，遵循能量守恒的原则，根据传热原理进行具体的计算。

**(二) 热力平衡计算实例**

1. 漂白竹浆制浆车间蒸煮热力平衡计算（DDS 间歇蒸煮）

（1）漂白竹浆制浆车间 DDS 蒸煮热力平衡

漂白竹浆制浆车间 DDS 蒸煮热力平衡简图见图 4-48。

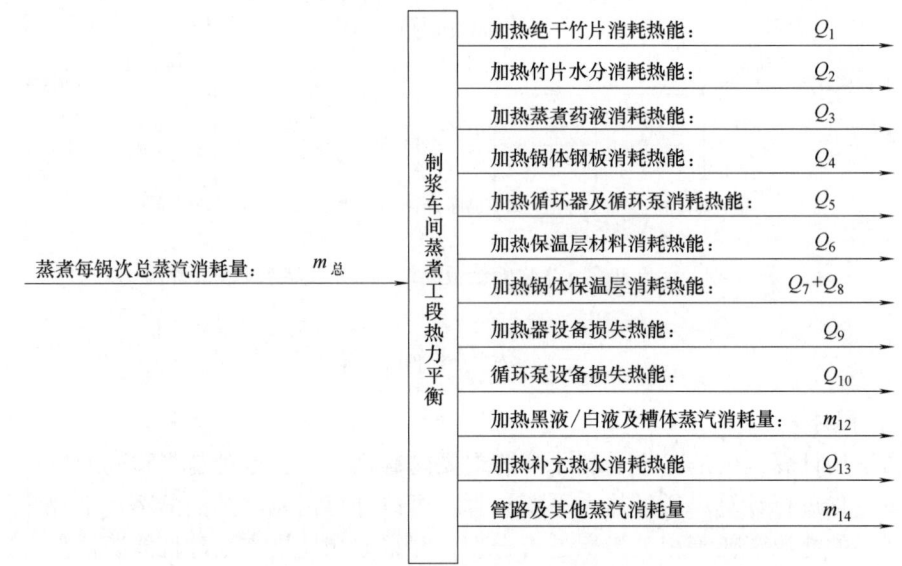

图 4-48 漂白竹浆制浆车间 DDS 蒸煮热力平衡简图

（2）漂白竹浆平衡计算有关工艺技术指标和工艺参数

漂白竹浆平衡计算有关工艺技术指标和工艺参数（600t/d）见表 4-16。

表 4-16 漂白竹浆平衡计算有关工艺技术指标和工艺参数（600t/d）

| 序号 | 指标名称 | 定额 | 备注 |
|---|---|---|---|
| 1 | 竹子蒸煮粗浆(风干)量/(t/d) | 600.0 | 绝干浆；风干浆×90% |
| 2 | 粗浆得率/% | 50.0 | DDS 蒸煮 |
| 3 | 竹片水分含量/% | 18.0 | |
| 4 | 备料损失/% | 2.4 | 对原料场来料 |
| 5 | 洗涤筛选损失/% | 2.0 | 对洗涤筛选来料 |
| 6 | 蒸煮锅容积/m³ | 250 | 4 台 |
| 7 | 装锅密度/(kg/m³) | 180 | 竹片 |
| 8 | 总用碱量/% | 15.0 | 以 $Na_2O$ 计 |
| 9 | 硫化度/% | 25.0 | 以 $Na_2O$ 计 |
| 10 | 液比 | 1:3.0 | 绝干原料与蒸煮液之比 |
| 11 | 白液温度/℃ | 80 | 来自碱回收 |
| 12 | 白液 NaOH 浓度/(g/L) | 70.0 | 以 NaOH 计 |
| 13 | 白液 $Na_2S$ 浓度/(g/L) | 9.0 | 以 $Na_2S$ 计 |
| 14 | 蒸煮周期/h | 4.0 | 4 台蒸煮锅，每台蒸煮锅 6 锅次/d |

续表

| 序号 | 指标名称 | 定额 | 备注 |
|---|---|---|---|
| 15 | 蒸煮开始时竹片的初温/℃ | 20 | (293.15K) |
| 16 | 蒸煮药液及补充热水的初温/℃ | 80 | (353.15K) |
| 17 | 开始蒸煮时锅内物料温度/℃ | 60 | (333.15K) |
| 18 | 升温末期锅内物料温度/℃ | 160 | (438.15K) |
| 19 | 保温锅内物料温度/℃ | 170 | (443.15K) |
| 20 | 保温层在蒸煮最高温度时锅内外平均温度/℃ | 95 | (368.15K) |
| 21 | 保温层在喷放终了时锅内外平均温度/℃ | 38 | (311.15K) |
| 22 | 泵放末期锅内物料温度/℃ | 90 | (363.15K) |
| 23 | 装锅及冷黑液热置换时间/min | 65.0 | |
| 24 | 升温时间/min | 70.0 | 约自中级蒸煮计时 |
| 25 | 保温时间/min | 90.0 | 保温及满足 $H$ 因子 |
| 26 | 泵放浆时间/min | 15.0 | |
| 27 | 进蒸煮锅蒸汽的热焓/(kJ/kg) | 2777.0 | (1.0MPa 饱和蒸汽;179.8℃) |
| 28 | 泵放时100℃蒸汽冷凝水热焓/(kJ/kg) | 419.5 | |
| 29 | 蒸煮锅体外表面积 $A$/m² 其中:锅筒体保温表面积 $A_1$/m² 锅锥体保温表面积 $A_2$/m² | 260.0 215.0 45.0 | 约 5.5m×16.5m,圆筒部约 12m |
| 30 | 蒸煮锅体钢板厚 $\delta_1$/mm | 32.0 | |
| 31 | 蒸煮锅体保温层厚 $\delta_2$/mm | 64.0 | |
| 32 | 蒸煮锅体钢板质量 $m_1$/kg | 约 68000.0 | |
| 33 | 蒸煮锅体保温层材料质量 $m_2$/kg | 4800.0 | |
| 34 | 药液加热器质量 $m_3$/kg | 11300.0 | |
| 35 | 药液加热器外表面积 $A_3$/m² | 18.56 | |
| 36 | 药液加热器壁厚 $\delta_3$/mm | 18.0 | |
| 37 | 药液循环泵质量 $m_4$/kg | 1000.0 | |
| 38 | 药液循环泵外表面积 $A_4$/m² | 1.18 | |
| 39 | 药液循环泵壁厚 $\delta_4$/mm | 15.0 | |
| 40 | 水的比热容 $c_1$/[J/(kg·K)] | 4.184×10³ | |
| 41 | 竹片比热容 $c_2$/[J/(kg·K)] | 1.486×10³ | |
| 42 | 蒸煮药液比热容 $c_3$/[J/(kg·K)] | 3.810×10³ | |
| 43 | 钢板比热容 $c_4$/[J/(kg·K)] | 0.481×10³ | |
| 44 | 保温层材料比热容 $c_5$/[J/(kg·K)] | 1.0467×10³ | |
| 45 | 锅内物料对钢板的传热系数 $\alpha_1$/[W/(m²·K)] | 5815 | |
| 46 | 锅筒体保温 $A_1$ 对周围空气的传热系数 $\alpha_{2-1}$/[W/(m²·K)] | 12.44 | |
| 47 | 锅锥体保温 $A_2$ 对周围空气的传热系数 $\alpha_{2-2}$/[W/(m²·K)] | 15.35 | |
| 48 | 循环泵表面对周围空气的传热系数 $\alpha_{2-3}$/[W/(m²·K)] | 18.38 | |
| 49 | 蒸煮钢板导热系数 $\lambda_1$/[W/(m·K)] | 58.18 | |
| 50 | 保温层材料导热系数 $\lambda_2$/[W/(m·K)] | 0.17 | |
| 51 | 加热黑液/白液/热水温度消耗蒸汽量/(t 蒸汽/锅次) | 约 12.500 | |
| 52 | 管路及其他热损失/% | 10 | 按总消耗蒸汽量计 |

(3) 漂白竹浆蒸煮工段生产能力计算
1) 工艺技术指标
每天生产风干粗浆：600t/d，绝干粗浆：540t/d
蒸煮锅容积 $V$：$V=250m^3$，共 4 台
竹片装锅密度 $\rho$：$\rho=180kg/m^3$
蒸煮锅蒸煮时间 $t$：$t=4h$
蒸煮得率 $\eta$：$\eta=50\%$
每锅次每天蒸煮次数 $n$：$n=24\div4=6$  每天每锅可以装锅 6 次
每锅次绝干竹片质量 $m_0$：$m_0=V\times\rho=250m^3\times180kg/m^3=45.00t$
每锅次绝干竹浆质量 $m_1$：$m_1=m_0\times\eta=45t\times50\%=22.5t$（蒸煮得率：50%）
每天所需洗涤脱水后的绝干竹片 $m_2$：$m_2=4\times m_0\times n=4\times45\times6=1080.00$（t）
每天所需竹片量（含水分 18%）$m_3$：$m_3=m_2\div(1-18\%)=1080.00\div(1-18\%)=1317.07(t)$
每天所需洗涤筛选后绝干竹片（洗筛损失 2%）$m_4$：$m_4=m_3\div(1-2\%)=1317.07\div(1-2\%)=1343.95(t)$
每天所需竹子原料为（备料损失 2.4%）$m_5$：$m_5=m_4\div(1-2.4\%)=1343.95t\div(1-2.4\%)=1377.00(t)$

2) 药品用量平衡计算
以 1 台锅 1 次蒸煮为例：
总碱量：$45.00\times15\%=6.75$（t）$=6750.00$（kg）
（$x$：NaOH，$y$：$Na_2S$）
$x+y=15\%$，$y/(x+y)=25\%$，$y=3.75\%$，$x=11.25\%$
$Na_2S$ 用量 $=6750.00kg\times25\%=1687.50kg$ （以 $Na_2O$ 计）
[$y=45.00\times1000\times3.75\%=1687.50$（kg）] （以 $Na_2O$ 计）
$x=45.00\times1000\times11.25\%=5062.50$（kg） （以 $Na_2O$ 计）
$Na_2S$ 用量 $=1687.50\times78/62=2122.98$（kg） （$Na_2S$ 计）
NaOH 用量 $=5062.50\times40/31=6532.26$（kg） （NaOH 计）
总液量：$45.00\times3.0=135.00$（$m^3$） （液比：1∶3.0）
白液用量（蒸汽装锅时所带水分含量不计）
白液体积 $=6532.26kg\div70kg/L=93.32m^3$
补充的 $Na_2S$ 用量
白液含 $Na_2S=93.32\times9=839.88$（kg）
需补充 $Na_2S=2122.98-839.88=1283.10$（kg）（$Na_2S$ 计）
补充清（热）水量
每锅次用液量：$45.00\times3.0=135.00$（$m^3$）
每锅次竹片所带水分：$[45.00\div(1-18\%)]\times18\%=9.88$（$m^3$）
补充热水及黑液（含蒸汽转化成冷凝水）量：$135.00-93.32-9.88=31.80$（$m^3$）

(4) 蒸煮热力平衡计算
1) 加热绝干竹片消耗热能

$$Q_1 = 250 \times 180 \times 1.486 \times 10^3 \times (170-160) = 668700 (\text{kJ})$$

2) 加热竹片水分消耗热能

$$Q_2 = 9880 \times 4.184 \times 10^3 \times (170-160) = 413379 (\text{kJ})$$

(在160℃时进行蒸汽加热，$4.184 \times 10^3 \text{J}/(\text{kg} \cdot \text{K})$ 为水的比热容)

3) 加热蒸煮药液消耗热能

$$Q_3 = 93.32 \times 3.810 \times 10^3 \times (170-160) = 3555492 (\text{kJ})$$

4) 加热锅体钢板消耗热能

$$Q_4 = 68000 \times 0.481 \times 10^3 \times (170-160) = 327080 (\text{kJ})$$

5) 加热循环器及泵钢件消耗热能

$$Q_5 = (11300+1000) \times 0.481 \times 10^3 \times (170-160) = 59163 (\text{kJ})$$

6) 加热保温层材料消耗热能

$$Q_6 = 4800 \times 1.0467 \times 10^3 \times (95-38) = 286377 \text{kJ}$$

7) 锅筒体保温表面散热消耗热能

传热系数 $K$：

$$K = \frac{1}{1/\alpha_1 + \delta_1/\lambda_1 + 1/\alpha_2 + \delta_2/\lambda_2}$$

传热系数 $K_1$：

$$K_1 = \frac{1}{1/\alpha_1 + \delta_1/\lambda_1 + 1/\alpha_{2-1} + \delta_2/\lambda_2}$$

$$K_1 = \frac{1}{1/5815 + 0.032/58.18 + 1/12.44 + 0.064/0.17} = 2.19 [\text{W}/(\text{m}^2 \cdot \text{K})]$$

$$Q_{7升温} = 215 \times 2.19 \times (160-60) \times 70 \times 60 = 197757000 (\text{J}) = 197757 (\text{kJ})$$

$$Q_{7保温} = 215 \times 2.19 \times (170-60) \times 90 \times 60 = 279684900 (\text{J}) = 279685 (\text{kJ})$$

$$Q_{7泵放} = 215 \times 2.19 \times (170-90) \times 15 \times 60 = 33901200 (\text{J}) = 33901 (\text{kJ})$$

8) 锅锥体保温表面散热消耗热能

$$K_2 = \frac{1}{1/\alpha_1 + \delta_1/\lambda_1 + 1/\alpha_{2-2}}$$

$$K_2 = 1/(1/5815 + 0.032/58.18 + 1/15.35) = 15.18 [\text{W}/(\text{m}^2 \cdot \text{K})]$$

$$Q_{8升温} = 45 \times 15.18 \times (160-60) \times 70 \times 60 = 286902 (\text{kJ})$$

$$Q_{8保温} = 45 \times 15.18 \times (170-60) \times 90 \times 60 = 405761 (\text{kJ})$$

$$Q_{8泵放} = 45 \times 15.18 \times (170-90) \times 15 \times 60 = 49183 (\text{kJ})$$

9) 加热器设备热能损失

在升温阶段，加热器内蒸煮药液温度对蒸汽温度的平均温度差 $T_m = 40.4℃$，即313.4K。在蒸煮过程中，加热器内的平均温度为：

$$[(170-40.4) \times 70/60 + (170-0) \times 90/60 + (170-0) \times 15/60]/(60/175) = 153.5 (℃)$$

传热系数：$K_3$

$$K_3 = \frac{1}{1/\alpha_1 + \delta_3/\lambda_1 + 1/\alpha_{2-1} + \delta_2/\lambda_2}$$

$$K_3 = \frac{1}{1/5815 + 0.018/58.18 + 1/12.44 + 0.064/0.17} = 2.19 [\text{W}/(\text{m}^2 \cdot \text{K})]$$

$$Q_9 = 18.56 \times 2.19 \times (153.5-60) \times 175 \times 60 = 39905 (\text{kJ})$$

10) 循环泵设备热能损失

传热系数：$K_4$

$$K_4 = \frac{1}{1/\alpha_1 + \delta_4/\lambda_1 + 1/\alpha_{2-3}}$$

$K_4 = 1/(1/5815+0.015/58.18+1/18.38) = 18.24 [W/(m^2 \cdot K)]$

$Q_{10} = 1.18 \times 18.24 \times (153.5-60) \times 175 \times 60 = 21130402(J) = 21130(kJ)$

11) 蒸煮过程消耗蒸汽量

$Q_{11} = Q_1 + Q_2 + Q_3 + Q_4 + Q_5 + Q_6 + Q_{7升温} + Q_{7保温} + Q_{7泵放} + Q_{8升温} + Q_{8保温} + Q_{8泵放} + Q_9 + Q_{10}$

$Q_{11} = 668700 + 413379 + 3555492 + 327080 + 59163 + 286377 + 197757 + 279685 + 33901 + 286902 + 405761 + 49183 + 39905 + 21130 = 6624415(kJ)$

每锅次折合蒸汽用量：

$$m_{11} = 6624415/(2777-419.5) = 2809.9 \text{（kg 蒸汽）}$$

12) 加热各黑液/白液及槽体消耗蒸汽

据资料，每锅次加热各黑液/白液及槽体消耗蒸汽约为 $m_{12} = 12.500t$ 蒸汽

【注：其中约有 2.1t 蒸汽加热 80℃ 热水至 160℃】

13) 加热补充热水消耗蒸汽

$Q_{13} = (31800 - 2809.9 - 12500) \times 4.184 \times 10^3 \times (170-160) = 689945784(J) = 689946(kJ)$

每锅次折合蒸汽用量：

$$m_{13} = 689946/(2777-419.5) = 292.7 \text{（kg 蒸汽）}$$

14) 管路及其他热能损失，按总消耗汽量的 10% 计

$$m_{14} = (2809.9 + 292.7 + 12500) \times 10\% = 1560 \text{（kg 蒸汽）}$$

15) 蒸煮每锅次总蒸汽消耗量

$$m_总 = m_{11} + m_{12} + m_{13} + m_{14} = 2809.9 + 12500 + 292.7 + 1560 = 17162.6 \text{（kg 蒸汽）}$$

16) 折算成每吨风干浆消耗蒸汽量

每锅次蒸煮收获绝干浆量：$45.00 \times 50\% = 22.50$（t 绝干浆）

折合成风干浆：$22.50/90\% = 25.00$（t 绝干浆）

每吨绝干浆消耗蒸汽量约：$17162.6/22.5 = 762.8$（kg 蒸汽/t 绝干浆）= 0.76（t 蒸汽/t 绝干浆）

每吨风干浆消耗蒸汽量约：$17162.6/25 = 686.5$（kg 蒸汽/t 绝干浆）= 0.69（t 蒸汽/t 风干浆）

（5）漂白竹浆制浆车间蒸煮热力平衡计算明细表

漂白竹浆制浆车间蒸煮热力平衡计算明细表见表 4-17。

表 4-17　漂白竹浆制浆车间蒸煮热力平衡计算明细表

| 序号 | 输入热能 | | % | 输出热能 | | % |
|---|---|---|---|---|---|---|
| 1 | 蒸煮每锅次总蒸汽消耗量/kg 蒸汽 | 17162.6 | 100 | 加热绝干竹片消耗热能/kJ | 668700 | |
| 2 | | | | 加热竹片水分消耗热能/kJ | 413379 | |
| 3 | | | | 加热蒸煮药液消耗热能/kJ | 3555492 | |
| 4 | | | | 加热锅体钢板消耗热能/kJ | 327080 | |
| 5 | | | | 加热循环器及循环泵消耗热能/kJ | 59163 | |

续表

| 序号 | 输入热能 | % | 输出热能 | | % |
|---|---|---|---|---|---|
| 6 | | | 加热保温层材料消耗热能/kJ | 286377 | |
| 7 | | | 加热锅体保温层消耗热能/kJ | 1253189 | |
| 8 | | | 加热器设备损失热能/kJ | 39905 | |
| 9 | | | 循环泵设备损失热能/kJ | 21130 | |
| | | | (1-9项)每锅次折合蒸汽用量/kg | 2809.9 | 16.37 |
| 10 | | | 加热黑液/白液及槽体每锅次消耗蒸汽量/kg | 12500.0 | 72.83 |
| 11 | | | 加热补充热水循环每锅次消耗蒸汽量/kg | 292.7 | 1.71 |
| 12 | | | 管路及每锅次其他消耗蒸汽量/kg | 1560 | 9.09 |
| | 合计 | 17162.6 | 100.00 | 合计 | 17162.6 | 100.00 |

2. 漂白竹浆制浆车间蒸煮热力平衡计算（传统间歇蒸煮）

1）加热绝干竹片消耗热能

$$Q_1 = 250 \times 190 \times 1.486 \times 10^3 \times (165-60) = 7411425 \text{(kJ)}$$

2）加热竹片水分及补充热水消耗热能

$$Q_2 = (10430+27880) \times 4.184 \times 10^3 \times (165-60) = 16830349 \text{(kJ)}$$

（在60℃时进行蒸汽加热，$4.184 \times 10^3 \text{kJ/(kg·K)}$ 为水的比热容）

3）加热蒸煮药液消耗热能

$$Q_3 = 104190 \times 3.810 \times 10^3 \times (165-60) = 41681210 \text{(kJ)}$$

4）加热锅体钢板消耗热能

$$Q_4 = 68000 \times 0.481 \times 10^3 \times (165-60) = 3434340 \text{(kJ)}$$

5）加热循环器及循环泵的钢件消耗热能

$$Q_5 = (11300+1000) \times 0.481 \times 10^3 \times (165-60) = 621212 \text{(kJ)}$$

6）加热保温层材料消耗热能

$$Q_6 = 4800 \times 1.0467 \times 10^3 \times (95-38) = 286377 \text{(kJ)}$$

7）锅筒体保温表面散热消耗热能

传热系数 $K$：

$$K = \frac{1}{1/\alpha_1 + \delta_1/\lambda_1 + 1/\alpha_2 + \delta_2/\lambda_2}$$

传热系数 $K_1$：

$$K_1 = \frac{1}{1/\alpha_1 + \delta_1/\lambda_1 + 1/\alpha_{2-1} + \delta_2/\lambda_2}$$

$$K_1 = \frac{1}{1/5815 + 0.032/58.18 + 1/12.44 + 0.064/0.17} = 2.19 \text{[W/(m}^2 \cdot \text{K)]}$$

$$Q_{7\text{升温}} = 215 \times 2.19 \times (105-20) \times 150 \times 60 = 360200250 \text{(J)} = 360200 \text{(kJ)}$$

$$Q_{7\text{保温}} = 215 \times 2.19 \times (140-20) \times 90 \times 60 = 305110800 \text{(J)} = 305111 \text{(kJ)}$$

8）锅锥体保温表面散热消耗热能

传热系数 $K_2$：

$$K_2 = \frac{1}{1/\alpha_1 + \delta_1/\lambda_1 + 1/\alpha_{2-2}}$$

$$K_2 = 1/(1/5815+0.032/58.18+1/15.35) = 15.18[\text{W}/(\text{m}^2 \cdot \text{K})]$$

$$Q_{8升温} = 45 \times 15.18 \times (105-20) \times 150 \times 60 = 522572(\text{kJ})$$

$$Q_{8保温} = 45 \times 15.18 \times (140-20) \times 90 \times 60 = 442649(\text{kJ})$$

9) 加热器热能损失

在升温阶段，加热器内蒸煮药液温度对蒸汽温度的平均温度差 $T_\text{m} = 40.48℃$，在蒸煮过程中，加热器内的平均温度为：

$$[(165-40.48) \times 150/60 + (165-0) \times 80/60 + (165-0) \times 20/60]/(60/250) = 140.5(℃)$$

传热系数 $K_3$：

$$K_3 = \frac{1}{1/\alpha_1 + \delta_3/\lambda_1 + 1/\alpha_{2-1} + \delta_2/\lambda_2}$$

$$K_3 = \frac{1}{1/5815+0.018/58.18+1/12.44+0.064/0.17} = 2.19[\text{W}/(\text{m}^2 \cdot \text{K})]$$

$$Q_9 = 18.56 \times 2.19 \times (140.5-20) \times 250 \times 60 = 73468(\text{kJ})$$

10) 循环泵热能损失

传热系数：$K_4$

$$K_4 = \frac{1}{1/\alpha_1 + \delta_4/\lambda_1 + 1/\alpha_{2-3}}$$

$$K_4 = 1/(1/5815+0.015/58.18+1/18.38) = 18.24[\text{W}/(\text{m}^2 \cdot \text{K})]$$

$$Q_{10} = 1.18 \times 18.24 \times (140.5-20) \times 250 \times 60 = 38903184(\text{J}) = 38903(\text{kJ})$$

11) 蒸煮过程消耗热能

$$Q_{11} = Q_1 + Q_2 + Q_3 + Q_4 + Q_5 + Q_6 + Q_{7升温} + Q_{7保温} + Q_{8升温} + Q_{8保温} + Q_9 + Q_{10}$$

$$Q_{11} = 7411425+16830349+41681210+3434340+621212+286377+360200+$$
$$305111+522572+442649+73468+38903 = 72007816(\text{kJ})$$

每锅次折合蒸汽用量：

$$72007816/(2777-419.5) = 30544(\text{kg 蒸汽})$$

12) 小放气热能损失

1000kg 绝干竹片在小放气排放出 90kg 蒸汽，每锅装原料 47500kg，即每锅次损失蒸汽

$$m_{12} = 47.5\text{t} \times 90\text{kg 蒸汽}/\text{t} = 4275\text{kg 蒸汽}$$

注：喷放汽时蒸煮已经结束，不再消耗蒸汽。热回收系统需要回收小放气及喷放气排出的热能。

13) 装锅及喷放热能损失

1000kg 绝干浆在装锅（增加装锅量）及喷放时消耗为 (120+70) kg 蒸汽，每锅装原料 47500kg，得率 48%，每锅绝干浆为 22.8t，即每锅次消耗蒸汽：

$$m_{13} = 22.8\text{t} \times 190\text{kg 蒸汽}/\text{t} = 4332\text{kg 蒸汽}$$

14) 管路及其他热能损失按总消耗蒸汽量的 10% 计

$$m_{14} = (m_{11}+m_{12}+m_{13})10\% = (30544+4275+4332) \times 10\% = 3915.1(\text{kg 蒸汽})$$

15) 蒸煮每锅次总蒸汽消耗量

$$30544+4275+4332+3915.1 = 43066.1(\text{kg 蒸汽}) = 43.07(\text{t 蒸汽})$$

16) 折算成每吨风干粗浆消耗蒸汽量

每锅次蒸煮收获绝干粗浆量：$47.50 \times 48\% = 22.80$ (t)

折合成风干粗浆：22.80/90% = 25.33（t）
每吨绝干粗浆消耗蒸汽量：43.07/22.80 = 1.89（t蒸汽）
每吨风干粗浆消耗蒸汽量：43.07/25.33 = 1.70（t蒸汽）
注：传统间歇蒸煮竹浆。每吨风干浆消耗蒸汽量约1.7t。
【DDS间歇蒸煮与传统间歇蒸煮对比】
DDS间歇蒸煮：
① 节约蒸汽（黑液置换提高了锅内料液温度）；
② 降低蒸煮药液用量（黑液置换过程中进行了预蒸煮）；
③ 缩短蒸煮时间（提高制浆产量）；
④ 制浆得率高，卡伯值相对较低（黑液置换过程中参与化学反应）；
⑤ 浆的质量较高（由于采取冷喷放纤维强度高）；
⑥ 不需要热回收系统；
⑦ 蒸煮过程蒸汽直接进入蒸煮系统。
传统间歇蒸煮：
① 装锅量较高（采用蒸汽装锅器）；
② 硫化度较低（对环境污染小，对设备腐蚀轻）；
③ 喷放锅贮浆量大（喷放时浓度高）；
④ 耗电量较低（DDS药液循环泵多）；
⑤ 设备投资少（DDS自控系统复杂，药液贮存槽多）；
⑥ 热回收系统可减少热能损失；
⑦ 蒸煮过程蒸汽间接加热，蒸汽冷凝水回热力系统。
总体对比：DDS间歇蒸煮比传统间歇蒸煮有较大的优势。

3. 精制文化用纸造纸车间干燥部热力平衡计算
（1）精制文化用纸造纸车间干燥部热力平衡简图
精制文化用纸造纸车间热力平衡简图见图4-49。

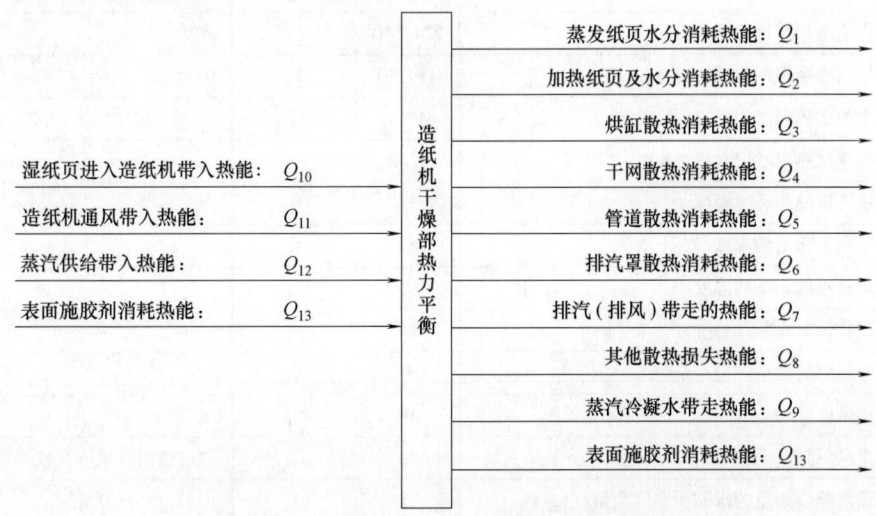

图4-49 精制文化用纸造纸车间热力平衡简图

（2）精制文化用纸工艺技术经济指标和工艺参数

精制文化用纸热力平衡计算有关技术指标和工艺参数（600t/d）见表4-18。

表4-18　精制文化用纸热力平衡计算有关技术指标和工艺参数（600t/d）

| 序号 | 指标名称 | 定额 | 物理量符号 | 备注 |
|---|---|---|---|---|
| 1 | 定量/(g/m²) | 70 | $q$ | 计算定量 |
| 2 | 工作车速/(m/min) | 1300 | $v$ | |
| 3 | 卷纸宽/mm | 5260 | $b_{卷纸}$ | |
| 4 | 净纸宽/mm | 5200 | $b_{净纸}$ | |
| 5 | 有效工作时间/(h/d) | 22.5 | $K_1$ | 每年工作340d |
| 6 | 成品率/% | 98 | $K_2$ | 对成品纸 |
| 7 | 抄造率/% | 97 | $K_3$ | 对成品纸 |
| 8 | 纸页出后干燥的干度/% | 93 | $w_1$ | |
| 9 | 纸页进后干燥的干度/% | 75 | $w_2$ | |
| 10 | 纸页出前干燥的干度/% | 90 | $w_3$ | |
| 11 | 纸页进前干燥的干度/% | 48 | $w_4$ | |
| 12 | 纸页出后干燥的温度/℃ | 70 | $t_1$ | |
| 13 | 纸页进后干燥的温度/℃ | 85 | $t_2$ | |
| 14 | 纸页出前干燥的温度/℃ | 90 | $t_3$ | |
| 15 | 纸页进前干燥的温度/℃ | 40 | $t_4$ | |
| 16 | 淀粉施胶量/(g/m²) | 2.0 | $q_{淀粉}$ | |
| 17 | 供给饱和蒸汽压力/MPa | 0.5 | $p$ | |
| 18 | 供给饱和蒸汽的温度/℃ | 152 | $t_5$ | |
| 19 | 蒸汽冷凝水温度/℃ | 100 | $t_6$ | |
| 20 | 环境温度下水蒸气的比焓/(kJ/kg) | 2565.00 | $h_1$ | 35℃ |
| 21 | 环境温度下水的比焓/(kJ/kg) | 146.55 | $h_2$ | 35℃（冷凝水回热电站温度） |
| 22 | 供给饱和蒸汽的比焓/(kJ/kg) | 2748.50 | $h_3$ | 152℃ |
| 23 | 蒸汽冷凝水的比焓/(kJ/kg) | 419.50 | $h_4$ | 100℃ |
| 24 | 水的比热容/[kJ/(kg·K)] | 4.19 | $c_w$ | |
| 25 | 纤维比热容/[kJ/(kg·K)] | 1.42 | $c_f$ | |
| 26 | 造纸机操作环境温度/℃ | 35 | $t_7$ | |
| 27 | 干网表面平均温度/℃ | 60 | $t_8$ | |
| 28 | 烘缸辐射面平均温度/℃ | 90 | $t_9$ | |
| 29 | 烘缸辐射常数/[kJ/(m²·K·h)] | 14 | $k_1$ | |
| 30 | 干网辐射常数/[kJ/(m²·K·h)] | 16.2 | $k_2$ | |
| 31 | 供风温度/℃ | 38 | $t_{10}$ | |
| 32 | 排风(排汽)温度/℃ | 38 | $t_{11}$ | 通过热回收系统回收热能后排风 |
| 33 | 蒸发单位质量的水需干空气质量/(kg/kg) | 37 | $Y$ | |
| 34 | 空气的比热容/[kJ/(kg·K)] | 1.00 | $c_{air}$ | 常温 |

续表

| 序号 | 指标名称 | 定额 | 物理量符号 | 备 注 |
|---|---|---|---|---|
| 35 | 供风含湿量/(kg/kg) | 0.028 | $H_1$ | |
| 36 | 排风(排汽)含湿量/(kg/kg) | 0.039 | $H_2$ | |
| 37 | 烘缸只数/只 | 48 | $n$ | 每组6只烘缸,共计8组 |
| 38 | 烘缸直径/m | 1.8 | $D$ | |
| 39 | 烘缸面宽/m | 5.7 | $b_{烘缸}$ | |
| 40 | 烘缸与干网的接触弧度/(°) | 235 | $\theta$ | |
| 41 | 干网宽/m | 5.7 | $b_{干网}$ | |
| 42 | 干网长度/m | 26 | $L$ | 每组烘缸非接触烘缸表面长度 |
| 43 | 管道散热损失热能/% | 5 | | 对造纸机总有效热能 |
| 44 | 排汽罩散热损失热能/% | 3 | | 对造纸机总有效热能 |
| 45 | 其他散热(VAC缸等)损失热能/% | 10 | | 对造纸机总有效热能 |
| 46 | 表面施胶剂配制消耗蒸汽量/(kg 蒸汽/kg 纸) | 0.06 | | 85℃ |
| 47 | 基准成品纸/kg | 1 | $m$ | |

(3) 600t/d 精制文化用纸生产能力计算

以长网多烘缸造纸机生产精制文化纸为例。

造纸机生产能力公式：$G = 60 \cdot v \cdot b_{卷纸} \cdot q \cdot K_1 K_2 K_3 / 1000000$ (t/d)

根据以上工艺技术指标和工艺参数，计算每天生产能力：

$$G = 60\text{min/h} \times 1300\text{m/min} \times 5.260\text{m} \times 70\text{g/m}^2 \times 22.5\text{h/d} \times 98\% \times 97\% / 1000000 (\text{t/d})$$
$$= 614.27\text{t/d} = 27300\text{kg/h} \quad （每天按 22.5h 算）$$

若抄造定量不同，由于干燥部烘干能力已确定，相应的车速必然会变化。一般来讲定量越高，车速越慢；定量越低，车速越快。因此生产其他定量的纸，其生产能力也基本稳定在 614.27t/d（约 27300kg/h）左右，波动范围相对较小。

(4) 干燥部热力平衡计算

热能平衡计算理论依据是能量守恒定律，即引入某一系统的热能等于产品所带出的热能和损失的热能之和。

以造纸机卷取部生产 $m = 1.00\text{kg}$ 成品纸（风干）为基准计算蒸汽的消耗热能。

1.00kg 成品纸绝干量 = 1.00×93% = 0.93（kg）

1.00kg 成品纸水分量 = 1.00×(1−93%) = 0.07（kg）

干燥部主要用热设备是造纸机烘缸，蒸汽烘缸 48 只，VAC 烘缸 38 只，造纸机采用密闭汽罩，烘缸选用三段通汽的热泵技术，生产用汽工艺要求：温度 152℃，压力 0.5MPa。热能平衡计算的有关参数，见表 4-18。

根据造纸机能量平衡（以生产 1.00kg 纸为基准），计算造纸机干燥部烘干 1.00kg 成品纸（风干）消耗热能。

1) 蒸发 1kg 纸页水分至规定干度消耗热能 $Q_1$ 的计算

$$Q_1 = m\{[(w_1-w_2)/w_2] \times (h_1-h_2) + [(w_3-w_4)/w_4] \times (h_1-h_2)\}$$

则蒸发 1kg 纸页水分至规定干度消耗热能：

$$Q_1 = 1\times\{[(0.93-0.75)/0.75]\times(2565.00-146.55)+[(0.90-0.48)/0.48]\times(2565.00-146.55)\}$$
$$= 2696.57(\text{kJ})$$

2）加热 1kg 纸页（含水分）至规定干燥温度消耗热能 $Q_2$ 的计算

根据：$Q_2 = m\{[w_1\times c_f+(1.00-w_1)\times c_w]\times(t_6-t_1)+[w_3\times c_f+(1.00-w_3)\times c_w]\times(t_6-t_4)\}$

则加热 1kg 纸页至规定干燥温度消耗热能：

$$Q_2 = 1\times\{[0.93\times1.42+(1.00-0.93)\times4.19]\times(100-70)+[0.90\times1.42+(1.00-0.90)\times4.19]\times(100-40)\}$$
$$= 150.24\text{kJ}$$

注：造纸机总有效热能指加热纸页及水分和蒸发纸页水分消耗的热能。

3）烘缸散热损失热能 $Q_3$ 的计算

根据：$Q_3 = K_a(A_a/G)(t_9-t_7)m$

烘缸散热系数 $K_a$ 的计算经验公式为：

$$K_a = k_a+[k_1/(t_9-t_7)]\{[(273+t_9)/100]^4-[(273+t_7)/100]^4\}^{0.78}$$

其中，烘缸对流散热系数 $k_a$ 的计算经验公式为：

$k_a = 27.09\times v^{0.78}$，由于造纸机车速 $v = 1300/60 = 21.67$（m/s）

因此，造纸机烘缸对流散热系数：

$$k_a = 27.09\times21.67^{0.78} = 298.39[\text{kJ}/(\text{m}^2\cdot\text{K}\cdot\text{h})]$$

因此，造纸机烘缸散热系数：

$$K_a = 298.39+[14/(90-35)]\times\{[(273+90)/100]^4-[(273+35)/100]^4\}^{0.78} = 306.43[\text{kJ}/(\text{m}^2\cdot\text{K}\cdot\text{h})]$$

烘缸散热面积 $A_a$ 的计算为：

$$A_a = 3.14\times n[(1-\theta/360)\times D\times b_{烘缸}+2\times(1/2D)^2]$$

因此，造纸机烘缸散热面积

$$A_a = 3.14\times48\times[(1-235/360)\times1.80\times5.70+2\times0.9^2] = 781.03(\text{m}^2)$$

则造纸机烘缸散热损失：

$$Q_3 = 306.43\times(781.03/27300)\times(90-35)\times1 = 482.17\text{kJ}$$

4）干网散热损失热能 $Q_4$ 的计算

根据：$Q_4 = K_b(A_b/G)(t_8-t_7)m$

干网散热系数 $K_b$ 的计算公式为：

$$K_b = k_b+[k_2/(t_8-t_7)]\times\{[(273+t_8)/100]^4-[(273+t_7)/100]^4\}^{0.78}$$

其中，干网对流散热系数 $k_b$ 的计算公式为：

$$k_b = 27.09\times v^{0.78}$$

由于造纸机车速 $v = 21.67\text{m/s}$，因此，造纸机干网对流散热系数：

$$k_b = 27.09\times21.67^{0.78} = 298.39[\text{kJ}/(\text{m}^2\cdot\text{K}\cdot\text{h})]$$

因此，造纸机干网散热系数：

$$K_b = 298.39+[16.20/(60-35)]\times\{[(273+60)/100]^4-[(273+35)/100]^4\}^{0.78} = 308.29[\text{kJ}/(\text{m}^2\cdot\text{K}\cdot\text{h})]$$

干网散热面积 $A_b$ 的计算公式为：

$$A_b = 8\times L\times b_{干网}+(\theta/360)\times\pi\times D\times b_{干网}\times n$$

因此，造纸机干网散热面积：

$$A_b = 8\times26.0\times5.70+(235/360)\times3.14\times1.80\times5.70\times48 = 2195.05(\text{m}^2)$$

则造纸机干网散热损失热能：

$$Q_4 = 308.29\times(2195.05/27300)\times(60-35)\times1 = 619.70(\text{kJ})$$

5) 管道散热损失热能 $Q_5$ 的计算

按造纸机总有效热能（$Q_1+Q_2$）的 5.0%预测

注：造纸机总有效热能指加热纸页及水分和蒸发纸页水分消耗的热能。

$$Q_5 = (Q_1+Q_2) \times 5.0\%$$

则管道散热损失热能：

$$Q_5 = (2696.57+150.24) \times 5.0\% = 142.34 (\text{kJ})$$

6) 排汽罩散热损失热能 $Q_6$ 的计算

按造纸机总有效热能（$Q_1+Q_2$）的 3.0%预测（密闭气罩）

$$Q_6 = (Q_1+Q_2) \times 3.0\%$$

则排汽罩散热损失热能：

$$Q_6 = (2696.57+150.24) \times 3.0\% = 85.40 (\text{kJ})$$

7) 排汽（排风）带走的热能 $Q_7$ 的计算

根据公式：$Q_7 = [Y \times c_{\text{air}}(t_{10}-t_7) + Y \times H_2 \times c_w(t_{11}-t_7)]m$

则排汽（预热通风后）带走的热能：

$$Q_7 = [37 \times 1.00 \times (38-35) + 37 \times 0.039 \times 4.19 \times (38-35)] \times 1 = 129.14 (\text{kJ})$$

8) 其他散热（VAC 缸等）损失热能 $Q_8$ 的计算

按造纸机总有效热能（$Q_1+Q_2$）的 10.0%预测：

$$Q_8 = (Q_1+Q_2) \times 10.0\%$$

则其他散热损失：

$$Q_8 = (2696.57+150.24) \times 10.0\% = 284.68 (\text{kJ})$$

9) 蒸汽冷凝水带走热能 $Q_9$ 的计算

预设生产 1kg 纸供给造纸机的蒸汽热能为 $Q_{供}$（kJ）

根据公式：$Q_9 = Q_{供} h_2/(h_3-h_2)$

则造纸机冷凝水排出的热能：

$$Q_9 = Q_{供} \times 146.55/(2748.5-146.55) = 0.056 Q_{供} (\text{kJ})$$

10) 湿纸页进入造纸机干燥部带入热能 $Q_{10}$ 的计算

根据公式：$Q_{10} = \left\{ \left[ 1 \times c_f + \dfrac{(1-w_4)}{w_4} \times c_w \right] \times (t_4-t_7) + \left[ 1 \times c_f + \dfrac{(1-w_4)}{w_4} \times c_w \right] \times (t_2-t_7) \right\} m$

则湿纸页进入造纸机带入的热能 $Q_{10}$：

$$Q_{10} = \left\{ \left[ 1 \times 1.42 + \dfrac{(1-0.48)}{0.48} \times 4.19 \right] \times (40-35) + \left[ 1 \times 1.42 + \dfrac{(1-0.48)}{0.48} \times 4.19 \right] \times (85-35) \right\} \times 1$$
$$= 327.80 \text{kJ}$$

11) 造纸机环境温度下通风带入的热能 $Q_{11}$ 的计算

根据公式：$Q_{11} = [Y \times c_{\text{air}}(t_{10}-t_7) + Y \times H_1 \times c_w(t_{11}-t_7)]m$

则通风带入的热能：

$$Q_{11} = [37 \times 1.00 \times (38-35) + 37 \times 0.028 \times 4.19 \times (38-35)] \times 1 = 124.02 \text{kJ}$$

12) 蒸汽供给造纸机热能 $Q_{12}$ 的计算

根据公式：$Q_{12} = Q_{供}$

则生产 1kg 纸供给造纸机的热能 $Q_{12}$：

$$Q_{12} = Q_{供} (\text{kJ})$$

则造纸机供给的蒸汽热能：

$$Q_1+Q_2+Q_3+Q_4+Q_5+Q_6+Q_7+Q_8+Q_9=Q_{10}+Q_{11}+Q_{12}$$

$$2696.57+150.24+482.17+619.70+142.34+85.40+129.14+284.68+0.056Q_{供}=327.80+124.02+Q_{供}$$

$$Q_{供}=4383.92(kJ)$$

则蒸汽冷凝水带走热能 $Q_9$：

$$Q_9=0.056Q_{供}=245.50(kJ)$$

1kg 纸消耗蒸汽量：4383.92/2748.50=1.60（kg 蒸汽）

13）表面施胶剂消耗热能

设表面施胶量为 2.0g/m²。生产 1kg 纸表面施胶剂消耗的蒸汽量 $m_{13}=0.06$kg 蒸汽（0.5MPa 饱和蒸汽），加上表面施胶剂配制消耗的蒸汽 0.06kg 蒸汽，即 $Q_{13}=0.06$kg 蒸汽×2748.5kJ/kg 蒸汽=164.91kJ。

则生产 1kg 纸（风干）消耗蒸汽量=1.60+0.06=1.66kg（即 1.66t 蒸汽/t 纸）。

（5）精制文化用纸造纸车间干燥部热力平衡计算明细表

精制文化用纸造纸车间干燥部热力平衡计算明细表见表 4-19。

表 4-19　　精制文化用纸造纸车间干燥部热力平衡计算明细表

| 序号 | 输入热能 | kJ | % | 输出热能 | kJ | % |
|---|---|---|---|---|---|---|
| 1 | 蒸汽供给造纸机热能 $Q_{12}$ | 4383.92 | 87.77 | 蒸发纸页水分消耗热能 $Q_1$ | 2696.57 | 53.92 |
| 2 | 湿纸页进入造纸机带入热能 $Q_{10}$ | 327.80 | 6.50 | 加热纸页及水分消耗热能 $Q_2$ | 150.24 | 3.00 |
| 3 | 造纸机通风带入热能 $Q_{11}$ | 124.02 | 2.46 | 烘缸散热损失热能 $Q_3$ | 482.17 | 9.64 |
| 4 | 表面施胶剂消耗热量 $Q_{13}$ | 164.91 | 3.27 | 干网散热损失热能 $Q_4$ | 619.70 | 12.39 |
| 5 | | | | 蒸汽冷凝水排出损失热能 $Q_9$ | 245.50 | 4.91 |
| 6 | | | | 管道散热损失热能 $Q_5$ | 142.34 | 2.85 |
| 7 | | | | 排汽罩散热损失热能 $Q_6$ | 85.40 | 1.71 |
| 8 | | | | 排汽(排风)带走的热能 $Q_7$ | 129.14 | 2.58 |
| 9 | | | | 其他热损失消耗热能 $Q_8$ | 284.68 | 5.69 |
| 10 | | | | 表面施胶剂消耗热量 $Q_{13}$ | 164.91 | 3.30 |
| | 合计 | 5000.65 | 100 | 合计 | 5000.65 | 100 |

## 四、设备平衡计算

设备平衡计算是工艺初步设计的重要内容之一。其计算的依据是物料平衡计算的结果。即通过物料平衡，计算出通过每一设备的物料量（通过量），然后用此通过量来校核或计算每一设备所应具有的生产能力，确定同种设备的台（套）数。在此基础上，列出设备明细表，以作为设备订货或非定型设备设计制作的依据。

应该指出，设备平衡计算不仅在新建、改建、扩建和技术革新设计中是重要的，而且在实际生产管理中也具有重要作用。就某种意义来说，生产指挥者的重要任务之一，就是调节车间（或工段）之间和设备之间的平衡。因为即便是工艺设计是平衡的，但由于工艺生产过程中会出现各种复杂情况，存在的变数很多，所以说，车间（或工段）之间，设备之间的平衡是相对的，而不平衡则是绝对的。即当某一设备由于管理、操作不当或使用时间太长，就会出现能力下降；当某一设备通过改造或改变工艺等而出现能力过剩，都会破坏车间（或工段）设备之间原有的平衡，这就需要指挥者及时、果断地做出调整。故本章将介绍这方面的基础知识。

（一）设备平衡的原则

制浆造纸厂所用设备的种类多，型号多是其特点之一。同一种设备，由于型号不同，生产能力也不同。因此设备平衡计算应遵循以下原则：

1. 主要设备既要满足生产，又留有适当余地

确定主要设备（如蒸煮器、抄纸机等）的生产能力时，既不能过大的超出设计能力的要求，又要适当的留有余地。因为选择设备的能力过大，不仅使设备的投资费用增加，而且也使日常生产的维护费增大。如果所选设备的能力刚好与设计能力相等，则一旦在生产过程中出现某些意外故障，就将影响生产任务的完成。所以在确定设备生产能力时，一般按照略大于理论计算值选取。

2. 设备数量确定依据工艺优化方案

对于需要确定台数的设备，其数量要考虑该设备发生事故或检修时，仍有其它设备作备用维持生产。比如蒸煮，如果按计算只需选两台 $110m^3$ 的蒸锅就能满足设计要求，但考虑上述因素，则可选用 3 台 $75m^3$ 的蒸锅，以便在 1 台出现故障进行小修理时，抄纸机还能继续生产，但有的设备则不能这样处理，如抄纸机、成套的洗浆机等。

3. 易损设备设置备品备件

在确定主机的配套设备时，除要满足主机要求外，还必须设有备品（在设备一览表中要注明"备用"台数）。如抄纸机的净化与筛选设备等。

（二）设备台数的确定方法

确定设备台数的方法，是通过理论或经验公式计算设备生产能力；根据有关工厂的实际经验确定设备的生产能力或按设备产品目录查取其生产能力后，用下面的公式计算出所需台数。

$$n=\frac{G_{物料}}{G \cdot K} \tag{4-12}$$

式中　$n$——设备选用台（套）数

　　　$G_{物料}$——生产中需该种设备处理的物料量，t/d，其数据可由物料平衡计算得到

　　　$G$——该设备的生产能力，t/d，其数值可查设备产品样本，通过设备性能参数和所处理的物料性质来确定；亦可通过测定设备的实际能力或计算来确定

　　　$K$——设备利用系数

式中的 $K$ 值是考虑到设备维修、衔接等因素，选用各设备的总生产能力应比实际的需要量略大的系数。因此 $K$ 值的大小与设备种类以及设备所处的生产工序中位置的不同而不同。抄纸机以及与纸机的配套设备和联动设备的 $K$ 值一般取 1；打浆、漂白、筛选设备的 $K$ 值取 0.7；蒸煮设备的 $K$ 值取 0.8 等。

设备台（套）数的确定，主要是确定设备的生产能力和正确的选取设备的利用系数 $K$。在工业设计中 $K$ 值的选取又不墨守成规，实际上设备生产能力的确定有多种方法。多数设备，特别是定型设备的生产能力可以直接从设备产品目录中查取。但是，由于设备生产能力与其所处理物料的性质、工艺操作条件等因素有关，因此为了可靠，有些设备

还需要用理论或经验公式计算出实际的生产能力；还有些设备（非定型设备）需根据工厂的实际使用经验来测取。K 值的具体取法，以及设备的具体选择方法，见后面第四节"生产工艺设备的选型"中有关设备选型计算的相关内容。

应该指出，确定设备的生产能力，不仅是确定设备台数的基础，而且还是对某些定型设备进行能力校核的基础。在实际生产中，多是根据实际的工艺条件，用计算的方法来平衡设备。

**（三） 设备选型计算实例**

以打浆系统为例来说明打浆设备的选择方法，通常打浆分为间歇式打浆和连续式打浆两种方式。

1. 间歇式打浆机

间歇式打浆机，也称槽式打浆机，其生产能力可用式（4-13）计算：

$$G = VwN = mN \tag{4-13}$$

式中　$V$——打浆机体积，$m^3$

　　　$w$——浆料浓度，%（$1m^3$ 浆料×1t 浆料/$m^3$ 浆料 = 1t 浆料）

　　　$N$——每台打浆机每日打浆次数，次/d

　　　$m$——打浆机每槽的产量，t 绝干浆

　　　$G$——单台打浆机生产能力，t/d

单台打浆机生产能力确定之后，可按式（4-12）计算总的打浆机台数。

2. 连续打浆机

连续打浆设备目前使用较多的是盘磨机，也有大锥度精浆机、圆柱精浆机、纤维疏解机等，每种设备又有各自系列，打浆时往往要同时满足打浆度和产量要求，需要将不同或相同的打浆设备串联或并联使用。其串联和并联台数的选择可以通过以下方法来计算求得。

（1）并联列数

可根据式（4-12）求得，其中 $n$ 为并联列数。

（2）串联台数

连续打浆设备的打浆能力受许多因素影响，如打浆浓度、打浆比压、盘磨齿型等，但对某种型号的连续打浆机来讲，在一定打浆方式下，其打浆能力为常数，可用式（4-14）表示：

$$打浆能力 H(kg \cdot °SR/h) = 通过量(kg/h) \times 提高的打浆度数(°SR) \tag{4-14}$$

打浆能力 $H$ 值可以通过试验和生产实际得到。

打浆能力 $H$ 确定之后即可求算打浆机串联台数，串联台数 $n'$ 为：

$$n' = \frac{\Delta SR}{\Delta SR'} \tag{4-15}$$

$$\Delta SR' = \frac{H}{G} = \frac{H}{G_{物料}/n} \tag{4-16}$$

式中　$\Delta SR$——浆料需要提高的打浆度，°SR，即为原浆与打浆后浆的叩解度差值，°SR

　　　$\Delta SR'$——在通过量 $G$ 下单台设备所能提高的打浆度，°SR

　　　$G$——并联台数 $n$ 下的通过量，kg/h，即 $G = G_{物料}/n$（$n$ 为并联列数，$G_{物料}$ 为需处理纸料量，由浆水平衡计算求得）

例：某纸机需要处理纸料为 3.5t/h，打浆度需由原浆 14°SR 提高到 35°SR，采用 φ450 盘磨机，已知该盘磨机处理浆料能力为 2.5t/h，实验求得该种盘磨机打浆能力为 20000kg·°SR/h，求其所用并联与串联台数（利用系数 $K$ 取 0.7）？

计算：根据（4-12）公式求得并联列数为：

$$n = \frac{G_{物料}}{G \cdot K} = \frac{3.5}{2.5 \times 0.7} = 2$$

即采用两列并联，每列实际通过量 $G = G_{物料}/n = 3.5/2$ (t/h) $= 1.75$t/h

则每台盘磨机可提高打浆度：

$$\Delta SR' = \frac{20000}{1750} = 11.4(°SR)$$

串联台数

$$n' = \frac{\Delta SR}{\Delta SR'} = \frac{35-14}{11.4} \approx 2 \text{ 台}$$

因此，该盘磨机排列为两列并联，每列两台串联，共需 4 台该盘磨机。

## 第四节　工艺设备选型

工艺设备选型是根据生产工艺流程，在保证车间或工段生产运行平衡的前提下，确定每个工序所需要的工艺设备，明确工艺设备的型号、技术规格、台数及动力。工艺设备选型的依据是工艺平衡计算，即根据物料（或浆水）平衡、设备平衡及动力平衡计算，计算出每道工序工艺设备需要的通过能力，查找适合该工序的工艺设备产品，并计算所需设备的台数。设备选型计算时，要考虑到各车间或工段的年工作日数、日工作时数，以及生产规模。最后绘制设备一览表，作为企业订货和进行工艺设备布置的依据。

通常制浆造纸企业所涉及的工艺设备分为专业设备、通用设备和非标准设备三种类型。

专业设备是指如蒸煮锅、打浆机、造纸机等专业性较强，由制浆造纸设备制造企业生产的专门用于制浆造纸各个工艺过程的设备。

通用设备是指由生产企业供应的如风机、泵、运输机械、电动机、计量设备等，不仅用于制浆造纸行业，其他行业（如化工、纺织）也适用的通用产品。

非标准设备是非标准设备，即不是按照国家颁布的统一行业标准和规范制造的设备，而是根据企业的使用要求自行设计制造的设备。如液体贮存槽罐、加热器、混合器、管道连接件、操作平台、特殊工器具等设备，这些非标设备同样是贯通工艺流程、保证连续生产不可缺少的设备。

### 一、专业设备选型

#### (一) 主要制浆设备

常用的制浆设备包括各种输送机、蒸煮器、碎浆机、压力筛、除渣器、浮选脱墨槽、洗浆机、浓缩机、热分散机和盘磨机等，下面仅列出部分制浆设备的外形图（图 4-50 至图 4-67）供设计者绘制制浆系统流程图时参考。

1. 输送、碎解设备

输送、碎解设备见图 4-50 至图 4-52。

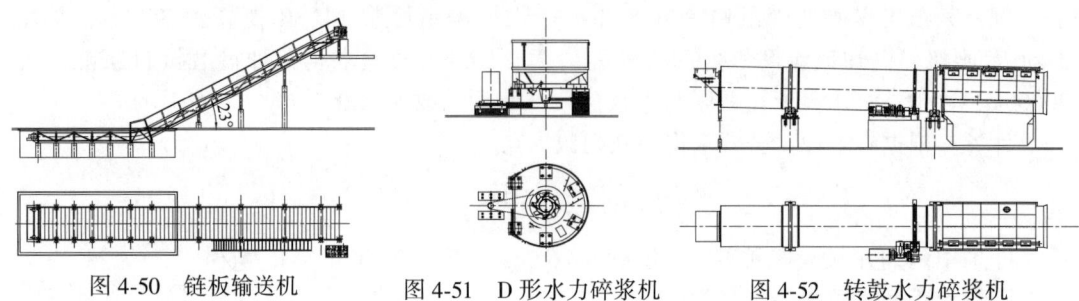

| 图 4-50 链板输送机 | 图 4-51 D 形水力碎浆机 | 图 4-52 转鼓水力碎浆机 |

2. 蒸煮设备

蒸煮设备见图 4-53 至图 4-56。

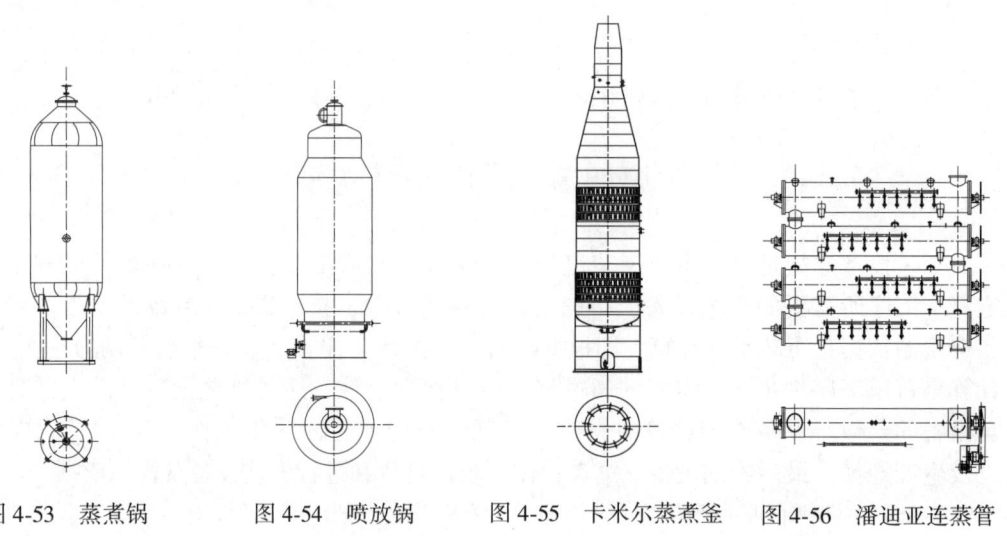

| 图 4-53 蒸煮锅 | 图 4-54 喷放锅 | 图 4-55 卡米尔蒸煮釜 | 图 4-56 潘迪亚连蒸管 |

3. 筛选、净化设备

筛选、净化设备见图 4-57 至图 4-60。

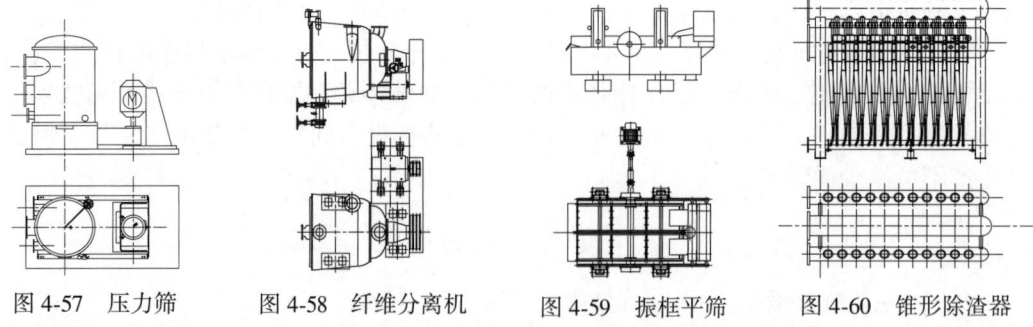

| 图 4-57 压力筛 | 图 4-58 纤维分离机 | 图 4-59 振框平筛 | 图 4-60 锥形除渣器 |

4. 浮选、浓缩、打浆设备

浮选、浓缩、打浆设备见图 4-61 至图 4-64。

5. 化机浆设备

化机浆设备见图 4-65 至图 4-67。

第四章 制浆造纸工艺设计

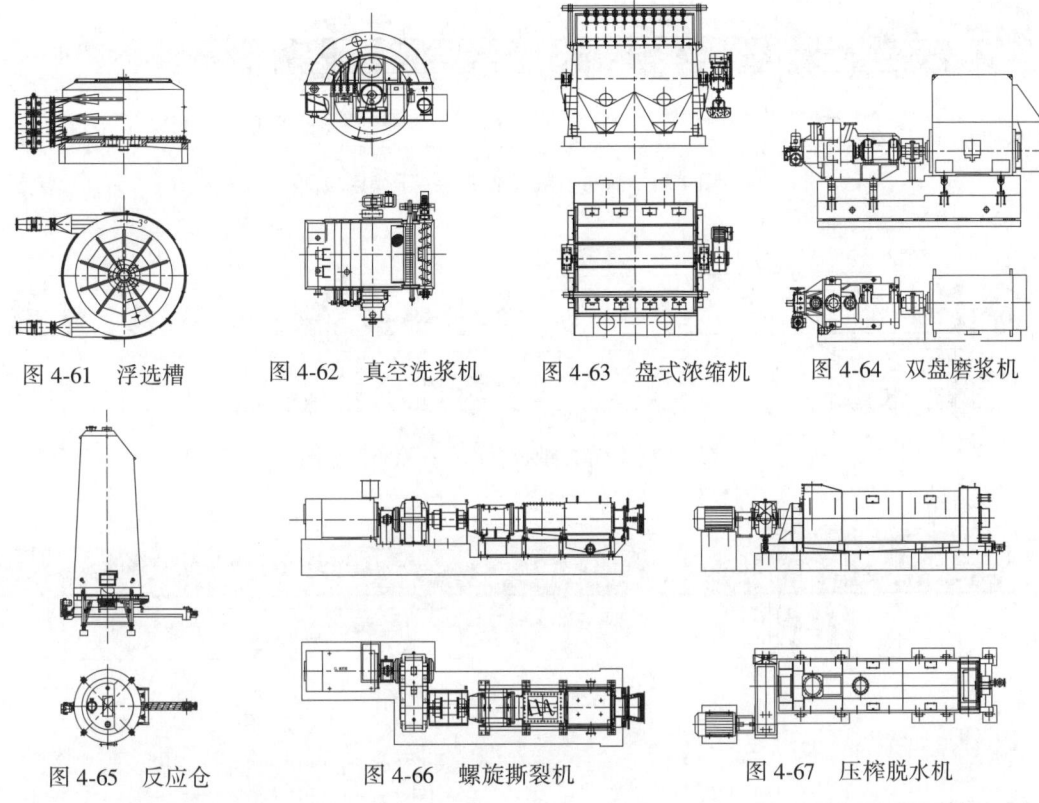

图 4-61　浮选槽　　图 4-62　真空洗浆机　　图 4-63　盘式浓缩机　　图 4-64　双盘磨浆机

图 4-65　反应仓　　图 4-66　螺旋撕裂机　　图 4-67　压榨脱水机

（二）主要造纸设备

造纸主体设备是造纸机，根据所抄纸的种类不同，造纸机的结构型式也不同，通常造纸机分为板纸机、文化纸机、生活用纸机和特种纸机等，图 4-68 至图 4-75 列出部分造纸机的外形图，供设计者绘制造纸系统流程图时参考。

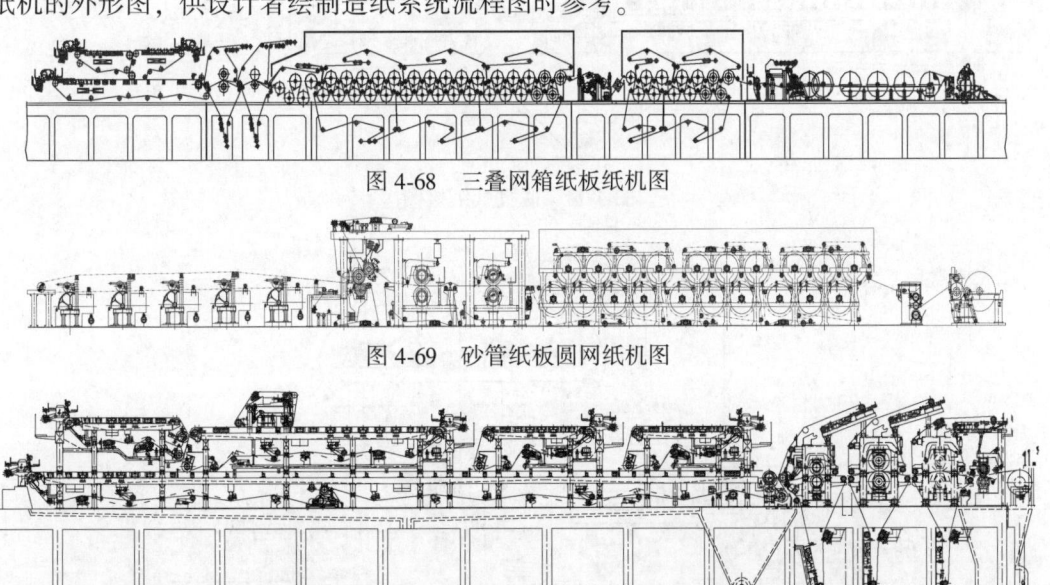

图 4-68　三叠网箱纸板纸机图

图 4-69　砂管纸板圆网纸机图

图 4-70　涂布白纸板纸机——网部压榨区域图

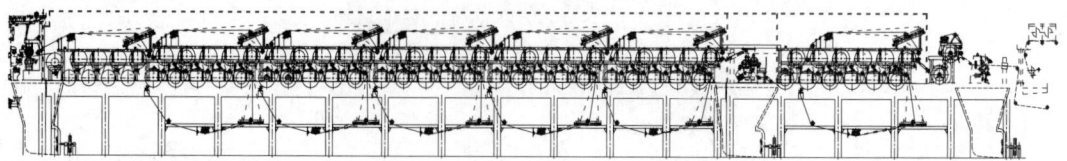

图 4-71　涂布白纸板纸机——干燥区域图

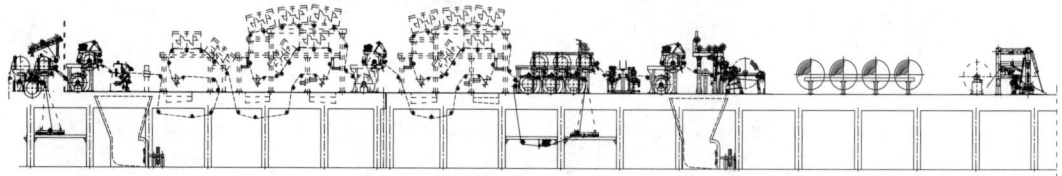

图 4-72　涂布白纸板纸机——涂布区域图

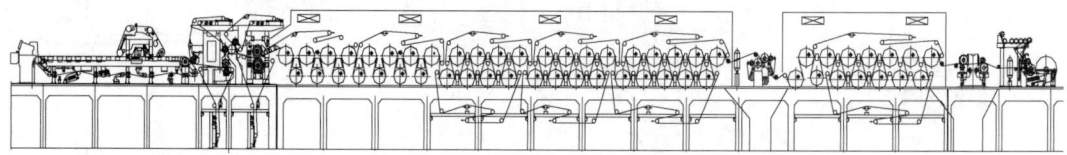

图 4-73　文化用纸纸机图

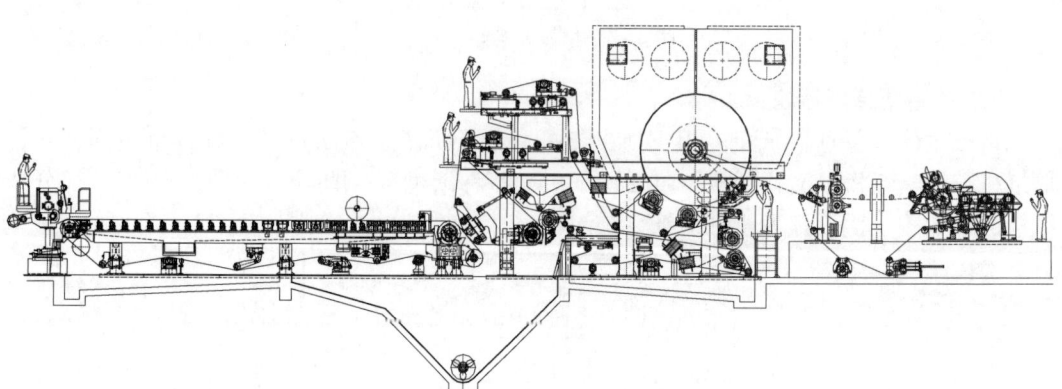

图 4-74　薄页纸纸机图

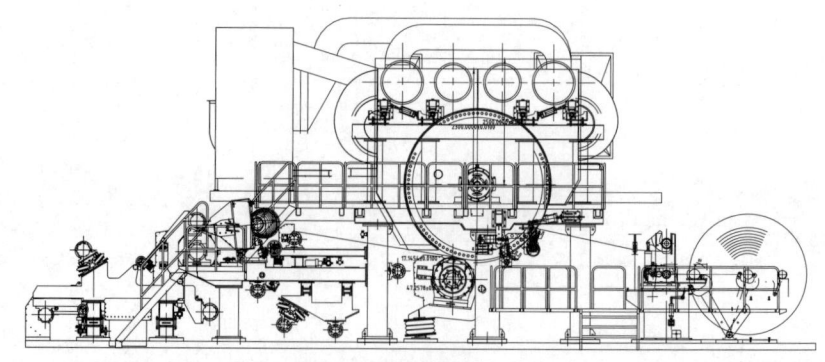

图 4-75　生活用纸纸机图

## 二、通用设备选型

通用设备是指由机械生产部门供应的风机、泵、运输机械等通用机电产品。它们不仅用于造纸工业,还可广泛用于纺织、印染、医药、食品、日用化工、发电、制糖、工业污水处理、冶炼行业等其他行业。

通用设备生产厂较多,且产品并不像专业设备那样有较强的针对性,故选型范围较广。一般通用设备的选型是根据生产流程中需要配置的通用机电产品类别,参照机电产品目录及其技术说明书、以及实际工厂使用的经验,结合具体项目的使用要求和特点,选择最适用的通用设备种类;同时,以平衡计算为基础,进行规格、型号及数量的配置。以下简单列出常用的通用设备外形图(图4-76至图4-79),以供参考。

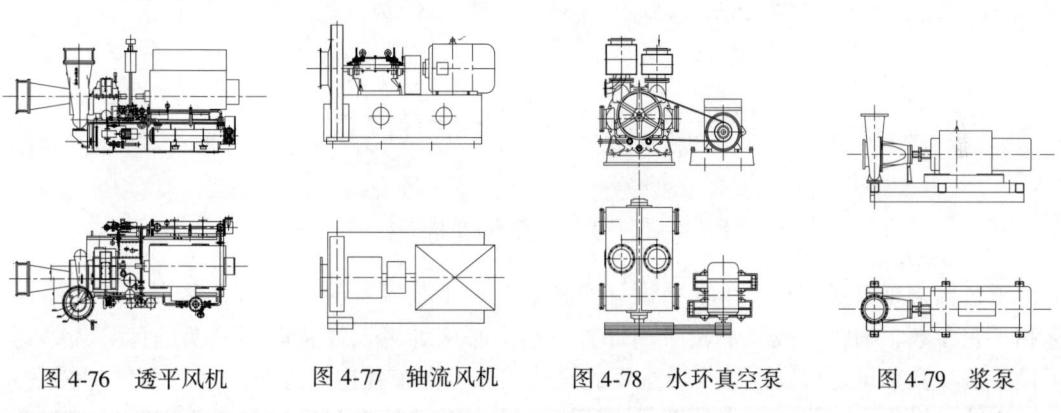

图4-76 透平风机　　图4-77 轴流风机　　图4-78 水环真空泵　　图4-79 浆泵

## 三、非标准设备选型

非标准设备是指生产车间中除专业设备和通用设备之外的,需要在项目的工艺设计中专门进行设计的用于生产配套的设备。如:贮罐、贮存池(槽)、计量罐、工艺操作平台及梯子等构筑件,以及各种特殊管接件、汽、水加热器、混合器等特殊工器具等。这些非标设备同样是贯通流程、保证连续生产不可缺少的设备。一般是在施工图阶段由工艺设计人员按它的用途和特征自行设计,成套出图,并多在施工现场制造。见图4-80至图4-86。

1. 贮浆、白水槽设备

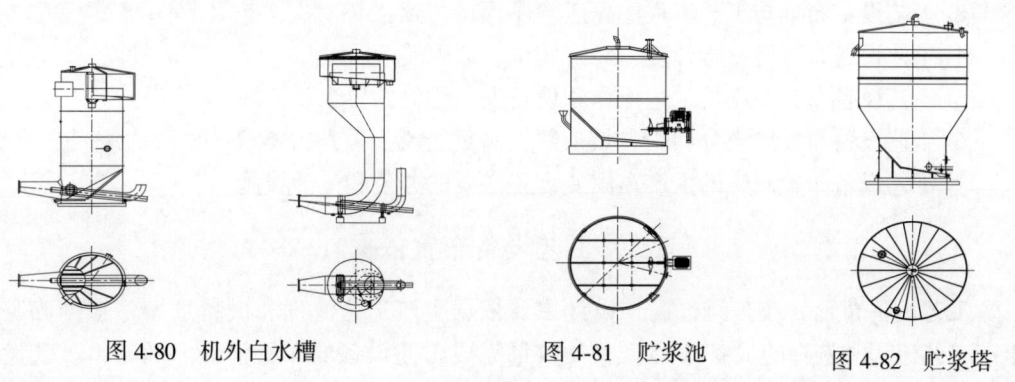

图4-80 机外白水槽　　图4-81 贮浆池　　图4-82 贮浆塔

## 2. 助剂、蒸汽相关设备

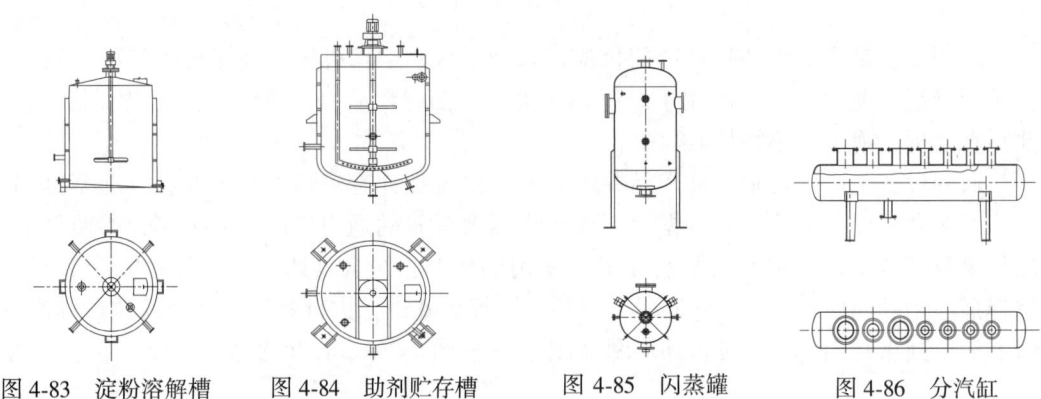

图 4-83　淀粉溶解槽　　图 4-84　助剂贮存槽　　图 4-85　闪蒸罐　　图 4-86　分汽缸

# 第五节　工艺设备布置设计

## 一、工艺设备布置原则

工艺设备布置（或车间布置）设计是通过生产工艺流程的设计、确定的工艺技术指标和工艺参数、物料（或浆水）平衡计算、热力平衡计算及设备能力平衡的计算，确定了设备选型及数量之后展开的一项重要的设计工作。由于各生产设备之间有一定的关联，设备安装、操作及维修有一定的要求，因此，生产车间的工艺设备布置要满足各工艺设备的安装、操作和维修要求。根据生产工艺流程把各工艺设备在车间内合理的布置，使各物料运送距离最短，动力消耗最低，同时，还要满足土建、电气、仪表和热力等公用工程专业的设计规范要求，兼顾到公用工程专业设备的合理布置。

工艺设备布置设计是一项复杂而细致的工作，它不仅要求工艺设计人员熟悉和掌握生产工艺设备的操作、维修和安装等方面的知识，同时要了解相关公用工程专业的设计规范要求，与公用工程专业协同配合，共同完成。

工艺设备布置（或车间布置）设计遵循以下基本原则：
① 工艺设备布置要求符合国家相关的法律法规和行业规范，保证生产安全；
② 工艺设备布置对应的生产车间要符合总体设计和总平面布置的要求；
③ 工艺设备布置与工艺流程的先后顺序保持一致；
④ 工艺设备布置要紧凑合理、经济实用，兼顾美观；
⑤ 工艺设备布置要满足工艺操作和设备安装维修的要求；
⑥ 工艺设备布置要充分利用自然条件，满足通风、采光的要求；
⑦ 工艺设备布置对应的生产车间要设置必要的办公和生活设施。

## 二、工艺设备布置依据

工艺设备布置（或车间布置）设计主要依据生产工艺流程和设备选型，根据确定的生产工艺流程和选择的设备外形尺寸及数量完成工艺设备的布置设计。同时，工艺设备布置设计和其他公用工程有关，工艺设备布置时必须考虑公用工程专业设计规范要求，工艺设备布置设计时要掌握以下资料：

① 设计规范和有关规定，如制浆造纸厂设计规范、建筑设计防火规范等；

② 确定的生产工艺流程图；

③ 相关工艺计算结果：包括物料（或浆水）平衡计算、热力平衡计算和设备平衡计算等；

④ 设备选型资料：包括设备图纸和设备一览表，设备操作及安装条件说明等；

⑤ 其他专业资料：如厂址所在地的地质、水文气象及土建资料，劳动安全方面的资料、车间组织和劳动定员等。

## 三、工艺设备布置要求

**(一) 工艺设备布置设计的要求**

① 工艺设备布置（或车间布置）应便于安装、操作和检修，并符合工艺流程设计的要求。具体应注意到以下各点：

A. 工艺设备布置应留有安装和检修时供吊装设备吊装孔。吊装孔的大小应能吊装不可分割的最大件设备为原则，吊装孔的四周应设置安全栏杆，并留有设备临时存放的位置，同时也应给起重设备留出必需的运行高度，并应设置专用门供起吊安装设备。

B. 工艺设备布置要考虑操作侧和非操作侧设备检修通道。为满足生产操作的需要，操作面应保证设备最大部件拉出后还有1000mm宽的通道，非操作面应有不小于800mm宽的检修通道。操作面应在生产车间采光通风较好的一侧，有左右手布置的设备时主操作面应设在两台设备之间。

C. 操作平台的宽度要满足安全要求。操作平台的宽度应大于800mm；平台下如需有人通行时，平台底部净高也应在2000mm以上。

D. 安排好厂房出入口、通道和楼梯的位置。每个生产车间的出入口不应少于两个，厂房大门宽度应比所需通过的最大设备宽度大200mm以上，比满载的运输车辆宽度大600~1000mm，大门应选用外开门。车间长度超过50000mm的厂房，设置两个楼梯，生产车间各层的楼梯、出入口的设置，除满足生产需求外，还应符合现行的《建筑设计防火规范》的有关规定。

② 工艺设备布置要考虑到液体物料输送的优化原则。液体物料的输送尽量利用液位差自流，避免迂回与多次泵送，力求管线最短。具体设计时应注意以下两点：

A. 工艺设备布置必须与主要生产工艺流程顺序相一致，避免交叉迂回现象。

B. 工艺设备布置根据生产流程的要求，尽量利用自然输送，使路线最短。

③ 工艺设备布置要减轻噪声与振动的影响。具体设计时，应注意以下几点：

A. 对于质量大的设备及运行时有强烈振动和冲击的设备，如削片机、磨木机、造纸机等一般应布置在厂房的底层地面。如必须布置在楼面时，其基础设置在底层，并和其他基础或楼板脱离。

B. 对于运转时产生噪声的设备，如抄纸工段的真空泵和打浆工段的盘磨机等，应尽量集中安装在离操作人员较远的地方，同时应采取相应的隔音消音措施。

④ 工艺设备布置要考虑有害物质或气体的影响。如二氧化氯、过氧化氢制备等设备，

应设置单独的生产车间或区域；对于运转时产生粉尘的设备，如备料、苛化及填料制备等设备，应采取隔断和加强通风除尘的措施，并考虑其朝向、风向及开窗大小，保证操作人员的健康安全。

⑤ 在工艺设备布置设计中，应设有必要的生产办公与生活设施用房。具体设计时，应注意以下两点：

A. 根据不同的生产规模及实际需要，合理设置车间办公室、检验室、交接班地点、更衣室等用房。

B. 根据生产的需要，布置车间配电室，空调房，以及布置维修间、备品备件库等。

⑥ 工艺设备布置应与土建设计规范相协调。

**(二) 工艺设备布置设计特点**

1. 制浆车间工艺设备布置

(1) 备料工段工艺设备布置要求

① 备料设备之间应有输送设备连接，以达到连续生产的目的。

② 备料工段内及工段附近，应有原料运输车辆的停放与周转场地。

③ 大型设备的上方需设起吊设备以利检修，起重量按设备最大件质量选取。

④ 主要备料设备之间的最小间距为：操作侧≥1.0m，非操作侧≥0.6m；

⑤ 当输送原木或木段时，普通胶带输送机上升角度应小于14°，输送料片时应小于18°。当场地受到限制时，可采用大倾角胶带输送机或斗式提升机。

(2) 蒸煮工段工艺设备布置要求

蒸煮锅的布置：大中型厂的蒸煮车间，一般设有3~6台立式蒸煮锅，蒸煮锅一般是互相靠近布置在一个主厂房内，并以墙隔开。

蒸煮工段不同规格的蒸煮锅的布置尺寸，见表4-20。

表4-20　　　　　　　　　不同规格的蒸煮锅布置尺寸

| 体积/$m^3$ | 110 | 175 | 250 |
|---|---|---|---|
| 锅中心距离/m | 6 | 7.5 | 7.5 |
| 操作楼面跨度/m | 12~15 | 15~18 | 15~18 |

(3) 洗筛、漂白工段工艺设备布置要求

① 贮浆池、浆泵宜布置在一楼，其余设备布置在楼面上，设有相应主楼梯和操作楼梯；

② 设备布置时，应满足工人操作和检修的方便及安全要求；

③ 应设有最大、最重件设备吊装设施和吊装孔；

④ 筛选、漂白工段尽可能布置在同一跨度、同一层操作楼面，以方便生产和合用起重设备和吊装孔；

⑤ 应将漂液制备等具有腐蚀性和粉尘较大的辅料制备工段与生产工段隔开。

2. 造纸车间工艺设备布置

(1) 打浆工段工艺设备布置要求

① 打浆工段厂房长度、跨度和高度要符合建筑模数制外，还应符合起重机对厂房要求；

② 打浆设备宜布置在楼面，浆池布置在一层；
③ 填料溶解槽应设除尘装置，以减少粉尘危害；
④ 松香锅顶部应有通风排气装置，以排除湿热空气，改善劳动条件；
⑤ 辅料制备及其输送管道和周围厂房地面，应考虑防腐措施；
⑥ 盘磨机等打浆设备应采取隔音措施。

（2）抄纸工段工艺设备布置要求

抄纸工段厂房长度、跨度和高度应符合建筑模数制外，还应满足起重机对厂房要求。

1）厂房跨度，mm

对于单机布置而言，厂房跨度为：

$$B_1 = S_t + b_a + b_b \tag{4-17}$$

式中　$B_1$——厂房跨度，mm
　　　$S_t$——纸机轨距，mm
　　　$b_a$——传动面宽度，mm
　　　$b_b$——操作面宽度，mm

对于双机布置而言，厂房跨度为：

$$B_2 = S_{t1} + S_{t2} + 2b_a + b_b \tag{4-18}$$

式中　$B_2$——厂房跨度，mm
　　　$S_{t1}$——第一台纸机轨距，mm
　　　$S_{t2}$——第二台纸机轨距，mm
　　　$b_a$——传动面宽度，mm
　　　$b_b$——操作面宽度，mm

2）厂房高度，m

厂房高度取决于车间设备最高点和行车尺寸，但也必须符合建筑模数制要求。

厂房高度为：

$$H = H_1 + H_2 + H_3 + H_4 + H_5 + H_6 + H_7 \tag{4-19}$$

式中　$H$——厂房高度，m
　　　$H_1$——厂房起吊层标高，m
　　　$H_2$——设备操作面至设备最高点的距离，m
　　　$H_3$——起重机的高度，m
　　　$H_4$——设备吊装的安全距离，m
　　　$H_5$——吊装设备的高度尺寸，m
　　　$H_6$——屋顶照明、通风等的空间距离，m
　　　$H_7$——行车运行的安全距离，m

3）厂房长度，mm

厂房长度为：

$$L = L_1 + L_M + L_2 \tag{4-20}$$

式中　$L$——厂房长度，mm
　　　$L_1$——纸机胸辊到墙端的距离，mm
　　　$L_2$——压光机中心线至墙端的距离，mm

$L_M$——纸机胸辊至压光机中心线的距离，mm

3. 碱回收车间工艺设备布置

① 碱回收车间宜靠近热电站布置，并宜共用烟囱；
② 静电除尘控制室应单独布置，并应有通风、除尘设施；
③ 石灰转窑宜采用半露天布置；
④ 连续苛化器间高度差不宜小于300mm。

### 四、工艺设备布置图的绘制方法

工艺设备布置设计要求把所有生产设备按照生产流程顺序在车间内给予合理定位，通常要完成下列图纸：

① 生产车间各楼层工艺设备平面布置图；
② 生产车间工艺设备布置纵、横向剖面图；
③ 图纸比例通常按1：100或1：200来绘制，也可根据车间大小适当调整图纸比例；
④ 图纸要求详细表示出设备的定位尺寸以及设备编号，平面尺寸以"mm"为单位，高度尺寸以"m"为单位（精确到mm）；
⑤ 设备的外形尺寸要准确，布置图不必表示出设备的详细结构，只画出设备的简单外形即可；
⑥ 图纸要求表明厂房边墙的轮廓线、柱、门、窗、楼梯的位置，柱网的间距、柱子编号和各层的相对标高等。在底层平面图的右上角要画出指北针；
⑦ 图纸要求表示操作平台、防护栏杆、排水沟道、检修和安装用的吊装孔、控制室、配电室、变压器室、空调机房、维修间、化验室以及办公室等的布置位置；
⑧ 平面布置图应表示出剖面位置。

工艺设备布置图示例详见附录16、17、18和19。

## 第六节　工艺管道布置设计

制浆造纸生产工艺过程涉及介质种类较多，如不同浓度纸浆；清水、白水、热水等工艺用水及工艺排水；黑液、漂白液、碱液等具有腐蚀性液体；白泥、绿液等泥状混合物；蒸汽、压缩空气、锅炉烟气等气体，这些介质大都通过管道来输送。因此，管道布置设计就显得尤为重要，管道材质选择和管道规格设计是管道设计的重要内容。

工艺管道设计是施工图设计的重要内容之一，是制浆造纸工程项目施工及安装所必备的设计图纸，也是项目工程预算的重要内容。

### 一、工艺管道设计基本原则

工艺管道设计应遵循以下基本原则：

① 工艺管道设计必须符合《工业金属管道设计规范》《压力管道规范——工业管道》等国家标准；
② 工艺管道设计应符合工艺流程要求，并应保证安全生产、便于操作和方便检修；

③ 工艺管道设计应力求管线最短、以节约材料和投资；
④ 工艺管道设计应统筹规划，做到安全可靠、经济合理、满足施工、操作、维修等方面的要求，并力求整齐美观；
⑤ 管道压力、管径、材质和规格等应符合工艺要求；
⑥ 工艺管道设计时，应考虑自控仪表安装要求；
⑦ 工艺管道设计应满足支吊架安装要求。

## 二、工艺管道设计基本要求

工艺管道设计基本要求如下：
① 厂区内全厂性管道的敷设，应与厂区内的装置（单元）、道路、建筑物和构筑物等协调，避免管道包围装置（单元），减少管道与铁路、道路的交叉；
② 管道应架空或地上缴设；如确有需要，可埋地或敷设在管沟内；
③ 管道宜集中成排布置，地上的管道应敷设在管架或管墩上；
④ 在管架、管墩上布置管道时，宜使管架或管墩所受的垂直荷载和水平荷载均衡；
⑤ 全厂性管架或管墩上（包括穿越涵洞）应留有10%~30%富余量，并考虑其荷重大小。装置主管廊管架宜留有10%~20%富余量，并考虑其荷重大小；
⑥ 输送介质对距离、角度和高差等有特殊要求的管道以及大直径管道的布置，应符合设备布置设计要求；
⑦ 管道布置不应妨碍设备、机泵及其内部构件的安装、检修和消防车辆的通行；
⑧ 管道布置应使管道系统具有必要的柔性。在保证管道柔性及管道对设备、机泵管口作用力和力矩不超出允许值的情况下，应使管道最短，组成件最少；
⑨ 应在管道规划的同时考虑其支承点设置。宜利用管道的自然形状达到自行补偿；
⑩ 管道布置宜做到步步高或步步低，减少气袋或液袋。不可避免时应根据操作、检修要求设置放空、放净点位置；
⑪ 气液两相流管道由一路分为两路或多路时，管道布置应考虑对称性或满足管道及仪表流程图的要求。

## 三、工艺管道设计步骤

工艺管道设计一般按下列步骤进行：
① 选择管道材料 根据管道内介质腐蚀性质、流动状态、温度和压力等因素进行选择；
② 确定介质最合理流程；
③ 确定管径和管道壁厚；
④ 确定管道连接方式；
⑤ 选择阀门和管件；
⑥ 选择管道的热补偿器；
⑦ 选择保温方式及材料；
⑧ 计算管道阻力损失；
⑨ 选择管架及固定方式；

⑩ 绘制管道布置图;
⑪ 编制管材、管件、阀门、管架及保温材料汇总表;
⑫ 编制车间设备布置及管道安装施工说明。

## 四、工艺管道及管件种类、材质和规格确定

**(一) 工艺管道分类**

工艺管道通常根据管道的材料、用途及连接方式来分类。

(1) 按管道材料分

① 金属管道:碳钢、合金钢、铸铁、不锈钢等;
② 内衬被覆物金属管道:衬胶、衬塑、镀锌等;
③ 非金属管道:橡胶、塑料、玻璃钢、陶瓷、玻璃等。

(2) 按工艺用途分

① 生产工艺管道:浆管、碱液管、酸液管等;
② 蒸汽管道和冷凝水管道等;
③ 压缩空气管道和真空管道等。

(3) 按管道的连接方法分

① 法兰连接管道;
② 承插口连接管道;
③ 螺纹连接管道;
④ 焊接管道;
⑤ 混合连接管道。

**(二) 工艺管道及管件材质和规格确定**

1. 工艺管道及管件材质确定

不同的工艺介质由于浓度、黏度、压力、温度及腐蚀程度等状态不一致,设计输送这些介质所用的管道和管件可以考虑采用不同材质的材料,以符合工艺要求,又达到节约投资的目的。

过去很多中小型制浆造纸生产线考虑管道及管件对投资的影响,往往都是按介质不同选用不同材质的管道及管件材料,但由于市场不断变化,其产品也不断变更,生产过程中添加化学品的种类及数量也在不断变化,导致管道清洗频繁,设备腐蚀严重,运行成本过高;目前对于大型制浆造纸生产线而言,管道投资占总投资的比例相对较小,为了加快项目建设进度,减少项目运行成本,很多工厂在管道材质选用上基本统一考虑采用不锈钢管道,这样采购容易,施工安装及维护方便,因此,关于管道的种类及材质本教材就不作详细介绍。

2. 工艺管道及管件规格确定

管道内介质流量与流速和管道截面积有关,工艺管道管径通常按式(4-21)计算而得。

$$q_V = v \times A_s = v \times \frac{\pi}{4} \times d^2 \tag{4-21}$$

式中　$q_V$——管道内流体的体积流量,$m^3/s$

$A_s$——管道截面积，$m^2$

$v$——管道内流体的流速，m/s

$d$——管道内径，m

不同介质常用流速范围见表4-21。

表4-21　　　　　　　　　　不同介质常用流速范围

| 液体名称 | 液体或管道情况 | 速度范围/(m/s) |
|---|---|---|
| 酸液 | 压力输送<br>自然流动 | 0.8~1.2<br>0.5~0.9 |
| 碱液 | 浓度0~30%<br>30%~50%<br>50%~73% | 2.0<br>1.5<br>1.2 |
| 清水 | 管径大于500mm 干管<br>管径小于500mm 干管<br>送往车间的支管<br>送往设备的分配管 | 0.7~0.9<br>0.9~1.1<br>1.0~2.0<br>2.0~4.0 |
| 油及黏度大的液体 | | 0.8~1.2 |
| 黏度小的液体 | | 1.5~3.0 |
| 纸浆 | 浓度小于1%<br>浓度1%~2%<br>浓度2%~3%<br>浓度3%~4%<br>浓度5%~8% | 1.5~2.5<br>1.0~1.5<br>0.6~0.8<br>0.4~0.6<br>0.2~0.5 |
| 低黏度液体 | 离心泵吸入管<br>离心泵排出管<br>往复泵吸入管<br>往复泵排出管 | 1.5~2.0<br>2.5~3.0<br>0.75~1.0<br>1.0~2.0 |
| 气体 | 低压<br>高压<br>鼓风机吸入管<br>鼓风机排出管<br>通风管 | 12~15<br>20~25<br>10~15<br>15~20<br>4~8 |
| 压缩空气 | | 8~12 |
| 过热蒸汽 | 干管<br>支管<br>分配管 | 40~60<br>35~40<br>30~35 |
| 饱和蒸汽 | 干　管<br>支　管<br>分配管 | 30~40<br>20~30<br>20~25 |
| 饱和蒸汽 | 压力小于0.3MPa<br>压力0.3~0.8MPa | 15~20<br>20~40 |
| 排汽 | | 20~50 |
| 凝结水 | 压力回流<br>自　流 | 0.5~1.5<br>0.2~0.5 |
| 二次蒸汽 | 利用时<br>不利用时 | 15~30<br>60 |

续表

| 液体名称 | 液体或管道情况 | 速度范围/(m/s) |
|---|---|---|
| 烟道气 | 烟道内 | 3~6 |
| | 管道内 | 3~4 |
| | 石灰窑窑气管 | 10~20 |
| 氧气 | $p=0~50kPa$(表压) | 5.0~10.0 |
| | $p=0.05~0.6kPa$(表压) | 7.0~8.0 |
| | $p=0.6~1MPa$(表压) | 4.0~6.0 |
| | $p=1~3MPa$(表压) | 3.0~4.0 |
| 排出废水 | | 0.4~0.8 |
| 泥状混合物 | 浓度为:15% | 2.5~3 |
| | 浓度为:25% | 3~4 |
| | 浓度为:65% | 2.5~3 |
| 水力输送粉粒体 | | 3~3.5 |

浆料浓度不同,管道材质及管径大小不同,浆料在管道内阻力不同,因此,浆料流速也就不同,通常浆料流速宜符合表 4-22 的规定。

表 4-22　　　　　　　　　　浆料流速参考表

| 浓度 /% | 流速 /(m/s) | 管径/mm | | | | | |
|---|---|---|---|---|---|---|---|
| | | 100~200 | | 250~300 | | 350~600 | |
| | | 碳钢 | 不锈钢 | 碳钢 | 不锈钢 | 碳钢 | 不锈钢 |
| <1 | 0.3~3.5 | | | 1.6 | 1.8 | 1.8 | 2.4 |
| 1.5 | 0.3~3.5 | 1.4 | 1.6 | 1.5 | 1.7 | 1.7 | 2.2 |
| 2.0 | 0.3~3.0 | 1.3 | 1.5 | 1.4 | 1.6 | 1.6 | 2.0 |
| 3.0 | 0.3~2.1 | 1.2 | 1.4 | 1.0 | 1.2 | 1.2 | 1.4 |
| 3.5 | 0.3~1.5 | 0.8 | 1.0 | 0.6 | 0.8 | 0.8 | 1.0 |
| 4.5 | 0.3~1.5 | | | 0.4 | 0.5 | 0.6 | 0.7 |
| 6~10 | 0.25~1.0 | | | 0.25 | 0.3 | 0.3 | 0.4 |

注:管径还可通过直图法进行选择。同计算法一样,所查取的管径应符合管径系列,并应选择距查出的管径值最接近的数值略大些的管径。

工艺管道壁厚计算依据《GB 50316—2000 工业金属管道设计规范》,其计算公式见式(4-22)和式 4-19 所示。

$$\delta_0 = \frac{pD_0}{2[\sigma]'\phi + 2pY} \qquad (4-22)$$

$$\delta = \delta_0 + C \qquad (4-23)$$

式中　$\delta_0$——理论计算壁厚,mm

　　　$p$——设计压力,MPa

　　　$D_0$——管子外径,mm

　　　$[\sigma]'$——许用压力,MPa(查表)

　　　$\phi$——焊接系数,mm(无缝钢管取 1,焊接钢管查表)

　　　$Y$——修正系数,mm(查表)

　　　$C$——附加裕量,mm(包括腐蚀裕量、壁厚负偏差和加工减薄量等)

$\delta$——选用壁厚，mm

**（三）管道连接方式选择**

管道连接方式与管道内介质压力、温度，管道直径大小及密封性要求等有关，通常有以下几种连接方式：

① 焊接　压力管道如蒸汽、压缩空气、真空等管道应采用焊接；

② 螺纹连接　$D_N \leqslant 50$，工作压力$<0.1$MPa，介质温度$\leqslant 100$℃；

③ 法兰连接　适用于大管径、密封性要求不高、经常拆洗的物料管道及与阀体或设备的连接；

④ 活接头　适用于经常拆洗的物料管道，以便检修及安装。

**（四）管道材料统计**

管道材料的数量统计包括直管长度，弯头、异径管、三通、法兰及紧固件和阀门、垫片、一、二次支撑材料等都要包含在内，以便业主采购及施工安装单位安装使用。

## 五、工艺管道布置与安装注意事项

工艺管道布置与安装应注意以下几点内容。

（1）管道敷设

管道尽可能沿墙或沿柱架空敷设，必要时也可采用地下敷设，地下敷设的管道应设管沟；在人行通道上方的管道，其管底的净空不宜小于2.2m；室外管道敷设应采用架空敷设，管道跨越检修道路或消防道路时，路面以上的净空高度不应小于4.5m。

（2）阀门布置和安装

① 阀门布置应尽量靠近主管或设备安装；

② 竖管上阀门，其安装高度以1.2m为宜；

③ 水平管线上阀门的阀杆不宜朝下安装，以防止泄漏危险；

④ 重型阀门或阀门集中处应考虑设置支吊架安装的可能，不应将阀门和管道的质量支撑在设备上。

（3）管道布置

管道布置时，应注意以下事项：

① 避免过多或曲率过小弯曲；

② 不应采用一头堵死的三通管来代替弯头；

③ 分流时应在分流后缩径，不应先缩径而后分流；

④ 易产生积垢或易堵塞管道转弯要用大弯曲半径的弯头，并选用可拆洗弯头以便冲洗积物。

（4）腐蚀性流体和热流体管道

具有腐蚀性流体和热流体的管道法兰，不得敷设在通道和电器设备上方，避免泄漏而损害人体和设备。腐蚀性液体管道，不宜布置在转动设备上方。

（5）室内管沟布置

① 沟道走向应适合生产工艺流程需要，并尽量减少沟道长度；

② 尽量避免将管沟布置在主要通道下方；

③ 便于安装和检修，沟内管道应尽量作单层布置；

④ 管沟应有排水措施。

(6) 管道保温

应保温管道及其附件：

① 管道介质温度高于50℃，如蒸汽管、冷凝水管、热水管、黑液管、碱液管及管件等均应采取保温措施。

② 由于凝固、结晶、结冰原因，或需要维持介质温度或减少介质温降、延迟介质凝结者。

③ 由于日晒或外界温度影响引起介质气化或蒸发、分解而影响安全的。

防烫保温：

工艺不要求保温的设备、管道，当其表面温度大于60℃，在距操作面2.1m及工作面边缘与热表面间距离小于0.75m范围内，必须设置防烫保温。

常用的保温材料有：岩棉、矿渣棉、玻璃棉、硅酸钙制品、复合硅酸盐制品、硅酸铝棉等；

(7) 管道坡降

1) 自流管沿介质流向坡降

① 浆、浓黑液、苛化液、白泥、填料液等管道不应低于3%（如条件允许尽可能大些）；

② 其他辅管不小于1%；

③ 其他自流管0.3%~0.5%之间。

2) 压力管沿介质反流向坡降

① 浆、浓黑液、苛化液、白泥、填料液等管道不应低于1%；

② 其他管道如清水、白水、冷凝水和稀黑液等不应低于0.2%。

3) 压力管沿介质顺流向坡降

压力管（如蒸汽、压缩空气、真空等）沿介质顺流向坡降管道不小于0.2%。

(8) 管道安装

管道安装完毕，应在其表面涂以颜色，以表明其用途及输送流体介质；同时，在主管上画箭头，标明介质流向。主要介质管道涂色应符合现行国家标准《GB 7231—2003 工业管道的基本识别色、识别符号和安全标识》的有关规定，未涉及介质输送管道吊、支架可涂灰色，主要介质管道涂色可按表4-23选用，并在工艺施工图设计说明书中予以说明。当管道为不锈钢或者管道保温外覆层为不易涂色的材料时，应在管道醒目处涂上相应的色标。

表4-23　　管道色别表

| 管道名称 | 涂色分类 | 管道名称 | 涂色分类 |
| --- | --- | --- | --- |
| 蒸汽管 | 大红色 | 氯气、漂液管 | 中黄 |
| 二次蒸汽管 | 桃红色 | 酸液 | 管本色紫环 |
| 冷凝水管、热水管 | 蓝色红环 | 石灰乳液管 | 白色蓝环 |
| 清水管 | 艳绿 | 二氧化氯及其溶液 | 银色 |
| 软化水 | 蓝色白环 | 绿泥管 | 灰色绿环 |

续表

| 管道名称 | 涂色分类 | 管道名称 | 涂色分类 |
|---|---|---|---|
| 化浆管 | 黄色 | 填料管 | 奶白色 |
| 机械浆管 | 橙黄色 | 明矾管 | 管本色 |
| 白水管、白泥管 | 白色 | 松香乳液管 | 紫色 |
| 白液、碱液管 | 浅绿色 | 压缩空气、真空管 | 深灰色 |
| 绿液管 | 绿色 | 废气、风管 | 浅灰色 |
| 黑液管 | 咖啡色 | 油管 | 棕色 |
| 蒸煮药液管 | 浅咖啡色 | 污水管 | 黑色 |

## 六、工艺管道布置图绘制

工艺管道布置图绘制详见第八章有关生产设备及管道布置图设计内容。

工艺管道布置图示例见附图20。

## 第七节  本章课程重点思政内容

本章课程重点介绍了制浆造纸工艺设计原则和设计方法，设计步骤和工艺物料（或浆水）平衡计算、能量平衡计算和设备能力计算等，设备布置图和管道布置图设计等相关内容，作为本课程的重点章节，知识点内容较多。课程内容涉及相关的思政元素包括工匠精神、团队意识与协调沟通、社会责任感意识和创新创业精神等。

### （一）工匠精神

工艺设计中涉及的物料（浆水）平衡计算和能量平衡计算，计算过程繁琐，计算数据多，计算结果要准确无误，稍有不慎，可能会出现计算失误，导致计算结果错误，因此，要求培养耐心细心的工作态度，吃苦耐劳、任劳任怨的精神，以及一丝不苟的工匠精神。

### （二）团队意识与协调沟通

制浆造纸工艺过程复杂，工序较多，工艺设计往往是由几个人来共同完成，需要每一位成员要有团队意识，团队成员之间互相协作和协调沟通，设计过程中一定要懂得团队设计的重要性，尤其是作为龙头专业的工艺专业，还要与公用工程专业之间保持良好的协调和沟通，确保一个工程项目能顺利完成。

### （三）社会责任感意识

工程质量与工程设计是密不可分的。设计质量好与坏，直接影响一个工程项目投资的成败。工程设计质量好会给企业创造更多的社会财富，反之，工程设计质量差可能会导致企业投资失败，设计过程中一定要具备社会责任意识和担当。

### （四）创新创业精神

设计工作负有挑战性，不是简单的绘图，设计思路和设计理念要有创新，设计的工艺技术路线不仅要先进、成熟，而且要最便捷可靠，节约投资，只有创新性的思维才有可能设计出创新性的产品。

# 第五章　公用工程设计

制浆造纸工程项目设计过程中，除工艺主导专业设计外，还包括建筑专业、结构专业、给水和排水专业、热能动力专业、电气专业、自控和仪表专业、采暖通风和空气调节专业等公用工程专业设计。公用工程专业设计必须满足工艺专业提出的有关技术要求，同时，需要结合自身专业的设计规范要求，完成各自专业的设计内容。设计过程中，工艺专业设计人员必须加强同各公用工程专业设计人员的协作与联系，提供相关的设计资料作为各公用工程专业设计依据；同时，各公用工程专业之间也要有一定的协作与联系，避免各专业之间盲目设计。

一个完整的制浆造纸工程项目设计需要各专业间相互密切配合才能很好地完成，才能保证生产技术指标先进性与可靠性，不仅可以使项目投资效益最大，而且保证了整体项目的质量。

## 第一节　建 筑 设 计

### 一、建筑设计概述

**(一) 建筑设计基本要求**

建筑设计应满足生产、设备安装、操作、检修的要求。平面和空间布置应规整、紧凑、经济、合理。建筑设计应满足建筑防火、防爆、防雨、防水、防结露、防寒、保温、隔热、防腐蚀、防噪声、隔声、防振、防尘以及室内卫生等要求。建筑设计应符合工业建筑特点，并与周围环境相协调。建筑结构材料宜选用地方材料和可再生可循环利用的材料。

**(二) 建筑物分类**

1. 建筑物和构筑物

建筑物是指用建筑材料构筑的空间和实体，供人们生活和从事生产和文化活动的场所。

构筑物是指为某种使用目的而建造的、人们一般不直接在其内部进行生产和生活活动的工程实体或附属建筑设施，如水塔、水池、烟囱等。

2. 建筑物的分类

建筑物按其用途分为民用建筑和工业建筑两大类。

(1) 民用建筑

民用建筑指非生产性的居住建筑和公用建筑。如住宅、办公楼、幼儿园、学校、食堂、影剧院、商店、体育馆、旅馆、医院、展览馆等。

(2) 工业建筑

工业建筑指从事生产活动使用的各种建筑物。如车间、厂前区建筑、生活间、动力站、库房和运输设施等。

**(三) 建筑模数**

建筑模数是指建筑设计中选定的尺寸单位,作为尺度协调中的增值单位,分为基本模数和导出模数。基本模数指模数协调中的基本尺寸单位,用 $M$ 表示($1M=100mm$)。整个建筑物和建筑物的一部分以及建筑部件的模数化尺寸应是基本模数的倍数。导出模数分为扩大模数和分模数,扩大模数基数应为 $2M$、$3M$、$9M$、$12M$……,分模数基数应为 $M/10$、$M/5$、$M/2$。

1. 单层厂房

钢筋混凝土单层厂房的跨度小于或等于18m时,应采用扩大模数 $30M$ 数列;大于18m时,宜采用扩大模数 $60M$ 数列;柱距应采用扩大模数 $60M$ 数列;室内地面至柱顶的高度,应采用扩大模数 $3M$ 数列。有起重机的厂房,室内地面至支撑起重机梁的牛腿面的高度应采用扩大模数 $3M$ 数列,当高度大于7.2m时,宜采用扩大模数 $6M$ 数列。

普通钢结构单层厂房的跨度小于30m时,宜采用扩大模数 $30M$ 数列;跨度大于或等于30m时,宜采用扩大模数 $60M$ 数列。柱距宜采用扩大模数 $15M$ 数列,且宜采用6m、9m、12m;室内地面至柱顶的高度应采用扩大模数 $3M$ 数列。有起重机的厂房,室内地面至支撑起重机梁的牛腿面的高度宜采用基本模式数列。

轻型钢结构单层厂房的跨度小于或等于18m时,宜采用扩大模数 $30M$ 数列,大于18m时,宜采用扩大模数 $60M$ 数列;柱距宜采用扩大模数 $15M$ 数列,且采用6m、7.5m、9.0m、12m;室内地面至柱顶、房屋檐口、起重机梁的牛腿面高度,应采用扩大模数 $3M$ 数列。

2. 多层厂房

钢筋混凝土和普通结构多层厂房的跨度小于或等于12m时,宜采用扩大模数 $15M$ 数列;大于12m时宜采用 $30M$ 数列,且宜采用6.0m、7.5m、9.0m、12m、15m、18m。柱距应采用扩大模数 $6M$ 数列,且宜采用6m、6.6m、7.2m、7.8m、8.4m、9.0m。各层楼、地面间的层高应采用扩大模数 $30M$ 数列,层高大于4.8m时,宜采用5.4m、6.0m、6.6m、7.2m。

**(四) 制浆造纸工厂厂房基本尺寸**

1. 确定厂房基本尺寸的原则

确定厂房基本尺寸时,应根据厂房的用途,确定厂房内需要布置的设备数量、大小及设备的操作维修空间,结合土建专业相关的设计规范要求,使厂房的长、宽、高尺寸既满足工艺要求,又符合土建专业相关设计规范。通常厂房面积应从以下几个方面来考虑。

① 工艺设备及管道安装、操作和维修所需面积;
② 变配电室、采暖及通风间、压缩空气站、真空泵房、控制计量室等设备安装、操作和检修所需面积;
③ 材料间、工具间和维修间等所需面积;
④ 车间办公室、化验室、生活间等所需面积;
⑤ 车间交通及运输所需面积(包括通道、出入口和楼梯等);
⑥ 厂房建筑结构(墙、柱等)所需面积。

2. 厂房基本尺寸确定（以造纸车间为例来说明）

厂房基本尺寸包括厂房的长度、宽度、高度及层数等，这些尺寸的确定既要满足工艺要求，又要符合相关土建专业相关设计规范。

(1) 厂房长度确定

厂房长度：

$$L = L_1 + L_2 + L_3 \text{ (m)} \tag{5-1}$$

式中 $L_1$——纸机胸辊中心线到墙端的距离，m

$L_2$——纸机胸辊中心线到压光机中心线的距离，m

$L_3$——纸机压光机中心线到墙端的距离，m

(2) 厂房宽度确定

对于单台纸机布置的车间：

$$B_1 = S_t + B_a + B_b \text{ (m)} \tag{5-2}$$

对于两台纸机布置在同一车间：

$$B_2 = S_{t1} + S_{t2} + B_a + B_b \text{ (m)} \tag{5-3}$$

式中 $B_1$、$B_2$——单台、两台厂房跨度，m

$S_t$、$S_{t1}$、$S_{t2}$——纸机的轨距，第一台、第二台纸机轨距，m

$B_a$——传动面宽，m

$B_b$——操作面宽（一般 $B_b = S_t + 0.9\text{m}$），m

(3) 厂房高度确定

厂房高度通常以车间内设备最高点为标记点来计算，设备最高点高度加上该设备需要检修的最大部件起吊高度，以及行车吊钩的操作所需要高度；上述高度之和加上行车上小车高度及行车最小检修高度即为厂房所需要的最低高度，再依据土建设计规范，加上屋架高度，即为厂房设计总高度。

$$H = H_1 + H_2 + H_3 + H_4 + H_5 \tag{5-4}$$

式中 $H$——纸机楼面至屋架底高度，m

$H_1$——纸机楼面至设备最高点高度，m

$H_2$——设备最高点至需要起吊出的设备高度，m

$H_3$——行车吊钩操作所需要的高度，m

$H_4$——行车吊钩至小车最高点的高度，m

$H_5$——行车所需要的操作及检修高度，m

图 5-1 为某造纸车间剖面示意图。

(4) 厂房层数确定

一般根据生产工艺要求来确定，制浆造纸工厂厂房多为 2~4 层。

## 二、制浆造纸工厂厂房特点及建筑设计要求

### （一）制浆造纸工厂厂房特点

制浆造纸工厂厂房由不同结构形式的房屋组成，根据其不同用途，分为主要生产车间、辅助生产车间、动力车间和各类仓库等，其厂房具有如下特点：

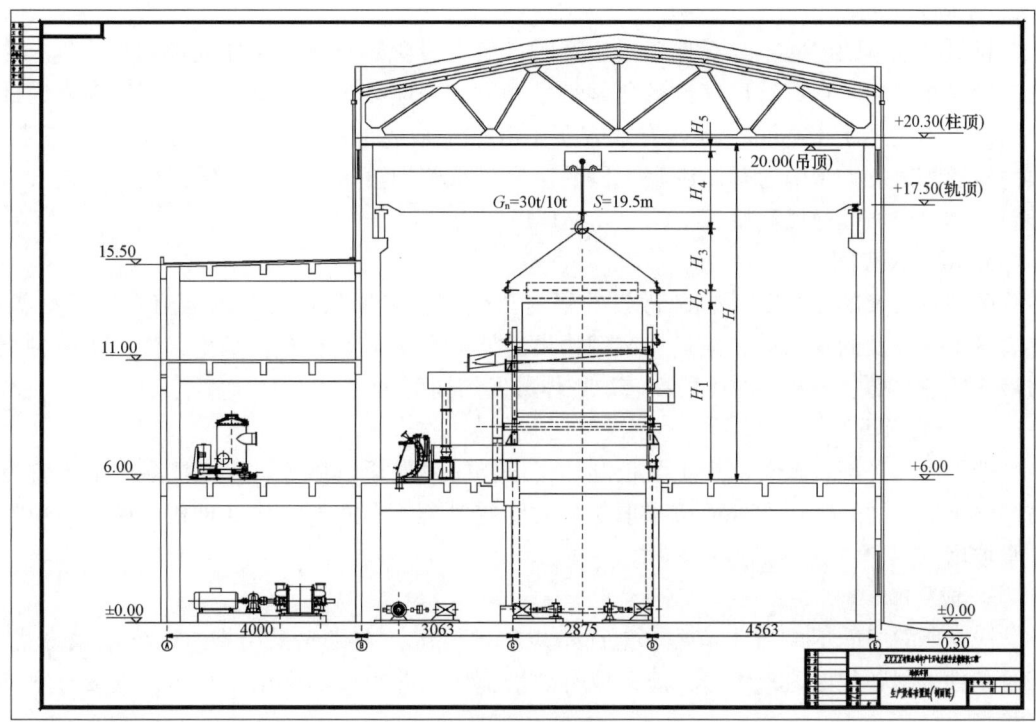

图 5-1 造纸车间剖面示意图

1. 建筑形式

制浆造纸生产设备庞大且自重较重,配备电机功率较大,运转时产生剧烈振动,动荷载较大,生产车间多为多层建筑形式。

2. 车间环境

制浆造纸工厂由多个车间组成,各车间的用途不同,车间内操作环境也不相同。如备料车间、辅料制备车间等,灰尘较大,操作环境较差;洗、筛、漂及造纸车间等,相对湿度较大,地面湿滑,噪声也较大;造纸车间冬季室内外温差较大,车间内易滴漏;夏季车间温度高,对通风要求高。

3. 车间布置

生产车间内设备数量多,管道复杂,设备和管道布置、安装要求整齐美观;各种设备排列和布置要有合适的操作场地,且需要配置各种形式的操作平台、检修平台和防护栏杆等。

4. 车间内构筑物

生产车间内特殊构筑物较多,如木片仓、贮浆池、漂白塔、黑液槽、热水槽等,有一定的热量散发,且散发的热气中有一定的腐蚀性。

(二) 主要车间建筑设计要求

1. 备料车间

备料生产中散发大量粉尘和噪声,生产环境较差,敞开或半敞开的建筑应采取挡风、防飘雨的措施。备料车间的墙面、地面及构件宜平整,防止积灰。北方寒冷地区宜设置为封闭式建筑,并应采取通风措施改善生产环境。

2. 制浆车间

机械制浆车间的磨木与筛选工段生产时产生大量湿热气体，应加强通风和排气。化学法制浆车间的有毒或有腐蚀性的化学品贮槽周边，应设围堰防止溢流，围堰与堰区地面的高差不应小于150mm，围堰有效容积不应小于最大槽罐容积。蒸煮工段的蒸煮器、热力管道等散发大量辐射热，洗筛工段的洗浆机洗浆温度较高，散发泄漏到车间内大量湿热气体，应加强通风和排气。

3. 碱回收车间

碱回收系统的工作温度高，散发的辐射热较多，应加强排气通风措施。如蒸发器、热力管道等散发的辐射热，碱炉、熔融物出口处散发辐射热和有害烟尘，苛化工段各类碱液槽、热水槽、石灰回收工段回转炉炉体散发的辐射热。

4. 造纸车间

造纸车间湿部、施胶部产生大量湿热气体，应采取通风措施。造纸机湿部上方宜设防结露吊顶，同时屋顶和外墙应采取保温防结露措施。车间有水作业地段，楼地面应有排水坡度。

5. 成品库

成品库的屋面不应有水滴漏，地面不应有水浸湿，宜优先采用有组织外落水方式，当受条件限制必须做内落水时，应采取有效措施，确保内天沟和雨水管出口处没有水渗漏或溢出。

## 三、建筑防火

（一）火灾危险性分类

生产的火灾危险性根据生产中使用或产生的物质性质及其数量的因素划分，可分为甲、乙、丙、丁、戊5类。同一座厂房或厂房的任一防火分区内有不同火灾危险性生产时，厂房或防火分区内的生产火灾危险性类别应按火灾危险性较大的部分确定；当生产过程中使用或产生易燃、可燃物的量较少，不足以构成爆炸或火灾危险时，可按实际情况确定；当火灾危险性较大的生产部分占本层或本防火分区建筑面积的比例小于5%，且发生火灾事故时不足以蔓延至其他部位，或火灾危险性较大的生产部分采取了有效的防火措施，可按火灾危险性较小的部分确定。生产的火灾危险性分类见表5-1，制浆造纸厂主要建筑火灾危险性分类表见表5-2。

（二）厂房和仓库的耐火等级

厂房和仓库的耐火等级可分为一、二、三、四级。高层厂房，甲、乙类厂房的耐火等级不应低于二级，建筑面积不大于300m²的独立甲、乙类单层厂房可采用三级耐火等级的建筑。单、多层丙类厂房和多层丁、戊类厂房的耐火等级不应低于三级。

（三）制浆造纸厂主要车间的防火设计要求

1. 造纸车间

当湿式造纸车间主跨为二层，高度大于24m且不大于30m，辅跨高度不大于24m（含局部大于24m）时，可按多层设计。车间防火分区面积应符合现行国家标准《GB 50016—2014 建筑设计防火规范》的有关规定。

表 5-1　　　　　　　　　　　　　生产的火灾危险性分类

| 生产的火灾危险性类别 | 使用和产生下列物质生产的火灾危险性特征 |
|---|---|
| 甲 | 闪点小于28℃的液体 |
| | 爆炸下限小于10%的气体 |
| | 常温下能自行分解或在空气中氧化能导致迅速自燃或爆炸的物质 |
| | 常温下受到水或空气中水蒸气的作用,能产生可燃气体并引起燃烧或爆炸的物质 |
| | 遇酸、受热、撞击、摩擦、催化以及遇有机物或硫黄等易燃的无机物,极易引起燃烧或爆炸的强氧化剂 |
| | 受撞击、摩擦或与氧化剂、有机物接触时能引起燃烧或爆炸的物质 |
| | 在密闭设备内操作温度不小于物质本身自燃点的生产 |
| 乙 | 闪点不小于28℃,但小于60℃的液体 |
| | 爆炸下限不小于10%的气体 |
| | 不属于甲类的氧化剂 |
| | 不属于甲类的易燃固体 |
| | 助燃气体 |
| | 能与空气形成爆炸性混合物的浮游状态的粉尘、纤维、闪点不小于60℃的液体雾滴 |
| 丙 | 闪点不小于60℃的液体 |
| | 可燃固体 |
| 丁 | 对不燃烧物质进行加工,并在高温或融化状态下经常产生强辐射热、火花或火焰的生产 |
| | 利用气体、液体、固体作为燃料或将气体、液体进行燃烧做其他作用的各种生产 |
| | 常温下使用加工难燃烧物质的生产 |
| 戊 | 常温下使用或加工不燃烧物质的生产 |

表 5-2　　　　　　　　　　　制浆造纸厂主要建筑火灾危险性分类表

| 序号 | 建筑物名称 | 火灾危险性分类 |
|---|---|---|
| 1 | 备料棚、运料栈桥、料仓 | 丙 |
| 2 | 化学制浆车间、机械制浆车间、废纸制浆车间 | 戊 |
| 3 | 浆板车间、浆板库 | 丙 |
| 4 | 造纸车间、成品库 | 丙 |
| 5 | 碎解工段(废纸、木浆板) | 丙 |
| 6 | 碱回收车间燃烧工段 | 丁 |
| 7 | 碱回收车间蒸发、苛化、石灰回收工段 | 戊 |
| 8 | 涂料制备车间 | 戊 |
| 9 | 制氧站 | 乙 |
| 10 | 二氧化氯制备 | 甲 |

造纸车间底层均为管道、设备和浆池,可燃物较少,可将底层划分为安全区域。两列纸机布置的湿式造纸车间,在两列纸机之间布置疏散楼梯时,当楼梯间封闭且楼梯间底层出口至室外出口之间设置无障碍、宽度不小于1.5m、距离不大于60m 疏散通道时,

可作为安全疏散楼梯。

2. 仓库

除卫生纸外的自动半成品卷筒纸仓库,当设置有效灭火设施保护时,每座仓库的建筑面积、每个防火分区的最大允许建筑面积可按工艺要求确定。

3. 其他

占地面积较大的车间防火分区划分后,疏散距离达不到建筑防火规范要求,宜在车间中央设置疏散通道,疏散通道净宽应不小于 6m,疏散通道对外出口不应小于 2 个,并应设置在不同方向,疏散通道两侧隔墙应采用防火时间不小于 3h 的防火墙,疏散通道的防排烟应符合现行国家标准《GB 50016—2014 建筑设计防火规范》的有关规定,面向疏散通道设置的疏散门应设置不小于 $6m^2$ 的房间前室。

## 四、建筑安全

车间的安全通道、楼梯、出入口的设置,安全疏散应符合现行国家标准《GB 50016—2014 建筑设计防火规范》的有关规定。

垂直运输的吊物孔、设备工作平台临空部分、坑池沿边和槽塔罐顶部应设置防护安全栏杆。吊物孔下方不应设置人员的主要疏散通道和安全通道,位于起重机运行范围内的辅助用房顶棚应采用防坠落的防护措施。架空走道与操作平台的净高不宜低于 2.2m,在操作面设置的地沟或管沟,应设置牢固、平稳的盖板。有人员检修要求的吊顶建筑物,吊顶内宜设置检修通道。潮湿地面宜采用防滑措施。

钢梯、防护安全栏杆、工作钢平台的设计应符合现行国家标准《GB 4053.1—2009 固定式钢梯及平台安全要求 第 1 部分:钢直梯》《GB 4053.2—2009 固定式钢梯及平台安全要求 第 2 部分:钢斜梯》《GB 4053.3—2009 固定式钢梯及平台安全要求 第 3 部分:工业防护栏及钢平台》和《GB 4053.4—1983 固定式工业钢平台》的有关规定。

## 五、生产辅助用房

生产辅助用房应包括卫生间和生活间,卫生间包括浴室、更衣室、盥洗室等,生活间包括休息室、就餐场所、厕所等。厂区与车间的生产辅助用房的设置应符合现行国家标准《GBZ 1—2010 工业企业设计卫生标准》的有关规定。

根据国家标准《GBZ 1—2010 工业企业设计卫生标准》的分级原则,生产车间的卫生特征一般可分为四级,制浆造纸车间无 1 级卫生特征,2、3 级主要卫生特征分级见表 5-3,其余车间或区域为 4 级卫生特征。

表 5-3　　　　　　　　　　制浆造纸厂车间卫生特征

| 卫生特征 | 2 级 | | 3 级 | |
|---|---|---|---|---|
| | 物质 | 区域 | 物质/环境特点 | 区域 |
| 有毒物 | 甲醇、甲酸 | 二氧化氯制备车间 | 氯酸钠、硫酸、硫酸亚铁、臭氧、二氧化氯溶液、盐酸、氢氧化钠 | 臭氧制备车间漂白工段化学品制备车间 |
| | 硫化氢、甲硫醇、甲硫醚 | 制浆车间、蒸发工段、燃烧工段 | | |

续表

| 卫生特征 | 2级 | | 3级 | |
|---|---|---|---|---|
| | 物质 | 区域 | 物质/环境特点 | 区域 |
| 粉尘 | 无机粉尘 | 石灰粉碎室、石灰仓 | 混合粉尘 | 草类备料车间 |
| | | | 有机粉尘 | 造纸车间、化学品制备车间 |
| 车间环境 | | | 高温 | 碱回收车间、燃烧工段、石灰回收工段、锅炉房 |
| | | | 高温、潮湿 | 造纸车间、磨浆工段、蒸煮工段 |

## 第二节 结构设计

### 一、结构设计概述

**（一）结构设计常用术语**

1. 结构

具承受和传递作用并具有适度刚度的各连接部件组合而成的整体，俗称承重骨架。包括木结构、砌体结构、钢结构、混凝土结构、组合结构等。

2. 结构材料

结构材料指用于制作结构的人造或天然材料，分为非金属材料、金属材料、有机材料以及由上述材料组成的复合材料，包括混凝土、砌体、木材、钢材等。

3. 工程结构

房屋建筑、铁路、公路、水运和水利水电等各类土木工程建筑物结构的总称。

4. 结构设计

为实现建筑物的设计要求，并满足对结构的安全性、适用性和耐久性等结构可靠性要求，根据既定条件和有关设计标准的规定进行的结构选型、材料选择、分析计算、构造配置及制图等工作的总称。

5. 结构安全等级

工程结构设计时，根据结构破坏可能产生的危及人的生命、造成经济损失、对社会和环境产生影响等后果的严重性所规定的结构等级。

6. 地基基础设计等级

地基基础设计应根据地基复杂程度、建筑物规模和功能特征以及由于地基问题可能造成建筑物破坏或影响正常使用的程度，分为甲、乙、丙等三个设计等级，设计时应根据具体情况。

7. 抗震设防

各类工程结构按照规定的可靠性要求，针对可能遭遇的地震危害性所采取的工程和非工程的防御措施。

**（二）结构类型**

1. 工程结构类型

（1）木结构

以木材为主要材料制成的结构。

（2）砌体结构

由块体和砂浆砌筑而成的墙、柱作为建筑物主要受力构件的结构，是砖砌体、砌块砌体、石砌体和配筋砌体结构的统称。砖砌体结构指由砖砌体制成的结构，分烧结普通砖、非烧结硅酸盐砖和承重黏土空心砖砌体结构。

（3）钢结构

以钢材为主要材料制成的结构。

（4）混凝土结构

以混凝土为主要材料制成的结构，包括素混凝土结构、钢筋混凝土结构和预应力混凝土结构等。素混凝土结构指无筋或不配置受力钢筋的混凝土结构；钢筋混凝土结构指配置受力普通钢筋的混凝土结构；预应力混凝土结构指配置受力的预应力筋，通过张拉或其他方法建立预加应力的混凝土结构。

2. 房屋建筑结构类型

（1）砖混结构

由砖、石、砌块砌体制成竖向承重构件，并与钢筋混凝土或预应力混凝土楼盖、屋盖所组成的房屋建筑结构。

（2）砖木结构

由砖、石、砌块砌体制成竖向承重构件，并与木楼盖、木屋盖所组成的房屋建筑结构。

（3）框架结构

由梁和柱以刚接或铰接相连接成承重体系的房屋建筑结构。

（4）排架结构

排架结构是由屋架、柱和基础构成横向平面排架，再通过屋面板、吊车梁、支撑等纵向构件将平面排架连接起来构成的整体空间结构。

（5）剪力墙结构

由剪力墙组成的能承受竖向和水平作用的结构。

**（三）结构构件与部件**

一般来说，厂房由基础、地基、墙、柱、梁、楼板、门窗、楼梯、屋架和屋面等构件和部件组成。这些构件和部件组合成一个有机整体，使建筑物能够抵抗自然界风、雨、雪、冷热、地震以及加设在建筑物上的设备载荷。

1. 结构构件

结构构件是指结构在物理上可以区分出的部分，如梁、板、柱、墙、框架和桩等。

（1）梁

梁是由支座支撑的直线或曲线形构件，主要承受各种作用产生的弯矩和剪力，有时也承受扭矩。包括主梁、次梁、过梁、井字梁、系梁等。主梁是将楼盖荷载传递到柱、墙上的梁；次梁是将楼面荷载传递到主梁上的梁；过梁是设置在门窗或孔洞顶部，用以传递其上部荷载的梁；井字梁是由同一平面内相互正交或斜交的梁所组成的结构构件，又称交叉梁和格形梁；系梁是将结构中主要构件相互拉结以增强结构整体性而不必计算的梁式构件，又称拉梁。

（2）板

板是由支座支撑的平面尺寸大而厚度相对较小的平面构件，主要承受各种作用产生的弯矩和剪力。

（3）柱

柱是竖向直线构件，主要承受各种作用产生的轴向压力，有时也承受弯矩、剪力或扭矩。

（4）墙

墙是竖向或曲面构件，主要承受各种作用产生的中面内的力，有时也承受中面外的弯矩和剪力，分为非承重墙和承重墙。非承重墙是指主要起围挡或分割空间的作用，不承受自重以外的竖向荷载，结构设计不作为受力构件考虑的墙体。承重墙是直接承受外加作用和自重的墙体。主要承受侧向力或地震作用，并保持结构整体稳定的承重墙，又称剪力墙。

（5）框架

框架是由梁和柱连接构成的一种平面或空间、单层或多层的结构。刚架结构是由梁和柱在其杆端通过刚接点（或某些铰接点）连接而构成。

（6）桩与桩基承台

桩是沉入、打入或浇筑于地基中的柱状承载构件。如木桩、钢桩、混凝土桩等。桩基承台是设置于单桩或群桩桩顶，将上部结构的荷载传递给桩或桩及桩间土的钢筋混凝土结构。

2. 结构部件

结构部件是指由若干构件组成的具有一定功能的组合件，如基础、屋盖、楼盖、楼梯等。

（1）基础

将建筑物或构筑物承受的各种作用传递到地基上的结构部件。包括桩基础、独立基础、条形基础、筏形基础、箱形基础、扩展基础等。

（2）屋盖

在房屋顶部，用于承受各种屋面作用的屋面板、檩条、屋面梁和屋架及支撑系统组成的部件。

（3）楼盖

在房屋楼层间用于承受各种楼面作用的楼板、次梁和主梁等所组成的部件总称。

（4）楼梯

由包括踏步板、栏杆的梯段和平台组成的沟通上下不同楼面的斜向部件。分为板式楼梯、梁式楼梯、悬挑楼梯和螺旋楼梯等。

(四) 变形缝

为了防止因气温变化、不均匀沉降以及地震等因素造成对建筑物使用和安全影响，房屋设计时预先在变形敏感部位将建筑物断开，分成若干个相对独立的单元，且预留的缝隙能保证建筑物有足够的变形空间，设置的构造缝称为变形缝。变形缝可分为伸缩缝、沉降缝和防震缝三种。

1. 伸缩缝

伸缩缝又称温度缝，是为减轻材料胀缩变形对建筑物的不利影响而在建筑物中预先设置的间隙。通常沿厂房的纵向在一定长度内设置伸缩缝，使缝两边的建筑物可沿纵向产生自由水平伸缩变形，并需贯穿基础上部的整个结构（墙、楼层、屋顶），将建筑物分离成几个独立的部分。

2. 沉降缝

沉降缝是为了减轻或消除地基不均匀变形对建筑物的不利影响而在建筑物中预先设置的间隙，宽度约70mm。沉降缝将墙、柱、楼层、屋顶和基础全部脱开，使结构分为若干部分，每一部分的沉降比较均匀，避免在结构中产生额外的应力。

3. 防震缝

防震缝是为减轻或防止有地震作用引起相邻结构单元之间的碰撞而预先设置的间隙。设置防震缝目的是将大型建筑物分隔为较小的部分，形成相对独立的防震单元，避免因地震造成建筑物整体震动不协调而产生破坏。

### （五）地基

地基指支承基础的土体或岩体。天然地基指自然形成的，未经人工处理的地基；复合地基指部分土体被增强或被置换后形成的由地基土和增强体共同承担荷载的人工地基。

## 二、制浆造纸工厂的结构设计

### （一）建（构）筑物结构的安全等级

制浆造纸厂各建（构）筑物按破坏后果的严重性，建筑结构安全等级的划分应符合表 5-4 的规定。

**表 5-4    制浆造纸建（构）筑物的安全等级**

| 安全等级 | 建(构)筑物名称 |
|---|---|
| 二级 | 除本表所列的三级以外的其他所有建(构)筑物 |
| 三级 | 围墙、自行车棚、临时性(建)构筑物 |

### （二）建（构）筑物的抗震设防分类

建筑抗震设防分类是根据建筑遭遇地震破坏后，可能造成人员伤亡、直接和间接经济损失、社会影响的程度及其在抗震救灾中的作用等因素，对各类建筑所做的设防类别划分。分为特殊设防类（甲类）、重点设防类（乙类）、标准设防类（丙类）和适度设防类（丁类）。

制浆造纸厂的建（构）筑物，抗震设防分类以标准设防类为主，提高主要装置及控制系统和动力系统建筑的抗震设防标准。按照现行国家标准《GB 50223—2008 建筑工程抗震设防分类标准》的有关规定，制浆造纸建（构）筑物的抗震设防分类应符合表 5-5 的规定。

表 5-5　　　　　　　　　制浆造纸建（构）筑物的抗震设防分类

| 抗震设防类别 | 建(构)筑物名称 |
|---|---|
| 重点设防类(乙类) | 大型、特大型制浆造纸厂的主要装置以及控制系统和动力系统的建筑；生产或使用具有剧毒、易燃、易爆物质且具有火灾危险性的厂房及其控制系统的建筑；储存易燃、易爆物质等具有火灾危险性的危险品仓库；储存剧毒物品的仓库；消防车库及其值班用房 |
| 标准设防类(丙类) | 除本表所列明的重点设防类和适度设防类以外的其他所有建(构)筑物 |
| 适度设防类(丁类) | 储存物品价值低、人员活动少、无次生灾害的单层仓库 |

（三）地基基础设计等级

1. 甲级

车速≥1200m/min 的造纸机和涂布机，车速≥2000m/min 的复卷机和超级压光机，运行时对地基变形有较高要求，基础和桩基的设计等级宜确定为甲级。

2. 乙级

车速较低的设备基础或桩基的设计等级视地质情况和车速可定为乙级或丙级，设计时宜与建筑物基础之间设沉降缝分开。

3. 丙级

各类仓库、水处理的建构筑物等，采用天然地基做基础持力层时，地基基础设计等级可定为丙级。

制浆造纸厂地基基础设计等级表见表 5-6。

表 5-6　　　　　　　　　制浆造纸厂地基基础设计等级

| 设计等级 | 建(构)筑物名称 |
|---|---|
| 甲级 | 高速运行的造纸机、涂布机、复卷机、超级压光机基础。场地和地基条件复杂的一般建筑物 |
| 乙级 | 除本表所列明的甲级和丙级以外的其他所有建(构)筑物 |
| 丙级 | 场地和地基条件简单、荷载分布均匀的一般工业建(构)筑物 |

（四）构造缝

主要生产车间宜采用现浇筑钢筋混凝土框架或框排架结构体系，车间长度超过现行国家标准《GB 50010—2010 混凝土结构设计规范》规定的伸缩缝最大间距，应设置伸缩缝（兼抗震缝），伸缩缝最大间距见表 5-7。底层设备基础和构筑物宜与厂房的上部结构脱开，不宜将房的上部结构支撑在设备基础和构筑物上。

表 5-7　　　　　　　　　钢筋混凝土结构伸缩缝最大间距　　　　　　　　　单位：m

| 结构类型 | | 室内或土中 | 露天 |
|---|---|---|---|
| 框架结构 | 装配式 | 75 | 50 |
| | 现浇式 | 55 | 35 |
| 剪力墙结构 | 装配式 | 65 | 40 |
| | 现浇式 | 45 | 30 |
| 排架结构 | 装配式 | 100 | 70 |

主厂房的屋盖采用有檩钢结构体系时，每个温度缝区段应分别设置独立完整的空间稳定支撑系统；当车间内有起重量大于20t的桥式吊车时，钢梁设计应符合现行国家标准《GB 50017—2017 钢结构设计规范》的有关规定。

**（五）构筑物基础**

由于造纸工艺的特殊性，浆池和浆塔以及贮水或水处理构筑物宜采用钢筋混凝土结构，设计应符合现行国家标准《GB 50069—2002 给水排水工程构筑物结构设计规范》的有关规定。浆池和浆塔以及贮水或水处理构筑物的混凝土，水灰比不应大于0.5，并不应采用氯盐作为防冻剂、早强剂的掺合料。

**（六）设备基础**

1. 底层设备基础设计

① 当工程地质条件简单，地基分布均匀且地基的承载能力及变形能满足工艺要求时，设备基础宜采用天然地基方案；当地基承载能力，不能满足工艺及相关规范要求时，应进行地基处理或采用桩基。

② 设备基础混凝土强度等级不宜低于C25，制浆车间、二氧化氯制备车间等对混凝土具有腐蚀性车间的设备基础混凝土强度等级不应低于C30。

③ 当块状设备基础的长度不大于2m时可不配钢筋。当设备基础的长度大于2m时，宜在设备基础表面设置构造钢筋，钢筋直径不宜小于10mm，间距不宜大于200mm。

④ 真空泵、引风机、剥皮机等振动较大的设备基础应保证基础的刚度、强度及重量，应在基础周边配置封闭式钢筋，与建筑物之间以设缝分开。

⑤ 设备基础侧面的回填土应对称分层夯实，压实系数不应小于0.94。

2. 楼层设备基础设计

① 除输送机外，设备不应跨缝布置。

② 设备基础面积和高度较大时，宜采用墙式或框架式结构，墙或框架柱下楼层梁应采取加强措施。

**（七）结构防腐蚀**

结构防腐蚀设计应根据生产过程中产生的腐蚀介质性质，设备管道的密封情况以及施工安装、生产操作、维护管理水平确定介质对建筑结构材料的腐蚀等级。

制浆造纸厂腐蚀侵扰是客观存在的，钢筋过细一旦受到侵蚀，其有效截面积削减比例较大，故腐蚀性较强环境下的钢筋混凝土，钢筋直径宜适当增大，保护层厚度宜加大。钢筋混凝土厂房主要承重构件梁、柱的箍筋直径不应小于8mm，强、中腐蚀时主筋直径不应小于18mm，弱腐蚀时主筋直径不应小于16mm。

# 第三节 热能动力设计

## 一、热能动力设计概述

制浆造纸工程设计中，热能动力专业主要配合工艺及其他专业完成全厂供热系统设计，包括热电站或锅炉房、热力管道等。热能动力设计的任务，一般根据全厂热负荷确定供汽的汽源、进行锅炉和汽轮机选型和设计以及配置全厂热力管网。制浆造纸工厂蒸汽消耗量大，蒸汽压力要求稳定，通常采用"热电联产，以汽定电"的方式，通过产生高压蒸汽驱动汽轮机发电，蒸汽降压后满足用汽部门所需要的汽压和汽量，同时可得到廉价的电，经济效益好。

造纸行业是轻工行业中的重工业，是典型的用热用电大户。随着规模的扩大，能源的综合利用也在同步发展，应注重优化项目装机方案，提高能源利用效率。设计前应取得全厂生产、生活热负荷资料和燃料、水质及其他基础资料。供热方案应根据全场用热负荷特点，进行技术经济比较后确定。热电站建设应根据热负荷的需要，确定最佳方案。锅炉房设计除应执行现行国家标准《GB 51092—2015 制浆造纸工厂设计规范》外，还应符合现行国家标准《GB 50041—2020 锅炉房设计规范》的有关规定。热电站设计的蒸汽参数及单机容量大小应符合现行国家标准《GB 50049—2011 小型火力发电厂设计规范》和《GB 50660—2011 大中型火力发电厂设计规范》的有关规定。当燃料中涉及制浆造纸废弃物等生物质燃料时，应符合现行行业标准《CJJ 90—2009 生活垃圾焚烧处理工程技术规范》的有关规定。

## 二、热负荷

制浆造纸厂的全厂热负荷应包括生产工艺、空调、采暖通风和生活等热负荷。确定设计热负荷，应调查供热范围内的供热量、供热参数、用热方式、回水情况。热负荷应包括现状热负荷、近期热负荷、规划热负荷，对主要热用户应绘制典型日的设计热负荷和年持续热负荷曲线。供热蒸汽参数应根据工艺用汽热负荷、参数特点，综合热源的蒸汽参数，经济合理的确定。供热系统的各压力等级，应按工艺要求和管路损失确定，不宜超过三级，对热电联产项目，应综合汽轮机抽、排气压力及调整范围确定压力等级。

## 三、燃料供应

燃料主要品种包括煤、油、天然气等。在燃烧和环保条件许可的情况下，制浆厂及以废纸为原料的纸厂产生的具有一定热值并可焚烧的生物质造纸废弃物，宜和锅炉燃料掺烧，加以综合利用。处理量较大且含水量较高的污泥，入炉焚烧前宜采用机械脱水或干燥脱水处理，选择的脱水方式应经过技术经济比较后确定。

## 四、主要设备选型与设计

**（一）锅炉**

1. 锅炉容量的确定

锅炉是一种能量转换设备，向锅炉输入的能量有燃料中的化学能、电能、高温烟气的热能等形式，而经过锅炉转换，向外输出具有一定热能的蒸汽、高温水或有机热载体。制浆造纸工厂锅炉容量大小是根据生产用蒸汽量、采暖通风用蒸汽量、生活用蒸汽量、管网热损失、设备热辐射损失和锅炉自用蒸汽量等几个方面来确定。

（1）生产用蒸汽量 $m_{D1}$

造纸车间用汽量比较稳定，吨纸耗汽量基本一致（更换产品例外），制浆系统由于是间歇用汽，不稳定，但全年总用汽量基本不变；

(2) 采暖通风用蒸汽量 $m_{D2}$

不同地区、不同气候条件采暖通风用汽量不同,可根据理论计算确定;

(3) 生活用蒸汽量 $m_{D3}$

可根据企业职工人数确定,主要用于职工饮用水、浴室等;

(4) 厂区热力管网损失蒸汽量 $m_{D4}$

一般按最大用汽量5%~10%（包括散热和漏损）计算。

(5) 设备辐射热损失 $m_{D5}$

主要是蒸煮设备等高温设施,若没有保温设施时,热辐射损失可按全部蒸煮用汽量的10%计算。

(6) 锅炉房自用蒸汽量 $m_{D6}$

包括汽泵用汽,给水加热和吹灰用汽等,一般取最大用汽量3%~7%。

以上各项蒸汽量加在一起即为锅炉最大用汽量,故总蒸汽量 $m_D$ 为:

$$m_D = K_0(K_1 m_{D1} + K_2 m_{D2} + K_3 m_{D3} + K_4 m_{D4} + K_5 m_{D5} + K_6 m_{D6}) \tag{5-5}$$

式中　　　　　$K_0$——管网热损失系数,一般取1.1

$K_1, K_2, K_3, K_4, K_5, K_6$——各热负荷同时使用系数,在0.5~1.0之间

2. 锅炉选型的原则

(1) 根据燃料品种选择

锅炉选型要适应燃料品种,应考虑锅炉效率、耗煤量及锅炉投资等因素,对有掺烧造纸废弃物要求的锅炉,应优先选择循环流化床锅炉。

(2) 根据蒸汽参数选择

锅炉的蒸汽参数应根据热负荷要求经技术经济比较后确定,对热电联产锅炉,应优先采用高等级参数。若用汽高峰负荷持续时间较长,则按最高负荷的用汽量选择锅炉大小;若用汽高峰负荷持续时间较短,则按平均负荷的用汽量选择锅炉大小。

(3) 锅炉的容量与台数

① 容量相同的锅炉,宜选用同一制造厂的同型设备。

② 锅炉台数和容量,应根据设计热负荷经技术经济比较后确定,不宜少于2台,当其中任何一台锅炉停用时,其余锅炉应仍能满足连续生产的热负荷要求。

(二) 汽轮机选型与设计

1. 汽轮机组型式

(1) 按进汽压力等级和进汽温度分类

汽轮机组按进汽压力等级和进汽温度分为低压、次中压、中压、次高压和高压机组,汽轮机组分类见表5-8。

表5-8　　　　　　　　汽轮机组分类

| 进汽压力等级 | 进汽压力/MPa | 进汽温度/℃ |
|---|---|---|
| 低压 | 1.27 | 340 |
| 次中压 | 2.35 | 390 |
| 中压 | 3.43 | 435 |
| 次高压 | 4.9~5.88 | 435~470 |
| 高压 | 8.83 | 535 |

（2）按热力特性分类

汽轮机组按热力特性分为背压式、抽汽背压式、抽汽冷凝式和冷凝式等几种类型。

① 背压式汽轮机。背压式汽轮机是将汽轮机排汽供用户使用，主要用于热负荷稳定的企业自备热电站。主要优点是经济性好，节能效果好，结构简单，投资省，运行可靠；缺点是发电量取决于供热量，不能独立调节来同时满足热用户和电用户的需要。制浆造纸工厂热负荷相对稳定，同一纸种在生产工艺不变的情况下，吨纸耗汽量基本不变或变化很小，制浆工段用汽量在同样产能情况下用汽量也基本稳定，因此，制浆造纸工厂热电机组采用背压式汽轮机组比较适合。

② 抽气背压式汽轮机。抽气背压式汽轮机是从汽轮机中间抽取部分蒸汽，供较高压力等级的热用户使用。同时保持一定背压的排汽，供较低压力等级的热用户使用的汽轮机。该机型与背压式汽轮机组相似，经济性较好，但对负荷变化适应性较差。

③ 抽气冷凝式汽轮机。抽气冷凝式汽轮机是从汽轮机中间抽出部分蒸汽供热用户使用的冷凝式汽轮机。主要特点是当蒸汽用户所需的蒸汽负荷突然降低时，多余蒸汽可以通过汽轮机抽汽点以后的级继续发电。抽气冷凝式汽轮机优点是灵活性大，能在较大范围内同时满足热负荷和电负荷的需要，适用负荷变化较大的化工企业。其缺点是热经济性比背压式机组差，而且辅机较多，系统复杂、设备投资较大。

④ 冷凝式汽轮机。冷凝式汽轮机主要用于单纯发电，不适用于制浆造纸企业。

2. 汽轮机组设计

（1）根据技术经济论证选型

锅炉单台容量20t/h及以上，经技术经济论证具有明显经济效益的，应优先选择热电联产。

（2）根据热负荷选型

根据热负荷的大小，遵循"以热定电、规模适度"的原则确定机组容量。应优先选择较高参数、较大容量和经济效益较高的供热机组。根据全厂蒸汽用量确定锅炉和汽轮机的选型，热电站通过产生高压蒸汽驱动汽轮机发电，蒸汽降压后应满足用汽部门所需要的汽压和汽量，同时得到廉价的电。

（3）汽轮机组配置

汽轮机机型的最佳配置方案，应在充分核实热负荷的基础上，根据设计的热负荷曲线特性，经技术经济论证后确定。

热负荷常年稳定的热电站，可按全年基本热负荷优先采用背压式汽轮机；热负荷不稳定，波动较大的企业，特别是掺烧了造纸废弃物的热电站，以采用抽气凝汽式汽轮机或背压汽轮机和抽气凝汽式汽轮机搭配的方式，其热电比应大于100%。

## 五、化学水处理

**（一）锅炉补给水处理方法和系统的选择**

在满足锅炉给水水质标准的同时，宜结合全厂生产工艺水质要求，集中建设化学水处理站。锅炉补给水处理方法和系统的选择，应根据原水水质、给水质量及炉水的质量要求、补给水率、锅炉排污率、设备和药品的供应条件及环境保护等因素，经技术经济比较确定。发电用锅炉的补给水处理系统还应与锅炉的锅内装置和过热蒸汽减温方式相适应。

#### （二）锅炉水处理系统设计

锅炉水处理系统应根据锅炉类型、参数、水汽质量要求进行设计，应满足锅炉供水和水质调节的需要，工业锅炉水处理设计应当符合现行国家标准《GB/T 50109—2014 工业用水软化除盐设计规范》的有关规定；电站锅炉水处理设计应符合现行行业标准《DL/T 5068—2016 火力发电厂化学设计技术规程》的有关规定。

锅炉给水处理分为锅炉外和锅炉内处理两种方法，目的都是去除水中的悬浮固体和钙、镁等易生成水垢的金属离子，保证锅炉安全运行和提高锅炉热效率。炉外处理的主要方法为树脂软化及热除氧。炉内处理是使炉内结垢、腐蚀、蒸汽夹带得到控制而实现锅炉安全运行的最佳操作。炉内处理一般以加入药剂的方式实现，使用的药剂有5类，即阻垢剂、淤渣分散剂、除氧剂、消泡剂、蒸汽系统保护剂。

#### （三）锅炉给水及炉水水质

① 当锅炉额定出口蒸汽压力小于3.8MPa时，应符合现行国家标准《GB/T 1576—2018 工业锅炉水质》的有关规定。

② 当锅炉额定出口压力不低于3.8MPa时，应符合现行国家标准《GB/T 12145—2016 火力发电机组及蒸汽动力设备水汽质量》的有关规定。

③ 造纸烘缸等采用蒸汽间接加热的设备产生的凝结水应设凝结水回收装置，不合格凝结回水，应设凝结水处理装置，处理至水质指标合格后再送入锅炉给水系统。

### 六、烟气净化处理

烟气中污染物种类和浓度以及烟气排放指标限值是确定烟气净化工艺和设备的主要因素。锅炉烟气净化系统宜采用单元制配置方式，烟气的排放应进行在线监测。掺烧造纸废弃物的锅炉烟气中可能含有烟尘、HCl、CO、$SO_2$、$NO_x$、HF、二噁英等有机物，应去除烟气中酸性污染物及其他有害物，除尘设备应采用袋式除尘器或电袋除尘器。各污染物浓度随造纸废弃物成分和锅炉掺烧造纸废弃物质量比例的变化而产生波动，烟气净化工艺和设备需要对污染物浓度波动有较好的适应性。

### 七、其他配套系统

#### （一）点火及助燃系统

锅炉的点火及助燃，可采用轻柴油。当工厂附近有稳定的燃气供应时，也可采用燃气点燃及助燃。点火油系统供油能力应满足容量最大的一台锅炉所配燃烧器的燃油量要求。

#### （二）运煤系统

运煤系统应按全厂锅炉总耗煤量、运煤系统的工作制度和运煤线路的数量确定；对掺烧造纸废弃物的物料输送，应根据其物料特性来选择合理的输送方式。

#### （三）除灰渣系统

除灰渣系统应根据锅炉排渣方式、烟气净化系统的型式、灰渣特性、地形、地质、气象、交通环保和灰渣综合利用方式及节水、节能要求确定。当灰渣具备利用条件时，可参照现行行业标准《CJJ 90—2009 生活垃圾焚烧处理工程技术规范》的有关规定，采取有效的再利用措施。

**（四）供热系统**

1. 热力管道设计

① 热力管道设计参数应根据热负荷的计算确定。当用汽有特殊要求或用汽参数不同时，蒸汽钢管采用单管、双管或多管的选择，应经技术经济比较后确定。

② 当生产、空调、采暖通风和生活用汽参数相差不大并且无特殊要求时，蒸汽钢管宜采用单管系统以节约投资减少管网热损失。

③ 当用汽参数有特殊要求时，宜采用双管或多管系统以确保供气的可靠性和合理用能，但会相应增加投资费用。

2. 管道敷设

① 厂区的热力管道、宜采用地上敷设，也可根据厂区实际情况部分采用地沟和直埋敷设，架空热力管道可与其他管道敷设在同一管架上。

② 为确保安全，热力管道不应与易挥发、易爆、易燃、有害、有腐蚀性介质的管道敷设在同一地沟内，以免造成检修人员伤害。

③ 室外热力管道的布置和敷设应符合现行国家标准《GB 50041—2020 锅炉房设计标准》和行业标准《CJJ 34—2010 城镇供热管网设计规范》的有关规定。

**（五）压缩空气站**

压缩空气站的设计规模应依据工艺、质控等用户所需的用气量、用气参数、用气品质要求，计入同时使用系数、管道系统漏损系数后计算确定。制浆造纸厂压缩空气站的设计应符合现行国家标准《GB 50029—2017 压缩空气站设计规范》的有关规定。压缩空气站的布置可根据工厂具体情况，集中布置或布置在用气车间内。

## 八、热电站布置

热电站包括锅炉房、汽轮机组、除氧间、煤仓间、引风机室和配电室等，布置时要视热电机组、锅炉及辅助设施的大小而定。锅炉设备在厂房内布置，与锅炉设备结构形式和辅助设备的配置方式以及建筑物的结构形式有关，应视具体锅炉而定。

# 第四节 电气系统设计

## 一、电气设计概述

电力设计应包括供配电、车间电力设备、照明、防雷、接地、电修等。电力设计应节约电能、选用节能产品。在选用节能技术和装置时，应进行技术经济比较。

制浆造纸工程设计中，电气专业主要配合工艺及其他专业完成全厂生产设备及辅助设备供配电系统设计和车间照明系统设计等。制浆造纸工厂用电设备数量多，各车间用电负荷及电压等级也不同，需要由供电专业根据相关规范、工艺人员提供的设计资料和数据以及不同车间用电要求设置变配电系统，以满足生产及生活需要。

# 二、供　　电

## (一) 电力负荷

1. 电力负荷计算

① 采用需要系数法求出计算负荷，即以用电设备组 30min 最大有效负荷 P30 和其总设备装机容量之比求得。宜用单位产品耗电量进行比较。

② 制浆造纸厂用电设备需要系数 $K_\alpha$ 及功率因数 $\cos\phi$ 可按照现行国家标准《GB 51092—2015 制浆造纸厂设计规范》的有关规定取值。

2. 电力负荷等级

电力负荷等级分类应根据生产特点、非计划性停电对人身安全、设备安全以及所造成的经济损失等因素，确定用电设备负荷等级分类，还需符合现行国家标准《GB 50052—2009 供配电系统设计规范》的有关规定。

制浆造纸厂属于重要负荷的设备，见表 5-9。

表 5-9　　　　　　　　　　制浆造纸厂重要负荷的设备

| 序号 | 车间或工段名称 | 电力负荷名称 |
| --- | --- | --- |
| 1 | 碱回收车间燃烧工段 | (1) 电动机类<br>溜槽冷却水循环泵、CNCG 无冷凝水泵、CNCG 燃烧器风机、给水泵、供油泵、引风机、溶解槽搅拌器、吹灰器电源。<br>(2) 阀门类<br>紧急放水阀、主给水阀、给水旁路阀、喷水减温阀、生火排气阀、主汽阀、主汽旁路阀、吹灰蒸汽阀、汽包、紧急排水阀、连续排污阀 |
| 2 | 碱回收车间苛化工段 | 绿液槽搅拌器、白泥沉渣槽搅拌器、绿液澄清槽搅拌器、白夜澄清槽搅拌器 |
| 3 | 碱回收车间石灰窑工段 | 石灰窑驱动装置、鼓风机 |
| 4 | 二氧化氯制备车间 | (1) 综合法<br>碱液槽输送泵、海波塔输送泵、海波风机、氢气洗涤器输送泵、浓氯酸钠供料泵、二氧化氯输送泵、电制冷机、冷冻水循环泵、冷冻水泵、脱盐水泵、阴极保护装置<br>(2) 甲醇法<br>反应槽循环泵、涤气器排风扇 |
| 5 | 双氧水制备车间 | 循环氢化液泵、氧化液泵、磷酸泵、碱洗泵、氢化液泵、循环工作液泵 |
|  | 中心控制室 | UPS 电源、消防控制中心、控制系统主机室的空调系统、应急照明、安防系统、通信系统 |

## (二) 供电设计

1. 供电回路

制浆车间、浆板车间、造纸车间、碱回收车间、二氧化氯制备车间、废水处理站的一般负荷，宜采用双回路供电。

2. 供电系统设计

(1) 变压器的容量、台数的选择

应根据计算负荷、工作班制、投资、设备折旧及维修费、电能损耗、供电贴费、电能计费等方式，进行技术经济比较，并应根据负荷的重要性和运行方式等因素决定。

我国变压器的额定容量是按照 R10 优先系数进行分级，即按 10 的开 10 次方的倍数来计算，分为 50kVA、80kVA、100kVA、125kVA、160kVA、200kVA、250kVA、315kVA、400kVA、500kVA、630kVA、800kVA、1000kVA、1250kVA、1600kVA、2000kVA、2500kVA、3150kVA、4000kVA、5000kVA 等。

（2）变配电所设计

变配电所设计应符合现行国家标准《GB 50053—2013 20kV 及以下变电所设计规范》、《GB 50059—2011 35kV~110kV 变电站设计规范》和《GB 50060—2008 3~110kV 高压配电装置设计规范》的有关规定。

当制浆车间、造纸车间、浆板车间及碱回收车间用电负荷较大时，宜单独设置高压配电室，向该车间及附近小车间（工段）配电。制浆车间、碱回收车间、二氧化氯制备车间有腐蚀性气体的场所，不得设门与配电所相通。当必须设门时，变配电所应采取正压或化学过滤等防腐蚀措施。所有变配电所的进出线孔洞，应采取阻燃的密封材料严密封堵。设计时宜避免有垂直进出变配电所的孔洞，当不能避免时，应采取防水措施。

（3）厂区配电电压

当地区电网有几种电压可供选择或发电机有几种额定电压可供选择时，厂区配电电压应经技术经济比较后选择确定。比选结果相差不大时，宜采用较高的供电电压。

大型项目（装机容量超过 50MW，计算负荷超过 30MW），厂区配电电压宜采用 35kV，且宜采用 35/10kV、35/6kV、35/0.69kV、35/0.38kV 等直接降压配电系统。

（4）电缆设计

厂区电缆设计应符合现行国家标准《GB 50217—2007 电力工程电缆设计规范》的有关规定。

当厂区室外电缆线路有管廊时，宜采用在管廊上设置电缆桥架的方式敷设电缆，电缆桥架宜设置在管廊的上部。严禁架空线路穿越原料场，沿原料场道路敷设的架空线路，应布置在远离原料场一侧，与堆垛的水平距离不得小于杆塔高度的 1.5 倍。电缆采用埋地或电缆沟内敷设时，应避免穿越有酸、碱等化学侵蚀的区域和各种露天堆场。

## 三、车间配电设计

### （一）车间配电设计原则

1. 车间低压配电

车间低压配电应符合现行国家标准《GB 50054—2011 低压配电设计规范》《GB 50055—2011 通用用电设备配电设计规范》《GB 50052—2009 供配电系统设计规范》和《GB/T 50063—2017 电力装置的电测量仪表装置设计规范》的有关规定。低压配电系统还应符合下列规定：

① 低压配电系统应与各车间的生产系统相适应。

② 电力与照明负荷宜有同一台变压器不同的低压回路供电。大型项目可采用专用照明变压器。远离变电所的建筑物，电力与照明负荷可合用低压回路。

2. 车间高压配电

车间高压配电应符合现行国家标准《GB 50060—2008 3~110kV 高压配电装置设计

规范》的有关规定。当车间有 3kV 电动机时，应配用 10/3kV、6/3kV 专用变压器，但不推荐 3kV 作为配电电压。

**（二）低压配电室设计**

1. 配电室的位置

配电室的位置应靠近用电负荷中心，设置在尘埃少、腐蚀介质少、周围环境干燥和无剧烈振动的场所，并应留有发展余地。

2. 配电室设计

① 配电室屋顶承重结构的耐火等级不应低于二级，其他部分不应低于三级。当配电室与其他场所相邻时，门的耐火等级应按两者中耐火等级高的确定。

② 配电室长度超过 7m 时，应设 2 个出口，并宜布置在配电室两端。当配电室双层布置时，楼上配电室的出口应至少设一个通向该层走廊或室外的安全出口。配电室的门均应向外开启，通向高压配电室的门应为双向开启门。

③ 配电室的顶棚、墙面及地面的建筑装修，应使用不易积灰和不易起灰的材料；顶棚不用抹灰。

④ 配电室内的电缆沟，应采取防水和排水措施。配电室的地面以高出本层地面 50mm 或设置防水门槛。

⑤ 当严寒地区冬季室温影响设备正常工作时，配电室应采暖。夏季高温地区的配电室，还应根据地区气候情况采取隔热、通风或空调等降温措施。

⑥ 配电室的门、窗关闭应密合；与室外相通的洞、通风孔应设防止鼠、蛇类等小动物进入的网罩。直接与室外露天相通的通风孔应采取防止雨雪飘落的措施。

3. 配电设备布置

配电设备布局应遵循安全、可靠、适用和经济等原则，并应便于安装、操作、搬运、检修、试验和检测。

配电室内除本室需用的管道外，不应有其他的管道通过。室内水、汽管道上不应设置阀门和中间接头；配电屏上、下方及电缆沟内不应敷设水、汽管道。

**（三）电气设备及线路**

电气设备及线路的选择，应根据自然环境条件和使用场所的环境确定。车间的电气设备与线路，应安装在操作和检修便捷处。当电气设备的使用环境条件不能适应环境因素的特征时，宜将电气设备集中安装在环境正常的单独房间内。不得将电气设备布置在物料、水、汽、火焰及化学药剂可能喷溅与滴漏的地方。

## 四、电气照明

1. 电气照明设计原则

电气照明设计应符合下列规定：

① 照明设计应符合现行国家标准《GB 50034—2013 建筑照明设计标准》的有关规定。

② 自备热电站及总降压变电站的照明设计，应符合现行行业标准《DL/T 5390—2007 火力发电厂和变电站照明设计技术规定》的有关规定。

2. 照明种类和装设地点

照明种类和装设地点应符合下列规定：

① 各生产车间除装设一般工作照明外，还应装设局部照明或安全应急照明。值班照明应为正常照明的一部分，并应能单独控制，原料储存场除装设道路照明和装卸料用的工作照明外，也可装设警卫照明；烟囱等建构筑物，应装设障碍照明，并符合现行国家标准《GB 50034—2013　建筑照明设计标准》的有关规定。

② 消防应急照明和疏散指示标志的设置应符合现行国家标准《GB 50016—2014　建筑设计防火规范》的有关规定。

3. 照明线路

① 生产厂房的正常照明，宜按工段分片集中于配电箱内控制，生活间、门灯及特别分散布置的灯具，宜单独安装开关。照明回路的划分与控制，应与工艺流程及设备布置相适应。

② 照明线路的负荷计算，应计入气体放电灯的镇流器损耗。生产车间内的插座、不固定连接照明变压器或灯具，可不计入负荷计算。照明回路中插座较多或在办公楼、化验室等有专门用途时应按实际需要计算负荷。

③ 造纸车间顶棚内的照明线路，应采用管壁大于1.5mm金属管配线；烘缸部的照明线路，应采用耐高温的绝缘线。

④ 生产和生活场所应安装插座。插座专用回路，应装设带剩余电流动作的开关保护。

## 五、防雷及接地

1. 防雷

建筑物防雷应符合现行国家标准《GB 50057—2010　建筑物防雷设计规范》和《GB 50343—2004　建筑物电子信息系统防雷技术规范》的有关规定。电力设备的过电压保护和自备热电站或总降压站，应符合现行国家标准《GB/T 50064—2014　交流电气装置的过电压保护和绝缘配合设计规范》的有关规定。

造纸车间、自备热电站重油库、二氧化氯制备车间、双氧水制备车间、液化气站、废水处理厌氧处理系统等预计雷爆炸危险环境，应按二类防雷建筑物设防。

废纸、草类、木片和原木等露天原料堆场，当年计算累计次数不小于0.05时，应采用独立避雷针或架空避雷线防直击雷。独立避雷针和架空避雷线保护范围的滚球半径取100m。

碱回收车间、化学制浆车间、废水处理等腐蚀性场所的防雷构件，采取防腐措施，并应符合现行国家标准《GB/T 50046—2018　工业建筑防腐蚀设计标准》的有关规定。

2. 接地

根据不同的腐蚀场所可采用不锈钢管、铅包钢或铜包钢等材料作为接闪器、引下线、接地线和接地极等防雷接地构件。

# 第五节　自控和仪表

## 一、自控和仪表设计概述

随着网络信息化技术的发展，生产过程的自动化控制技术越来越被各行各业广泛地应用。制浆造纸生产过程中，自动化控制系统不仅可以减轻劳动强度，改善操作条件，而且可以改进生产管理，提高产品产量和质量。近年来，我国造纸工业正朝着大型化、连续化、复杂化、高速化方向发展，关键装备和重要部件在高温、高压、高速等运行状态下，容易产生一系列不稳定不安全因素。为了保证制浆造纸生产线的稳定运行、确保安全生产、节约能源、降低消耗和保护环境，在线监测设备的运行状态、及时准确地发出故障预警变得越来越重要。

造纸工业智能化转型升级，是建立在高度自动化基础之上的。造纸工业向工业4.0方向发展，制浆造纸生产线规模不断扩大，工艺操作越来越复杂，装备水平不断提高，对生产过程自动化控制水平要求也越来越高。同时，随着控制水平的提高，对操作人员的技术要求也越来越高，甚至有些操作是人工无法完成的。因此，需要借助机器人代替人工来完成，即智能化操作来实现，从而实现生产过程全自动化和信息化，使整个企业的生产和管理保持在高效率、低能耗、安全可靠的最佳状态。除了实现生产过程的自动化之外，还要实现生产和管理的信息化，即实现工业化和信息化的两化融合。利用信息物理系统将生产中的供应、制造、销售等流程信息数据化、智慧化，最后达到快速、有效、适应市场的产品供应。

## 二、自控和仪表设计范围和内容

自动化控制主要针对生产过程的自动化控制，包括对生产过程参数的检测、调节和控制等，自控与仪表专业设计范围和内容包括：

1. 工艺流程设计

配合工艺专业完成带控制点的工艺流程图设计。

2. 控制系统设计

提出成套设备和机组配套仪表及控制系统的要求。进行工艺生产过程、辅助生产系统的控制，检测仪表、在线分析仪表和控制及管理用计算机等系统的设计。

3. 主要仪表选型

进行控制检测仪表所用的辅助设备及附件，控制及检测系统所用的电气设备、电气材料和安装材料等的选型设计。

4. 控制回路、联锁控制、顺序控制的设计

进行工艺生产过程、辅助生产系统的控制回路、程序控制、信号报警和联锁系统的设计。

5. 提出相关专业的设计条件

提出控制室、机柜室、自动分析室、仪表专用工作间、现场操作室及仪表维修的设计要求。

### （一）带控制点的工艺流程图

带控制点的工艺流程图是表示全部工艺设备、物料管道、阀门、设备附件以及工艺和自控仪表的图例，主要测控点有流量、温度、压力、液位、浓度等。带控制点的工艺流程图一般由工艺专业提出相关的控制要求，自控仪表专业配合完成。工艺设计人员应熟练掌握生产工艺过程，根据生产工艺过程要求，确定合理的控制点及调节参数，协助自控仪表专业完成仪表控制设计。自控仪表设计人员要熟悉工艺流程和参数，以便与工艺

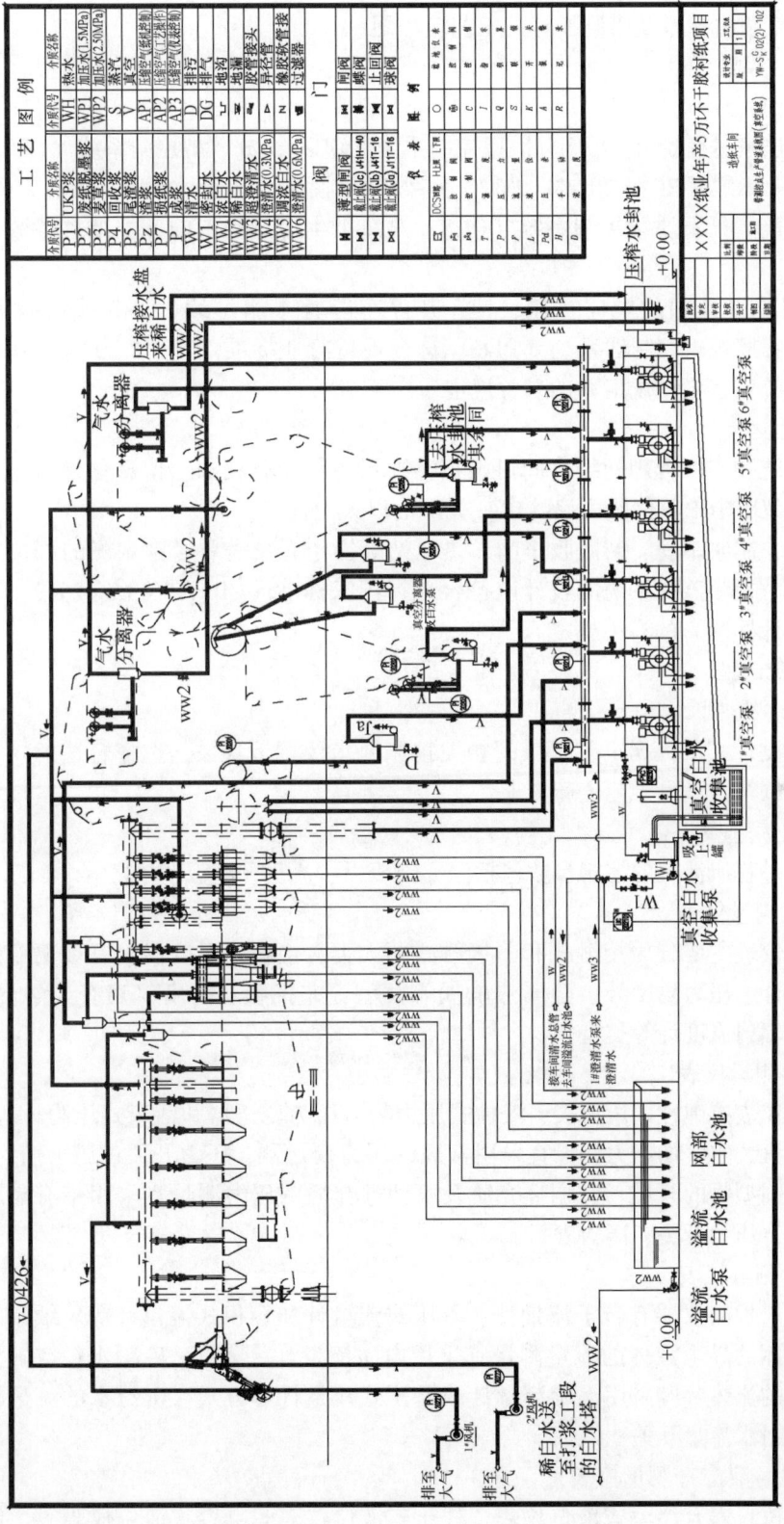

图 5-2 某造纸机真空系统带测控点的工艺流程图

设计人员共同讨论、确定合理的控制点和调节参数,确定调节系统和允许偏差的范围。图 5-2 为某造纸机真空系统带测控点的工艺流程图。

**(二) 监控系统设计**

1. 控制系统设计

大规模的连续过程控制应采用分散型控制系统(DCS)。分散型控制系统(DCS)设计应符合现行行业标准《HG/T 20573—2012 分散型控制系统工程设计规定》的有关规定。

造纸机宜配置纸页质量控制系统(QCS)对造纸生产过程中的各类纸页参数进行在线监测和控制。

生产过程及设备中的顺序控制、锁、开停车等宜采用可编程序逻辑控制器系统(PLC)。可编程序逻辑控制器系统(PLC)符合现行行业标准《HG/T 20700—2014 可编程控制器系统工程设计规定》的有关规定。

2. 信息化设计

各监控系统和工厂管理网络之间可根据需要设置信息化接口。信息化接口宜采用基于传输控制协议(TCP)/网际协议(IP)标准的以太网接口。

备料车间、制浆车间、碱回收车间、热电站等操作人员需要经常观测的部位宜设置视频监视系统。视频监视系统的设计应符合现行国家标准《GB/T 50115—2019 工业电视系统工程设计标准》的有关规定。

**(三) 仪表选型**

1. 仪表选型原则

仪表专业设计人员根据工艺提出的相关控制要求及调节参数,选择合适的仪表,制定合理的控制方案,满足工艺生产要求。

2. 主要仪表选型

制浆造纸过程所涉及的控制参数包括温度、压力、流量、液位、浓度等。

(1) 温度测量仪表

温度测量仪表主要分为接触式和非接触式两大类,接触式温度仪表有玻璃液体温度计、金属温度计、压力温度计、金属热电偶等类型,非接触式温度仪表有光学温度计、比色温度计、辐射温度计等类型。

(2) 压力测量仪表

压力测量仪表有弹性式压力表、液柱式压力表、压力变送器和活塞式压力计等类型。洁净液体、蒸汽、空气的压力测量宜采用常规的压力变送器、压力开关、压力表。纸浆、泥浆等纤维及固型物的介质、黏稠性介质及腐蚀性介质的压力测量宜采用带有隔膜密封的压力变送器、压力开关、压力表。

(3) 流量测量仪表

常用的流量检测仪器有转子流量计、差压式流量计和容积式流量计等。纸浆、泥浆等含纤维及固体的导电液体的流量测量宜采用电磁流量计。蒸汽、冷凝水、空气等电磁流量计不适用的流体,应采用涡旋流量计或差压式流量计等方式。密封水的流量检测宜选用专用的轴封水流量开关。

(4) 物位(液位)测量仪表

常用的液位仪表有浮力式液位仪表、静压式液位仪表和电容式液位仪表等。储存液体介质的槽体液位测量宜采用法兰式液位变送器，压力容器的液位测量宜采用差压式液位变送器。

(5) 浓度测量仪表

常用的浓度测量仪表包括在线高、低浓度变送器，电动旋转式浓度变送器，刀式浓度变送器，光学中浓度变送器，应变电桥式浓度变送器等。生产过程中的纸浆浓度测量宜采用刀式浓度变送器。对要求高精度浓度测量的场合，宜采用旋转式浓度变送器。低浓度时宜采用光（电）浓度变送器。根据工艺条件还可选用总浓度变送器，每个浓度测量点附近宜配备取样阀。

**(四) 信号报警及安全联锁保护系统**

信号报警及安全联锁保护系统的设计应满足制浆造纸过程的要求，并应采用简明的线路，减少中间环节。

1. 信号报警系统

信号报警系统可采用 DCS 或 PLC 实现，当过程参数接近联锁设定点时，宜设置预报警。当过程达到联锁设定点时，在产生联锁动作的同时，进行报警。

2. 安全联锁保护系统

安全联锁保护系统宜与过程控制系统分开，并应独立完成安全联锁保护功能。当过程控制系统故障时，不应影响安全联锁保护系统将过程带入安全状态。

**(五) 控制室设计**

控制室是生产操作人员借助仪表和其他自动化工具对生产过程实行集中监视控制的重要岗位，所有生产过程自动控制仪表、阀门、连锁等都可以在控制室进行集中操作，减少了现场操作人员的数量，避免现场人员的误操作，提高工作效率。

根据控制要求及设备组成，控制室分为常规仪表控制室和 DCS 控制室。以常规仪表及盘、箱、台为基本设备组成的是常规仪表控制室，以集散控制系统为基本设备组成的是 DCS 控制室。

1. 常规仪表控制室

控制室宜靠近操作较频繁和控制点较集中的主要操作区，远离振动源和具有电磁干扰的场所，不宜与高压配电室、空压机房、鼓风机房和化学品库临近布置，要设空调及通风设施。

2. DCS 控制室

DCS 控制室宜设置独立的机柜室，位置应选择在非爆炸、无火灾危险的区域，不宜与高压配电室以及存在较大电磁干扰的场合相邻布置。对易燃、易爆、有毒、粉尘或有腐蚀性介质的场合，应采取防止这些介质进入机柜室和控制室的有效措施。室内温湿度应控制在适宜范围内，有良好的照明条件，并设置应急照明系统。

# 第六节 给水和排水专业

## 一、给水和排水设计概述

制浆造纸工程设计中，给排水专业主要配合工艺及其他专业完成工厂的全部生产用水、消防用水、生活用水的供水设计，以及生产过程中排出的废水经废水处理系统处理后达标排放。给水水源、污水排放水体的选择应满足工程水资源评价及环境影响评价的要求。给水排水管沟系统和水处理流程的选择，应根据当地的地形、气候、水源情况，城镇和企业的规划，各项用水要求，污水特征、排放标准及原有给水排水等条件确定。

制浆造纸生产过程用水量大，对生产用水的水质要求高，自然河水受季节影响变化大时，水质不稳定，不能满足生产需要。因此，需要对河水采取一定的净化处理后才能用于生产。

制浆造纸生产过程用水量大，导致其排水量也大，而且生产过程中有大量的细小纤维、有机物、无机物等溶解在废水中，使排出的废水污染负荷较高。因此，对生产废水必须采取适当的处理才能满足当地规定的废水排放标准的要求或《GB 3544—2008 制浆造纸工业水污染物排放标准》中规定的排放限值要求。

## 二、给水和排水设计要求

给排水设计包括给水工程和排水工程两个部分，给水工程包括生活用水、生产用水和消防用水等，排水工程是指生产过程或生活过程产生的废水。给排水设计要求如下：

① 给水和排水设计应满足国家的方针、政策和法律法规的要求，制浆造纸厂的给水和排水设计应特别强调满足消防安全环境保护的要求。

② 生活用水水质应符合现行国家标准《GB 5749—2006 生活饮用水卫生标准》的有关规定。

③ 生产用水水质可参考现行国家标准《GB/T 19923—2005 城市污水再生利用 工业用水水质》等有关规定，并根据供水水源特点和生产工艺对水质和水量的要求确定合理的供水方案。

④ 消防用水水压、水量及持续时间应满足现行国家标准《GB 50016—2014 建筑设计防火规范》《GB 50974—2014 消防给水及消火栓系统技术规范》的有关规定。

⑤ 生产排水应雨污分流，按质分类处理。最终排水必须满足当地规定的废水排放标准或《GB 3544—2008 制浆造纸工业水污染物排放标准》中规定的排放限值。

## 三、给水工程设计

给水工程设计包括取水工程、净水工程和配水工程三大部分。

(一) 取水工程

1. 供水水源

供水水源有地下水和地表水，制浆造纸生产用水量大，一般建在地表水充足的地区，地表水设计枯水流量的年保证率宜采用95%~97%。选择地表水作水源的制浆造纸企业，应考虑水质、水量、卫生防护及城市规划等方面的因素。

2. 供水建构筑物

地表水的取水工程主要包括贮水池和供水泵站设计。贮水池容积大小应根据用水量要求设计，供水泵站（一级泵站）通常建在稳定的、不受冲刷的河岸上，设计时根据具体条件来确定。

取水构筑物的设计最高水位，宜按100年或50年一遇洪水位确定，设计最枯水位宜采用33年一遇最枯水位。当水库取水时，应分别采用计划运行最高水位和最低水位。

供水泵站的生产能力宜按平均小时计算，直供式的清水泵房应按照最大小时计算，并应同时校核平均小时的运行情况。泵房的水泵及设备应选用节能高效产品，备用泵不宜少于1台。水泵吸入管宜单独布置，吸水管长度不宜超过50m，泵房与清水池之间宜设置吸水井或吸水母管。

清水池的有效容积，应按照生产用水需求设置，不宜小于1.5~2.0h平均小时用水量。生活清水池宜按3~5h最大小时用水量计。

3. 给水水质

给水系统主要为生活用水、生产用水和消防用水三大类，通过选用合理的给水流程，保证给水水质满足生产、生活及消防要求。

（1）生产用水水质

生产用水质量直接影响产品质量，不同产品对用水水质要求不同，表5-10列出几种常用的浆及纸生产用水水质要求。

表5-10　　　　　　　　　　　制浆造纸厂生产用水水质指标

| 项目 | 本色浆 | 漂白浆 | 新闻纸 | 文化纸 | 纸袋纸/箱板纸 | 卫生纸 |
|---|---|---|---|---|---|---|
| 浑浊度，以 $SiO_2$ 计/（mg/L） | 10 | 5 | 5 | 5 | 10 | 5 |
| 色度，以铂单位计/（mg/L） | 25 | 10 | 25 | 10 | 25 | 10 |
| 总硬度，以 $CaCO_3$ 计/（mg/L） | 100 | 100 | 100 | 100 | 100 | 100 |
| 铁含量，Fe/（mg/L） | 0.5~1 | 0.3~0.5 | 0.5~1 | 0.3~0.5 | 1.5 | 0.3~0.5 |
| 氯化物含量，以Cl计/（mg/L） | 150 | 150 | 150 | 150 | 150 | 150 |
| pH | 6.5~8.0 | 6.5~8.0 | 6.5~8.0 | 6.5~8.0 | 6.5~8.0 | 6.5~8.0 |

注：① 特种纸水质要求根据产品特性确定。
　　② 水压要求：一般供水管网压力宜在0.25~0.5MPa，确保进车间水压要求大于0.2~0.3MPa。

（2）生活用水水质

生活用水水质应符合现行国家标准《GB 5749—2006　生活饮用水卫生标准》的有关规定，保证职工身体健康。

（3）消防用水

制浆造纸工厂原料和产品都是易燃品，尤其是原料数量大，贮存占地面积大，必须设计充足的消防设施，但消防用水对水质没特别要求。

4. 给水水量

（1）生产用水量

生产用水量可以根据生产工艺流程、物料（浆水）平衡计算得出的单位产品耗水量来确定，也可参照现行国家标准《GB/T 18916.5—2012 取水定额　第5部分：造纸产品》的有关规定选取，现有和新建造纸企业单位产品取水量定额指标见表1-4。

（2）生活用水量

生活区和办公区的用水量可参照现行国家标准《GB 50015—2019　建筑给水排水设计标准》的有关规定。

车间生活用水量根据工厂最大班次的工人总数来计算的，应采用25~35L/（人·班），小时变化系数宜采用3，淋浴用水量应按照40~60L/（人·班），淋浴延续时间宜为1h。

（3）消防用水量

消防用水量要根据工厂面积、防火等级、厂房面积及厂房建筑消防标准来确定。原料储存场应以室外消火栓系统为主。当堆场、堆垛储量超过有关消防规范的限定时，消防水量宜为100L/s。一、二级耐火等级的湿式造纸联合厂房内，消防水量宜为60L/s。

**（二）净水工程**

一般地表水水质随自然气候条件而变化，通常地表水不能直接使用，必须经过净化处理才能满足生产和生活用水要求。生产用水的净水处理工艺应按照生产工艺对水质的要求来确定，并应符合现行国家标准《GB 50013—2018 室外给水设计规范》的有关规定，辅助建（构）筑物应根据净水处理工艺的要求设置。

1. 净水处理流程

（1）工业用水的净水处理基本流程

$$原水 \xrightarrow{\text{絮凝剂}} 混凝 \rightarrow 混合 \rightarrow 絮凝 \rightarrow 沉淀 \rightarrow 澄清 \rightarrow 过滤 \rightarrow 送用户$$

（2）工业用水兼用生活饮用水的净水处理基本流程

$$原水 \xrightarrow{\text{絮凝剂}} 混凝 \rightarrow 混合 \rightarrow 絮凝 \rightarrow 沉淀 \rightarrow 澄清 \rightarrow 过滤 \rightarrow 送用户$$
$$\downarrow 消毒 \rightarrow 送生活用水点$$

2. 净水处理流程说明

（1）混凝

混凝处理是向水中加入混凝剂（或絮凝剂），通过混凝剂水解产物压缩胶体颗粒的扩散层，达到胶粒脱稳而相互聚结；或者通过混凝剂的水解和缩聚反应而形成的高聚物所产生的强烈吸附架桥作用，使胶粒被吸附黏结。混凝处理过程包含了凝聚和絮聚两个阶段，凝聚阶段形成较小的微粒，再通过絮凝以形成较大的絮粒。在絮粒形成过程中，不但能吸附悬浮颗粒，还能吸附一部分细菌和溶解物质。絮粒可在一定的沉淀条件下从水中分离、沉降出来。

为了达到混凝作用所投加的各种药剂统称为混凝剂，在混凝过程中所起的作用可分为凝聚剂、絮凝剂和助凝剂。习惯上也常把凝聚剂称为混凝剂。

凝聚剂通常只在混凝过程中主要起脱稳作用而投加的药剂。给水处理常用的凝聚剂有硫酸亚铁、三氯化铁（腐蚀性较高，不常用）、硫酸铝、氯化铝。

絮凝剂主要指通过架桥作用把颗粒连接的药剂。给水处理常用的絮凝剂有聚丙烯酰胺、海藻酸钠、活化硅酸、骨胶等。

助凝剂指为改善混凝效果而投加的各种辅助药剂，按所起作用可分为三类：用于调整水的pH值和碱度的酸碱类；为破坏水中有机物，改善混凝效果的氧化剂；改善某些特殊水质的絮凝性能而投加的助凝剂。给水处理常用的助凝剂有氯气、生石灰、NaOH等。

（2）混合

混合是将药剂充分、均匀地扩散于水体的工艺过程，对于取得良好的混凝效果具有重要作用。混合的目的在于使原水和混凝剂充分混合，使原水中细小颗粒、胶体物质与药剂的水解物迅速发生凝聚作用，混合过程直接影响到反应、沉淀的效果。

（3）絮凝

絮凝是原水与混凝剂充分混合后，在水流作用下使细小絮凝体相互接触碰撞，形成更大絮粒，为沉淀、过滤工序创造条件的过程。完成絮凝过程的构筑物称为絮凝池，习惯上也称作反应池。

（4）沉淀

沉淀是依靠重力将大颗粒泥沙或经混合反应形成的絮状物，从水中分离出来的方法，又称重力分离法。常用的构筑物有沉砂池、辐流沉淀池、平流沉淀池和斜板（管）沉淀池；

（5）澄清

澄清是综合混凝和泥沙分离的过程。澄清池是利用池中积蓄的泥沙与原水中的杂质颗粒相互接触、吸附，以达到清水较快分离的净水构筑物，可较充分发挥混凝剂的作用和提高澄清效率。常用的澄清池有机械加速澄清池、水力循环澄清池、脉冲澄清池、悬浮澄清池几种形式。

（6）过滤

原水经混凝沉淀或澄清后，大部分悬浮物已被去除，但水的混浊度仍不能满足工厂生产用水和生活饮用水要求。过滤处理是进一步去除悬浮物的有效工序。常用的滤池有普通快滤池、均粒滤料滤池（V形滤池）、多层滤料滤池、虹吸滤池、无阀滤池和移动罩滤池。

（7）消毒

消毒工艺可根据原水水质和处理要求，采用滤前及滤后二次消毒，也可仅采用滤前或滤后消毒。常用的消毒方法有氯、二氧化氯、臭氧、紫外线等。生活饮用水必须消毒，通过消毒后生活饮用水的细菌含量和余氯量应符合现行国家标准《GB 5749—2006 生活饮用水卫生标准》的有关规定。

（三）配水工程

配水工程包括：清水泵房（二级泵站）、水塔及室外供水管网等。

清水泵房将清水池的水送至水塔，增压水塔可收集、储备、调节水量，并可将水送至配水管网，通过室外配水管网送至各生产车间用水点及厂区消防水系统使用。

配水管网的布置形式，应根据总平面布局和供水安全要求等因素确定。配水管线与其他工程管线交叉时，自地面向下的排列顺序宜为：电力管线、热力管线、燃气管线、给水管线、雨水排水管线、污水排水管线。

生活饮用水输配水管道应避免穿过毒物污染及腐蚀性等区域，必须穿过时应采取防护措施。

（四）消防给水

1. 消防水管

室外消火栓给水管道可与生产给水管道合并，其他消防给水系统应与生产供水系统分开设置。负有消防任务的配水支管，其管径一般不应小于DN150。

2. 消防设备

储存场应以室外消火栓系统为主。随着制浆造纸生产规模不断扩大，对原料的需求量及原料堆场的贮存能力要求高。一些工厂的堆垛体积在10万 $m^3$ 以上，高度在20m以上，超过有关消防规范的限定，仅依靠室外消火栓难以扑救较高处的火患，应增设固定消防水炮。

一、二级耐火等级的湿式造纸联合厂房内，应设置自动喷水灭火系统的区域宜采用自动消防水炮系统。消防水炮应具有直流及水雾两种喷射方式，设置应符合现行国家标准《GB 50338—2003 固定消防炮灭火系统设计规范》的有关规定。

地廊内及地面以上完全封闭的原料皮带输送栈桥，应设置自动喷水灭火系统；所有栈桥及转运站两端宜设置防止火灾蔓延的水幕系统。

消防水泵宜按照消防系统分别设置，采用自灌式吸水。消防水泵房宜与生产水泵房合建，并设置备用泵。水泵的性能参数及数量应满足最大消防水量、水压的需要。

### 四、排水工程设计

排水系统应采取分流制。按排放水的性质应分为生产污水排水系统、生活污水排水系统及雨水排水系统。所有排水系统设计参数均应符合现行国家标准《GB 50014—2021 室外排水设计规范》的有关规定。

厂区排水管网应按照生产污水排水系统、生活污水排水系统及雨水排水系统分别设置。生产污水、生活污水应排入末端废水处理站进行处理。达到相应排放标准后，可排入受纳水体，或者根据当地环保部门的要求排入城镇或工业园污水管网；雨水排水系统应排入受纳水体、城镇或工业雨水管网。

生产污水排水系统应根据生产污水的温度、腐蚀等特性选择管材及排水设施。含有大量沉积物的污水应在车间内进行预处理后排入排水系统。

雨水排水系统的雨水量计算可采用所在城市的暴雨强度公式计算确定或由气象部门提供。

### 五、废水处理工程设计

废水处理应设置调节池、事故池，高浓污水采用生化处理工艺时，宜采用厌氧加好氧工艺。废水处理构筑物宜设排空设施，排空水应回流处理。废水处理站的给水系统不应与处理装置直接衔接。

废水处理站的工艺流程、竖向设计宜充分利用原有地形，宜符合排水通畅、降低能耗、平衡土方的要求。

废水处理沉淀池宜采用辐流式沉淀池、竖流式沉淀池。初次沉淀池表面负荷宜采用 $0.7 \sim 1.0 m^3/(m^2 \cdot h)$；二次沉淀池表面负荷宜采用 $0.5 \sim 0.8 m^3/(m^2 \cdot h)$。废水处理厂内产生的沉淀污泥、活性污泥或化学污泥宜进行先浓缩后脱水处理，脱水后的污泥宜采用污泥燃烧、合成有机肥等措施。

## 第七节 采暖通风与空气调节

### 一、采暖通风与空气调节设计概述

采暖通风、空气调节及制冷设计除应满足工艺生产要求外，还应考虑节约能源、保护环境及改善劳动条件的要求。制浆造纸生产过程中，产生大量的湿热气体、粉尘等有害气体。由于车间面积较大，不同季节生产车间环境变化大，尤其是在北方地区，冷热不均，造成生产操作人员身体伤害，同时对产品的质量也造成一定的影响，因此，为了保证工人的身心健康，以及产品的质量，生产车间需要设计采暖与通风设施。采暖通风空气调节及制冷工程的投资比例在整个工程中并不高，但在运行过程中的能耗巨大，应符合节能、适用、经济、安全等要求。设计时应会同有关专业根据系统使用功能、能源来源、环境条件等具体情况，结合国家有关安全、节能、环保、卫生等方针政策，进行多方案的技术经济比较，确定技术先进、经济合理的节能方案。

采暖通风与空气调节专业设计应依据工艺、土建、电气等专业提供的基础资料进行设计，并符合现行国家标准《GB 50019—2015 工业建筑供暖通风与空气调节设计规范》《GB 50016—2014 建筑设计防火规范》和《GB 50736—2012 民用建筑供暖通风与空气调节设计规范》《GBZ 1—2010 工业企业设计卫生标准》《GB 16297—1996 大气污染物综合排放标准》等标准的有关规定。

## 二、室内外设计参数

制浆造纸各生产车间和工段冬、夏季室内（作业地带）空气计算温度应符合表5-11的要求。车间屋面、二层楼板以上外墙的最小传热阻，应按围护结构内表面防结露计算确定，并应符合现行国家标准《GB 50019—2015 工业建筑供暖通风与空气调节设计规范》和《GBZ 1—2010 工业企业设计卫生标准》的有关规定。

散热量和散湿量较大的生产车间，当夏季采用机械通风时，作业区域的温度应根据车间的热强度和夏季通风室外计算温度来确定。作业地带应维持地面以上2m内的空气温度，在这个区域内允许局部非工作地点（即热源周边一定范围内）的温度超过设计允许值。工人停留时间较长的工作地点，应在室外通风计算温度条件下，当周围空气温度超过35℃时，应设局部送风。

表5-11　　制浆造纸厂各车间和工段冬、夏季室内（作业地带）空气计算温度

| 车间名称 | 工段名称 | 冬季采暖室内计算温度/℃ | 夏季室内计算温度/℃ |
| --- | --- | --- | --- |
| 备料车间 | | 10 | |
| 化学制浆车间 | 蒸煮工段 | 16 | 不超过夏季室外温度3~5 |
| | 洗筛工段 | 16~18 | |
| | 漂白工段 | 16~18 | |
| 机械制浆车间 | 磨浆工段 | 16~18 | |
| | 洗筛工段 | 16~18 | |
| 化学机械制浆车间 | | 16~18 | |
| 废纸制浆车间 | | 16~18 | 不超过夏季室外温度3~7 |
| 造纸车间 | 辅料制备工段 | 16 | |
| | 打浆工段 | 16~18 | |
| | 抄纸工段 | 18~20 | |
| | 完成工段 | 18~20 | 不超过夏季室外温度3 |
| | 造纸车间传动控制室 | 不低于5 | ≤25 |

续表

| 车间名称 | 工段名称 | 冬季采暖室内计算温度/℃ | 夏季室内计算温度/℃ |
|---|---|---|---|
| 碱回收车间 | 蒸发工段 | 16 | 不超过夏季室外温度3~5 |
| | 燃烧工段 | 16 | |
| | 苛化工段 | 16~18 | |
| | 白泥工段 | 16 | |
| 各车间 | 操作控制室 | 18 | ≤26 |
| | 低压配电室(高要求马达控制中心) | 不低于5 | <30(≤27) |
| | 高压配电室 | 不低于5 | <40 |
| 中心化验室 | 纸张物理检测室 | 温度23℃±1℃,相对湿度50%±2% | |

# 三、生产车间采暖通风设计

## (一) 制浆车间

### 1. 备料工段

备料工段的备料、切料过程散发粉尘，需经除尘系统净化处理。粉尘集尘室的形式，应根据生产条件、除尘器类型、粉尘性质及容重来确定。同时，备料生产线中各扬尘点的排风量，应以防止粉尘逸至室内为原则来确定。粉尘经除尘系统净化处理后，工作区域和操作点含尘浓度及排出空气的粉尘浓度应符合现行国家标准《GBZ 1—2010 工业企业设计卫生标准》《GB 16297—1996 大气污染物排放标准》的有关规定；有爆炸危险的粉尘物料，除尘系统防爆设施的设置应符合现行国家标准《GB 50016—2014 建筑设计防火规范》的有关规定。

### 2. 蒸煮工段

蒸煮工段温度较高，虽然蒸煮设备都有保温层，但散热量还是比较大。因此，蒸煮工段夏季以自然通风为主，按消除余热计算车间全面通风量，冬季按车间热平衡来调节车间的换热量。

### 3. 洗筛工段

洗筛工段的洗浆机运转过程会产生大量水蒸气，造成车间温度和湿度上升，冬季屋面严重滴水等。设计时可在开敞或半开敞的洗浆、筛浆设备洗浆机上方设置排风罩，进行机械排风，排出湿汽，减少对环境的影响。冬季应根据空气热平衡确定补风量，夏季宜利用自然通风。

### 4. 漂白工段

漂白工段主要考虑漂液散发对车间环境的影响，必须设置密闭气罩进行机械排风。车间内必须保持负压，排风量宜大于送风量20%~25%。车间排风量应按漂白、洗浆过程中所产生的有害气体能稀释到允许浓度确定。排风形式按车间上下部结合考虑，夏季应尽量利用自然通风。净化处理后排空的有害气体含量应符合现行国家标准《GB 16297—1996 大气污染物综合排放标准》的有关规定。

5. 化学机械法制浆车间

由于化学机械法制浆的工艺设备及管道散热量大，夏季应以自然通风为主，应按消除余热和余湿计算全面通风。磨浆工段的主要散热、湿设备（磨木机等）应设排风罩进行机械排风。

6. 废纸制浆车间

夏季应以自然通风为主，应按消除余热计算全面通风。热分散电机、脱墨槽操作台等宜设夏季局部降温送风系统；水力碎浆机宜设机械排风系统。

(二) 造纸车间

造纸机运转会产生大量湿热气体，不及时排除，会影响工人的身体健康，而且影响纸的产量和质量，对设备也有损伤。因此，必须对造纸车间进行全面通风设计，并兼顾冬、夏季不同要求选择相应的送、排风形式。

(1) 造纸车间通风设计应进行整个车间的热、湿平衡计算，应按工段或系统配置各个送、排风系统。空气气流组织设计，空气的基本流向应为：完成部→干部→湿部，造纸机操作侧→造纸机传动侧。

(2) 产量≥100t/d的造纸机，烘干部应采用密闭气罩，气罩排风量应根据气罩内的热、湿平衡计算各项空气参数来确定，气罩排风的废热应充分回收利用。非采暖地区，宜从车间外取风，可节省初期投资和减少运行费用。寒冷地区，宜从车间内取风。排风机风量的大小调节宜根据排风的含湿量采用变频方式控制。

(3) 产量≥100t/d的造纸机干部宜设置毛毯送风、横吹热风和袋区通风等送风设施，送风风机的调节宜根据气罩的零位变化采用变频控制方式。

(4) 两台造纸机并列布置在同一厂房时，两台造纸机中间的操作区，夏季应设送风系统，炎热地区宜采用送风冷却措施。当送室外自然风时，送风量应为排风量的30%。当车间布置两台纸机，外侧均是辅助用房，没有足够的空间布置送风机时，送风量宜为总排风量的10%~30%。

(5) 后加工区域的室内温湿度应按工艺生产和产品特性确定。造纸车间后部主要布置卷纸机、复卷机、包卷机和输送带，设备散热相对较少，车间空间大，送风温度应根据热量和风量平衡确定。平板切纸和小裁切纸车间的温湿度控制，应确保人工选纸时工人不能出汗、存放在选址区的纸张不能翘边；高档的铜版纸、白卡纸工作区的温度宜设为(25±1)℃；湿度宜设为50%±5%。

(6) 辅料制备工段宜与主车间隔开，填料除尘及淀粉熬制等处应设置相应的排风系统。

## 四、空气调节与制冷站

(一) 空气调节

造纸车间完成工段，纸加工车间，纸卷中间立体仓库等的空间调节系统应视为工艺性空气调节系统。冷热源、气流组织、末端设备选择应参照现行国家标准《GB 50019—2015 工业建筑供暖通风与空气调节设计规范》和《GB 50189—2015 公共建筑节能设计标准》的有关规定。

造纸机传动控制室、仪表机柜室空气调节系统应视为工艺性空气调节系统。造纸机传动控制室、仪表机柜室室内温度宜不大于25℃，电机控制中心室内温度宜不大于27℃。空调设备选择，应经负荷计算。空调机的送风量计算应充分考虑冷负荷中主要为显热负荷的特点，并应考虑全年制冷运行的需求。

设有空气调节的控制室宜保持室内10~20Pa正压，室外空气带有腐蚀性的区域，正压空气宜增加化学过滤处理。

**（二）制冷站**

当采用风冷式制冷机组、风冷分体空调机组时，进风口宜采用方便清洗的过滤措施，且室外部分的设备应采用防腐材料和涂层。需全年制冷的制冷站，应根据室外气温变化，经技术经济分析合理时，选择利用冷却塔提供空调冷水等节能系统。

制冷主机选择宜经过综合经济技术比较后确定，二氧化氯制备工段的制冷主机应考虑全年使用，并应配备保证安全运行的控制系统。电制冷主机宜采用水冷式制冷主机。制浆造纸厂冷负荷较大，且工艺性空气调节系统对温湿控制要求较高，含硫、氯化合物腐蚀性气体的环境易对风冷制冷主机产生腐蚀，而水冷制冷主机较经济，可满足较高标准的温湿度控制要求。

## 第八节 辅助工程设计

制浆造纸工厂辅助工程主要包括化验室、空压站、维修间和各类仓库与堆场等，这些辅助工程是满足正常生产所必需的设施，其设计也应满足相关的设计规范要求。

### 一、化验室

制浆造纸企业分析化验工作是生产过程的重要环节之一，承担对原料、化学品和成品进行质量检测，对中间产品进行监控和分析化验，对生产过程中产生的污水进行检测和分析的任务，以确保生产过程安全稳定地进行。因此，化验室的设计是制浆造纸工程设计不可或缺的组成部分。

制浆造纸工厂化验室一般分为中心化验室和车间化验室，车间化验室是根据具体车间需要检测的指标要求而设置相应的检测设备，一般随生产车间而建。中心化验室主要承担全厂各种需要分析化验的产品及中间产品的分析化验和质量检测任务，除正常生产所必需的分析化验仪器外，还应考虑到开、停机及事故处理所需要的检测仪器设备。

### 二、空压站

制浆造纸生产过程中需要使用压缩空气，如造纸机网部、压榨部和烘干部各种工艺操作用气，各生产车间气动仪表的仪表用气等。压缩空气使用场合不同，对其品质要求也不尽相同，对于一般的操作用气要求不高，经空气压缩机压缩后满足一定的使用压力，再经过滤后无尘埃即可以使用，但对仪表用汽还需经过除油除水处理，确保仪表的操作精度和使用寿命。

空压站除空压机及附属设备外，还需设置辅助间（如配电室、操作室等），其组成和面积应根据空压站的规模、操作管理要求等因素确定。

## 三、维 修 间

制浆造纸企业维修间一般包括机器（或设备）维修、电气维修及仪表维修。大型设备的维修和加工往往通过外协来完成。

1. 机器维修

机修车间主要承担全厂设备的日常维修和简单设备所需零部件的维修任务。机修车间的配置应根据生产规模、产品品种、企业所在地的外部协作条件确定。

2. 电气维修

制浆造纸企业电气设备及线路数量多，电气维修的工作内容广泛，除电机、变压器修理、备品备件加工制造之外，还包括变电所及线路维修、电工仪表维修、继电保护整定和校验、电气设备规定的预防性试验、电气传动设备的调整等。因此，电气修理是保证制浆造纸企业持续正常生产的重要组成部分。

3. 仪表维修

仪表维修的任务是负责全厂自动化仪表及系统的维护、检修和调校。仪表修理车间规模的确定、人员配备、厂房设置、仪器和设备配置等应根据工厂的实际情况，本着技术先进，经济合理的原则进行设计，确保生产装置正常安全运行。

仪表修理车间的规模通常以全厂仪表的总台件数、仪表类型、控制系统及厂区工作环境等因素综合考虑。

## 四、仓库和堆场

要维持工厂的生产正常进行，企业内必须设置仓库和堆场贮备一定数量的原辅材料。

### （一）仓库

制浆造纸工厂仓库包括原料库、成品库、化学品仓库、备品备件库、五金器材库、金属材料库等。

由于工厂产品和规模不同，使用的原辅材料、化学品种类、生产方法等不同，所需仓库类型也不相同，仓库可根据贮存物料的性质、贮存量、防火卫生要求分设，也可在一幢建筑物内按所贮存物料的要求来分区设置。设计仓库时，尽可能使仓库结构形式统一，以便降低仓库造价、减少占地面积和管理复杂性。

1. 仓库面积计算

浆板库、成品库和化工原料仓库面积可按式（5-6）计算：

$$A_s = \frac{Gt}{qK} \tag{5-6}$$

式中　$A_s$——仓库面积，$m^2$
　　　$G$——成品生产量或物料需用量，$t/d$
　　　$t$——储存天数，$d$，应根据市场采购情况、运输条件确定
　　　$K$——场地的单位面积储存能量，$t/m^2$
　　　$q$——场地有效系数

其他仓库面积可参照表 5-12 指标计算。

表 5-12　　　　　　　　　　　　　　　　仓库面积指标

| 制浆造纸厂生产规模/(万 t/d) | 5 | 10 | 15 | 20 | 30 | 45 | 50 以上 | 60 |
|---|---|---|---|---|---|---|---|---|
| 仓库面积指标/(m²/t 日产量) | 18 | 15 | 12 | 10 | 9 | 8 | 7 | 7 |
| 其他仓库总面积/m² | 3000 | 4400 | 5200 | 5880 | 8000 | 10000 | 10500 | 12500 |
| 其他仓库面积分配比例/% | | | | | | | | |
| 备品备件库 | 33 | 33 | 34 | 35 | 37 | 38 | 40 | 42 |
| 设备器材库 | 30 | 31 | 32 | 33 | 35 | 35 | 36 | 37 |
| 金属材料库 | 22 | 21 | 20 | 20 | 18 | 18 | 16 | 15 |
| 其他仓库 | 15 | 15 | 14 | 12 | 10 | 9 | 8 | 6 |

2. 仓库内布置

① 平面布置。库内使用电动车辆运输时，主通道宽度宜为 3.5m，不使用电动车辆运输时，主通道宽度宜为 3.0m。仓库内每隔 20~30m 应有较宽的横贯车道，通道宽度宜为 2.5~3.0m，应位于库门处。库内的辅助通道宽度宜为 0.8~1m，货物离墙间距宜为 0.1~0.5m。

② 仓库高度。仓库高度应根据存放货物及使用设备而定。仓库大门宽度和高度，应根据运输设备及包装的外形尺寸确定。

**（二）堆场**

堆场面积应根据贮存物料的量来确定，堆垛高度和堆垛大小应根据所堆存物料的性质来定。制浆造纸工厂原料贮存周期长，使用量大，且原料都容易腐烂变质，又属于易燃品，因此，对原料堆场要求较高，在设计原料堆场时应充分考虑堆场排水和防火要求。

1. 贮存量及贮存时间

各种原料贮存量及贮存时间应根据产量、当地条件、原料收购期限等来定，各种原料贮存时间一般按表 5-13 取值。

表 5-13　　　　　　　　　　　　　　贮料场原料贮存时间

| 原料名称 | 贮存时间/月 | 原料名称 | 贮存时间/月 |
|---|---|---|---|
| 原木 | 2~3 | 蔗渣 | 7~10 |
| 稻麦草 | 7~10 | 废纸 | 3~4 |
| 芦苇 | 7~10 | | |

2. 贮存方法

（1）原木贮存场

原木垛的长度宽度和高度取决于贮木场的起重运输机械设备和可供利用的面积。一般原木垛长度不应超过 300m，如采用人工堆垛，其长度不超过 100m，宽度应小于跨度 4m，高度（由垛基到垛顶的高度）不得超过 14m，一般人工堆垛宜堆高 4m。垛顶必须采取斜坡封顶，使雨水流向垛两边。

（2）稻草、麦草类原料垛

稻草、麦草类原料垛必须堆成尖顶垛贮存。堆垛长度宜 30~40m，宽度宜 8~12m，高度 9~13m（尖顶高），垛身高度宜 4~6m，堆垛宽度小有利于通风。

(3) 芦苇类原料垛

芦苇类原料垛必须堆成尖顶垛,堆垛长度宜 40~60m,宽度宜 12~15m,垛高宜 12~13m(尖顶高),垛身高度宜 6m。

(4) 甘蔗渣垛

甘蔗渣打包堆垛时,堆成金字塔形(即三角形垛),甘蔗渣垛垛基长宜 25m,垛底宽宜 10m,垛高不宜超过 12m;

(5) 废纸垛

废纸种类很多,不同废纸需要分类分别堆存。废纸打包堆垛时,也需堆成金字塔形(即三角形垛)。废纸垛垛基长宜 25m,垛底宽宜 10m,垛高不宜超过 12m。

3. 原料垛布置

原料垛布置方向与风向有关,在保证运输流程畅通合理情况下,原料垛长边不应垂直当地主导风向,以避免大风掀开原料垛,同时影响后排垛底通风,短边可以垂直主导风向,最好是主导风向与原料垛长边、短边都有 45°夹角,便于各个垛都有良好的通风条件。

# 第九节　本章课程重点思政内容

本章课程重点介绍了制浆造纸工程设计中所涉及到的各公用工程专业设计要求,以及公用工程专业设计与工艺专业设计之间的相互关系等相关内容。课程内容涉及相关的思政元素包括团队意识与协调沟通、社会责任感意识等。

(一) 团队意识与协调沟通

工程项目设计涉及土建、给排水、供电和供热、采暖通风、自控和仪表等众多公用工程专业,各专业除遵守各自专业设计规范外,各还要相互配合和协调沟通。工程设计过程较复杂,设计过程中难免会遇到各种各样的问题,各专业设计有不同的特点和要求,但遇到问题应共同协商解决才能更好地完成一个工厂的设计,因此,设计团队非常重要,团队成员之间的沟通协调必不可少。

(二) 社会责任感意识

设计过程中每一个专业设计人员都要做好自身专业的设计工作,同时要顾全大局,相互配合,共同完成一个设计项目,每一个设计人员要有高度的社会责任感和大局观,确保工程整体的设计质量。

# 第六章　环保及节能工程设计

造纸工业是与国民经济发展和社会文明建设息息相关的重要产业，造纸工业在工业化经济中所发挥的作用越来越多地引起世人瞩目。但造纸工业是基础原材料加工工业，生产过程中会产生大量废水、废气、固体废弃物和噪声，造成对环境的污染和人民身心健康的危害；造纸生产所使用的纤维原料和成品纸均为易燃品，一旦发生火灾，给企业造成的损失是不可估量的；生产过程中，电气设备的运转，各种化学品的使用，都会造成一些不安全的因素。此外，制浆造纸生产过程中，如备料工段、化学品制备车间等有大量灰尘、粉尘产生，对工人的身心健康造成了极大的危害，因此，在项目环保、消防、安全与职业卫生设计等方面要采取一定的防护措施，确保安全生产。

制浆造纸生产工艺过程复杂，电气设备众多，功率大，启动频繁，动力消耗大，设计过程中应采取必要的节能措施。

## 第一节　概　　述

据国家统计局数据显示，2018 年全国工业废水总排放量为 378 亿 t，2019 年全国工业废水总排放量为 252 亿 t，同比下降 33.3%；2019 年全国工业废水 COD 排放量为 77.2 万 t，其中，造纸工业废水的 COD 排放量为 9.4956 万 t，占全国工业废水 COD 总排放量 12.3%。2015 年造纸及纸制品业废气排放总量为 6657.0 亿 $m^3$，同比减少 0.6%；其中，二氧化硫排放量 37.1 万 t，同比减少 10%；氮氧化物排放量 16.9 万 t，同比减少 12.9%；烟粉尘排放量 13.8 万 t，同比减少 2.8%；一般工业固体废物产生量为 2248 万 t，同比增长 3.6%；危险废弃物产生量 506 万，同比增长 3.1%。从以上数据可以看出，造纸工业生产过程中仍然排放大量废水、废气、灰尘和废渣，制浆造纸企业实施清洁生产、节能减排任务迫在眉睫。

我国对制浆造纸废水的治理力度逐步加大，从 2011 年 7 月 1 日开始执行的《GB 3544—2008　制浆造纸工业水污染物排放标准》，要求新建制浆造纸企业水污染物排放限值 $COD_{Cr} \leq 90mg/L$、$BOD_5 \leq 30mg/L$、$SS \leq 90mg/L$，同时相对之前执行的制浆造纸企业废水排放标准，新标准增加了色度、总氮、总磷等水污染物的排放限值，大幅度提高了污染物排放控制水平。

造纸工业排放的污染物质大体可分为 4 种：

① 对水体产生污染的物质。悬浮固体（SS），溶解有机物（BOD），溶解的无机物及有色物质。

② 污染大气物质。包括硫化氢、甲硫醇、甲硫醚、二氧化硫等。

③ 粉尘物质。碱回收炉、石灰窑等设备散发的碳酸钠、硫酸钠、硫酸钙、碳酸钙；燃煤工业锅炉散发的飞尘；草类原料在备料过程中散发的灰尘。

④ 固体废渣。包括锅炉排出的煤渣、草浆厂排出的白泥、石灰乳制备系统排出的砂

砾、制浆系统排出的树皮、浆渣以及废水处理系统排出的活性污泥等。

制浆方法不同，污染物质排放状况也各不相同，因此，在项目环保工程设计中必须采取切实可行的治理方案。为了减少和消除造纸工业"三废"对环境的污染，工程项目设计必须综合研究生产过程，对于过程中产生的"三废"必须尽量采取相应的治理工艺和设备，并尽量通过试验探索综合利用的途径，使之变害为利、变废为宝，使污染在生产过程中去除，减少"三废"的排放量。

制浆造纸生产工艺过程复杂，生产过程中需要消耗大量的水、电和蒸汽等一次和二次能源，属于高耗能的行业，为使制浆造纸企业获得良好的经济效益和社会效益，必须减少生产过程中的能源消耗，达到节能降耗、清洁生产的目的。为此，在项目设计过程中必须采取一定的节能措施。

## 第二节 制浆造纸废水处理工程设计

制浆造纸生产废水处理后必须达到国家或地方规定的排放标准才得以排放，目前，造纸工业水污染物排放仍然执行《GB 3544—2008 制浆造纸工业水污染物排放标准》，但有些特别地区，如淮河流域、太湖流域、黄河流域等，对环境的要求更高，都制定了严格的地方标准，这些特别地区执行的地方环保标准要远远高于国家标准。

### 一、制浆造纸工业水污染物排放标准（GB 3544—2008）

该标准规定了造纸工业企业水污染物排放限值、监测和监控要求。该标准自2011年7月1日执行。表6-1列出了新建制浆造纸企业水污染物排放限值。

表6-1　　　　　　　　　　新建制浆造纸企业水污染物排放限值

| | | 企业生产类型 | 制浆企业 | 制浆和造纸联合生产企业 | 造纸企业 | 污染物排放监控位置 |
|---|---|---|---|---|---|---|
| 排放限值 | 1 | pH | 6~9 | 6~9 | 6~9 | 企业废水总排放口 |
| | 2 | 色度（稀释倍数） | 50 | 50 | 50 | 企业废水总排放口 |
| | 3 | 悬浮物含量/(mg/L) | 50 | 30 | 30 | 企业废水总排放口 |
| | 4 | 5d生化需氧量($BOD_5$)/(mg/L) | 20 | 20 | 20 | 企业废水总排放口 |
| | 5 | 化学需氧量($COD_{Cr}$)/(mg/L) | 100 | 90 | 80 | 企业废水总排放口 |
| | 6 | 氨氮含量/(mg/L) | 12 | 8 | 8 | 企业废水总排放口 |
| | 7 | 总氮含量/(mg/L) | 15 | 12 | 12 | 企业废水总排放口 |
| | 8 | 总磷含量/(mg/L) | 0.8 | 0.8 | 0.8 | 企业废水总排放口 |
| | 9 | 可吸附有机卤素（AOX）含量/(mg/L) | 12 | 12 | 12 | 车间或生产设施废水排放口 |
| | 10 | 二噁英（pgTEQ/L） | 30 | 30 | 30 | 车间或生产设施废水排放口 |
| 单位产品基准排水量/(t/t浆) | | | 50 | 40 | 20 | 排水量计量位置与污染物排放监控位置一致 |

注：1. 可吸附有机卤素（AOX）和二噁英指标适用于采用含氯漂白工艺的情况。
　　2. 纸浆量以绝干浆计。
　　3. 核定制浆和造纸联合生产企业单位产品实际排水量，以企业纸浆产量与外购商品浆数量的总和为依据。
　　4. 企业自产废纸浆产量占企业纸浆总用量的比重大于80%的，单位产品基准排水量为20t/t浆。
　　5. 企业漂白非木浆产量占企业纸浆总用量的比重大于60%的，单位产品基准排水量为60t/t浆。

## 二、制浆造纸废水处理方法

废水处理技术通常分为物理法、化学法和生物法三种。根据处理任务的不同，废水处理系统可分为三级。

一级处理主要针对废水中含有较大的悬浮物，如细小纤维、木质素和填料等，采用分离设备包括细格栅、沉砂池和沉淀池等，并调节废水 pH。物理处理法中的大部分方法只能完成废水一级处理的要求，经过一级处理后的废水 BOD 去除率约 20%~30%。

二级处理是在一级处理的基础上，对废水进一步进行生物化学处理，可大幅度地去除废水中呈胶体和溶解状态的有机性污染物质。处理后废水的 BOD 含量可降到 20~30mg/L。生物化学处理方法设备运行正常情况下，BOD 去除率可达 60%~90%。一般经二级处理后废水即可符合排放标准要求。

三级处理是对废水排放要求更高，进一步去除二级处理所未能除去的污染物质以达到更高的排放标准要求或生活饮用水的标准，即三级处理后 BOD 能降至 5mg/L 以下，三级处理主要包括混凝沉淀或气浮、高级芬顿氧化或膜分离技术。制浆造纸综合废水处理工艺流程框图见图 6-1。

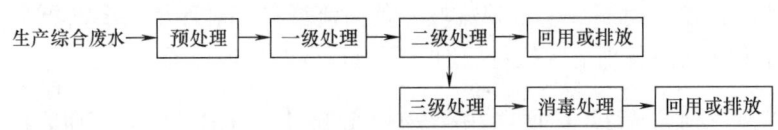

图 6-1 制浆造纸废水处理工艺流程框图

**（一）预处理**

制浆造纸综合废水中含有树皮、纤维、纤维碎屑、填料、涂料、油墨粒子等悬浮物，还有泥、砂等非原料杂物。综合废水进入污水处理站处理前，经过格栅去除其中较大悬浮物的过程。

**（二）一级处理**

废水一级处理即物理处理法，是利用物理作用分离废水中主要呈悬浮状态的固体污染物质，包括过滤、沉淀、混凝等。

① 过滤。预处理后废水仍然含有较多的细小纤维、填料、胶料等悬浮物，需要经过多圆盘纤维回收机或微滤机等过滤设备，去除其中悬浮物，截留的纤维可回用于生产。

② 沉淀。由于重力作用，密度比废水大的悬浮物通过自然沉降，从废水中分离的过程。常见构筑物为沉淀池。污泥脱水处理后，通常可焚烧或填埋处置。

③ 混凝。通过投加混凝剂、助凝剂，废水中的悬浮物、胶体生成絮状体，从废水中分离的过程。主要包括混凝沉淀、混凝气浮技术。

废水一级处理技术主要工艺参数见表 6-2。

**（三）二级处理**

废水二级处理即生物处理法，是利用微生物的特殊代谢功能，使废水中呈分解、胶体状的有机污染物质转化为稳定、无害的物质，使废水得到净化。现代的生物处理法，按微生物在新陈代谢时有无氧气参与，可分为好氧生物处理和厌氧生物处理二大类。好氧生物处理技术广泛用于处理城市污水和有机性生产废水；厌氧生物处理技术多用于预

表 6-2　　　　　　　　　　废水一级处理技术主要工艺参数

| 序号 | 名称 | 技术参数 | 污染物去除效率/% | | |
|---|---|---|---|---|---|
| | | | COD | BOD | 悬浮物 |
| 1 | 过滤 | 过滤机筛网:60~100目,过水能力10~15m³/(m²·h) | 15~30 | 5~10 | 40~60 |
| 2 | 沉淀 | 初沉池表面负荷:0.8~1.2m³/(m²·h);水力停留时间:2.5~4.0h | 15~30 | 5~20 | 40~55 |
| 3 | 混凝 | 采用混凝沉淀池,混合区速度梯度(G)300~600s⁻¹;混合时间30~120s;反应区G值30~60s⁻¹,反应时间5~20min;分离区表面负荷1.0~1.5m³/(m²·h),水力停留时间:2.0~3.5h | 55~75 | 25~40 | 80~90 |
| | | 采用混凝气浮池,气水接触时间:30~100s;表面负荷:5~8m³/(m²·h);水力停留时间:20~35min | 30~50 | 25~40 | 70~85 |

处理工业污水和高浓度有机废水。厌氧处理投资省、节约能源、需用营养盐少、产生污泥量少,造纸工业污水通常采用厌氧-好氧生物处理相结合的处理技术。

1. 厌氧生物处理技术

指在无氧条件下通过厌氧微生物的作用,将废水中有机物分解为甲烷和二氧化碳的过程。与好氧生物处理相比,参与厌氧生物处理的微生物活性较差,分解单位有机物活得的能量较少,有机物分解不够彻底,因此,出水中经常含有一定浓度的中间产物。厌氧生物处理一般用于高浓度有机废水处理,需与好氧生物处理联合使用。

厌氧生物处理技术主要包括水解酸化、升流式厌氧污泥床(UASB)、厌氧膨胀颗粒污泥床(EGSB)及内循环升流式厌氧反应器(IC),其中水解酸化技术是将厌氧生物反应控制在水解和酸化阶段,一般要求:进水$COD_{Cr}$浓度<3000~8000mg/L,其余厌氧处理技术一般要求进水$COD_{Cr}$浓度>1500mg/L。厌氧进水COD:N:P宜为400:5:1,出水需进一步采用好氧生化处理。

厌氧处理技术主要工艺参数见表6-3。

表 6-3　　　　　　　　　　厌氧处理技术主要工艺参数

| 序号 | 名称 | 技术参数 | 污染物去除效率/% | | |
|---|---|---|---|---|---|
| | | | COD | BOD | 悬浮物 |
| 1 | 水解酸化 | pH:5.0~9.0;容积负荷:4~8kg$COD_{Cr}$/(m³·d);水力停留时间:3~8h | 10~30 | 10~20 | 30~40 |
| 2 | UASB | 污泥浓度:10~20g/L;容积负荷:5~8kg$COD_{Cr}$/(m³·d);水力停留时间:12~20h | 50~60 | 60~80 | 50~70 |
| 3 | EGSB(或内循环升流式厌氧反应器) | 污泥浓度:20~40g/L;容积负荷:10~25kg$COD_{Cr}$/(m³·d);水力停留时间:6~12h | 50~60 | 60~80 | 50~70 |

2. 好氧生物处理技术

指在有氧条件下,活性污泥吸附、吸收、氧化、降解废水中的有机污染物,一部分转化为无机物并提供微生物生长所需能源，另一部分转化为污泥，污泥通过沉降分离，使废水得到净化。好氧技术主要可分为活性污泥法和生物膜法，制浆造纸废水处理主要采用活性污泥法，其中包括完全混合活性污泥法、氧化沟、厌氧/好氧（A/O）工艺、间歇式活性污泥（SBR）法等。

下面介绍几种常见的好氧生物处理技术。

（1）活性污泥法废水处理工艺流程

活性污泥法是利用悬浮培养体的一种生物化学工程方法，一般用于二级处理。其主要构筑物是曝气池和二次沉淀池，基本流程见图6-2所示。

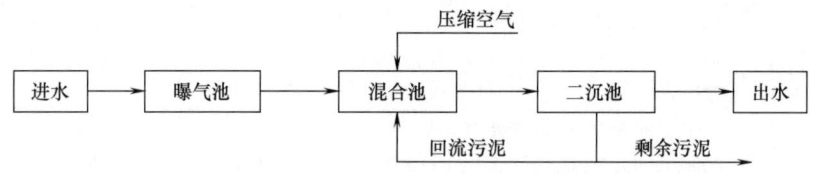

图6-2 活性污泥法基本流程

需处理的废水与回流的活性污泥同时进入曝气池，成为混合液，沿着曝气池注入压缩空气进行曝气，使污水与活性污泥充分混合接触，并供给混合液以足够的溶解氧，在好氧状态下，废水中的有机物被活性污泥中的微生物群体分解而得以稳定，然后混合液流入二沉池，一方面澄清水溢流排放，另一方面，使一部分活性污泥回流与进入的污水混合。在处理过程中，活性污泥不断增长，有一部分剩余污泥需要从系统中排除。

活性污泥法处理系统由曝气池、曝气设备、污泥回流设备和二次沉淀池等组成。其工艺设计包括：

① 流程的选择；
② 曝气区容积计算和曝气池工艺设计；
③ 需氧量、供气量计算与曝气设备设计；
④ 回流污泥量、剩余污泥量的计算与回流设备的设计；
⑤ 二次沉淀池的计算与设计等。

活性污泥法废水处理工艺主要设计运行参数如下所示：

混合液悬浮固体（MLSS），一般为 3~5g/L；

BOD负荷，一般为 $0.2 \sim 0.6 \text{kgBOD}_5/(\text{kg MLSS} \cdot \text{d})$；

污泥龄（$t_s$）与污泥负荷有关，一般为 2~15d；

污泥沉降比（SV），15%~40%；

池内溶解氧，2~3mg/L；

污泥回流比，25%~100%。

曝气池容积按式（6-1）计算，曝气池需氧量由降解废水中有机物所需的氧和氧化自身细胞所需要的氧两部分组成，曝气池容积计算见式（6-1）所示。

$$V = q_V(\rho_0 - \rho_e)/(\rho_s N_s) \tag{6-1}$$

式中　$V$——曝气池容积，$m^3$

　　　$q_V$——进水设计流量，$m^3/d$

　　　$\rho_0$——进水的 $BOD_5$ 浓度，mg/L

$\rho_e$——出水的 $BOD_5$ 浓度,mg/L

$\rho_s$——混合液挥发性悬浮固体(MLSS)浓度

$N_s$——污泥负荷(一般根据经验确定),$kgBOD_5/(kg\ MLSS \cdot d)$。

曝气池混合液需氧量的计算可以通过式(6-2)求得。

$$G_{O_2}=a'q_V\rho_y+b'V\rho_s \tag{6-2}$$

式中 $G_{O_2}$——曝气池混合液需氧量,kg/d

$a'$——微生物氧化分解有机物过程的需氧率,制浆造纸废水取 $0.38kgO_2/kgBOD_5$

$b'$——1kg 活性污泥(MLVSS)每天自身氧化的需氧质量,制浆造纸废水取 0.092

$\rho_y$——有机物降解量,进出水有机物浓度差值,$kg/m^3$

二次沉淀池澄清区面积可通过式(6-3)求得。

$$A=\frac{q_{V废水,\max}}{q_0} \tag{6-3}$$

式中 $q_{V废水,\max}$——废水最大流量,$m^3/h$

$q_0$——表面负荷,$m^3/(m^2\cdot h)$

$q_0$ 一般采用 $1.8\sim2.2m^3/(m^2\cdot h)$。沉淀时间为 1.5h。当污泥浓度较高时应采用较低值,如采用斜板、斜管二次沉淀池,$q_0$ 可提高到 $3.6m^3/(m^2\cdot h)$ 以上。

污泥池容积可以通过式(6-4)求得。

$$V=\frac{(1+\gamma)q_{V废水}\rho_a \cdot t}{\frac{1}{2}(\rho_a-\rho_r)}(m^3) \tag{6-4}$$

式中 $\gamma$——污泥回流比,%

$q_{V废水}$——废水流量,$m^3/h$

$\rho_a$——污泥浓度,g/L

$\rho_r$——回流污泥浓度,g/L

$t$——污泥在污泥池的停留时间,h,一般不超过 2h

(2)生物滤池工艺设计

生物滤池主要由滤床、布水设备和排水系统组成。塔式滤池的填料采用轻质高孔隙率的塑料填料,塔直径一般为 1.5~5m,塔高为塔直径的 6~9 倍。由于塔体高,可以使抽风能力增强,通风良好,污水、空气、滤料接触充分,充氧效果良好,传质速度快,滤层内部的分层能够承受较高的有机污染物的冲击负荷。生物滤池的排水系统是按重力非涡流设计的,使空气能穿过排水系统的空间均匀地分配于滤床空隙间。对表面积较小的高负荷滤池和塔式滤池,支撑滤料和起渗水作用的支撑排水系统,采用钢结构或多孔钢板。图 6-3 为使用广泛的塔式生物滤池构造。

1)滤料体积

滤料体积可由式(6-5)计算求得。

$$V=\frac{q_{V废水}(\rho_{aBOD_5}-\rho_{tBOD_5})}{N}\ (m^3) \tag{6-5}$$

式中 $\rho_{aBOD_5}$、$\rho_{tBOD_5}$——分别为进水、出水的 $BOD_5$ 浓度,mg/L

$q_{V废水}$——废水流量，$m^3/d$，流量由小变大时可用最大流量

$N$——滤池的有机负荷，$g/(m^3 \cdot d)$

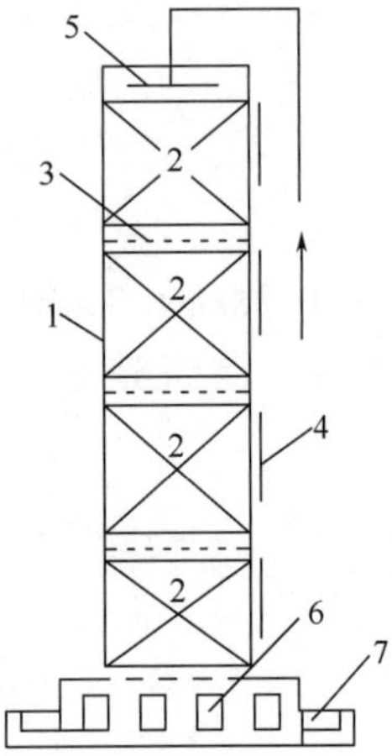

2）滤池水面积

滤池水面积可由式（6-6）计算求得。

$$A = \frac{V}{H} \quad (m^2) \tag{6-6}$$

式中 $H$——滤层高度，m。一般高负荷滤池为 $2\sim4m$，塔式滤池为 $4\sim24m$。

3）水力负荷

水力负荷可由式（6-7）计算求得。

$$q = \frac{q_V}{A} [m^3/(m^2 \text{滤料} \cdot d)] \tag{6-7}$$

水力负荷 $q$ 为单位体积滤料或单位面积滤池每天可以处理的废水量。

计算出的滤池尺寸，还需要根据水力负荷加以校核，水力负荷与有机负荷应相适应，过大过小都要加以调整。

图 6-3 塔式生物滤池构造
1—塔身 2—滤池 3—格栅
4—检修口 5—布水器
6—通风孔 7—集水槽

4）空气量估算

每立方水需要的空气量需根据式（6-8）估算。

$$D_0 = \frac{\rho_{aBOD_5} - \rho_{tBOD_5}}{\rho_{氧容量} \frac{n}{100} \times 209.9} = \frac{\rho_{aBOD_5} - \rho_{tBOD_5}}{\rho_{氧容量} n \times 2.099} \quad [m^3 \text{气}/m^3(\text{水})] \tag{6-8}$$

式中 $\rho_{氧容量}$——氧的容量，在标准大气压下为 $1.43g/L$

$n$——生物滤池中氧的利用率，%

209.9——每 $m^3$ 空气所含氧气体积，L

（3）生物转盘工艺设计

生物转盘是在生物滤池的基础上发展起来的一种处理废水的新技术，主要区别是以一系列的盘片代替了固定的滤料。生物转盘由盘片、废水处理槽、转动轴和驱动装置组成，其构造见图 6-4 所示。

生物转盘工艺设计的最主要内容是求定转盘总面积，目前多根据经验公式计算或根据 BOD 面积负荷计算。

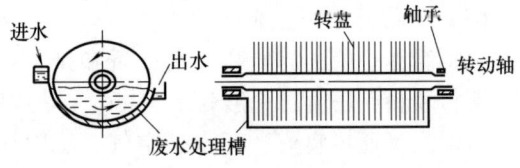

图 6-4 生物转盘的构造

通过负荷（BOD 面积负荷或水量面积负荷）计算转盘总面积，是目前使用最广泛的方法，也是比较可靠的方法，确定负荷值的最适宜方法是进行模型试验，而已有的数据仅供参考。生活污水的 BOD 面积负荷可取 $8\sim20g/(m^2 \cdot d)$。在 BOD 负荷确定后，可以根据下列公式求定转盘的总面积。

$$A = \frac{24 q_{V污}(L_0 - L_e)}{L_{BOD}} \quad (m^2) \tag{6-9}$$

式中 $A$——转盘总面积，$m^2$

$q_{V污}$——污水量，$m^3/h$

$L_0$——原污水的 BOD 值，g/(m²·d)

$L_e$——处理水的 BOD 值，g/(m²·d)

$L_{BOD}$——BOD 面积负荷，g/(m²·d)

转盘装置各项参数的计算：

在转盘总面积确定后，即可根据下列公式求定有关各项参数。

1）转盘盘片数（$n$）

$$n=\frac{4A}{2\pi D^2}=0.636\frac{A}{D^2} \quad (片) \tag{6-10}$$

式中　$n$——转盘片数，个

　　　$D$——盘片直径，m

2）氧化槽的有效长度（$l$）

$$l=[n(d+b)-b] \cdot k \quad (m) \tag{6-11}$$

式中　$l$——槽的有效长度，m

　　　$d$——盘片厚度，m

　　　$b$——盘片间距，m

　　　$k$——考虑留有余地的系数

3）氧化槽有效容积

氧化槽总有效容积（$V$）根据式（6-12）计算求得

$$V=(0.294\sim0.335)(D+2\delta)^2 \cdot l(m^2) \tag{6-12}$$

氧化槽净有效容积 $V'$：

$$V'=(0.294\sim0.335)(D+2\delta)^2 \cdot (l-nd) \quad (m^2) \tag{6-13}$$

当 $\dfrac{\delta}{D}=0.1$ 时，系数取 0.294；

当 $\dfrac{\delta}{D}=0.06$ 时，系数取 0.335。

式中　$\delta$——盘片边缘与氧化槽内壁的净距，一般取 13~20mm

4）污水在氧化槽内的停留时间 $t$

$$t=\frac{V'}{q_{V污}} \quad (h) \tag{6-14}$$

好氧处理技术主要工艺参数见表 6-4。

表 6-4　　　　　　　　　好氧处理技术主要工艺参数

| 序号 | 名称 | 技术参数 | 污染物去除效率/% | | |
|---|---|---|---|---|---|
| | | | COD | BOD | 悬浮物 |
| 1 | 完全混合活性污泥法 | 污泥浓度:2.5~6.0g/L；<br>污泥负荷:0.15~0.4kg COD$_{Cr}$/kg MLSS；<br>水力停留时间:15~30h | 60~80 | 80~90 | 70~85 |
| 2 | 氧化沟 | 污泥浓度:3.0~6.0g/L；<br>污泥负荷:0.1~0.3kg COD$_{Cr}$/kg MLSS；<br>水力停留时间:18~32h | 70~90 | 70~90 | 70~80 |

续表

| 序号 | 名称 | 技术参数 | 污染物去除效率/% | | |
|---|---|---|---|---|---|
| | | | COD | BOD | 悬浮物 |
| 3 | A/O | 污泥浓度:2.5~6.0g/L;<br>污泥负荷:0.15~0.3kg COD$_{Cr}$/kg MLSS;<br>水力停留时间:15~32h | 75~85 | 70~90 | 40~80 |
| 4 | SBR | 污泥浓度:3.0~5.0g/L;<br>污泥负荷:0.15~0.4kg COD$_{Cr}$/kg MLSS;<br>水力停留时间:8~20h | 75~85 | 70~90 | 70~80 |

### (四) 三级处理

三级处理主要包括混凝沉淀或气浮、高级 Fenton 氧化技术和膜分离技术。高级 Fenton 氧化技术是通过加入氧化剂，对废水中有机物进行氧化处理的方法。一般包括 pH 调节、氧化、中和、分离等过程，目前多采用硫酸亚铁-双氧水催化氧化（Fenton 氧化）。氧化剂的投加比例需根据废水水质适当调整，反应 pH 一般为 3~4，氧化反应时间一般为 30~40min，COD 去除效率为 70%~90%。膜分离技术是以压力为推动力，特定膜材料为过滤介质的液相分离技术，具有无相变、能耗低、设备简单、操作过程易控制等优点。但由于造纸废水污染浓度高，其中所含的硫酸盐、氢氧化物、碳酸盐、金属离子均可造成沉淀污染；废水含有木质素、纤维素、多糖等有机物易造成吸附污染；因此，膜分离技术在处理造纸生产废水中存在明显问题是膜易污染和通过量下降，对预处理要求较高。

### (五) 水解酸化-AO-高级氧化集成技术

该项技术是将厌氧处理技术、好氧处理技术及高级 Fenton 氧化技术组合在一起，针对制浆造纸工厂水封闭循环使用导致工厂最终排放废水的污染负荷升高，需进一步处理以达到排放要求。通过采用该集成技术，使综合废水处理达到回用或排放目的。

混合废水经过水解酸化池（采用升流式厌氧污泥床反应器）的水解酸化作用后进入缺氧段（A 池）脱氮，接着进入好氧段（O 池）曝气，然后经过二沉池沉淀后出水进入澄清水池，添加硫酸亚铁-双氧水催化氧化剂，反应 pH 为 3~4，氧化反应时间为 30~40min，COD 去除效率为 95%以上，满足废水循环使用及达标排放的要求。

### (六) 制浆造纸废水末端处理技术

制浆造纸废水末端处理技术，首先去除大块漂浮物质，再依次去除悬浮固体、胶体物质及溶解性物质。在选择废水处理工艺流程时，应综合考虑不同生产方法废水的污染物特征及污染物排放要求。

① 生产废水中需要去除的污染物质；

② 在废水处理过程中产生新的污染物质种类及解决方法；

③ 废水处理流程需根据接受废水的水体自净能力和废水处理程度来确定。同样水质的废水如果位于稀释能力很大的水体附近，处理流程可能比位于缺乏稀释水体的地方简单；

④ 废水处理流程应适合废水水质、水量及事故排水的意外情况。工业废水的特点是水量、水质的变化较大，有时发生事故，还会瞬间排出大量高浓度的废水，这对处理构

筑物（特别是生物处理构筑物）的正常运转是极其不利的，选定处理流程，应考虑设置调节池，事故贮水池等设备，以尽量减少这种不利的影响。

1. 化学法制浆

废水一级处理一般采用过滤、混凝沉淀、气浮等技术，通过一级处理后可以均衡废水的水质及水量，另外，对悬浮物等污染物进行有效去除，调节pH及温度以满足后续生化处理的要求；化学木（竹）浆生产企业末端废水，通常采用的一级处理为混凝沉淀。

废水二级处理常见工艺包括厌氧及好氧技术，通常依据一级处理后的出水情况选择适当的工艺，当废水通过一级处理后$COD_{Cr}$浓度大于2000mg/L，宜采用厌氧与好氧相结合的方式，否则可选择好氧的方式进行处理。通过二级生化工段的处理，可有效降解悬浮和溶解在废水中的有机污染物；好氧处理技术中最常用的是活性污泥法，通常可选择完全混合活性污泥法、氧化沟或A/O处理工艺；化学木（竹）浆生产企业末端废水，通常采用的二级处理为好氧处理技术中的活性污泥法。

废水三级处理一般可采用高级氧化（以Fenton氧化为主）、混凝沉淀或气浮等，通过三级处理能够使废水中的污染物质进一步去除。

化学木浆生产废水末端处理可行技术见表6-5。化学竹浆生产废水末端处理可行技术见表6-6。

表6-5　　　　　　　　　化学木浆生产废水末端处理可行技术

| 序号 | 末端治理技术 | 污染物排放水平/(mg/L) | | | |
|---|---|---|---|---|---|
| | | $COD_{Cr}$ | $BOD_5$ | 悬浮物 | 氨氮 |
| 1 | ①一级(混凝沉淀)+②二级(活性污泥法)+③三级(Fenton氧化) | ≤60 | ≤20 | ≤30 | ≤5 |
| 2 | ①一级(混凝沉淀)+②二级(活性污泥法)+③三级(混凝沉淀或气浮) | ≤90 | ≤20 | ≤30 | ≤8 |

注：表中"+"代表废水处理技术的组合。

表6-6　　　　　　　　　化学竹浆生产废水末端处理可行技术

| 序号 | 末端治理技术 | 污染物排放水平/(mg/L) | | | |
|---|---|---|---|---|---|
| | | $COD_{Cr}$ | $BOD_5$ | 悬浮物 | 氨氮 |
| 1 | ①一级(混凝沉淀)+②二级(活性污泥法)+③三级(混凝沉淀或气浮) | ≤90 | ≤20 | ≤30 | ≤8 |
| 2 | ①一级(混凝沉淀)+②二级(活性污泥法)+③三级(Fenton氧化) | ≤90 | ≤20 | ≤30 | ≤8 |

注：表中"+"代表废水处理技术的组合。

化学蔗渣浆生产企业备料工段废水经过预处理后进入厌氧处理单元；制浆废水经一级混凝沉淀处理后，与处理后的备料工段废水混合进入二级活性污泥法处理单元，通常可选择氧化沟处理工艺，三级处理一般采用Fenton氧化。化学蔗渣浆生产废水末端处理可行技术见表6-7。

表 6-7　　　　　　　　　化学蔗渣浆生产废水末端处理可行技术

| 序号 | 末端治理技术 | 污染物排放水平/(mg/L) | | | |
|---|---|---|---|---|---|
| | | $COD_{Cr}$ | $BOD_5$ | 悬浮物 | 氨氮 |
| 1 | ①一级(混凝沉淀)+②二级(活性污泥法)+③三级(Fenton 氧化) | ≤90 | ≤20 | ≤30 | ≤8 |

注：表中"+"代表废水处理技术的组合。

化学麦草、芦苇浆生产企业废水一级处理一般采用混凝沉淀，二级处理采用厌氧处理后，进入活性污泥法处理单元，对铵盐基亚硫酸盐法制浆而言，宜选择 A/O 处理工艺，对于碱法制浆而言，通常可选择完全混合活性污泥法或氧化沟处理工艺，三级处理一般采用 Fenton 氧化或混凝沉淀。化学麦草及芦苇浆生产企业废水末端处理可行技术见表 6-8。

表 6-8　　　　　　　　化学麦草及芦苇浆生产废水末端处理可行技术

| 序号 | 末端治理技术 | 污染物排放水平/(mg/L) | | | |
|---|---|---|---|---|---|
| | | $COD_{Cr}$ | $BOD_5$ | 悬浮物 | 氨氮 |
| 1 | ①一级(混凝沉淀)+②二级(厌氧+活性污泥法)+③三级(Fenton 氧化) | ≤90 | ≤20 | ≤30 | ≤8 |
| 2 | ①一级(混凝沉淀)+②二级(厌氧+活性污泥法)+③三级(混凝沉淀) | ≤90 | ≤20 | ≤30 | ≤8 |

注：1. 序号 1 为氨基盐亚硫酸盐法制浆废水污染防治可行技术；
　　2. 序号 1 和 2 均可为碱法制浆废水污染防治可行技术；
　　3. 表中"+"代表废水处理技术的组合。

2. 化学机械法制浆

化学机械法制浆生产企业废水一级处理一般采用混凝沉淀，制浆废液采用碱回收处置的企业，废水二级处理可采用单独的好氧处理单元；制浆废液进入污水处理系统处理，二级处理采用厌氧与好氧处理相结合的方式，好氧处理单元通常可选择完全混合活性污泥法、氧化沟或 SBR 处理工艺，三级处理采用 Fenton 氧化、混凝沉淀或气浮。化学机械法制浆生产废水末端处理可行技术见表 6-9。

表 6-9　　　　　　　　化学机械法制浆生产废水末端处理可行技术

| 序号 | 末端治理技术 | 污染物排放水平/(mg/L) | | | |
|---|---|---|---|---|---|
| | | $COD_{Cr}$ | $BOD_5$ | 悬浮物 | 氨氮 |
| 1 | ①一级(混凝沉淀)+②二级(活性污泥法)+③三级(Fenton 氧化) | ≤60 | ≤20 | ≤30 | ≤8 |
| 2 | ①一级(混凝沉淀)+②二级(厌氧+活性污泥法)+③三级(混凝沉淀或气浮) | ≤90 | ≤20 | ≤30 | ≤8 |
| 3 | ①一级(混凝沉淀)+②二级(厌氧+活性污泥法)+③三级(Fenton 氧化) | ≤90 | ≤20 | ≤30 | ≤8 |

注：1. 序号 1 为制浆废水采用碱回收处置后的废水污染防治可行技术；
　　2. 序号 2 和 3 为制浆废水直接进入污水物理系统处理的废水污染防治可行技术；
　　3. 表中"+"代表废水处理技术的组合。

### 3. 废纸制浆

废纸制浆生产企业废水回收纤维后，一级处理一般采用混凝沉淀或气浮，二级处理采用厌氧与好氧处理相结合的方式，好氧处理单元通常可选择完全混合活性污泥法或 A/O 处理工艺，三级处理采用 Fenton 氧化、混凝沉淀或气浮。废纸制浆生产废水末端处理可行技术见表 6-10。

**表 6-10　　　　　　　　废纸制浆生产废水末端处理可行技术**

| 序号 | 末端治理技术 | 污染物排放水平/(mg/L) | | | |
|---|---|---|---|---|---|
| | | $COD_{Cr}$ | $BOD_5$ | 悬浮物 | 氨氮 |
| 1 | ①一级(混凝沉淀或气浮)+②二级(厌氧+活性污泥法)+③三级(Fenton 氧化) | ≤60 | ≤10 | ≤10 | ≤5 |
| 2 | ①一级(混凝沉淀或气浮)+②二级(厌氧+活性污泥法)+③三级(混凝沉淀或气浮) | ≤90 | ≤20 | ≤30 | ≤8 |

注：表中"+"代表废水处理技术的组合。

### 4. 机制纸及纸板

机制纸及纸板生产废水回收纤维后，一级处理一般采用混凝沉淀或气浮，二级处理采用单独的活性污泥法好氧处理单元，通常可选择完全混合活性污泥法或 A/O 处理工艺，企业根据需要选择三级处理工序，一般采用混凝沉淀或气浮。机制纸及纸板生产企业废水末端处理可行技术见表 6-11。

**表 6-11　　　　　　　　机制纸及纸板生产企业废水末端处理可行技术**

| 序号 | 末端治理技术 | 污染物排放水平/(mg/L) | | | |
|---|---|---|---|---|---|
| | | $COD_{Cr}$ | $BOD_5$ | 悬浮物 | 氨氮 |
| 1 | ①一级(混凝沉淀或气浮)+②二级(活性污泥法)+③三级(混凝 沉淀或气浮) | ≤50 | ≤10 | ≤10 | ≤5 |
| 2 | ①一级(混凝沉淀或气浮)+②二级(活性污泥法) | ≤80 | ≤20 | ≤30 | ≤8 |

注：表中"+"代表废水处理技术的组合。

## 第三节　制浆造纸废气、粉尘、噪声治理工程

制浆造纸工厂废气、粉尘、噪声等对环境的污染都是伴随着生产过程而产生的，因此，制浆造纸工厂污染防治和控制主要是在生产工艺过程中采用相应技术措施来加以解决。

### 一、废气污染治理技术

#### (一) 工艺过程臭气治理技术

硫酸盐法化学制浆生产过程中，蒸煮、碱回收蒸发工段及污冷凝水汽提工序等排出的高浓臭气，洗浆机、塔、槽、反应器及容器等排出的低浓臭气，可通过管道收集后进入碱回收炉、石灰窑、专用火炬或专用焚烧炉焚烧处置。各技术特点见表 6-12。

表 6-12　　工艺过程臭气治理技术特点

| 序号 | 臭气治理技术 | 技术原理及特点 |
|---|---|---|
| 1 | 在碱回收炉中焚烧 | 高浓臭气通常通过碱回收炉中的燃烧系统直接焚烧,低浓臭气通过引风机输送到碱回收炉中作为二次风或三次风焚烧 |
| 2 | 在石灰窑中焚烧 | 工艺过程臭气可引入石灰窑焚烧处置 |
| 3 | 火炬燃烧 | 在臭气放空管道头部安装火炬燃烧器,具有结构及操作简单,臭气去除效率高等特点,但会消耗液化气或柴油燃料,一般可用于事故状态下的臭气应急处置 |
| 4 | 在臭气专用焚烧炉焚烧 | 高浓臭气经收集后采用专用焚烧炉焚烧,高温烟气可经余热锅炉回收热量,最终洗涤后排空 |

### (二) 碱回收炉烟尘治理

通常采用静电除尘、袋式除尘,除尘效率可达 99% 以上,具有除尘效率高、处理烟气量大、使用寿命长及维修费用低等优点。二氧化硫治理主要包括石灰石/石灰-石膏湿法脱硫及喷雾干燥法。石灰石/石灰-石膏湿法脱硫效果可达 95% 以上,具有对负荷变化较强适应性的特点。喷雾干燥法脱硫效果可达 90% 以上,具有投资费用低、水耗电耗低等优点。氮氧化物治理主要为选择性非催化还原法(SNCR),脱硝效率为 30%~40%,不需要催化剂和催化反应器,占地面积小,建设周期短。

1. 烟尘治理

通常采用电除尘,除尘效率可达 99% 以上。总还原性硫化物(TRS)控制,使用压力过滤机对白泥进行洗涤和过滤后,能够有效降低白泥中硫化钠的含量,减少白泥煅烧过程中石灰窑 TRS 排放,也可使石灰窑运行更加稳定。

2. 焚烧炉废气治理

焚烧炉废气污染物主要包括烟尘、二氧化硫、氮氧化物及二噁英。烟尘治理技术主要为袋式除尘,二氧化硫治理主要包括石灰石/石灰-石膏湿法脱硫及喷雾干燥法,氮氧化物治理主要为选择性非催化还原法(SNCR),二噁英采取过程控制及末端活性炭吸附的措施,主要技术参数见表 6-13。

表 6-13　　焚烧炉烟气治理技术参数

| 序号 | 名称 | 技术原理 | 污染物去除效率 | 技术特点 |
|---|---|---|---|---|
| 1 | 袋式除尘 | 利用纤维织物的拦截、惯性、扩散、重力、静电等协同作用对含尘气体进行过滤 | 除尘效率:99.50%~99.99% | 适用范围广、占地面积小、控制系统简单、达标稳定性高 |
| 2 | 石灰石/石灰-石膏湿法脱硫 | 以含石灰石粉、生石灰或消石灰的浆液为吸收剂,吸收烟气中的二氧化硫 | 脱硫效率:95%以上 | 对负荷变化具有较强适应性 |
| 3 | 喷雾干燥法脱硫 | 吸收剂喷入吸收塔后将二氧化硫吸收,同时吸收剂雾滴中的水分被烟气热量蒸发 | 脱硫效率:90%以上 | 投资费用低、低水耗、低电耗、净化后的烟气不会对尾部烟道及烟囱产生腐蚀 |
| 4 | SNCR 脱硝 | 在不使用催化剂的情况下,在炉膛烟气温度适宜处喷入含氨基的还原剂,与炉内 $NO_x$ 反应 | 脱硝效率:30%~40% | 不需要催化剂和催化反应器,占地面积较小,建设周期短 |

续表

| 序号 | 名称 | 技术原理 | 污染物去除效率 | 技术特点 |
|---|---|---|---|---|
| 5 | 二噁英综合治理技术 | 在布袋除尘器前喷入粉状活性炭,通过活性炭吸附作用去除二噁英,焚烧炉炉膛内焚烧温度等参数须满足 GB 18484—2020 或 GB 18485—2014 要求 | — | 污染物排放满足 GB 18484—2020 或 GB 18485—2014 要求 |

### (三) 厌氧沼气治理

沼气是废水厌氧处理过程中的副产物,通过厌氧反应器上部的气液分离器及管道将沼气送往脱硫装置脱硫后作为锅炉燃料或用于发电;沼气产生量较少时可采用火炬直接燃烧处理。

## 二、粉尘污染治理技术

制浆造纸生产过程中,不同生产工序会产生一定的粉尘污染,如废液回收系统和动力锅炉;草类植物纤维资源干法备料系统;亚硫酸盐制浆的制酸系统等。其成分主要为钙和钠的硫酸盐、碳酸盐、氢氧化物及氯化物等无机盐类和灰尘等颗粒污染物。

针对以上粉尘颗粒污染物,主要采取除尘的方法,如重力沉降室、旋风除尘器、水膜除尘器等可除去备料工段的各种粉尘和蒸煮工段的各种有害气体;通过袋式除尘器和静电除尘器除去碱回收炉和锅炉的粉尘等。下面介绍几种常见的除尘装置。

1. 重力沉降室

通过重力作用使尘粒从气流中沉降分离的除尘装置,当气流进入重力沉降室后,流动截面积扩大,流速降低,较重颗粒在重力作用下缓慢向灰斗沉降。重力沉降室具有结构简单、投资小、维修管理容易等优点;但其体积大、效率低,通常仅作为高效除尘器的预除尘装置,除去较大和较重的粉尘粒子。图 6-5 为重力沉降室结构示意图。

2. 旋风分离器

利用旋转气流产生的离心力使尘粒从气流中分离的装置,用来分离粒径大于 $5 \sim 10 \mu m$

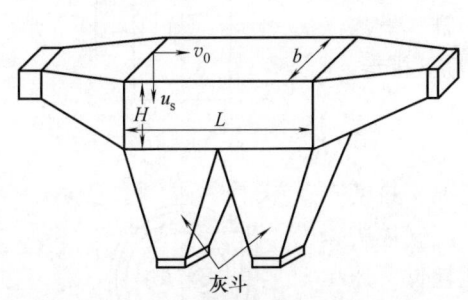

图 6-5 重力沉降室示意图
$L$—沉降室长度,m;$b$—沉降室宽度,m;$H$—沉降室高度,m;
$v_0$—水平气流速度,m/s;$u_s$—重力沉降速度,m/s

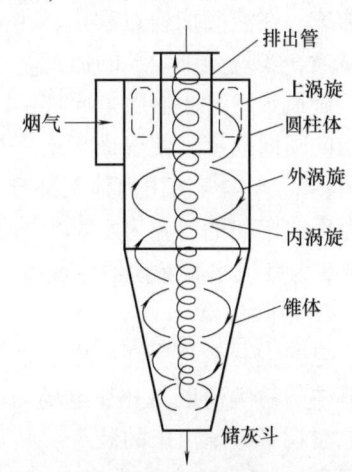

图 6-6 旋风分离器结构原理图

以上的颗粒物。其优点：结构简单、占地面积小，投资低，操作维修方便，可用于各种材料制造，能用于高温、高压及腐蚀性气体，并可回收干颗粒物；其缺点：压力损失大，动力消耗高，效率低，约在90%，捕集<5μm颗粒的效率不高，一般作预除尘用。图6-6为旋风分离器结构原理图。

3. 湿式除尘器

除尘机理：a. 液体介质与尘粒间的惯性碰撞和拦截；b. 微细尘粒与液滴间的扩散接触；c. 加湿的尘粒相互凝并；d. 饱和态高温烟气降温时，以尘粒为凝结核凝结。其优点：除尘效率高、结构简单、造价低、占地面积小、操作维修方便，特别适宜处理高温、高湿、易燃、易爆含尘气体；除尘同时还可除去部分气态污染物，起到气体降温的作用。

其缺点：a. 需对洗涤后的含尘污水、污泥进行处理；b. 净化含腐蚀性的气态污染物时，易腐蚀设备；c. 动力消耗大，操作费用高；d. 需要防冻。

湿式除尘器主要分为文丘里洗涤器和旋风水膜除尘器两种。

文丘里洗涤器由文丘里管（简称文氏管）和脱水器两部分组成，文丘里管包括收缩管、喉管、扩散管三部分。图6-7为文丘里洗涤器原理图。

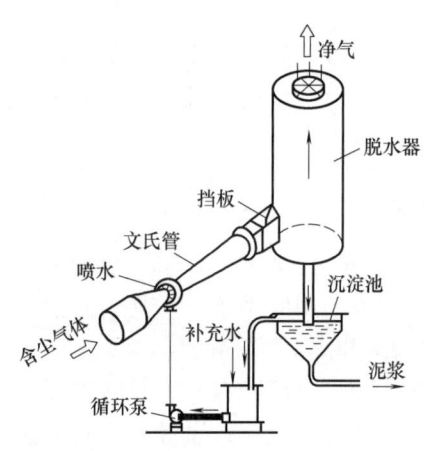

图6-7 文丘里洗涤器原理图

文丘里洗涤器除尘过程：含尘气体进入收缩管后，流速逐渐增大，气流的压力能逐渐转变为动能。在喉管入口处，气速达到最大，一般为50~180m/s，水沿喉管周边均匀分布的喷嘴进入，液滴被高速气流雾化和加速。在液滴加速过程中，由于液滴与粒子之间惯性碰撞，实现微细尘粒的捕集。

旋风水膜除尘器除尘原理：a. 进水由喷嘴雾化后沿切向喷向筒壁，使壁面形成一层很薄的不断下流的水膜；b. 含尘气流由筒体下部导入，旋转上升，靠离心力甩向壁面的粉尘为水膜所黏附，沿壁面流下排走。图6-8为旋风水膜除尘器原理图。

4. 电除尘器

电除尘器是利用高压电场使气体发生电离，再使气体中的粉尘荷电，并在电场力的作用下，使气体中的悬浮粒子分离出来的装置。其特点：a. 能耗低、压力损失小；b. 除尘效率高；c. 处理气量大；d. 适用范围广；e. 维护简单，运行费用低，能连续运行，自动化程度高；f. 除尘效率受粉尘比电阻影响较大；

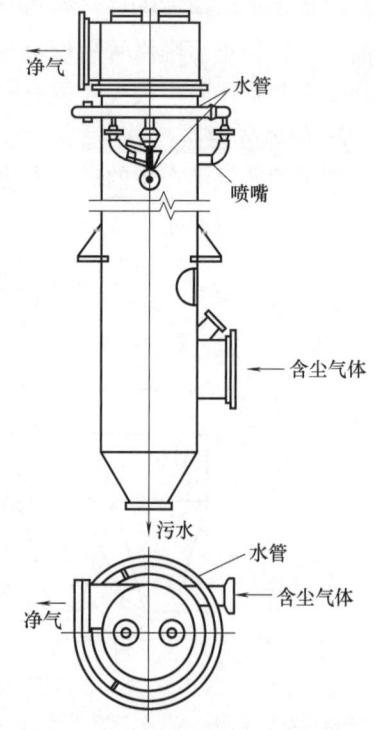

图6-8 旋风水膜除尘器原理图

g. 投资大,要求安装和运行管理技术较高。

**5. 过滤式除尘器**

利用多孔过滤介质分离捕集气体中固体或液体粒子的净化装置,属于高效干式除尘装置。分为空气过滤器、颗粒层过滤器和袋式过滤器等几种。其优点:a. 除尘效率高,处理量大;b. 结构简单,造价及运行费用低;c. 可提高干法脱硫的脱硫率。其缺点:a. 体积大,占地面积大;b. 滤袋易破损,阻力损失大,处理高温、高湿度、腐蚀性气体应慎选滤袋。

选择除尘器必须全面考虑有关因素,如除尘效率、压力损失、一次投资、维修管理、运行安全性等,其中最主要的是除尘效率。

① 选用的除尘器必须满足排放标准规定的排放浓度;
② 粉尘的物理性质对除尘器性能具有较大的影响;包括粉尘的粒径分布、密度、比电阻、亲水性、温度、压力、黏性、毒性等;
③ 黏性大的粉尘容易黏结在除尘器表面,不宜采用干法除尘;
④ 比电阻过大或过小,不宜采用电除尘;
⑤ 纤维性或憎水性粉尘不宜采用湿法除尘;
⑥ 选择除尘器时,应考虑捕集粉尘的处理问题;
⑦ 选择除尘器时应考虑设备的位置,可利用的空间,环境条件;
⑧ 选择除尘器时应考虑设备的一次性投资以及操作和维修费用。

## 三、噪声污染治理技术

噪声能引起听觉功能敏感度下降甚至造成耳聋,或引起神经衰弱、心血管病及消化系统病等疾病的高发。噪声干扰影响信息交流,听不清谈话或信号,使操作失误率上升。

现代制浆造纸工厂均采用连续化、自动化程度很高的机械设备,这些设备在生产过程中的运转和振动都会产生很强的噪声。按照造纸设备的工作原理和结构特点,制浆造纸工厂的噪声源可分为以下三种类型。

**1. 空气动力性噪声**

空气动力性噪声是因气体在流动过程中发生涡流、冲击或者压力突变引起的气流挠动而产生的,如真空泵、风机叶片旋转、空压机、纸机网部的真空伏辊等。

**2. 机械性噪声**

机械性噪声是由固体振动、金属摩擦、组成机械的构件碰撞、不平衡旋转零件撞击等产生。如剥皮机、削片机、造纸机的各分部传动及其齿轮箱、联轴器以及网部白水落入网下坑的撞击声等。

**3. 电磁性噪声**

电磁性噪声是由于电磁作用引起的振动产生的。在电机、电器元件盒设备中,由于电流或磁场的变化,产生交变的电磁力或者磁致伸缩等现象,因而引起电枢、壳体和铁芯等有关构件的振动而辐射噪声。如变压器、励磁机噪声等。

噪声是声源在空气中以弹性波形式辐射的一种压力波动,在环境中不会积累,也不会远距离传播,对人们的干扰是暂时性的、局部性的。只有当声源、传播途径和接受者同时存在时会对听者造成干扰。制浆造纸企业在总平面布置时要相对集中布置有噪声源的设备。高噪声厂房与低噪声厂房应分开布置；其周围宜布置噪声非敏感设施，如辅助车间、仓库、堆场等，尽可能将高大、朝向有利于隔声的建筑物作为缓冲带，并与管理区、生活区保持适当距离。强振动源（如盘磨机、削片机、空压机、造纸机、机修冲压设备等）应与管理区、生活区和对其敏感的作业区（如实验台、电气仪表控制室等）保持防振距离。

制浆造纸企业主要的降噪措施包括：由振动、摩擦和撞击等引起的机械噪声，通常采取减振、隔声措施，如对设备加装减振垫、隔声罩等，也可将某些设备传动的硬件连接改为软件连接；车间内可采取吸声和隔声等降噪措施；对于空气动力性噪声，通常采取安装消声器的措施。各类地点噪声不得超过《GB/T 50087—2013 工业企业噪声控制设计规范》规定的噪声限制值（55~90dB）。

## 第四节　固体废弃物综合利用

固体废弃物主要来源于人类的生产和消费活动过程。造纸工业在生产过程中产生的固体废弃物主要有备料产生的废弃物，如树皮、蔗髓、草末及粉尘等，制浆系统及碱回收系统排出的砂砾、白泥等，制浆及造纸车间产生的废浆渣，废水处理系统排出的过剩活性污泥，以及燃煤锅炉排出的废炉渣等。

不同性质的固体废弃物，造成的环境污染程度有较大的差异，因此，所采取的处理方法也不尽相同。在《中华人民共和国固体废物污染环境防治法》中确立了固体废弃物污染防治的"三化"原则，即固体废弃物污染防治的"减量化、资源化、无害化"原则，并作为我国固体废弃物管理的基本技术政策。

1. 减量化

通过合适的技术手段减少固体废弃物的产生量和排放量。由于固体废弃物产生量增加，容纳固体废弃物空间日益紧张，同时社会环境意识提高，很少有人愿意将固体废弃物处置设施建在自家附近，导致固体废弃物处置设施很难选址和建设，因此，固体废弃物管理必须能使废物减量化。要达到固体废弃物减量化的原则，首先，选用合适的生产原料，尽量在源头上减少和避免固体废弃物的产生；其次，采用无废或低废工艺，尽量减少和避免在生产过程中产生的固体废弃物；第三，提高产品质量和使用寿命，使用寿命延长，一定时间内废物的累积量也能减少；第四，对产生的废物进行有效的处理和最大限度的回收利用，减少固体废物的最终处置量。

2. 资源化

对固体废弃物施以适当的处理技术从中回收有用的物质和能源，即将固体废弃物适当处理作为二次资源或再生资源利用的技术。主要包括三方面内容：首先，从废物中回收二次物质、利用废物制取新形态的物质及从废物处理过程中回收能量，生产热能或电能。固体废弃物资源化具有一定的优势，如提高环境效益，在资源化的过程中除去某些潜在的有毒性废物，减少废物堆置场地；其次，可以降低生产成本。通过资源回收利用节约原材料的采购；三是通过废弃物的回收利用提高生产效率，降低能耗。

制浆造纸固体废弃物资源化利用技术主要有：

① 制浆造纸生产过程中产生的热值较高的废渣，如备料废渣、浆渣及污水处理厂污

泥等，可直接或通过干化处理后送入锅炉或焚烧炉燃烧。

② 非木浆尤其是草浆生产过程中产生的备料废渣可还田。

③ 筛选净化分离出的可利用浆渣及污水处理厂细格栅截留的细小纤维经处理后，可厂内回用或用于配抄低价值纸板、纸浆模塑产品。

④ 化学木浆生产过程产生的白泥经过石灰窑煅烧生产石灰，回用于碱回收苛化工段。化学非木浆或化学机械浆生产过程产生白泥可作为生产轻质碳酸钙的原料或作为脱硫剂。

⑤ 废纸浆生产过程中，原材料中的塑料、金属等固体废物，机制纸及纸板生产过程中产生的废聚酯网，均可回收实现资源化利用。

3. 无害化

将固体废物经过相应的工艺处理使其达到不影响人类健康，不污染周围环境的目的。对固体废弃物的无害化处理需要多种技术，目前应用较为广泛的有垃圾焚烧、垃圾卫生填埋、有机物热解气化、有害废物的热处理和解毒处理等。由于固体废弃物的来源、性质不同，无害化处理的过程也各有不同，一般需综合考虑废物的处理结果和处理成本。

## 第五节 制浆造纸节能技术

制浆造纸生产工艺过程复杂，生产过程中需要消耗大量的水、电和蒸汽，是属于高耗能的行业，为使制浆造纸企业获得良好的经济效益和社会效益，必须控制生产过程中的能源消耗，达到节能降耗，清洁生产的目的。为此，在节能设计过程中必须采取一定的节能措施。

制浆造纸生产过程中主要节能措施包括以下方面。

### 一、工艺节能技术

**（一）制浆节能技术**

① 制浆蒸煮工艺采用先进的节能技术。氧脱木素和深度脱木素蒸煮技术；RDH 技术；DDS 置换蒸煮工艺；超级间歇蒸煮技术；改良型连续蒸煮技术（MCC）；适合大型竹木浆厂的低固形物立式连续蒸煮技术；等温连续蒸煮（ITC）技术和延伸改良型连续蒸煮（EMCC）技术；适合草类原料的横管式连续蒸煮技术。

② 洗涤、筛选和漂白工艺中采用的先进节能技术：DD 真空洗浆机多段逆流洗涤技术；全封闭压力筛选、新型高浓筛浆机；氧脱木素、无元素氯（ECF）漂白、全无氯（TCF）漂白技术；中高浓漂白技术等。

③ 碱回收工艺中采用的先进节能技术。除硅和降黏技术；多效混流蒸发技术；多效板式降膜或升、降膜组合的蒸发器；连续苛化器进行苛化；压力过滤机对白液进行过滤；石灰回转窑煅烧白泥技术等。

④ 浆料处理选用高浓除渣及先进的打浆和筛选等工艺和装备，降低能源消耗。

**（二）造纸节能技术**

① 造纸机网部采用先进的脱水元件，真空泵采用变频控制技术进行真空度调节；使用高效透平式真空泵代替传统的水环式真空泵。

② 造纸机压榨部选用新型复合靴式宽压区压榨技术，提高纸页出压榨部的干度，减

少干燥蒸汽消耗量。

③ 造纸机主传动采用交流变频分部传动，自动调节电机速度，减少电机空耗。

④ 造纸机烘干部采用多段通汽或热泵通汽技术，提高烘缸传热效率以及保证烘缸冷凝水排出顺利，使纸机运行平稳，节约能源消耗。

⑤ 造纸机烘干部采用密闭汽罩和热回收技术；同时对烘缸排出的冷凝水全部送回热电站回收其热量，减少能源的损失。

⑥ 制浆造纸生产过程采用 DCS 控制系统，产品质量应配备 QCS 水分定量控制系统；成品卷纸采用自动包装线，并实行智能化仓储管理系统。

⑦ 制浆造纸工厂采取热电联产、集中供热可以节约能源，改善环境，同时提供电力和热力。

## 二、其他节能技术

① 工艺路线布局合理。车间内设备及管道的布置应符合流程走向，做到流程顺畅、短捷、减少迂回，管道布置尽可能减少弯头、分岔头，利用设备布置位差使介质自流，减少输送能量。

② 生产过程中尽量满负荷生产并减少开停机次数，大功率设备应就地补偿。

③ 蒸汽管道采取保温措施，选用新型保温材料，当环境温度 25℃ 时其表面温度应低于 50℃。

④ 对热设备和蒸汽管道定期进行检查与维修，避免由于设备的保温结构损坏而引起热量流失。

⑤ 合理布置输送载热体的管路，减少散热面积。输送载热体的管路，要采取管道保温措施，不得用裸管输送载热体。输送高温物体的设备、采用开口型利用蒸汽或热水的设备，应加盖或罩，以减少散热损失。

⑥ 准确控制被加热或被冷却物体的温度，防止超出规定的温度范围。调整被加热或被冷却物体的数量，使每台设备接近额定产量，防止因产量过低或过高而增加热耗。多台热设备并列运行时，应根据单产热耗最低的原则，调整开启设备的台数。

⑦ 选用高效水泵。一方面提高效率，节省电力，另一方面减少其匹配电动机的功率，降低电力负荷需求。

⑧ 选用高效空压机；优先选择有待机功能的空压机；有多台空压机时，尽量选择不同容量搭配或一台有调速功能的空压机；水冷却优先于风冷却；选择高效、省电或省气的配套空气干燥器。

⑨ 空压机出口压力应按用气设备的使用压力适当调整，避免空压机的出口压力过高而实际使用时又要减压，降低空压机的负荷，节省电能。

## 三、节能技术措施

### （一）能源计量措施

① 加强能源计量工作，完善能源计量管理制度及工艺规程；

② 建立能源计量网络，与经济效益挂钩；

③ 能源计量器具的使用维护必须在检验周期内使用，有合格证并铅封。

**(二) 节电措施**

① 电缆的选择与敷设应符合要求，减少电缆中间接头的数量；
② 采取有效措施减少线损率；
③ 选择高效节能型变压器；
④ 优先选用 YX、YE、YD、YZ 等系列的高效电机，节电效果明显。

**(三) 节水措施**

① 采用超效浅层气浮装置将白水中的细小纤维等悬浮物与水分离。减少了纤维的流失，回收的水中纤维含量少，质量高。
② 合理控制生产过程中的配水量，浆料碎解和洗涤、筛选系统尽可能在较高的浓度下进行，从而从源头上减少用水。
③ 坚持"开源与节流并重、节流优先、治污为本、科学开源、综合利用"的原则，合理配置水资源。
④ 企业应绘制给排水平面图，水平衡网络图，配备一、二、三级各种水表，建立用水台账，进行水平衡测试工作，并取得管理部门认可。
⑤ 推广采用节水技术，推行节水用水器，提高用水效率，节约水资源。采取相关装置或设施，保证冷却水的循环及回用。
⑥ 结合能源管理，对节水先进个人和集体进行奖励，充分调动职工参与节能管理的氛围。
⑦ 选择节水龙头，灵敏的控制开关可缩短水流时间，节省水量。

**(四) 防止跑、冒、滴、漏等方面的措施**

① 重点对用汽、用水、用压缩空气终端进行泄漏检查。一般来说造纸企业终端用汽、用水、用压缩空气点都比较多，且漏汽、水、气较多。一是用汽、用水、用压缩空气终端设备密封圈易损坏；二是由于现场噪声大，很难发觉漏汽、水、气；三是由于管理不严，致使阀门常开，非正常使用泄漏等。因此，加强用气终端的使用管理、加强漏汽检查，是减少汽、水、压缩空气消耗，节约能源的有效措施。
② 定期检查蒸汽、水、压缩空气管网是否泄漏。蒸汽、水、压缩空气管网焊接、连接处，容易产生蒸汽、水、压缩空气泄漏。特别是管线中因法兰连接处密封圈腐蚀而泄漏，焊接处锈蚀、废弃管路漏气较易发生，应对这些部位定期检查，及时消除漏点，以防浪费蒸汽、水、压缩空气。

**(五) 建筑节能措施**

① 建筑群的规划布置、建筑物的平面布置应有利于自然通风；
② 建筑物的朝向宜采用南北或接近南北向；
③ 维护结构各部分的传热系数和热惰性指标应符合有关规定。其中外墙的传热系数应考虑结构性冷桥的影响，取平均传热系数；
④ 建筑采暖、空调方式及其设备的选择，应根据当地资源情况，经技术经济分析及用户对设备运行费用的承担能力综合考虑确定；
⑤ 建筑采用分散式（户式）空气调节器（机）进行空调（及采暖）时，其能效比、性能系数应符合国家现行有关标准中的规定值；
⑥ 建筑通风设计应处理好室内气流组织，提高通风效率。对采用采暖、空调设备的

居住建筑，可采用机械换气装置（热回收装置）。

**（六）照明措施**

① 电光源选用的原则。电光源的选用要满足使用场所的照明需求；获得好的光效，保证节能和环保效果；合适的色温；稳定的发光，包括频闪、电压波动、光通量变化等；良好的启动性能；寿命长；性能价格比好。

② 合理设置工厂车间照明。车间照明都设有一定高度的一般照明，电光源高度越高，照度越低。应根据实际情况，减少一般照明，相应增加局部照明，即采用混合照明方式，不但能满足各种照明要求，而且能较大程度节约照明功率。

③ 采用控制照明线路。照明线路加装稳压装置，起稳定电压作用；照明线路加装节电器，可相应降低灯具的端电压；照明线路加装智能控制装置，不但可控制电压，而且可控制灯的亮度、开关时间等；加装声控、光控、触摸开关等。

④ 优先使用自然光。优先使用自然光不但减少人工照明，节约用电，而且对人们的身心健康有益。

⑤ 控制夜间电压升高的照明。在夜间用电负荷减轻时，电网的电压会升高，因此，在照明配电线路上加装电压稳压装置来控制电压，不但可以节省电压升高所多消耗的电能，而且可以保护灯具，延长灯具的使用寿命。

⑥ 选择节能灯具。选择有 3C 标志和有节能认证标志的节能灯，光效、使用寿命、安全、谐波等各项性能指标有保障，在使用寿命期内才能真正省电省钱。

⑦ 加强照明用电管理。照明节电管理主要以节电宣传教育和建立实施照明节电制度为主。将节电纳入考核内容，促进企业职工树立节电意识，对照明灯做到合理控制，使职工养成随手关灯的习惯。

⑧ 工厂昼夜电压变化幅度常在 5%~12%。午夜后，线路电压高于额定值 3%~5%，此时运行的照明灯功率常超过额定值 10%。为消除这种现象要采取限压措施：①利用电抗器限压。②利用晶闸管控制。

**（七）其他节能措施**

（1）采用能量系统分析与最优综合的方法

通过企业能源供给的规划优化，全厂和装置的工艺流程优化、工艺条件及参数优选、生产过程优化运行、设计和平面布置的优化，以及原料优化、公用工程能量系统优化、全厂余热利用集成和采用先进的控制技术、高效节能设备等。

（2）利用低谷电价，降低用电成本

企业应结合季节性、时段性的特殊用电规定，根据本企业的实际情况相应调整或调度峰、谷电的使用，可有效地降低用电成本；安排生产计划时避开用电高峰期；设备检修安排在用电高峰期；大功率设备实现平、谷电运行；尽可能安排组织谷电生产，耗电量大的设备要安排在谷电生产。

（3）提高负载的自然功率因数，从源头上减少无功功率

一般来说，异步电动机额定负荷时功率因数在 0.8 以上，而空载时在 0.1~0.2。由此可见，功率因数与负荷关系密不可分，提高自然功率因数可从以下几方面着手：电动机负载应与容量相匹配，防止"大马拉小车"现象；如实际负载只是电动机负载的 30% 左右时，启动、运行时应采用减压启动、运行，如三角形与星形切换；选用高效设备或自

身有无功补偿装置的设备。

（4）加强对水泵的运行管理

水泵在工作过程中的功耗：电动机的轴功率、线路损耗、控制装置损耗、机械损耗。水泵的基本节电方法：减少运行时间、采用高效水泵设备（包括水泵、电机、传动装置、控制装置等）、减少水管阻力、变频器节电技术使用。

水泵负荷在额定功率附近时效率最高，约为70%。但大部分水泵的运行负荷都较小或负荷频繁变化，所以运行效率一般都低于50%，还有一种情况是配置水泵时，选择功率偏大，即出现"大马拉小车"现象，使其一直在低效区运行。另外一种情况是虽然在高效区运行，但其所做功并非全是有效功，即它们所做的总功中只有一部分是实际需求的，而另一部分属于无用功。以上几种情形在工厂是比较普遍存在的，如切实加强水泵的运行管理，节电潜力巨大。

（5）空调系统采取以下节电措施

办公场所空调节电措施：空调省电主要取决于"开机率"，即启动时最耗电。空调安装位置宜高。应将空调机安装在背阴的窗户上部，避免阳光直接照射在空调器上，如果不具备这种条件，就应在空调器上加遮阳罩。使用空调的房间，最好挂一层较厚的窗帘，这样可阻止室内外冷热空气交流。应经常清除空调过滤网上的灰尘，一方面可保持空气清洁，另一方面可使空气循环保持畅通，以达到省电的目的。定期清除室外机散热片上的灰尘，因为灰尘过多，会使空调用电增多。严重时还会引起压缩机过热、保护器跳闸。利用排风的能量与新风的能量进行交换，即冷（热）回收，降低冷（热）负荷；减少空调区域其他热负荷的增加。如照明灯具散热、设备散热、太阳光辐射热、空气渗透带入热量、围护结构传热等，可得到节能效果；采用高效、环保冷冻剂（工质）；空调负荷较轻时，适当提高冷冻水出口温度；合理控制冷凝水压力、蒸发压力；制冷装置大的热（冷）回收利用（如冷凝过程制冷剂热量回收）；对制冷压缩机进行变频控制；利用空调水系统的"惰性"，减少冷冻机开机时间；增大水温差以减少水流量；水系统采用闭路循环，对冷却水进行循环使用；采用升压泵和动力回收泵；增大风的温度差以减小风量；加强制冷设备的维护保养，提高制冷设备效率；利用余热，使用溴化锂制冷机组。

（6）提高供热效率

供热管网采用高效成型的保温材料，减少散热损失；加强疏水器、热力阀门等维护管理，使用新型疏水器，使漏汽率控制在2%以下，同时搞好冷凝水的回收利用工作。从热源、供热管网、热用户"三位一体"的角度，对系统的设计和运行参数、供热质量、能源利用率等技术指标进行综合分析评价，实现供热系统优化运行，降低供热系统能耗。

（7）保持设备工作状况

清除空气调节设备过滤器的堵塞物、热交换器的结霜、冷凝器的水垢等，保持设备的良好工作状况。

## 四、节能管理措施

企业除采用生产节能措施以外，在管理上也应采取一定的节能措施，确保整个企业整体运行中能耗降至最低，提高企业的生产效率和经济效益。

节能管理方面采取的措施主要包括以下方面。

① 企业应设立能源管理岗位和专职机构，在具有节能专业知识、实践经验以及工程师以上职称的人员中聘任能源管理人员，并向有关主管部门备案。

② 企业能源管理机构和管理人员对本企业的能源利用状况进行监督、检查。

③ 企业每年应制订本单位能源使用计划，下发各部门执行，每年定期检查计划执行情况，年终以书面形式总结本单位能源使用情况，并上报上级有关部门。

④ 建立节能工作责任制，对节能工作取得成绩的集体和个人给予奖励。严格核定和控制各生产单位的损耗率。

⑤ 加大投入，加快节能降耗技术改造。企业每年都要安排一定数额资金用于节能技术改造，要加大节能新技术、新工艺、新设备和新材料的研究开发和推广应用，加快淘汰高耗能落后工艺、技术和设备，大力调整企业产品、工艺和能源消费结构，把节能降耗技术改造作为增长方式转变和结构调整的根本措施来抓，促进企业生产工艺的优化和产品结构的升级，实现技术节能和结构节能。

⑥ 建立节能激励机制。企业要建立和完善节能奖惩制度，安排一定的节能奖励资金，对节能工作中取得成绩的集体和个人给予奖励，对浪费能源的集体和个人给予惩罚；将节能目标的完成情况纳入各级员工的业绩考核范畴，严格考核，节奖超罚。

⑦ 加强节能宣传与培训。企业要组织开展经常性的节能宣传与培训。定期组织能源计量、统计、管理和操作人员业务学习和培训，主要耗能设备操作人员未经培训不得上岗。加强企业节约型文化建设，提高资源忧患意识、节约意识和环保意识，增强社会责任感。

⑧ 建立健全能源消耗原始记录和统计台账，按照《中华人民共和国统计法》和其他有关规定，定期向上级节能管理机构和企业业务主管部门报送有关能源统计报表。

⑨ 进行能耗分析，并根据需要开展能源平衡工作，实行综合能耗考核和单项消耗考核制度。

⑩ 企业能源机构应当会同能源供应部门，根据上级主管部门综合能耗考核定额和单位产品能耗定额，定期对本企业主要耗能产品制订先进、合理的能源消耗定额，并认真进行考核。将各项能源消耗定额分解落实到车间、班组、岗位。

⑪ 积极开展节能技术革新和传统项目节能改造工作。

⑫ 建立企业节能管理网络，企业主要负责人担任节能领导小组组长，建立一整套强大的节能管理网络体系，并有效运行。

⑬ 在企业开展节能合理化建议活动，一线工人天天与设备打交道，有很多节能成功的经验，充分调动他们的节能积极性，从小处着手，从一点一滴起步，持之以恒，坚持不懈达到节能降耗的目的。

⑭ 制定事故应急预案。对出现的不可预见的设备故障、安全事故、环境污染等非正常情况采取应急方案，减少停机时间，提高作业率，保证企业正常运转。

通过采取以上诸多方面的节能技术措施，确保制浆造纸企业生产能源消耗降至最低，达到节能降耗和清洁生产的目的。

## 第六节 本章课程重点思政内容

本章课程主要介绍制浆造纸的环境保护和能源节约问题，包括"三废"综合治理方法和节约能源的措施等内容，主要课程思政元素包括社会责任感意识和生态保护与安全意识等内容。

### (一) 社会责任感意识

气候变化是 21 世纪人类面临的全球性问题。随着各国二氧化碳排放，温室气体猛增，对人类生命系统形成威胁。在这一背景下，世界各国以全球协约的方式减排温室气体，我国由此提出碳达峰和碳中和目标。即在 2030 年前，我国二氧化碳的排放不再增长，达到峰值之后逐步降低；企业、团体或个人测算在一定时间内直接或间接产生的温室气体排放总量，通过植树造林、节能减排等形式，抵消自身产生的二氧化碳排放量，实现二氧化碳"零排放"。我国是全球最大的碳排放国，应对气候变化事关国内国际两个大局，事关发展全局和长远，是推动经济高质量发展和生态文明建设的重要抓手，是参与全球治理和坚持多边主义的重要领域。2020 年以来，我国在多个重大国际场合就应对气候变化提出有力度的目标和愿景，发表一系列倡议和看法，为绿色低碳转型指明了前进方向，也为全球气候治理向前迈进注入了新动能。本节通过环保工程设计及案例分析，了解环境保护的重要性，破坏环境所造成的危害性等，环境保护，从我做起，人人有责；制浆造纸作为高能耗和高污染的行业，一直以来受到社会的关注，降低能源消耗和减少污染，促进企业良性循环健康发展，已经成为企业当下急需解决的问题，同时也是每一个社会参与者必须具有的社会责任意识。

### (二) 生态保护与安全意识

通过环保工程设计案例讲解，教育学生注重生态环境保护的道理，设计过程中要注重环境保护；通过消防和安全设计知识讲解，充分意识到消防的重要性，尤其制浆造纸工厂原料和成品都是易燃物品，极易发生火灾等危险性，一定要有消防和安全意识，设计过程中更应注重消防设计和安全设计的合理性，应体现人文关怀精神。

# 第七章 职业安全与卫生

## 第一节 制浆造纸职业安全与卫生的特点与预防

随着造纸企业朝着大型化、现代化的发展，造纸企业已成为集制浆造纸、化工、热电、环保为一体的大型企业。制浆造纸的原料、辅助药剂和材料普遍属于可燃易燃物品、且易产生污染物。造纸企业生产安全隐患剧增，是当地消防、环保、职业卫生的防控重点单位。同时有害气体、粉尘、高温作业、高噪声环境对操作人员身体危害日益受到关注，一旦发生安全生产事故，不仅造成企业经济损失，甚至会有人员伤亡事故。

### 一、制浆造纸生产的主要安全隐患

1. 火灾危险性高

制浆造纸的主要原料是麦草、芦苇、木片、废纸等富含植物纤维原料，均属于燃点较低的可燃物品。尤其是废纸的大量使用，废纸堆存面积越来越大，堆存高度越来越高，堆垛之间越来越近，极易引发火灾。同时原料多靠近生产区，火灾一旦发生，极易波及整个厂区。随着生产规模的扩大，纸张成品库存也数量庞大，而纸张燃点更低，一旦发生火灾，极易酿成严重后果。另外火灾产生的烟雾，对周边空气造成负面影响。从近年披露的造纸企业火灾事件看，绝大多数火灾发生在原料堆存、成品库两大重点防火部位，并有持续增加的趋势。所以，造纸行业应该控制火源火种，要严格控制电气焊作业的用火安全，并且要经常进行全员的安全消防培训和应急演练工作。

2. 生产过程人员伤亡事故时有发生

随着先进技术和装备的不断推新，自动化程度越来越高，高速纸机和机械设备大量应用，特别是高速传动装置、原料处理系统、输送系统，是发生事故最多的部位，稍有疏忽，就有可能造成安全事故。尤其是防护设施未能及时到位时，操作不当引发事故是造成机械设备事故的最大隐患。制浆造纸生产中大量使用了各类电气设备设施，很多是电压等级较高的设备，以及高压电气线路的密集分布，也容易造成电气设备事故，成为了造纸行业的一个事故多发源点。

3. 粉尘、有害气体的伤害日益受到关注

粉尘、有害气体对人身造成的伤害是职业病健康防治的重点监控目标。造纸企业虽没有采矿、危险品、市政、化工等那么受到社会关注，但预防不足造成的隐患仍较突出。原料（废纸）堆存和分拣、原料处理（切草机、削片机）、煤堆存和输送、电站粉尘、白泥苛化以及碳酸钙制备等生产区域，粉尘危害较大，须切实加大防控措施，减少对操作工的危害。同时制浆造纸企业也具有化工企业的某些特征，在生产过程中大量使用了酸、碱、盐、强氧化剂和有机助剂，这些化学品有些气味很刺激，也是有害气体，长期吸入会损害身体。一旦储存不当，发生泄漏就会污染环境和造成人员伤害。另外在制浆造纸过程中还会产生有毒气体硫化氢，会引起中毒，成为了造纸企业职业病防治的重点预控对象。还有污水处理厂产生的沼气及污泥处理（或掺烧）、碱回收系统的各种槽罐及白泥苛化后产生的石灰，对员工身体伤害也不可忽视。

4. 高温高噪声作业点多

制浆造纸企业配置了各种高速的机械设备，如切草机、剥皮机、削片机、筛选、大型纸机、磨浆机、水力碎浆机、真空泵、鼓风机等，这些装置都产生高分贝的噪声，虽采取许多消音设施和劳动保护措施，但噪声危害确实长期存在。同时在生产过程中，许多系统使用较多的高温蒸汽，如锅炉、蒸煮、蒸发、气化炉、干燥部、石灰窑和石灰回转炉等系统作业温度较高，长时间操作对身体危害也不小，防范高温作业危害工作应进一步获得重视。

5. 不可控因素增多

制浆造纸企业在生产过程中，蒸煮、蒸发、燃烧、动力等工段大量使用了压力容器，这些装置大都处于高温高压之下，一旦发生问题有爆炸危险。同时随着规模化生产，场内外物流量剧增，从原料进厂到成品纸装卸大量使用了叉车、拖拉机、装载机、大型集装箱运输车辆，这些车辆在厂区周边和厂内道路上来往穿梭，极易出现车辆伤害事故，存在一定的安全隐患。

## 二、国家对造纸企业安全生产的相关要求

我国对企业安全生产极为重视，出台的一系列法律、政策和规范进一步明确了安全生产的紧迫性和重要性，提出了各项防控安全事故的措施和监管要求，体现了落实以人为本的基本点和精神实质，为企业安全生产提供了政策保障和实施依据。

①《中华人民共和国安全生产法》（2002年主席令第70号）；
②《中华人民共和国职业病防治法》（2011年主席令第52号）；
③《工伤预防五年行动计划（2021—2025年）》（人社部发〔2020〕90号）；
④《工作场所职业卫生管理规定》（国家卫健委令 第5号）；
⑤《GB/T 33000—2016 企业安全生产标准化基本规范》。

《安全生产法》促进加强安全生产工作，防止和减少生产安全事故，保障人民群众生命和财产安全，促进经济社会健康发展。《职业病防治法》在预防、控制和消除职业危害，防治职业病，保护劳动者健康及其相关权益，促进经济社会发展等方面发挥作用。《工伤预防五年行动计划》明确了九项工作任务，体现了三大特点。一是提出了预防优先的理念，更加注重事前预防。二是建立了大预防的工作格局，更加注重齐抓共管。三是突出了重点行业、重点企业、重点人员，将重点行业、重点企业分管负责人、安全管理部门主要负责人和一线班组长等重点岗位人员作为重点对象，实现培训全覆盖，通过抓住关键少数，带动工伤预防工作整体开展。《工作场所卫生管理规定》强化用人单位的职业病防治主体责任，预防、控制职业病危害，保障劳动者健康和相关权益。

《GB/T 33000—2016 企业安全生产标准化基本规范》采用了国际通用的策划、实施、检查、改进、动态循环的现代安全管理模式。通过企业自我检查、自我纠正、自我完善的动态循环管理模式，更好地促进企业安全绩效的持续改进和安全生产长效机制的建立。通过建立安全生产责任制，制定安全管理制度和操作规程，排查治理隐患和监控

重大危险源，建立预防机制，规范生产行为。要求各生产环节符合有关安全生产法律法规和标准规范的要求，人、机、物、环处于良好的生产状态，并持续改进，不断加强企业安全生产规范化建设。国家安全监管部门依据《国务院关于进一步加强企业安全生产工作的通知》（国发〔2010〕23号）和《GB/T 33000—2016 企业安全生产标准化基本规范》，印发《纺织造纸食品生产企业安全生产标准化评定标准的通知》（安监总管四〔2011〕126号），详细制定了《造纸企业安全生产标准化评定标准》。本评定标准所指的造纸企业包括具有完整造纸生产线企业、生产造纸熟料企业及造纸粉磨站等企业。本评定标准共设13项考评类目、47项考评项目和197条考评内容。满分100分，等级分为一级、二级和三级，一级为最高（见表7-1）。

表7-1　　　　　　　　造纸企业安全生产评定等级

| 评定等级 | 评审得分 | 安全绩效 |
| --- | --- | --- |
| 一级 | ≥90 | 申请评审前一年内未发生人员死亡的生产安全事故 |
| 二级 | ≥75 | 申请评审前一年内发生生产安全事故累计死亡不超过1人 |
| 三级 | ≥60 | 申请评审前一年内发生生产安全事故累计死亡不超过2人 |

## 三、制浆造纸企业安全生产的基本原则

按照国家相关政策文件和《GB/T 33000—2016 企业安全生产标准化基本规范》的要求，造纸企业应采取强有力的措施，加大投入力度，严格规范实施，确实减少安全隐患，保障员工合法权益和正当要求。

1. 严格遵守《中华人民共和国安全生产法》

把安全生产放在与环保同等重要的位置，加大投入，严格安全管理，坚持不安全不生产的基本原则。安全设施投资应当纳入建设项目概算，建设项目安全设施必须与主体工程同时设计、同时施工、同时投入生产和使用。

2. 严格按标准化建设，建立长效规范化运行机制。

严格依照《GB/T 33000—2016 企业安全生产标准化基本规范》和《造纸企业安全生产标准化评定标准》，建立完善的安全生产管理制度和实施办法，将安全生产列入企业优先解决的重大事项。通过建立安全生产责任制，制定安全管理制度和操作规程，排查治理隐患和监控重大危险源，建立预防机制，规范生产行为。

3. 加大安全生产投入

切实依照《企业安全生产费用提取和使用管理办法》的要求，提取足额费用，专款专用，加大安全生产投入。

4. 加强安全生产培训和宣传

造纸企业应对从业人员进行安全生产教育和培训，保证从业人员具备必要的安全生产知识，熟悉有关的安全生产规章制度和安全操作规程，掌握本岗位的安全操作技能。未经安全生产教育和培训合格的从业人员，不得上岗作业。在各重点区域设置醒目的告知栏和警示牌，提高安全生产意识，保障员工身体健康，防范事故发生，提升企业形象。

## 第二节　制浆造纸的职业安全与卫生设计

### 一、职业安全卫生设计规范与内容

1. 职业安全卫生设计规范

防火防爆设计应符合《中华人民共和国消防法》、现行国家标准《GB 50016—2014 建筑设计防火规范》《GB 50058—2014 爆炸危险环境电力装置设计规范》和《GB 50116—2007 火灾自动报警系统设计规范》的有关规定。

热电站和锅炉房的设计应符合现行国家标准《GB 50229—2019 火力发电厂与变电所设计防火规范》《GB 50049—2011 小型火力发电厂设计规范》《GB 50660—2011 大中型火力发电厂设计规范》和《GB 50041—2020 锅炉房设计标准》的有关规定。

防雷和电气安全应符合现行国家标准《GB 50057—2010 建筑物防雷设计规范》和《GB 50058—2014 爆炸危险环境电力装置设计规范》的有关规定。

压力容器及压力管道的设计、制造、安装、使用和检修,应符合现行国家标准《GB 150—2011 压力容器》和《GB 50316—2000 工业金属管道设计规范》和《GB 50235—2010 工业金属管道工程施工规范》等的有关规定。

防尘、防毒、防腐、防辐射、防暑、防湿的设计应符合现行国家标准《GBZ 1—2010 工业企业设计卫生标准》和《GB 50019—2015 工业建筑供暖通风与空气调节设计规范》的有关规定。

采光照明设计应符合现行国家标准《GB 50033—2013 建筑采光设计标准》的有关规定。

2. 职业安全卫生设计的内容

职业安全卫生设计包含防火防爆、采光、照明、防雷及电气安全、压力容器及管道、噪声防护及减振、防尘、防毒、防腐、防辐射、防暑、防湿、安全色、安全标志等内容,涉及工艺、总平面、建筑、结构、电气、动力、仪表及自动控制、采暖通风、给排水等各专业。

### 二、职业安全卫生的主要防护措施

#### (一) 防火防爆

1. 厂区总平面布置

厂区总平面布置应保证消防通道通畅、消防水管网的合理布置和消防用水的水量。车间内外消火栓的设置、给水设施和固定灭火装置等设计,应符合现行国家标准《GB 50016—2014 建筑设计防火规范》的有关规定。厂区道路布置应环形布置,当车间长度超长时,应符合现行国家标准《GB 50016—2014 建筑设计防火规范》的有关规定,确保消防通道通畅。

2. 消防措施

在易燃易爆的罐区、车间、作业区和储存库,应设置专用的灭火设置及室内外消火栓;造纸机的密闭气罩内宜设喷淋灭火装置;封闭的油泵房内应设置机械排风。

当多台造纸机布置在同一联合厂房中或因气候原因全部生产设备需布置在同一联合厂房中，以及制浆生产中木片堆场单垛超过20000m³时，设计中应加强监控、火灾报警、喷淋及经过认证的特种消防设施等措施。

当因工艺生产要求，使得防火分区或物料堆放超出现行国家标准有关消防规定时，应采用监控、特种消防设施、设备等措施，设计方案应经过国家主管部门批准后实施。

3. 火灾报警系统

进行火灾自动报警系统设计时，建筑面积小于1000m²的丙类库房宜采用区域报警系统；建筑面积大于1000m²的丙类库房宜设置集中报警系统。大型制浆造纸厂宜设置消防控制中心，将各个火灾控制器的信号送到消防控制中心，其中显示火灾报警部位信号和联动控制状态信号。

制浆造纸厂应在浆板仓库、成品仓库、车间上料区和完成工段区域设置火灾自动报警系统，并应符合现行国家标准《GB 50016—2014 建筑设计防火规范》的有关规定。

自备热电站应设置火灾自动报警系统的区域，应符合现行国家标准《GB 50229—2019 火力发电厂与变电站设计防火标准》的有关规定。

4. 安全防护距离

原材料和生产产品应存放在堆场或仓库内，原料、成品仓库或堆场与烟囱、明火作业场所的距离不得小于30m；当烟囱高度超过30m时，间距应按烟囱高度计算。危险品库的安全防护距离及房屋设计应符合现行国家标准《GB 50016—2014 建筑设计防火规范》的有关规定。

**（二）防雷、电气安全**

1. 消防供电

建筑高度大于50m的乙、丙类厂房和丙类仓库的消防用电应按一级负荷供电；室外消防用水量大于30L/s的车间和仓库、大于35L/s的原料堆场、可燃气体储罐和甲类以及乙类液体储罐、大于25L/s的公共建筑应按二级负荷供电；其他建筑物、储罐区和堆场的消防用电可按三级负荷供电。

消防用电设备应采用专用的供电回路，当生产、生活用电被切除时，应仍保证消防用电。配电设施应有明显标志。一级负荷供电的建筑，当采用自备发电设备作为备用电源时，自备发电设备应设置自动和手动启动装置，自动启动方式应在30s内供电。

2. 消防配电及线路敷设

消防配电箱、开关及其配电线路宜按防火分区独立设置。消防控制室、消防水泵房、防烟与排烟风机房的消防用电设备及消防电梯等的供电，应在配电线路的最末一级配电箱处设置自动切换装置。当确认火灾时，应根据实际情况采用手动或自动切除相关区域非消防电源。

消防用电设备的配电线路暗敷时，应穿管并敷设在不燃烧体结构内且保护层厚度不应小于30mm；明敷时，应穿金属管或封闭式金属线槽，并应采用防火保护措施；当采用耐火电缆时，敷设在电缆沟、电缆井和电缆桥架内可不采取其他防火保护措施；当采用矿物绝缘类不燃电缆时，可直接明敷。消防用电设备的配电线路与其他配电线路宜分开敷设，当敷设在同一井沟内时，宜分别布置在井沟的两侧。

3. 应急照明

消防应急照明灯具和灯光疏散指示标志的备用电源连续供电时间不应少于30min。试验和火灾证明，一般用途的建筑物发生火灾时，人员应在10min以内疏散完毕。否则，将会因火灾和烟气的蔓延、高温烟气以及火灾的有毒热分解物而增加人员窒息死亡的可能性，因此30min足以满足人员疏散完毕的要求。

4. 可燃材料仓库

浆板库、成品仓库等可燃材料仓库内宜使用低温照明灯具，并应对灯具的发热部件采取隔热防火保护措施；不应设置卤钨灯等高温照明灯具。在照明配电箱进线开关装设的剩余监测和保护电器，动作电流宜为300~500mA。

5. 动力车间

进入锅炉、金属容器、槽罐、特别潮湿场所内检修应采用电压不大于12V的低压行灯。碱回收炉的分散型控制系统（DCS）控制室和安全通道的撤离口等重要场所宜设置紧急事故停机开关。当中小型碱回收不具备双电源条件时，应设安全照明设施。

（三）防烫

工作温度大于60℃的设备和管道上应有保温措施。当工艺要求裸露、表面温度大于60℃时，在基准面上不大于2.1m、距离操作平台不大于0.75m范围内应采取操作人员的防烫保护措施，警示标志应符合现行国家标准《GB 2894—2008 安全标志及其使用导则》的有关规定。

碱回收炉的熔融物溜槽、设备传动部件的齿轮、链条、皮带等应设置保护罩。蒸汽安全阀应设置防止人员被烫伤的保护装置，熔融物溜槽及化学品槽、罐附近应设置洗眼、吸收设施。

（四）安全色、安全标志

易发生事故与危害的设备、管道及地点应涂安全色和设置安全标志，应符合现行国家标准《GB 2893—2008 安全色》和《GB 2894—2008 安全标志及其使用导则》的有关规定。

传动设备除应设置防护罩外，还应设置安全标志，严禁随意开启和关闭的阀门应加锁，并应挂以明显的标志牌。

（五）噪声防护、防振动

噪声应从声源控制，宜选用噪声较低、振动较小的工艺和设备。噪声控制设计应与主体工程设计同时进行，噪声较大设备宜布置在封闭厂房内。仪表控制室、成品化验室、维修室、值班室、更衣室等有常驻人员的房间应采取隔声措施。

噪声控制应符合现行国家标准《GB 3096—2008 声环境质量标准》《GB 12348—2008 工业企业厂界环境噪声排放标准》的有关规定和建设项目环境影响评估报告的要求。厂区内噪声标准及控制措施应符合现行国家标准《GB/T 50087—2013 工业企业噪声控制设计规范》和《GBZ1—2010 工业企业设计卫生标准》的有关规定。对超出职业卫生标准有关噪声职业接触限值规定的，应对声源进行隔声设计，采取隔声、吸声、消声、减振、个人防护及综合控制等噪声控制措施。

防振动设计应符合现行国家标准《GB 50040—2020 动力机器基础设计标准》的有关规定。

## (六) 防尘

产生粉尘的作业场所，在工艺生产允许时应采取加湿降尘措施。当作业场所粉尘、烟尘或有害气体浓度较大且不易处理时，应设置单独操作，并应设置机械通风。产生粉尘的生产过程和设备宜机械化、自动化和密闭隔离操作，并应配有吸入、净化和排放装置，粉尘排放应符合现行国家标准《GB 16297—1996 大气污染物综合排放标准》的有关规定。

备料车间应设除尘通风装置。石灰石破碎车间内应设隔离的值班工人休息室。复卷机、切纸机处宜设置收集除尘系统。

## (七) 防毒、防腐、防辐射

有挥发性且腐蚀性较强、易产生粉尘危害介质的车间、工段应加强通风除尘措施。有条件的区域，在不影响工艺生产的情况下，可采用露天或半露天的方式布置生产设备。

非木材制浆的备料工段、苛化工段、漂白工段、二氧化氯制备和热电站的上煤系统等工段应加强通风和除尘。

应加强热电站主厂房运转层和底层的通风，并设置清扫装置及水冲洗设施。热电站化学水处理车间的酸碱计量间、化验室及加药间等应设置机械通风系统，增加室内的换气次数；贮存罐区地面应设防护围堰，并应设置操作人员安全冲洗设施。

使用强酸强碱、易燃液体的车间应采取防流散措施。蒸煮、洗浆、漂白、碱回收炉、苛化、化学品制备等储槽区、构筑物以及露天布置的蒸煮、蒸发工段及其储槽区，硬化的地面应设置翻边，防止意外发生的液体流散。碱回收炉的溜槽附近应设置洗眼、吸收设施。

防腐蚀设计应符合现行国家标准《GB/T 50046—2018 工业建筑防腐蚀设计规范》的有关规定。并应根据腐蚀性介质的类别、性质、浓度、工艺生产可能发生腐蚀的区域选择防腐蚀建筑构造和建筑材料。制浆造纸工厂在生产和使用过程中产生或使用的腐蚀性介质分为固态介质（G）、液态介质（Y）、气态介质（Q）。建筑物防腐蚀设计主要针对固态介质（G）和液态介质（Y），应选择相应的防腐蚀建筑构造和建筑材料对地坪、墙体、门窗、结构及构件等进行防护。生产过程中可能有的腐蚀性介质和作用部位可参考表 7-2 的要求。

表 7-2　　　　　　　　生产过程中可能有的腐蚀性介质和作用部位

| 介质名称、性质及作用条件 | 工段 | 作用部位举例 |
|---|---|---|
| 硫酸、盐酸、磷酸（≤5%） | 塔罗油工段 | 皂化物洗涤槽、酸化反应器,皂化物分离器等部位的楼地面及地沟 |
| | 漂白工段 | 硫酸稀释槽部位地面 |
| | 蒸发工段 | 蒸发器除垢用酸洗槽、耐酸泵等部位地面及地沟 |
| | 苛化工段 | 苛化清洗滤布的洗涤槽附近的地面及地沟 |
| | 备浆工段 | 硫酸铝溶解槽、计量槽部位地面 |
| 硫酸钠、硫化钠溶液 | 燃烧工段 | 溶解槽等溶液泵部位楼、地面及地沟 |
| | 苛化工段 | 绿液、白液澄清和储存部位 |
| 8%＜氢氧化钠＜15% 硫酸钠 | 蒸煮工段 | 蒸煮锅下方、药液循环泵等部位地面及地沟 |
| | 苛化工段 | 浓白（绿）液澄清器、贮存槽等溶液泵部位地面及地沟 |
| 芒硝 | 碱回收车间 | 芒硝过滤机地面、芒硝粉碎室、芒硝提升机室、袋装仓库地面及墙面 |

### （八）防暑、防寒、防湿

不设空调的生产车间，应具有良好的自然通风条件，也可设局部送风。生产车间不宜设空调，在湿热情况比较严重的车间，宜采取机械送排风措施；在设备排湿、排热风量较大的车间（如高速运行的造纸车间）应按照排风量，平衡设置送风和车间送排风设施。

有温湿度要求的恒温恒湿实验室或产品检验室以及有温湿度控制要求的纸品加工车间空调设计应满足工艺要求。车间空调室可利用回风，回风点应远离散发有害气体的设备，并应组织好气流。当车间内有散发有害气体的设备时，应单独隔离、单独排风。

高温车间的热源应分布合理、并易于热量发散。热源可布置在常年最小频率风向的上风侧或单独的车间内。高温操作区应设置局部送风降温设施，并加强通风换气。高温作业车间内应设工间休息室，夏季休息时室内气温不应高于室外气温；使有空调的休息室室内气温应保持在 25~27℃。

具有敞口液面并产生大量异味气体和水蒸气的生产设备，宜集中布置，并应设排汽罩和机械排风装置，机械排风装置宜安装向上排风口并超过建筑物的屋檐。

## 第三节　本章课程重点思政内容

本章课程主要介绍制浆造纸职业安全与卫生知识，包括制浆造纸生产过程中的安全问题及防护措施等内容，主要课程思政元素包括法律意识和生态保护与安全意识等内容。

### （一）法律意识

制浆造纸工厂有一定的安全隐患，火灾危险性高、机械伤害多，有一定的粉尘和有害气体产生，同时工作环境高温、高噪声、高湿，对人体有一定的伤害，需要做好安全防护措施，同时要严格遵守国家的相关法律、法规，如《中华人民共和国安全生产法》等，要有高度的法律意识，警钟长鸣。

### （二）环境保护与人文关怀

制浆造纸工厂环境相对较差，有一定的污染物产生，因此，做好环境保护是每一个企业的责任，也是体现企业的人文关怀，作为普通大众，也应有环境保护意识和环境保护的理念，环境保护，人人有责。

# 第八章　制浆造纸工程设计图纸绘制

工程设计最终是以绘制工程图纸为目的，工程设计成果表达方式即是工程设计图纸，作为专业工程设计人员不仅要能看懂设计图纸，同时要学会绘制图纸，所绘制的图纸必须符合国家的相关绘图标准规范，如图纸的图幅大小、图纸中文字的字体格式、文字大小、标题栏编制等应符合相关的图纸设计规范要求。

计算机辅助设计 AutoCAD（简称 CAD）绘图软件在工程设计中越来越发挥着重要的作用，它不仅能帮助设计人员进行复杂的图纸绘制，而且还能帮助设计人员担负计算、信息存储等工作，极大地提高了绘图的效率和绘图质量。在设计中通常要用计算机对不同方案进行大量的分析、比较和优化，以选择最优设计方案；各种设计信息，不论是数字、文字或图形信息，都能存放在计算机的内存或外存里，并能快速地检索；设计人员通常用草图开始设计，将草图变为工作图的繁重工作可以交给计算机完成；由计算机自动产生的设计结果，可以快速作出图形显示出来，使设计人员及时对设计作出判断和修改；利用计算机可以进行图形的编辑、放大、缩小、平移和旋转等有关的图形数据加工工作。CAD 能够减轻设计人员的劳动，缩短设计周期和提高设计质量，因此，工程设计人员必须熟练掌握和运用 CAD 绘图软件进行工程设计图纸的绘制。

除 CAD 绘图软件外，还有 Photoshop、coreldraw、3dmax 等，这些软件都可以绘制一些相关的工程图，对工程设计有很大的帮助。

制浆造纸工程设计主要包括设备一览表、浆水平衡图、工艺流程图、设备布置图（含平面和剖面布置图）、设备及管道布置图（含平面和剖面布置图）、管道及管件材料汇总表等。

## 第一节　图纸一般要求

设计图纸通常包括图纸幅宽大小、图纸中字体型式、图纸中各种介质名称与代号、各种阀门名称与代号等表达方式，下面就这几方面作简单介绍。

### 一、图幅大小要求

1. 机械制图纸幅面及规格

所有设计图纸的图幅大小均应符合国家标准《GB 4457.1—1984 机械制图图纸幅面及格式》中规定。

基本设计图纸分为 $A_0$、$A_1$、$A_2$、$A_3$、$A_4$、$A_5$ 5 种规格，图纸大小如表 8-1 和图 8-1。

2. 允许加长图纸的尺寸

在工程设计图纸中，往往仅有以上图纸规格不能满足绘图的需要，尤其在绘制工艺流程图或车间平面布置图时，为了能清晰地表达所要设计的内容，绘制这些图纸时，通常都需要采用加长或放大的尺寸图纸，允许加长图纸的尺寸规定如下：

表 8-1　　　　　　　　　　　　　图纸幅面尺寸　　　　　　　　　　　　　单位：mm

| 幅面代号 | $A_0$ | $A_1$ | $A_2$ | $A_3$ | $A_4$ | $A_5$ |
|---|---|---|---|---|---|---|
| $b×L$ | 841×1189 | 594×841 | 420×594 | 297×420 | 210×297 | 148×210 |
| $c$ | 10 | 10 | 10 | 5 | 5 | 5 |
| $a$ | 25 | 25 | 25 | 25 | 25 | 25 |

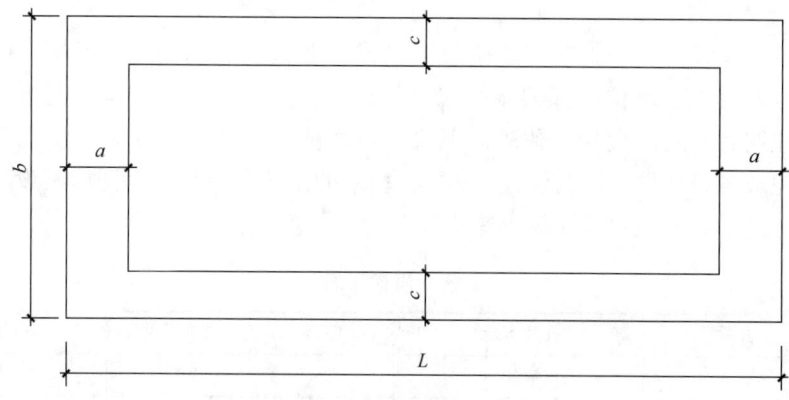

图 8-1　图纸幅面尺寸示意图

$a$—装订边或横向留边宽度　$b$—纵向外边框尺寸　$c$—纵向留边宽度　$L$—横向外边框尺寸

① $A_0$、$A_2$、$A_4$ 幅面的图纸，其加长量为 $A_0$ 幅面长边的 1/8（即~149）倍数；
② $A_1$、$A_3$ 幅面的图纸，其加长量则为 $A_1$ 的长边 1/2（即 210）倍数。

## 二、图纸字体规定

① 图纸上所有中文字均应写成长仿宋体，并须按国家颁布之简体字书写，不得用其他字体；
② 写图名时，一般采用 10 号字或 7 号字体，工艺图中所标注的介质代号，管径采用 3.5 号字体，其余均可采用 5 号或 7 号字体。

## 三、代号和符号

### 1. 字母代号

图纸中常用的字母代号见表 8-2。

表 8-2　　　　　　　　　　　　　字母代号表

| 符号 | 名称 | 符号 | 名称 |
|---|---|---|---|
| $L$ | 长度 | $\rho$ | 密度 |
| $b$ | 宽度 | $Q$ | 热量 |
| $h$ | 高度 | $q$ | 流量 |
| $\delta$ | 厚度 | $m$ | 质量 |
| $\Phi$ | 直径 | $H$ | 硬度 |
| $r$ | 半径 | $D$ | 外径 |

续表

| 符号 | 名称 | 符号 | 名称 |
|---|---|---|---|
| $\alpha$、$\beta$、$\gamma$ | 角度 | $d$ | 内径 |
| $S$ | 面积 | $PN$ | 公称压力 |
| $V$ | 体积 | $DN$ | 公称直径 |

2. 工艺介质代号

制浆造纸工艺设计图中工艺介质代号国家或行业均没有制定统一标准，国内各工程设计院根据行业习惯，单位内部编制的代号，尽管如此，作为工程设计图纸，在设计图纸中也必须注明各介质的代号及代表的意义，以便业主、施工及安装单位能够看懂设计单位图纸，完成各自所要承担的任务。表8-3列举的工艺介质代号是国内某设计院内部设计图纸所规定的工艺介质代号，仅供参考。

表8-3 工艺介质代号表

| 序号 | 介质代号 | 介质名称 | 序号 | 介质代号 | 介质名称 |
|---|---|---|---|---|---|
| 1 | AIN | 仪表用气 | 25 | WEF | 排污 |
| 2 | AOP | 工艺用气 | 26 | WHO | 热水 |
| 3 | CCD | 氧化氯水溶液 | 27 | WHP | 高压水 |
| 4 | CSC | 浓硫酸 | 28 | WFR | 清水 |
| 5 | CSD | 稀硫酸 | 29 | WSL | 密封水 |
| 6 | GOX | 氧气 | 30 | WWA | 温水 |
| 7 | HSO | 氢氧化钠 | 31 | WHW | 白水 |
| 8 | LFA | 白水 | 32 | WWW | 冲洗水 |
| 9 | LAL | 碱液 | 33 | LSG | 硅酸钠 |
| 10 | LAR | DTPA | 34 | LBL | 漂液 |
| 11 | LAS | 亚硫酸盐 | 35 | LSL | 盐酸液 |
| 12 | LHP | 过氧化氢 | 36 | SW | 软水 |
| 13 | LMS | 硫酸镁 | 37 | WW | 污水 |
| 14 | PMP | 漂白浆 | 38 | LBA | 杀菌剂 |
| 15 | PRE | 渣浆 | 39 | LOB | 增白剂 |
| 16 | PSA | 半漂浆 | 40 | LLU | 润滑剂 |
| 17 | PSAC | 含氯半漂浆 | 41 | LCC | 碳酸钙 |
| 18 | PUA | 未漂浆 | 42 | CTP | 预涂涂料 |
| 19 | SEA | 酸性排气 | 43 | LDF | 消泡剂 |
| 20 | AEX | 排气 | 44 | LDA | 分散剂 |
| 21 | SFL | 闪蒸蒸汽 | 45 | LST | 涂料淀粉 |
| 22 | SMP | 中压蒸汽 | 46 | LSZ | 施胶淀粉 |
| 23 | SLP | 低压蒸汽 | 47 | PDE | 脱墨浆 |
| 24 | WCO | 冷凝水 | 48 | PSL | 污泥 |

续表

| 序号 | 介质代号 | 介质名称 | 序号 | 介质代号 | 介质名称 |
|---|---|---|---|---|---|
| 49 | WDD | 浊白水 | 59 | PRP | 回收浆 |
| 50 | WDC | 清白水 | 60 | PBR | 损纸浆 |
| 51 | FAS | 还原漂白剂 | 61 | PST | 垫层浆 |
| 52 | LDE | 脱墨剂 | 62 | PTP | 面层浆 |
| 53 | WSC | 超清白水 | 63 | PBT | 底层浆 |
| 54 | WWV | 真空白水 | 64 | PFP | 芯层浆 |
| 55 | LRA | 助留剂 | 65 | PLR | 轻渣浆 |
| 56 | LAS | 硫酸铝 | 66 | WWT | 面层白水 |
| 57 | PAL | 长纤维浆 | 67 | WWB | 底层白水 |
| 58 | PAS | 短纤维浆 | 68 | WMI | 混合白水 |

3. 工艺阀门及其管件代号

工艺设计图纸中除工艺介质代号外，还有各种阀门，管件管道，排污等符号，需要在设计图纸上表达清楚，以便业主或安装单位预算、统计、采购等需要。通常一些基本的阀门及管件表示方式见表8-4。

表 8-4　　　　　　　　　　　　工艺阀门及其他代号表

| 阀门代号 | | | |
|---|---|---|---|
| 符号 | 代号 | 名称 | 型号 |
| ⋈ | Zj | 浆闸阀 | |
| ⋈ | Za | 闸阀 | Z41H-16 |
| | Zc | | Z41T-10 |
| ⋈ | Qa | 内螺纹球阀 | Q11F-16 |
| | Qd | 法兰球阀 | Q41F-16 |
| ⋈ | Da | 蝶阀 | D71F-10 |
| | Db | | D371F-10 |
| ⋈ | Ja | 截止阀 | J11H-10 |
| | Jb | | J41H-10 |
| ⋈ | Hc | 止回阀 | H11T-10 |
| | Hd | | H41H-10 |
| | He | | H11H-16 |
| | Hf | | H42W-16P |
| ⊘ | S | 疏水阀 | CS19H-16C |
| 管件代号 | | | |
| 符号 | 名称 | 符号 | 名称 |
| ▷ | 同心异径接头 | ⌂ | 绕性接头 |
| ◢ | 偏心异径接头 | ∨ | 地沟 |
| ╷ | 软管接头 | ∿ | 软管 |
| ‖ | 法兰堵盖 | ⊢⋈⊣ | 快速接头 |
| ⌣ | 地漏 | | |

## 4. 自控仪表代号及图例符号

在工艺设计图中，还包含有仪表控制系统，虽然是作为仪表设计图纸，但这份控制系统图是工艺专业和仪表共同完成的，在工艺设计的相关图纸上也要标明控制仪表的相关代号及图例说明，自控仪表代号及图例符号见表8-5。

**表 8-5　　自控字母代号与图例符号表**

| 字母 | 第一位字母 | | 后继字母 | |
|---|---|---|---|---|
| | 被测变量 | 修饰词 | 功能 | 修饰词 |
| A | 分析 | | 报警 | |
| B | 喷嘴火焰 | | | |
| C | 电导率 | | 控制 | 关 |
| D | 密度 | 差 | | |
| E | 电压 | | 检测元件 | |
| F | 流量 | 比(分数) | | |
| G | 尺寸或位移 | | | |
| H | 手动 | | | 高限 |
| I | 电流 | | 指示 | |
| J | 功率 | 扫描 | | |
| K | 时间或程序 | | | |
| L | 液位 | | 指示灯 | 低限 |
| M | 水分或湿度 | | | |
| N | 供选用 | | 供选用 | |
| O | 开关 | | 节流孔 | 开 |
| P | 压力或真空 | | 试验点(接头) | |
| Q | 数量或浓度 | 积分,积算 | 积分,积算 | |
| R | 放射性 | | 记录或打印 | |
| S | 速度或频率 | 安全 | 开关或连锁 | |
| T | 温度 | | 变送 | |
| U | 多变量 | | 多功能 | |
| V | 黏度,振动 | | 阀,挡板,百叶窗 | |
| W | 重量或功率 | | 套管 | |
| X | 未定义 | | 未定义 | |
| Y | 供选用 | | 继动器或计算机 | |
| Z | 位置 | | 驱动,执行 | |
| 自控图例符号 | | | | |
| ⊖ | DCS 系统监控仪表 | | 调节阀 | |
| ⊖ | 就地仪表盘面安装仪表 | | 开关阀 | |
| ○ | 就地安装仪表 | | 测量点 | |
| ⬡ | MCS 系统监控仪表 | | | |
| ⬡ | QCS 系统监控仪表 | | | |

## 5. 一般标高符号及表示方法

一般标高分为平面和剖面,其符号及表示如下:

平面图中:▽_____,以米为单位,小数点后取三位;

剖面图中:▽___ ▽___,以米为单位,小数点后取三位。

## 6. 沟道标高

以毫米为单位直接书写在该沟道处。例如标注为-250,表示该处沟道深-250mm。

## 7. 指北针画法

指北针通常是画在底层平面布置图的右上角处,表示车间的方位。不同幅宽的图纸,指北针的画法见图8-2,指北针大小见表8-6。

图 8-2 指北针示意图

| 表 8-6 | 指北针尺寸表 | | |
|---|---|---|---|
| 图幅 | A₂ 以下 | A₁ | A₀ |
| 外圆直径 | φ25 | φ30 | φ35 |

## 8. 高度的尺寸标注法

① 平面图中,用"+"或"-"的米数表示管道中心、基础及沟道标高,例+5.200,-0.425 等;

② 剖面图中,用尺寸线从地坪或楼层面引出,以毫米数表示设备的安装尺寸。

## 9. 剖面线的表示方法

无论是纵向剖面,还是横向剖面,一律用大写罗马字表示,并在平面图上标明剖线位置,以Ⅰ—Ⅰ、Ⅱ—Ⅱ、Ⅲ—Ⅲ……剖面图命名,如需局部剖面时,也以上述罗马字按次序表示。

# 第二节 图纸统一规定

## 一、设计各阶段代号

设计阶段通常分为项目前期阶段(主要是编制项目可行性研究报告或项目申请报告等)、初步设计阶段和施工图阶段等,在项目施工结束到项目正式投产之前有时还需要做项目的竣工图设计。因此,对工程设计单位来说这些不同阶段在其交付的设计文件或设计图纸中要有明确的代号用于区分项目的各阶段,通常设计单位内部会制定一些代号表示不同的项目设计阶段,如国内某设计院表达项目各设计阶段的代号如下:

① 可行性研究阶段:代号为 Z;
② 初步设计阶段:代号为 K;
③ 施工图设计阶段:代号为 S;
④ 竣工图设计阶段:代号为 J。

## 二、设计图纸代号

国家没有统一规定,参照国内某设计院规定。

（1）工艺专业代号

工艺专业代号为Z。

（2）项目工程号

由设计单位计划处下达。

（3）项目分项编号

由项目负责人安排。

（4）工艺图纸编号

① 生产工艺流程图或系统图从101起按102，103.……顺序编排；

② 物料（或浆水）平衡图从201起按202，203.……顺序编排；

③ 生产设备布置图从301起按302，303.……顺序编排；

④ 生产设备及管道布置图从401起按402，403.……顺序编排；

⑤ 非标零件图（项目内）从501起按502，503.……顺序编排。

（5）图纸编号示例

① 可行性研究：工程号　××××××K

② 初步设计：××××××　CG—××××××—××××××
　　　　　　　↓　　　　↓　　　　↓
　　　　　　工程号　　分项号　　图纸编号

③ 施工图设计：××××××　SG—××××××—××××××
　　　　　　　↓　　　　↓　　　　↓
　　　　　　工程号　　分项号　　图纸编号

④ 非标设备设计：××××××　GZ—××××××—××××××
　　　　　　　↓　　　　↓　　　　↓
　　　　　　工程号　　分项号　　图纸编号

# 第三节　制浆造纸工程设计图纸绘制

制浆造纸工程设计图纸主要包括物料（或浆水）平衡图、生产工艺流程图、生产设备布置图和生产设备及管道布置图等，下面简单介绍浆水平衡图、生产工艺流程图、生产设备布置图和生产设备及管道布置图的绘制方法及要求。

## 一、物料（或浆水）平衡图绘制

1. 物料（或浆水）平衡图绘制方法及要求

物料（或浆水）平衡图通常有两种表达方法，一种是以方框图形式，即按照生产工艺流程，每一个生产设备用一个方框表示，方框内注明设备名称，每一个设备（方框）用带箭头的直线连接起来；第二种是采用形象示意图形式表达，即绘制出设备外形示意图，并示意出设备进出口位置，根据生产工艺流程采用带箭头的直线将各设备进口与出口联系起来。

无论是采用上述哪种表达方式，最终都要将浆水平衡计算的数据在图上表达出来，即在图中每一个环节要标明物料（或浆水）进出数据，要备注计算依据及计算单位，确保

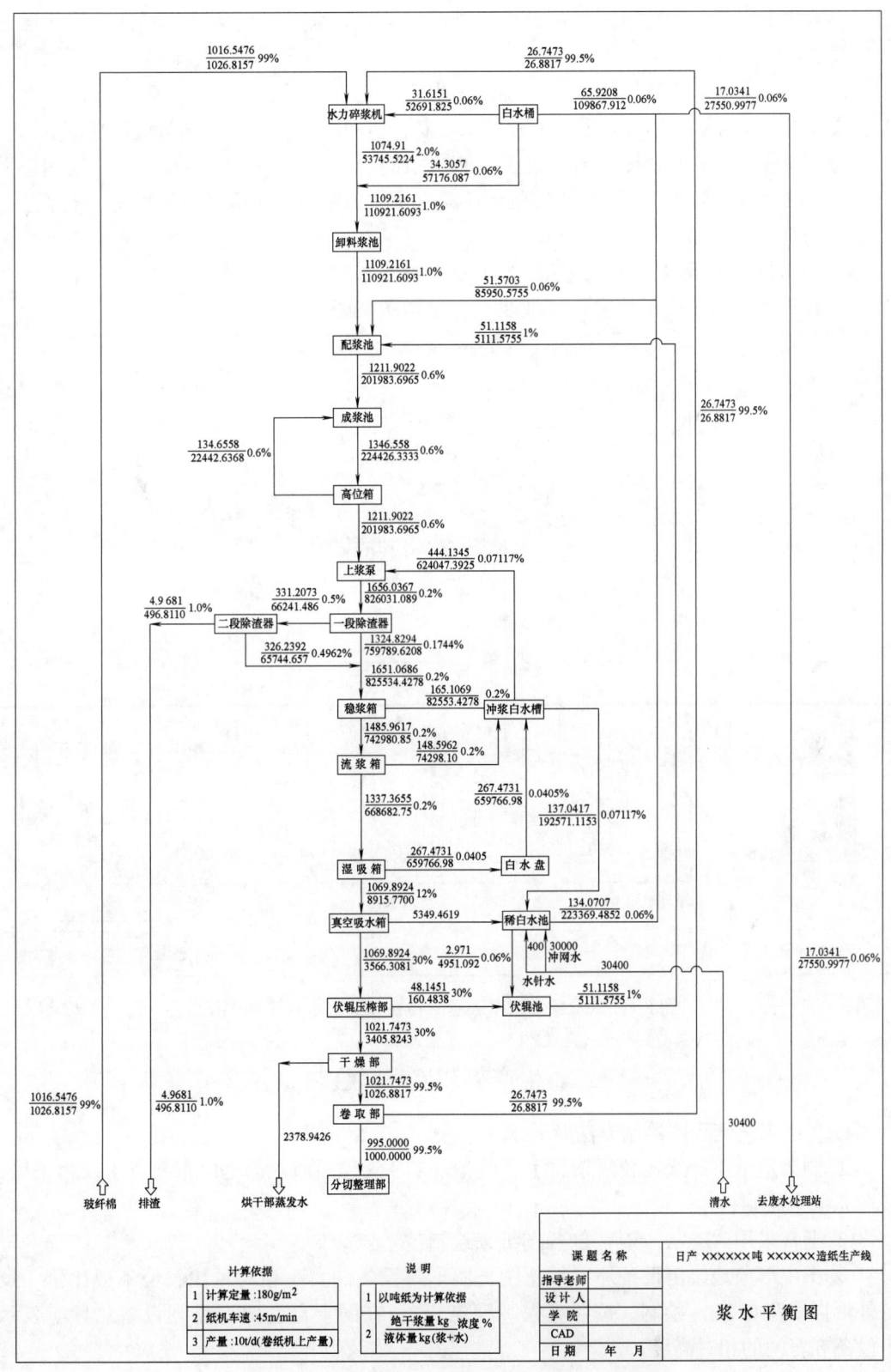

图 8-3 以方框图表示的物料（或浆水）平衡图

物料（或浆水）平衡计算数据的准确性，同时，也为后续进行设备能力平衡计算和设备选型提供依据。

物料（或浆水）平衡图纸绘制大小依据生产工艺流程复杂程度来确定，可以按生产工段或车间分段绘制，也可以采用加长图来绘制，但图纸加长应符合图纸设计规范要求。

物料（或浆水）平衡图纸通常按 $A_2$（或 $A_2$ 加长）和 $A_3$（或 $A_3$ 加长）图来绘制，无论图纸绘制大小，都必须保证所绘制的图中文字及数据字体大小适当清晰可见。

2. 物料（或浆水）平衡图示例

① 以方框图表示的物料（或浆水）平衡图见图 8-3。

② 以形象示意图表示的物料（或浆水）平衡图见图 8-4。

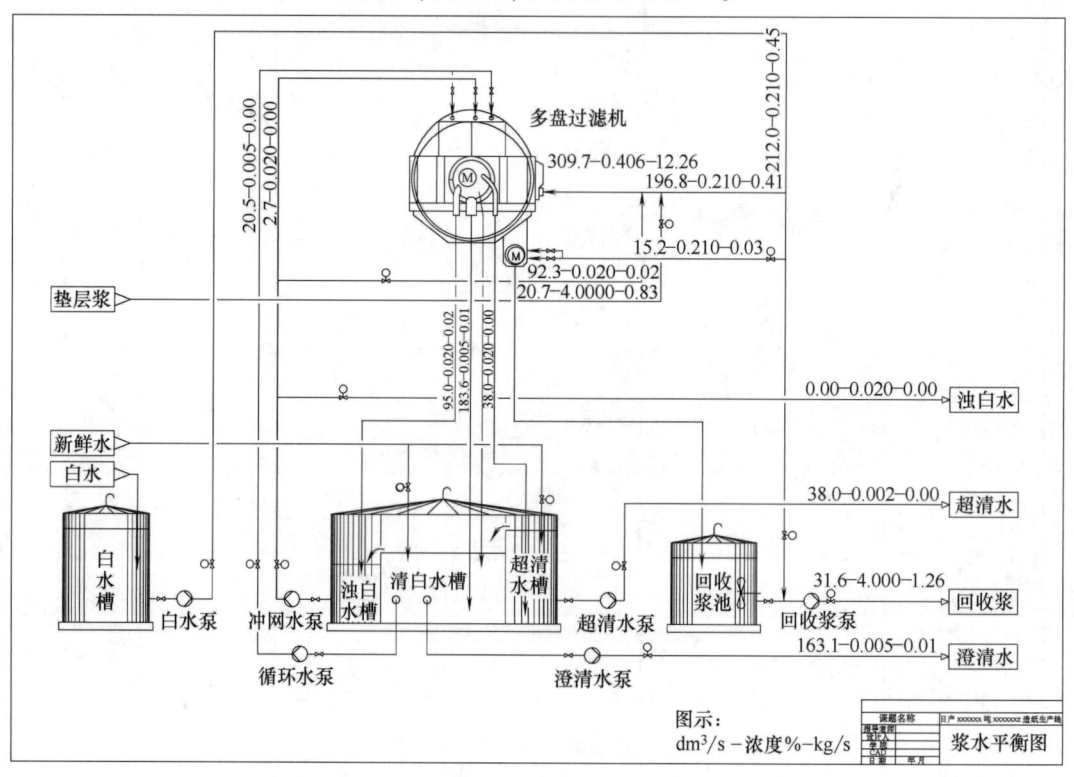

图 8-4　以形象示意图表示的物料（或浆水）平衡图

## 二、生产工艺流程图绘制

1. 生产工艺流程图绘制方法及要求

① 制浆造纸生产线比较复杂，生产设备较多，流程图通常都是以车间或工段为子项，按照系统来绘制；

② 通常采用 $A_1$、$A_2$ 或 $A_3$ 加长图纸来绘制；

③ 图中形象地绘出设备外形示意图，图形与设备的大小相对可比，但不成比例，设备外形以线宽 0.2mm 绘制。按照流程（顺流程），在图上自左向右排列设备，且应表示出设备在车间的相对高度。

④ 标注各生产设备名称及设备编号，设备名称及编号要与设备一览表一致；

⑤ 按生产流程的顺序自左向右绘制出流程中各介质线，用箭头表示介质的流向，在介质线的上方或左侧标注介质代号和管径等，主要介质线采用 1.0mm 线宽来绘制，次要介质按 0,5 实线来绘制，所有介质线均采用实线绘制；同时，流程图中还要标明进出车间或系统的介质来（去）向；

⑥ 在纵横流程介质线交叉处，应为纵向不断开，横向断开，或采用圆弧线连接，断开宽度为 5mm；

⑦ 按照生产操作要求，绘制手动阀门和自动控制阀门、各控制回路、就地仪表以及软管等特殊管件；

⑧ 在图纸的右上角要标明图例。图例中要有介质代号、介质名称，仪表和各种阀门符号及代号，软管等特殊管件图示及名称等。各种工艺介质代号、仪表及阀门代号详见表 8-3 至表 8-5。

2. 生产工艺流程图示意图

工艺流程图中通常要绘制出设备的外形示意图，这样更加形象直观，便于识图者理解，常用的制浆设备外形示意图见表 8-7。

表 8-7　　　　　　　　　　　常用的制浆设备外形图

| 序号 | 设备名称 | 图　例 | 序号 | 设备名称 | 图　例 |
|---|---|---|---|---|---|
| 1 | 抓木机 | 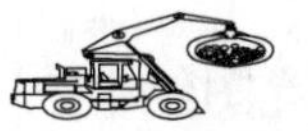  | 11 | 横管连续蒸煮器 | 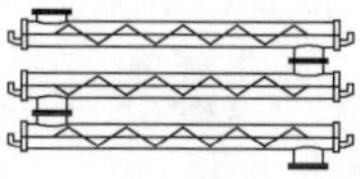  |
| 2 | 圆筒剥皮机 | 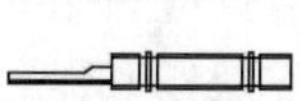  | 12 | 涤气器 |   |
| 3 | 圆盘削片机 | 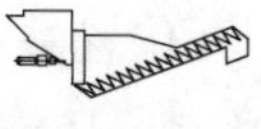  | 13 | 真空洗浆机 |   |
| 4 | 鼓式削片机 | 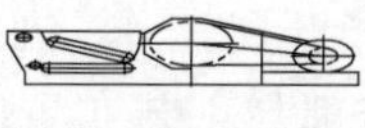  | 14 | 置换压榨洗浆机 |   |
| 5 | 摇摆筛 | 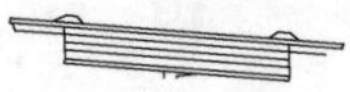  | 15 | 多圆盘浓缩机 | 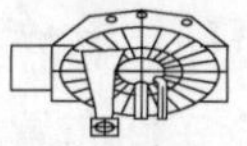  |
| 6 | 再碎机 | 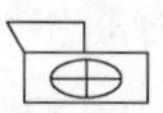  | 16 | 圆网浓缩机 | 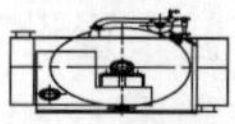  |
| 7 | 鼓式水洗机 | 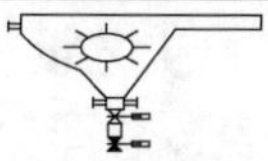  | 17 | 双网压榨机 | 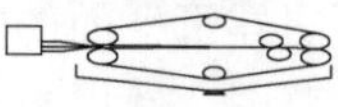  |
| 8 | 斜螺旋脱水机 | 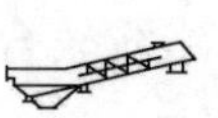  | 18 | 压力筛 | 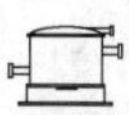  |
| 9 | 塔式连续蒸煮器 |   | 19 | 高浓除渣器 |   |
| 10 | 蒸煮锅 | 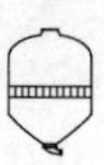  | 20 | 低浓除渣器 | 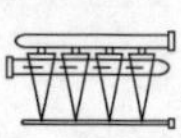  |

续表

| 序号 | 设备名称 | 图例 | 序号 | 设备名称 | 图例 |
|---|---|---|---|---|---|
| 21 | 水力清杂机 | 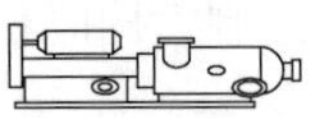 | 27 | EcoCell 浮选槽 | 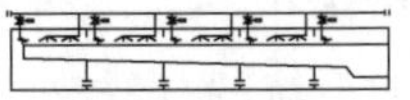 |
| 22 | 浮选筛浆机 | 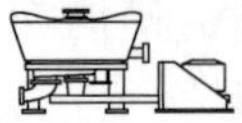 | 28 | MACCell 浮选槽 | 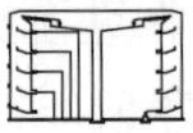 |
| 23 | 热分散系统 | 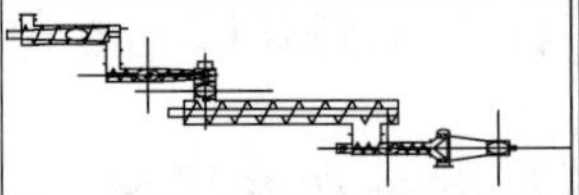 | 29 | 鼓式碎浆机 | 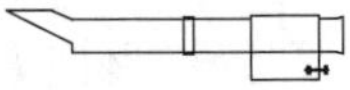 |
| 24 | 螺旋压榨机 | 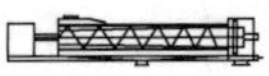 | 30 | 水力碎浆机 | 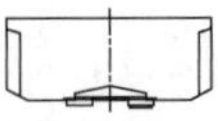 |
| 25 | 圆筒筛 | 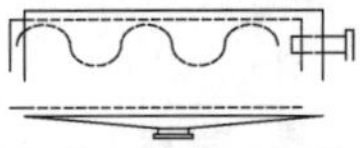 | 31 | 锥形磨浆机 | 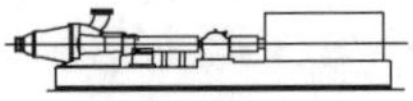 |
| 26 | 杂质分选机 |  | 32 | 双圆盘磨浆机 | 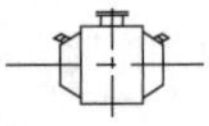 |

3. 生产工艺流程图示例

各工段、各种生产线生产工艺流程图详见附录5~15。

## 三、生产设备布置图绘制

生产设备布置图是根据生产工艺流程的要求，且应符合车间电气、自控、土建等公用工程专业设计规范要求，同时还应考虑生产设备操作和维修空间要求，对生产设备在生产车间内进行合理布局。

生产设备布置图既能反映出生产设备之间的相互位置关系，又能体现出车间的面积与空间、生产管理与操作条件以及各工段间的相互关系。

确定了工艺布置图后，各公用工程专业才能开展工作，如总平面布置、土建设计、供电、照明、自控仪表、给排水等专业设计工作都与工艺布置图发生关系。因此，车间布置设计是工艺工程设计重要组成部分。

1. 车间布置图设计的步骤和方法

车间布置设计应先从平面布置入手，一般可分为两个阶段，即绘制车间设备布置草图（方案图）和布置详图。布置草图是按照工艺流程图进行设备的安排和调整，相应进行厂房建筑平面的安排。由于车间布置图的复杂性，工艺设计人员需安排有不同特点的布置草图，然后与土建、电力、采暖通风、自控仪表、总图等专业的设计人员一起讨论、比较和修改，优选出投资、操作、面积利用和生产路线较合理的方案。在此基础上进行布置图的详细设计，绘制出车间布置图。

车间布置图中各设备外形大小比例应与车间尺寸比例保持一致，各设备的中心定位尺寸要明确，确保所绘制的设备布置图准确无误。

2. 车间布置图设计内容和绘制要求

① 初步设计的布置图要有各层楼的平面图和足够的剖面图，剖面图的数量以表示清楚设备和设备的相互关系为原则，绘制比例一般为1∶100。

② 布置图上要详细表示出设备的定位尺寸以及设备编号。

③ 设备外形尺寸要准确,与其他设备的衔接口、管接口及操作处应在图上表示清楚。布置图不必表示出设备的内部详细结构,只需要画出设备的简单外形。

④ 布置图上要表明厂房边墙的轮廓线、柱、门、窗、楼梯的位置,柱网的间距、柱子编号和各层的相对标高等。在底层平面布置图的右上角要画出指北针。

⑤ 布置图上要表示出设备操作平台、防护栏杆、排水沟道、检修和安装吊孔、控制室、配电室、变压器室、空调机房、维修间、化验室以及办公室等的位置。

⑥ 平面布置图上应画出剖面的位置。

3. 生产设备布置图示例

办公废纸脱墨车间和文化纸纸机车间设备布置图详见附录 16~19。

### 四、生产设备及管道布置图绘制

1. 生产设备及管道布置图绘制方法及要求

生产设备及管道布置图是根据生产流程图、设备布置图及设备接口进行绘制的,包括平面布置图和剖面图(有时还需要设计局部放大图)。

① 凡是有管道的各层楼面均需绘制出平面图,而剖面图则根据需要而定。剖切位置在平面图上用罗马字母明显的表示出来,然后按照Ⅰ—Ⅰ、Ⅱ—Ⅱ、Ⅲ—Ⅲ等剖面分别绘制出各剖面图。

② 设备和建筑物、构筑物用细实线画出简单外形,但设备接口大小要准确标注出来,门、窗、柱、梁尺寸以土建设计为准。

③ 根据生产工艺流程图,全部生产管道都要详细绘制出。个别小细管线,如压缩空气管、润滑油管等可只绘出主管,安装时根据现场使用情况连接。

④ 管道布置图中仪表浓度调节器、管道流量孔板及调节阀必须表示出,并保证安装位置可靠。

⑤ 工艺管道阀门必须绘制,阀门长度需按实际尺寸绘制,保证安装,不得遗漏。

⑥ 管道在平面布置图上要标注出标高,除特别表示外,一般标注管道中心标高。

⑦ 在平面图上还应标注管径、介质代号、顺序号等,管线复杂时,应将总管与支管分开编号。

⑧ 在管道平面图右上角应注明指北针,在图标上方应有工艺介质、阀门、仪表及管道固定用具的代号图例。

2. 工艺管道布置图画法

(1) 线条确定

管道画粗实线,设备、建、构筑物画细实线,以突出管道为原则,对于设备上的管接头等部件,仍以细实线表示。

线条规格:通常管道最粗实线宽度按 0.6mm 或 0.9mm 来设定,表示单线管。一般管径小于或等于 100mm 以下,用单线表示;对于管径大于或等于 150mm,通常用双线表示,线宽设为 0.2mm~0.4mm,视图的复杂程度确定;细实线,宽度一般设定为 0.2~0.3mm,表示工艺设备外形、建、构筑物、基础平台以及设备中心线、尺寸线等。

(2) 管道布置图常用比例

一般施工图管道布置图都采用1∶50比例，但随着工程项目规模的扩大，1∶50比例可能难以表达整个车间或工段的管道布置，少数图纸比例可采用1∶60、1∶70或1∶100等比例，为了表达某些局部重要管道（如管道上有仪表控制阀门等），也可以采取局部放大图如1∶20或1∶30等比例。

(3) 管道表示方法

① 管径。a. 无缝钢管钢板卷管，通常以外径乘以壁厚来表示，如 $D108×4$；b. 铸铁管、镀锌管、胶料管，通常以公称直径来表示，如 $DN80$；c. 塑料软管，通常以内径乘以壁厚来表示，如 $d38×5$。

② 标高。管道在图中标高，一律以相对标高±0.000为基准，以米为单位。如+6.000，表示管道中心标高为6m，-0.8000，表示管中心高度在地面以下0.8m；如果设计图中是标注管道底标高，一定要附加相关符号说明。

③ 流向。以箭头矢量符号表示管道内介质的流向，单线管绘于管道上方，双线管绘于管道内中心线上，其表示方法如右图所示。

④ 介质代号。管道标注一般是在平行管道上方，先写介质代号，再表示管径，最后标注标高。如果管道上方标不下，一定要标注在下面时，可绘制引出线，引出线及横线宽度以细实线表示即可。

⑤ 尺寸。图面上尽量避免尺寸线与其他线条交叉。尺寸一律以毫米为单位；平面图详细确定管道安装尺寸和必要的管道关系尺寸；剖面图上主要标注管道中心高度尺寸，有坡度管道应在两端分别注明标高尺寸；管道及设备所有安装定位尺寸，均应标注清楚，避免遗漏，以便于安装。

3. 生产设备及管道布置图示例

文化纸纸机车间设备及管道布置图详见附录20。

## 第四节　本章课程重点思政内容

本章课程主要介绍制浆造纸工程设计图纸的绘制，包括物料（浆水）平衡图、工艺流程图、设备布置图和管道布置图等绘制内容，主要课程思政元素包括工匠精神和创新创业精神等内容。

（一）工匠精神

图纸绘制是一项细致的工作，要求设计人员要有细心和耐心，不能急于求成，图纸绘制要准确，尺寸标注要正确，要有工匠的锲而不舍的精神，才能绘制出完美的设计蓝图。

（二）创新创业精神

图纸绘制除了要符合图纸设计规范要求外，要敢于创新设计，对难点和疑点敢于提出创新性设想，不要循规蹈矩、墨守成规，通过绘图，培养工程实践能力和创新创业精神。

# 参 考 文 献

[1] 全国注册咨询工程师（投资）资格考试参考教材编写委员会. 工程咨询概论（2012年版）[M]. 北京：中国计划出版社，2012.

[2] 全国注册咨询工程师（投资）资格考试参考教材编写委员会. 项目决策分析与评价（2019修订版）[M]. 北京：中国计划出版社，2019.

[3] 生态环境部环境工程评估中心. 环境影响评价相关法律法规（2019年版）[M]. 北京：中国环境科学出版社，2019.

[4] 生态环境部环境工程评估中心. 环境影响评价技术导则与标准（2020年版）[M]. 北京：中国环境科学出版社，2020.

[5] 中国就业培训技术指导中心. 安全评价师（基础知识）（第二版）[M]. 北京：中国劳动社会保障出版社，2010.

[6] 中华人民共和国国家标准. GB/T 20000.1—2014 标准化工作指南 第1部分 标准化和相关活动的通用术语 [S]. 北京：中国标准出版社，2015.

[7] 中华人民共和国国家标准. GB/T 18916.5—2012 取水定额第5部分：造纸产品 [S]. 北京：中国标准出版社，2012.

[8] 中华人民共和国国家标准. GB/T 26927—2011 节水型企业 造纸行业 [S]. 北京：中国标准出版社，2012.

[9] 中华人民共和国国家标准. GB 31825—2015 制浆造纸单位产品能源消耗限额 [S]. 北京：中国标准出版社，2015.

[10] 中华人民共和国国家环境标准. HJ 2011—2012 制浆造纸废水治理工程技术规范 [S]. 北京：中国环境科学出版社，2012.

[11] 中华人民共和国国家标准. GB 3544—2008 制浆造纸工业水污染物排放标准 [S]. 北京：中国环境科学出版社，2008.

[12] 王起全，等，编著. 安全评价 [M]. 北京：化学工业出版社，2015.

[13] 中国工程咨询协会. 工程项目管理导则 [M]. 天津：天津大学出版社，2010.

[14] 中华人民共和国住房和城乡建设部. 制浆造纸厂设计规范 [M]. 北京：中国计划出版社，2015.

[15] 国家发展与改革委员会. 轻工业建设项目可行性研究报告编制内容深度规定 [M]. 北京：中国轻工业出版社，2005.

[16] 国家发展与改革委员会. 轻工业建设项目初步设计编制内容深度规定 [M]. 北京：中国轻工业出版社，2005.

[17] 国家发展与改革委员会. 轻工业建设项目施工图设计编制内容深度规定 [M]. 北京：中国轻工业出版社，2005.

[18] 国家发展与改革委员会. 轻工业工程设计概算编制办法 [M]. 北京：中国轻

工业出版社，2005.

[19] 国家发展与改革委员会. 建设项目经济评价方法与参数 [M]. 3版. 北京：中国轻工业出版社，2006.

[20] 杨念椿，主编. 制浆造纸工厂设计 [M]. 北京：中国轻工业出版社，1988.

[21] 周景辉，主编. 制浆造纸工艺设计手册 [M]. 北京：化学工业出版社，2004.

[22] 王忠厚，许志晔，主编. 制浆造纸工艺计算手册 [M]. 北京：化学工业出版社，2011.

[23] 潘福池，周景辉. 制浆造纸工艺设计步骤与方法 [M]. 大连：大连工学院出版社，1987.

[24] 李土根，主编. 制浆造纸工厂设计概论 [M]. 北京：中国轻工业出版社，2000.

[25] 张美云，主编. 制浆造纸工程设计 [M]. 北京：中国轻工业出版社，2014.

[26] 谢来苏，詹怀宇，主编. 制浆原理与工程 [M]. 北京：中国轻工业出版社，2001.

[27] 何北海，主编. 造纸原理与工程 [M]. 4版. 北京：中国轻工业出版社，2011.

[28] 陈庆蔚，主编. 当代废纸制浆技术 [M]. 北京：中国轻工业出版社，2011.

[29] 陈克复，主编. 制浆造纸机械与设备（上下册）[M]. 4版. 北京：中国轻工业出版社，2012.

[30] 中国石化集团上海工程有限公司编. 化工工艺设计手册 [M]. 5版. 北京：化学工业出版社，2018.

[31] 刘秉钺，主编. 制浆造纸污染控制 [M]. 北京：中国轻工业出版社，2013.

[32] 刘培琴，主编. 建筑概论 [M]. 北京：机械工业出版社，2005.

[33] 全国监理工程师培训教材. 工程建设监理概论 [M]. 北京：中国建筑工业出版社，2014.

[34] 全国监理工程师培训教材. 工程建设投资控制 [M]. 北京：中国建筑工业出版社，2014.

[35] 投资项目可行性研究指南编写组. 工程建设投资控制 [M]. 北京：地震出版社，2002.

[36] 中国国际工程咨询公司投资项目可行性研究与评价中心. 投资项目可行性研究教程 [M]. 北京：地震出版社，2002.

[37] 中华人民共和国标准. GB 50016—2004 建筑设计防火规范 [S]. 北京：中国计划出版社，2014.

[38] 中华人民共和国标准. GB/T 50103—2010 总图制图标准 [S]. 北京：中国计划出版社，2010.

[39] 中华人民共和国劳动合同法（修订）. 自2013年07月01日起实施.

[40] 中华人民共和国环境保护法（修订）. 自2015年01月01日起实施.

[41] 中华人民共和国建筑法（修订）. 自2019年04月23日起实施.

［42］ 中华人民共和国劳动法（修订）.自 2018 年 12 月 29 日起实施.

［43］ 中华人民共和国招标投标法（修订）.自 2017 年 12 月 28 日起实施.

［44］ 国家发展与改革委员会.造纸产业发展政策，2007 年第 71 号.

［45］ 中国造纸协会.造纸工业"十三五"发展指导意见，2017 年 06 月 28 日.

［46］ 国家发改委，国家环保部，工业和信息化部.制浆造纸行业清洁生产评价指标体系（修订版），自 2015 年 4 月 20 日起实施.

［47］ 中华人民共和国国家标准.GB/T 50002—2013　建筑模数协调标准［S］.北京：中国建筑工业出版社，2014.

［48］ 中华人民共和国国家标准.GB/T 50083—2014　工程结构设计基本术语标准［S］.北京：中国建筑工业出版社，2015.

［49］ 中华人民共和国国家标准.GB/T 50504—2009　民用建筑设计术语标准［S］.北京：中国计划出版社，2009.

［50］ 中华人民共和国国家标准.GB/T 33000—2016　企业安全生产标准化基本规范［S］.北京：中国标准出版社，2017.

442.05kg 竹子原料

10.83kg 82.0% 排渣

928.42 10.0%